Couvertures supérieure et inférieure
manquantes

HISTOIRE DU PÉRIGORD

PÉRIGUEUX. — IMPRIMERIE R. DELAGE ET D. JOUCLA

HISTOIRE
DU PÉRIGORD

PAR

Léon DESSALLES

TOME I

PÉRIGUEUX

R. DELAGE ET D. JOUCLA, ÉDITEURS, ROUTE DE BORDEAUX
—
1883

LÉON DESSALLES

(SA VIE ET SES ŒUVRES)

L'auteur de l'*Histoire du Périgord* a fait lui-même, dans une lettre, ce simple récit de ses premières années et de ses débuts :
« Né au Bugue le 18 mai 1803, je fis mes études au collège de Sarlat,
» allai me faire recevoir bachelier à Limoges, et me rendis à
» Paris, où j'étudiai le droit en 1822 et 1823, sans beaucoup de
» succès. J'avais mes idées ailleurs.
» En 1824 et 1825 je commençai à m'occuper de recherches scien-
» tifiques, et compris, de prime abord, que l'érudition convenait
» mieux à mon aptitude que le droit. Je fis la connaissance de
» M. Raynouard à cette époque. Il était alors secrétaire perpétuel
» honoraire de l'Académie française. Il m'invita à l'étude des idio-
» mes et des langues néo-latines, et depuis ce moment jusqu'à la
» mort de ce savant philologue, (1836) je ne cessai pas de travailler
» au *Lexique Roman*, dont il s'occupait depuis longtemps.
» M. Raynouard mourut au moment où il venait de commencer
» l'impression de ce grand travail, et j'en continuai la publica-
» tion qui ne fut finie qu'en 1842. »

Pendant ces deux années d'école de droit, Dessalles cherchait sa voie. Porté vers les travaux d'esprit, il abordait la littérature, le théâtre même et la poésie. Mais bientôt, échappant à ces tendances vagues, il s'adonna exclusivement aux études historiques, et si le jeune savant versifia encore, ce fut pour chanter l'amitié, la gaîté et le Périgord.

M. Raynouard était alors à la tête du mouvement de rénovation des études historiques. Depuis vingt ans il travaillait à son *Lexique Roman*, avec cette patience, cette persévérance, cette recherche du vrai qui ont élevé si haut la gloire de ce savant. C'est à ce travail opiniâtre que Dessalles fut associé. Sous cette sévère discipline, le jeune secrétaire se livra à l'étude la plus approfondie des langues néo-latines, langue romane avec ses divers idiomes, provençal, gascon ; langues italienne, espagnole, portugaise ; et langues néo-latines : des bords du Danube. Tout ce qui se rattache à ce groupe, fut courageusement abordé. On retrouve encore dans ses papiers les cahiers sur lesquels Dessalles consigna ses premières études sur les langues moldo-valaques.

De 1825 à 1836, Dessalles se voua à ce double labeur d'étudiant et de secrétaire, sans songer à essayer pour son propre compte une production hâtive. On ne concevait pas alors la science historique comme on le fait trop de nos jours : l'art de dire d'une certaine façon des à peu près de vérité agrémentés de couleur locale. Dessalles avait de plus hautes visées ; pour les atteindre il consacra sa jeunesse à des études qui le rendirent apte aux travaux les plus difficiles.

Raynouard mourut au moment où, après trente ans d'efforts, il commençait la publication du *Lexique Roman*. La publication inachevée fut confiée par M. Paquet, légataire des manuscrits, à M. Dessalles et à M. Pellisier. Ils n'hésitèrent pas à se consacrer à cette œuvre, qui demanda six années. Le monde savant leur en sut gré ; voici ce qu'on lit dans le Bulletin des Bibliophiles de 1839, au sujet de M. Dessalles : « Son érudition le rend on ne peut plus capable de prendre part à la publication du *Lexique Roman*, cette œuvre de création formée des débris épars d'une langue morte, rassemblés, reconstruits, ranimés enfin après plusieurs siècles, par le génie de l'observation qui, peut-être à lui seul, est presque tout le génie de l'homme. » Dans l'avertissement qui précède le lexique, M. Just Paquet rend en ces termes hommage aux sentiments et à la science de Dessalles. « J'ai d'autant moins hésité à faire cette publication qu'un même sentiment de vénération et de piété presque filiale m'assure l'heureux concours de M. Pellisier et de M. Léon Dessalles, actuellement attaché à la section historique des archives du royaume. Tous les deux, après avoir secondé M. Raynouard, depuis un grand nombre d'années, dans ses travaux lexicographiques, veulent bien encore me prêter leurs soins et tout leur savoir pour accomplir ensemble une tâche que nous regardons comme une dette sacrée envers la mémoire vénérée et chérie de notre illustre ami » (1). Ce que Dessalles fit pour Raynouard, nous voulons le faire aujourd'hui pour Dessalles.

Déjà le mérite de Dessalles lui avait valu une position qu'il avait longtemps désirée. Il avait été nommé en 1833 employé à la section historique des archives du royaume, par M. Thiers, sur la proposition de M. Daunou. Cet administrateur difficile dans le choix de ses subordonnés, avait pu déjà, pendant une sorte de stage d'une année, apprécier les connaissances solides et l'ardeur de Dessalles. Il remplaçait, après décès, le jeune Monteil, fils d'Alexis Monteil, l'auteur de l'*Histoire des Français des divers États*. Le père, ramené souvent par sa douleur dans le bureau où avait travaillé son fils, conçut un profond attachement pour celui qui avait été son camarade avant d'être son successeur. En souvenir de l'allègement que l'affection respectueuse de Dessalles avait apporté à ses douleurs, Monteil lui donna, en mourant, un album précieusement conservé contenant les lettres de son fils, pieux témoignage de reconnaissance pour la délicatesse et la sympathie dont Dessalles avait fait preuve envers l'illustre vieillard.

Quel charme s'attachait dans son esprit au souvenir de ces anciennes relations dans ce vieil hôtel de Soubise, devenu le palais des archives, et dont Dessalles fit la description ! C'est là qu'il vécut sa vie de travail, l'interrompant à peine pour se réunir aux compatriotes qu'il recherchait toujours, pour monter sa garde, en qualité de garde national, autre distraction dont la gaîté souriait encore à ses vieilles années, enfin pour un mariage dans lequel il a trouvé le bonheur. Tout dévoué à ses amis, il signalait dans un excellent article, les fables de Lachambaudie à ses compatriotes et nouait avec la plupart d'entre eux, notamment avec M. Jules Delpit, qui lui a consacré une notice biographique, les plus cordiales relations. Mais il revenait toujours à *la rue du Chaume et au sombre bureau qu'obscurcit le mont de piété*. Après la Révolution de juillet, Daunou était rentré aux archives nationales, et avec lui la tradition républicaine. Autour de lui se groupaient

---

(1) Lexique Roman, tom 1, p. 9 (avertissement).

Michelet, Alexis Monteil, Guérard, de Wailly, de Stadler, Pellissier ; tous unissaient le culte de la science à celui de la liberté. De Raynouard, Dessalles put apprendre la persévérance et l'indépendance littéraire ; de Daunou la liberté de penser et la fidélité à ses croyances jusqu'à la mort ; de Michelet, ce patriotisme si complet qui ne sacrifie pas la patrie au clocher, et n'oublie pas le clocher dans la patrie. Il a suivi ces nobles exemples de liberté, de patriotisme et de fidélité, et aussi bien à lui qu'à Michelet, ces souvenirs lui apparaissaient « avec le charme et le regret de ses années écoulées. » (1)

Pendant qu'il aidait ses maîtres à composer notre histoire nationale, Dessalles tournait ses regards vers le Périgord, et murissait un noble et patriotique projet. « Depuis mon entrée aux archives, dit-il dans la lettre déjà citée, je m'étais plus spécialement attaché à écrire l'*Histoire du Périgord*, et dès lors j'avais recueilli avec soin tout ce qui se rattachait à l'histoire de cette province. » Que d'évènements, que d'obstacles ont empêché la réalisation complète de ce projet ! D'autres travaux d'abord : pendant les vingt-deux ans qu'il passe aux archives nationales, Dessalles publie de nombreux ouvrages. Ils se divisent en deux séries : ceux qui ont trait à la philologie, et ceux qui se rapportent au Périgord. Je m'occuperai d'abord des premiers.

Dès 1836 il fit recevoir des articles dans le *Journal de la langue française*, et devint un des collaborateurs de Cahen, Daunou, de Gérando, Nodier et d'autres écrivains illustres (2).

Il publiait en même temps (1836), en collaboration avec M. Chabaille, le *Mystère de St-Crépin et de St-Crépinien ;* une de ces œuvres naïves et un peu barbares du moyen-âge, où l'on voyait sur la scène les saints persécutés par les Romains et les démons, sauvés par les anges et emportés en paradis pendant que les diables emportaient les Romains en enfer (1458). « Je me fais un plaisir et un devoir, écrivait Raynouard au sujet de cette publication, de dire que les éditeurs, en ajoutant cet ouvrage à nos

---

(1) Lettre inédite de Michelet citée plus loin.

(2) M. de Roumejoux, dans la *Bibliographie périgourdine*, donne une énumération très exacte de ces articles, parus de 1836 à 1840.

richesses littéraires connues, ont eu la sagesse et le goût de n'y joindre que des notes nécessaires, des explications utiles, et qu'ils ont moins cherché à paraître érudits qu'à aider les lecteurs qui cherchent à le devenir. »

En 1842 il était admis dans la Société des antiquaires de France, et publiait bientôt après son excellente *Monographie sur le Trésor des Chartes* (1844). En 1845 il publiait, dans les *Villes de France*, l'*Histoire de Périgueux, de Sarlat, Nontron, Bergerac*, etc., préludant ainsi au grand ouvrage qu'il méditait.

La *Rançon du roi Jean* parut bientôt après (1850). C'est une publication peu connue, mais du plus grand intérêt. Elle nous montre la misère de la France pendant la guerre de Cent Ans. Le traité de Brétigny (1360), fixa à 3 millions d'écus d'or (environ 170 millions de notre monnaie), la rançon du roi Jean, prisonnier en Angleterre. Le livre de Dessalles nous fait compter sou par sou, on pourrait dire larme par larme, ce que chaque corps d'état, maréchaux, imagiers, etc; ce que le moindre village, Romainville ou le Bourget, ont dû payer pour rendre la liberté au roi.

A cette œuvre si remarquable en succèdent d'autres d'une égale valeur. Les récompenses qu'elles ont obtenues en sont la preuve. « En 1851, écrit-il avec sa simplicité ordinaire, l'Académie des inscriptions et belles lettres de Toulouse, couronna mon mémoire sur « *l'Influence de la littérature française sur la littérature romane.* » En 1854, j'obtins le prix Volney à l'Institut de France pour mes études sur l'origine et la formation du roman et de l'ancien français. (langue d'oc et langue d'oïl). Un nouveau mémoire se rapportant au même sujet fut couronné par l'Académie de Bordeaux en 1858 ; il a pour titre : *De l'influence de la guerre des Albigeois sur la langue et la littérature romane en général et plus particulièrement dans le midi de la France.* » Sans aborder ici l'énumération de toutes les autres publications de ce genre, et sans rapporter les éloges et les critiques qu'elles suscitèrent, je signalerai simplement l'accueil qui leur fut fait en Périgord. A propos de l'étude couronnée par l'Institut, un de nos compatriotes, le savant et modeste M. Edouard Leymarie, disait dans une étude intéressante : (1). « L'ouvrage se divise en deux parties. Dans la première, qui remonte pour ainsi dire jusqu'à l'occupation de la Gaule par les romains, Dessalles examine la marche dégénérescente du latin et de sa décomposition progressive jusqu'au VIII° siècle. Il pose en fait que tous les mots qui ont concouru à la formation de nos deux idiomes, quelle que soit leur origine, ont commencé par revêtir une forme latine plus ou moins régulière avant de passer dans ces idiomes.

» La seconde partie a pour objet la transformation du latin, le dégagement en commun des nouveaux idiomes, leur développement progressif et simultané, leurs tendances respectives à l'individualité, leur séparation complète et leur constitution définitive au XI° siècle.

» Dans cette partie, la plus importante de son travail, notre savant compatriote analyse à fond tous les anciens textes connus : Les serments de 842 d'abord, et puis, pour le nord, la prose de Sainte-Eulalie et le fragment de Valenciennes ; pour le midi plus particulièrement, le fragment de poëme sur Boëce, et pour le centre, le poëme de la Passion de J.-C ; tous ces documents ne dépassent pas la fin du X° siècle. Il les décompose minutieusement, et explique avec le plus grand soin la nature des éléments dont ils se composent. Il a constaté, de la sorte, que tous ces textes sont mixtes et participent plus ou moins du roman ou de l'ancien français, suivant le pays d'où ils proviennent. Selon lui, les textes pris de l'un ou de l'autre idiome ne remontent pas au-delà du XI° siècle.

» Pour compléter la démonstration qu'il a faite du dégagement en commun des deux idiomes et de leur solidarité d'élaboration, notre auteur fournit une série de tableaux où les différentes parties du discours, dans l'un et l'autre idiome, apparaissent successivement avec leurs formes de transition et leurs modifications progressives jusqu'à leur entier développement. Cette partie de son ouvrage est sans doute la plus remarquable, la plus

---

(1) Quelques mots sur un ouvrage d'un Périgourdin. Broch. in-8° Périgueux. Impr. Dupont 1854.

saisissante, et celle qui a le plus de valeur, suivant le rapport de la commission de l'Institut. » (1)

La politique seule apporta une grave distraction à cette vie de travail. Dessalles et ses amis des archives, avaient salué avec joie l'avènement de la République en 1848. Tous sortirent un instant de leur retraite accoutumée, et Dessalles, sollicité par ses compatriotes, qui l'avaient nommé président de la Société de secours mutuels des périgourdins réunis à Paris, eut un instant l'idée d'accepter la candidature à l'Assemblée constituante. Il n'était pas resté étranger au mouvement politique. En 1841, il publiait de remarquables études sur l'extinction de la mendicité, et en 1849 il reprenait ces questions et traitait de l'organisation municipale dans une démocratie. Sans se laisser aller aux utopies, qui, disait-il, dans une lettre à ses amis, feraient de la Révolution de 1848 une sorte de Babel morale, il s'occupait de créer dans les communes un corps de bâtiment public dans lequel seraient réunis tous les éléments qui constituent la société civile, mairie, école gratuite, salle d'asile et dispensaire. Il réclamait surtout une organisation qui garantît le développement de la voirie rurale si longtemps négligée. On le voit, Dessalles songeait à des améliorations que la République vient de réaliser en partie. Dans sa profession de foi, nettement républicaine, il combat toutes les exagérations, le communisme, la propagande violente, et demande que « l'instruction soit gratuite et largement donnée à tous au nom de la République. » Plus tard, répondant à quelques critiques qu'on lui adressait à cause de sa qualité d'employé, il déclarait hautement que les archives avaient toujours été un foyer de démocratie, grâce à Daunou surtout, qui n'avait pas fléchi même devant Napoléon; que Daunou lui avait donné son emploi, qu'il l'avait pour chef Michelet. Dessalles aurait pu ajouter qu'il l'avait pour ami. En effet, quand à la chute de la République, les premiers rêves et les espérances politiques avaient disparu, et que le despotisme napoléonien rentrant aux archives, en chassait Michelet, celui-ci, retiré en Bretagne, écrivait à Dessalles cette lettre, que nous sommes fier de citer.

---

(1) Huit ouvrages avaient été présentés au concours.

Nantes, près Saint-Félix, Loire-Inférieure.

Cher monsieur,

Si je ne vous ai pas écrit plus tôt, cela a tenu à ma situation un peu incertaine. Quoique j'eusse choisi en arrivant la maison que j'occupe, et que j'eusse repris mes travaux, je ne savais pas bien si je resterais à Nantes. Vous me comprenez. Tout annonce maintenant que je resterai ici un an. J'aurai amplement le temps d'y achever mon 93, entre la Vendée et la Bretagne, au milieu des riches archives de cette capitale de l'ouest, et des précieuses collections particulières qu'elle contient.

Je suis ici, comme à Paris, loin de la ville, en très-bon air, sur une hauteur qui domine l'Erdre et une grande partie de la ville. J'y ai un profond silence, un grand repos, la situation la plus favorable à l'étude. J'y serais parfaitement si je n'avais à regretter les amis que je laisse à Paris, et si je n'avais au cœur notre commune blessure, la honte et le malheur de la France.

Comment allez-vous, cher monsieur ? Souvent, au milieu du grand verger que j'habite et dans les grands vents de mer qui le battent toute l'année, je me sens encore rue du Chaume, dans notre sombre bureau qu'obscurcit le mont de piété, ou dans nos silencieuses galeries. Là, j'ai vécu 21 ans ; là, tous les jours, nous nous sommes communiqué nos études et nos pensées. Vous, Stadler et Castelnau, des hommes si différents ! nous avons cependant vécu, en bien des choses, d'une vie commune. Et vous m'apparaissez tous avec le charme et le regret de mes années écoulées.

Puisse le travail nous soutenir, séparés que nous sommes, comme il l'a fait toujours ! Je m'y enfonce de plus en plus. J'y trouve l'espoir de faire connaître enfin à ce malheureux pays la page la plus tragique de son histoire, cette page de 93 que la France et l'Europe songent à imiter peut-être *et qu'elles ne connaissent pas*. Vous serez effrayé de l'ignorance où on est encore jusqu'ici pour l'histoire de cette époque.

Quand vous aurez un moment, tenez-moi au courant de vos travaux. Donnez-moi quelques nouvelles des archives. Tout m'intéresse, même les personnes que je connaissais peu, mais avec qui enfin je vivais, je me rencontrais tous les jours.

Ma femme salue affectueusement madame Dessalles, et moi je vous serre la main fraternellement.

J. Michelet.

Il y a dans notre administration des personnes qui m'aiment très peu, et qui profiteront peut-être de mon absence pour me calomnier ou me décrier. Je vous prie, *en ami*, de me tenir au courant. Cela m'importe *infiniment*. Croyez à ma discrétion et à ma profonde reconnaissance pour les avis que vous me donneriez. — Mes lettres ne sont point ouvertes. Cependant, à tout hasard, ne signez point les vôtres (1).

II

L'*Histoire du Périgord* était commencée depuis longtemps, et déjà des notices et des monographies parues dans le *Conservateur*, dans l'*Écho de Vésone*, dans le *Calendrier administratif* et les *Annales de la Société d'agriculture* avaient révélé au Périgord la vie des personnages de son passé, et des détails sur ses villes et son administration. Les études sur Bertrand de Born, Duguesclin, Alice de Montfort, sur les troubadours périgourdins, sur les noms de lieux, sur l'industrie aux XIIe et XIIIe siècles, sont des chapitres détachés du plan d'ensemble dont Dessalles avait arrêté les bases dès 1837. « Je m'occupe, en effet, écrivait-il alors, d'une histoire générale du Périgord, mais je suis loin de toucher à sa fin. Les circonstances qui se rattachent à ce dessein et la manière dont je prétends l'exécuter, ne me permettent même pas encore de fixer d'une manière exacte l'époque précise où je pourrai soumettre au jugement de mes concitoyens le résultat de mes recherches et de mes études. Ce que je puis dire pour le moment, c'est que je veux faire un travail complet, ayant pour base tous les titres originaux existant encore, et le nombre en est grand. Telle est, en effet, la tâche que je me suis imposée, que, quoique j'aie déjà extrait ou copié en entier près de 4,000 chartes, c'est à peine si j'en ai extrait ou copié le tiers. Il est vrai, toutefois, de dire que les recherches préliminaires auxquelles j'ai dû me livrer sont à peu près terminées, ce qui avance de beaucoup

---

(1) Ce post-scriptum est écrit sur un petit carré de papier, destiné sans doute à échapper à la vue des policiers de Bonaparte, si la lettre était décachetée.

le travail qui me reste à faire ; mais j'aurai encore une foule de livres à dépouiller, et ce ne sera qu'après avoir réuni tous ces matériaux que je m'occuperai de la rédaction.

» Maintenant que vous connaissez ma manière de procéder et l'état où en est mon travail, je pense qu'il convient que je vous fasse connaître quelles sont les circonstances qui m'ont conduit à m'imposer une tâche de cette importance.

» En 1826, il s'établit entre M. Raynouard et moi des rapports de tous les instants ; j'eus le bonheur d'être appelé à travailler sous sa direction au *Lexique Roman*. L'étude de la langue romane, indépendamment du charme qu'elle m'offrait par elle-même, me démontra son importance non-seulement pour acquérir une connaissance exacte des mœurs et des usages du moyen-âge, mais encore pour apprécier et comprendre les idiomes et les divers dialectes du midi de l'Europe, et surtout pour arriver à l'étymologie, sinon complète, du moins de la plus grande exactitude, pour une foule de noms de lieux dont on a jusqu'à ce moment cherché l'origine partout où elle ne pouvait pas se trouver.

» En 1832, le projet de m'occuper de l'*Histoire du Périgord*, que j'avais déjà conçu en faisant connaissance avec nos troubadours, devint une idée fixe. A peine en fonctions, je vis une vaste carrière se développer devant moi, et j'y pénétrai sans hésitation. J'abordai franchement toutes les difficultés, et, au milieu des débris du passé, je distinguai bientôt une foule de détails, de renseignements précieux, sur les événements accomplis de notre pays et sur les diverses localités auxquelles ces événements se rattachent. Là dormaient pêle-mêle, sans ordre et presque dans l'oubli, les vieux titres de nos municipalités, nos franchises, nos immunités, les chartes de fondation de nos bastilles, etc., etc. J'ai tout recueilli, j'ai tout classé.

» Simple employé, je ne dispose ni de beaucoup de temps ni de beaucoup de ressources ; j'ai la ferme volonté de faire. Du reste, ce travail ne sera jamais pour moi un objet de spéculation. Ce qui me guide, c'est le désir que j'ai de venger mon pays de l'oubli où les historiens semblent s'être accordés à le laisser.

» Une chose surtout que j'éviterai dans cette histoire, ce sera d'adopter plutôt tel système que tel autre. Je raconterai les faits, en les groupant selon le cours des événements, et j'aurai soin de ne rien avancer sans preuves. Je n'admets et n'exclus rien, parce que je veux la faculté de prendre partout où je trouverai qu'il y aura à prendre pour arriver à la connaissance de la vérité. » (1)

De 1837 à sa mort, Dessalles travaille à la réalisation de ce plan : et les archives nationales épuisées, fouille celles de Bordeaux, de Pau et de Périgueux. Il obtint du ministre de l'instruction publique la mission d'inspecter les archives de la Gironde d'abord, puis celles des Basses-Pyrénées. Les documents relatifs au Périgord y sont nombreux, dans la Gironde à cause des relations incessantes de voisinage, à Pau parce que là se trouvent les papiers des domaines que la maison d'Albret et de Bourbon possédaient en Périgord. Le résultat de ces recherches fut consigné dans le Rapport à M. le Préfet de la Dordogne sur les archives des comtes de Périgord. Restait le Périgord même, avec ses richesses locales. Afin de les explorer, Dessalles demanda et obtint le poste d'archiviste à la préfecture de Périgueux, renonçant ainsi à un traitement supérieur à celui qu'il recevait déjà et aux chances prochaines d'avancement. Mais tous ceux qui l'ont connu savent qu'il eût fait de plus grands sacrifices encore pour l'accomplissement de son projet.

Quelques fragments importants parurent vers cette époque. A l'histoire des *Deux derniers comtes du Périgord*, publiée en 1847, s'ajoutèrent de nombreux articles ou d'importantes notices, qui sont, la plupart, des chapitres détachés de l'histoire générale : *de l'administration en Périgord, l'histoire du Bugue, l'histoire de Paunat, de Bergerac*, etc. Ces productions furent accueillies avec faveur par le monde savant. Il n'en fut pas de même du chapitre sur l'établissement du christianisme en Périgord. Cette brochure niait l'existence de saint Front, patron de la ville de Périgueux. On sait comment l'Eglise défend ses saints. La brochure souleva les plus violentes et les plus longues polémiques entre les partisans de la tradition religieuse et l'historien,

---

(1) Lettre du 9 janvier 1837, publiée dans l'*Echo de Vésone* du 5 février 1837.

qui ne comprenait pas, disait-il en riant, qu'on fît tant de bruit pour un saint de plus ou de moins en paradis.

Cependant la rédaction de son histoire que Dessalles avait ajournée « au moment où il en aurait réuni tous les matériaux » ne pouvait encore être commencée. Les renseignements que je trouve dans ses papiers, feront connaître les causes de ces retards, les ennuis qui les accompagnaient et le travail auquel il dut se livrer pour sortir du chaos les archives du département. Cet exposé montrera aussi avec quel zèle ce fonctionnaire sut remplir ses devoirs : « En arrivant ici (1), écrit-il, je trouvais des papiers entassés dans un corridor et couverts de poussière, pas de tablettes, pas de local. Quelques recherches qui me furent demandées, me firent remarquer que les étiquettes des liasses et des cartons étaient fausses, et j'appris d'un vieil employé que ces fausses étiquettes avaient été systématiquement posées pour dérouter ; je dus faire la rectification, qui fut longue. L'espace aux archives était insuffisant, on le restreignait encore à l'arrivée de chaque nouveau préfet. Après avoir rédigé une espèce d'inventaire sommaire, je fis, dans le courant des années suivantes, l'inventaire des séries L et Q, et celui de la bibliothèque administrative, et je classai comme je pus dans le corridor les papiers dans lesquels j'avais le plus de recherches à faire. Je portai à la préfecture les archives de la ville de Sarlat, qui ont de la valeur et dont j'ai fait l'inventaire, et dans les années suivantes celles de Saint-Cyprien et de Domme qui ont du prix, celles de Domme surtout. Je retirai aussi d'un vieux coffre à avoine, déposé dans une antichambre, une masse énorme de papiers provenant de saisies faites au moment de l'émigration, dont j'ai classé et fait relier plusieurs registres. Bientôt sous cette masse de papiers les planchers fléchissent, nouveau déménagement..... Survint l'ordre de retirer des greffes tous les papiers antérieurs à 1790. A Bergerac ils étaient oubliés dans un grenier, à Périgueux exposés à la pluie qui en avait décomposé la moitié, à Sarlat, ils étaient depuis 20 ans sous des décombres (2). »

---

(1) C'était à l'ancienne préfecture, actuellement école normale des filles.

(2) Note accompagnant une demande de mise à la retraite, adressée à M. le préfet de la Dordogne en 1863.

Il eut comme aide dans ce long et pénible travail un disciple dévoué, un ami fidèle pour lequel il conserva toujours une profonde affection, M. Ivan de Valbrune, archéologue distingué, auteur de plusieurs publications remarquables. Que de tribulations, que de pertes de temps pour le savant habitué à l'ordre et au classement méthodique des archives nationales ! La seule distraction qu'il se permit, c'était des voyages fréquents au Bugue, sa chère ville natale, dans cette maison entourée de fleurs par les soins de Mme Dessalles, et tout égayée par sa bonté. C'est dans une de ces courses, en 1863, qu'il fit une chute de voiture dont il se ressentit longtemps. Presque en même temps il éprouvait les premières atteintes de la maladie qui désola ses dernières années. En face de la vieillesse qui s'avançait si vite, ce bénédictin laïque, dont la vie ne pouvait être assez longue pour exécuter son projet comme il l'avait conçu, se mit avec une incroyable énergie à rédiger son histoire. Pour être plus libre, après avoir déménagé les archives de l'ancienne dans la nouvelle préfecture, il prit sa retraite (1866). Il reçut à cette occasion d'éclatants témoignages d'estime du Conseil général et l'expression des regrets du directeur général des archives à Paris. « Si cette retraite, écrit-il, profite à la publication de votre grand ouvrage, je dirai volontiers *Amen* (1). »

Mais de ce côté même on troublait son repos et on lui demandait des renseignements pour l'histoire de César qu'écrivait l'empereur (2).

Dessalles lui-même se laissa peut-être trop aller, pour l'accomplissement de son œuvre, à des préoccupations étrangères ; mais comme elles avaient toutes pour objet l'intérêt public ou celui du Périgord, ou de sa chère ville, qui pourrait le blâmer ?

Que de temps, que de soins, que d'activité il a mis au service du Bugue, en 1865 par exemple pour l'organisation d'un comice agricole, en 1867 pour le concours départemental que le Bugue enlevait à Sarlat ; l'année suivante pour la construction du pont qui fait l'ornement et la richesse de la ville ! « Son nom, écrit en lettres d'or sous les arches, disait Marc Villemonte sur sa tombe,

---

(1) Lettre du comte de Laborde, directeur général des archives.
(2) Lettre de MM. de Saulcy et Anatole de Berthelier, du 6 novembre 1866.

nous rappellera toujours que c'est à son initiative que nous devons ces embellissements qui font aujourd'hui du Bugue un des séjours les plus riants de notre département. » Si quelque chose pouvait développer et animer la ville, il s'en occupait avec une ardeur de jeune homme, il groupait en société musicale ces jeunes gens qui n'oublieront jamais que leur vénéré président leur enseignait à la fois l'amour des arts et l'amour de la patrie. Il agissait toujours par pur patriotisme, sans être revêtu d'un caractère officiel, et donnait ainsi dans sa vieillesse l'exemple du travail civique et de l'initiative nécessaire à notre jeune démocratie.

La reconnaissance de ses compatriotes lui imposa de nouvelles charges : une candidature sans succès, en 1866, au conseil général ; plus tard, le mandat de conseiller municipal, enfin les fonctions de juge de paix. C'était en 1870 ; il avait déjà 67 ans, et sentait, disait-il, sa fin approcher plus vite que celle de son ouvrage. Mais la patrie en deuil faisait appel à son dévouement. Sacrifiant son repos, ses études, son temps, Dessalles accepta ces fonctions. Après y avoir apporté son activité et son zèle accoutumés, il subit en 1871 le sort des juges de paix républicains, et, bizarre coïncidence, le même homme qui avait signé sa première nomination aux archives, M. Thiers, signa sa révocation de juge de paix.

Sans amertume, Dessalles reprit ses travaux ; mais la vieillesse était venue. La maladie dont il avait déjà souffert prenait des proportions alarmantes ; des crises se succédaient à des intervalles de plus en plus rapprochés. Le travail de bureau lui devint difficile, pénible : il trouva une noble distraction en travaillant pour le parti républicain on sait avec quelle ardeur au 16 Mai ! Au milieu de ses parents, de ses amis et de ses concitoyens qui le comblaient d'attentions et de respect, entouré des soins les plus attentifs et les plus délicats d'une compagne dévouée, Dessalles, pendant deux ans, vit approcher pas à pas la mort. Elle ne l'effraya point. Son esprit droit et ferme, tout imprégné des grandes leçons du passé et des nobles exemples de ses maîtres, repoussa toute concession à des prières intéressées et resta fidèle à un dieu sans église, le « dieu des philosophes et des bonnes gens. »

Quand parut la biographie de Daunou, par Guérard (1), Dessalles commença un article pour offrir à tous, dit-il, comme modèle, ces belles et glorieuses individualités qui excitent l'admiration, donnent l'attrait de l'étude, déterminent la vocation, rendent le devoir facile. Lui-même, au moment de sa mort, ne fut pas infidèle à ce modèle ; et la fin du disciple ressemble à celle du maître. Voici en quels termes Guérard raconte la mort de Daunou : « Après avoir souffert pendant plus de deux mois les douleurs aigües d'une maladie de vessie, lorsqu'il eut corrigé les dernières épreuves du 20° volume des *Historiens de France*, et tracé d'une plume défaillante sa volonté dernière, il mourut comme il avait vécu, avec la simplicité, la modestie et le calme d'un philosophe.

» Du moment qu'il s'était senti frappé à mort, il avait eu le soin, pour prévenir et non pour causer un affligeant scandale, de défendre sévèrement qu'aucun prêtre entrât chez lui, et que son corps fût présenté à l'église. Toute tentative pour faire lever cette défense serait nécessairement restée infructueuse, et n'aurait abouti qu'à la confirmer. Cette conduite, au dernier période de sa vie, n'a pas manqué d'affliger beaucoup de ses confrères ; néanmoins je n'ai pas craint de la rappeler, non-seulement parce qu'elle a eu de l'éclat, mais encore parce qu'elle achève de caractériser l'homme et de faire briller sa constance aux yeux mêmes des personnes qui ne l'approuveraient pas.

» Conformément à ses prescriptions, ses obsèques se firent le matin dans le plus simple appareil. Il y eut un grand concours à son convoi, et le peuple qui le vit passer, put croire qu'il s'agissait d'un personnage illustre, quoiqu'il n'eût pas su dire son nom, et qu'il ignorât que dans ce personnage, qui n'avait jamais été son flatteur, il avait perdu peut-être le plus sincère et le plus vertueux de ses amis. »

Deux fois, en 1863 et en 1873, se rappelant la mort calme et antique de Daunou, Dessalles disait à celui qui écrit ces lignes : « Tu es jeune et tu assisteras probablement à ma fin. Je te recom-

---

(1) Notice sur Daunou par Guérard. — Paris 1855. — In-8°. — L. Dumoulin, éditeur.

mande de ne pas permettre que les prêtres, par des cérémonies auxquelles je ne crois pas, viennent troubler mes derniers moments. » Le 19 novembre il fit à la même personne et à sa femme, qui ne devait lui survivre que de quelques jours, la même recommandation. Le lendemain il mourait à 7 heures du matin. La ville du Bugue lui fit de magnifiques funérailles laïques. L'empressement qu'on mit à suivre le cortège est aussi honorable pour la population, qui montrait à la fois son indépendance et sa reconnaissance, que pour le citoyen qui inspirait ces regrets presque unanimes.

Le disciple est mort comme le maître ; ils sont restés fidèles à cette philosophie du XVIII° siècle dont nous pouvons dire avec Guérard, qui cependant ne l'aimait pas, que Daunou et Dessalles sont le produit glorieux, « l'expression la plus pure et la plus élevée, et qu'ils en réunissent tout ce qu'elle peut avoir de bon, tout ce qu'elle peut avoir de grand. » Au lieu de Paris, nous voyons une petite ville, au lieu de l'historien national, l'historien d'une province, au lieu de la large appréciation de Guérard, l'intolérance cléricale ; mais, au milieu de ces différences, deux choses restent identiques : la constance du philosophe et la fidélité du peuple à l'ami vertueux et sincère qu'il vient de perdre.

Comme Dessalles le craignait, la fin de sa vie était arrivée plutôt que la fin de son œuvre. L'*Histoire du Périgord* est restée inachevée. Elle va des temps les plus reculés aux guerres de religion. Quelques mois avant sa mort, Dessalles rédigeait le chapitre intitulé : *De la Réforme en Périgord*.

Cette histoire devait avoir cinq volumes : elle n'en compte dans le manuscrit que quatre ; et encore nous n'avons que le début du quatrième.

La publication que j'ai mission de faire ne comprend que ce qu'a rédigé Dessalles. Je n'y ai rien changé, ni rien ajouté. Une œuvre de ce genre, quoique inachevée, doit conserver son caractère et son originalité native. C'est le suprême hommage de Dessalles au Périgord.

G. ESCANDE.

BIBLIOGRAPHIE

OUVRAGES ET ARTICLES SUR LE PÉRIGORD

Rapport au Préfet de la Dordogne sur les archives des comtes du Périgord, Paris 1842, broch. in-8°.

Périgueux et les deux derniers comtes du Périgord, Paris 1847, 1 vol. in-8°, Dupont.

Histoire du Bugue, Périgueux, in-8°, 1857.

De l'administration du Périgord, broch. Périgueux, Dupont, 1858.

Établissement du christianisme en Périgord, Périgueux, broch. in-8°, 1862, Dupont.

1839. — *Étude sur Bertrand de Born*, Écho de Vésone.

1839. — *Essais sur les troubadours*, Écho de Vésone.

1839. — *Recherches sur les damoisels*, Le Conservateur.

1839. — *Les Redevances bizarres*, Le Conservateur.

1839. — *Recherches sur le mot Domaine*, Le Conservateur.

1839. — *Chronique de Clément Duguesclin*, Journal général de France.

1840. — *De l'hommage et du serment de fidélité*, Le Conservateur.

1840. — *Bertrand de Born*, Le Conservateur.

1840. — *Quelques observations sur le patois et sur la manière de l'écrire*, Le Conservateur.

1841. — *De l'extinction de la mendicité* (19 et 23 mai, 4 juin) Écho de Vésone.

1841. — *Des difficultés que présente l'étude de nos anciens idiomes vulgaires*, Écho de Vésone.

1841. — *Des moyens à employer pour reconstituer la grammaire de la langue française*, Écho de Vésone.

1841. — *Correspondance diplomatique de Bertrand de Salignac de La Mothe Fénelon*, Écho de Vésone.

1841. — *Histoire de la littérature française*, Écho de Vésone.

1841. — *Philologie française*, Écho de Vésone.

1842. — *Alice de Montfort et ses sœurs*, Écho de Vésone.

1842. — *Critique sur l'*Histoire politique et religieuse du midi de la France, *par Mary Lafon*, Mémorial Bordelais.

1844. — *Analyse des fables de Lachambaudie*, Écho de Vésone.

1844. — *Essai sur les légendes pieuses du moyen âge*, Écho de Vésone.

1846. — *La vapeur, de Pierre Lachambeaudie*, Écho de Vésone.

1849. — *De la commune* (7, 9, 10, 11 janvier, feuilleton), Écho de Vésone.

1850. — *Les joies du gay savoir*, l'Institut.

1855. — *De l'administration en Périgord* (27 septembre, 4, 11, 25 octobre, 8 novembre, Écho de Vésone) et Périgueux, Dupont, broch. 1858.

1855. — *Rapport sur l'état présent des archives municipales de Sarlat et sur leur état passé*, Périgueux, Dupont, 1855 brochure de 8 pages.

1856. — *L'industrie commerciale, agricole et manufacturière en Périgord, du troisième au dix-neuvième siècle* 2, 17, 31 janvier, 14, 28 février, 1ᵉʳ septembre, Écho de Vésone.

1857. — *Des noms de lieux* (13, 15 et 23 février) Écho de Vésone.

1858. — *M. Mérilhou*, Echo de Vésone.

1859. — *Quelques rapprochements historiques à propos de l'architecture byzantine en France et particulièrement en Périgord* (15 décembre), Écho de Vésone.

1859. — *De la culture du tabac en Périgord* (15 mars). Écho de Vésone.

1859. — *Étude sur le Dictionnaire de l'Académie française*, Écho de Vésone.

1859. — *Considérations sur les mœurs, les habitudes, les tendances en Périgord*, Écho de Vésone.

1860. — *Duguesclin à Périgueux* (15 mars), Echo de Vésone.

1861. — *Lettre à M. de Gourgues sur les noms de lieux*, Echo de Vésone.

1861. — *Arnaud Daniel* (13 et 14 mars), Écho de Vésone.

1861. — *Lettre sur l'histoire du Bugue* (17 juillet), Écho de Vésone.

1861. — *Les rôles gascons* (10 juillet), Écho de Vésone.

1861. — *La Dordogne et ses péages* (11 avril), Écho de Vésone.

1863. — *Notice sur Paunat* (5 et 6 mai), Écho de Vésone.

1864. — *Quelques nouveaux détails sur l'établissement du christianisme en Périgord*, Écho de Vésone.

1864. — *Les armes de la ville de Bergerac* (13 février), le Journal de Bergerac.

1864. — *Lettre rectificative sur la note de la rédaction du* Journal de Bergerac *concernant l'article dit des armes de la ville de Bergerac*, le Journal de Bergerac.

1865. — *Ribeyrac* (21 à 25 juillet), Écho de Vésone.

1865. — *Les patois* (1ᵉʳ juin), Écho de Vésone.

1865. — *La foire de Saint-Louis au Bugue* (15 juin), Écho de Vésone.

1865. — *Notice sur Bergerac* (5, 6, 7, 8 février, feuilletons), Écho de Vésone.

1866. — *Le général Mataly de Marans* (signé La Cluze) 30 mars, Écho de Vésone.

1866. — *Hôpital de la ville franche de Belvès* (13 janvier), id.

1866. — *Lettre au rédacteur de l'Echo de Vésone sur les dates chronologiques et sur le commencement de l'année* (16 janvier), Écho de Vésone.

1867. — *L'agriculture, l'industrie, le commerce dans l'arrondissement de Sarlat* (18, 20 décembre), Écho de Vésone.

1867. — *La Guienne monumentale* (1ᵉʳ, 2 août), Écho de Vésone.

1868. — *La Dordogne et ses péages* (11 et 12 avril), Echo de Vésone.

1869. — *La trêve ou paix de Dieu* (22 et 23 juin), Écho de Vésone.

1870. — *La cour plénière*, le Glaneur.

1871. — *Le livre des Bouillon*, (archives municipales de Bordeaux), (3, 6, 22 mai, 6 juin), Écho de Vésone.

1872. — *La Société au onzième siècle (états des personnes en Périgord)* (25 avril), Écho de Vésone.

DANS LE CALENDRIER ADMINISTRATIF DE LA DORDOGNE

Le procès de Robert d'Artois et ses suites, 1842.

L'Hôpital de Montpaon, 1843.

Notice historique sur le cardinal de Périgord, 1844.

Notice historique sur Pierre de Ranconnet, 1845.

Notices biographiques sur Pierre Itier, évêque de Sarlat, et sur Christophe de Roussignac, président du parlement de Bordeaux, etc., 1846.

Notice historique sur Jean de Chambrillac, 1847.

Notice biographique sur Arnaud de Cervole, dit l'Archiprêtre, 1848.

Geoffroi, prieur du Vigeois, 1856.

DANS LES *Annales agricoles et littéraires de la Dordogne* ET DANS LES *Annales de la Dordogne*.

1840. — *De l'agriculture*.

1841. — *Confiscation du duché de Guienne*.

1842. — *Les pastoureaux de 1320.*

1843. — *Épisode de l'histoire de Périgueux.*

1843. — *Seguin de Badefol.*

1844. — *Les archiprêtrés du Périgord.*

1845. — *Le Périgord et ses limites.*

Dans les Annales de la Société archéologique du Périgord ont paru diverses communications.

ŒUVRES DIVERSES.

Mystères de Saint-Crépin et Saint-Crépinien, Paris, 18, 1 vol. in-8°. Sylvestre, édit.

Archives du royaume et hôtel de Soubise (dans *Paris pittoresque*).

Le Trésor des chartes, sa création, ses gardes et leurs travaux, broch. in-4°, 1844, impr. royale.

La rançon du roi Jean, Paris, 1850, 1 vol. gr. in-12.

Les villes du Périgord (dans les *Villes de France,* de Guilbert).

Lacondamine (dans l'Encyclopédie des connaissances utiles).

Essai sur le denier, dans le journal *le Puy Artésien,* 1844.

Le Roman du renard (Revue française).

G. E.

INTRODUCTION

Avant que le Périgord ne constitue une province particulière, délimitée et vivant de sa vie propre, nous le voyons perdu dans cette immense région du nord de l'Europe, le pays des Scythes, où la conquête romaine marque d'abord la Gaule, puis en Gaule l'Aquitaine. Dans le cadre de cette histoire n'entrent pas les études sur les populations préhistoriques, quoiqu'elles eussent en Périgord leurs plus importants établissements, ni la description des mœurs des Gaulois. Ce sont les chapitres d'une histoire générale de l'humanité et de la France. Nous étudierons uniquement l'origine des populations de cette contrée.

La race des Ibères occupait le pays compris entre la Loire et les Pyrénées. L'Aquitaine, jadis appelée Armorique (1), comprenait cette vaste région, et non pas seulement le pays situé entre les Pyrénées, la Garonne et la mer. Le désaccord entre César et Pline s'explique par l'incertitude des premiers renseignements ; mais la ressemblance des peuples habitant entre la Loire et la Garonne d'une part, et la Garonne et les Pyrénées d'autre part, démontre l'unité de leur origine. Le Périgord vécut obscurément de la vie de cette région et fut peuplé par la même race, à laquelle se mêlèrent les Celtes.

L'Ibère était sanguin, bilieux, nerveux, point sujet à l'embonpoint ; large d'épaules, de taille moyenne, il était doué d'un fort jarret et d'une vigueur extraordinaire ; il avait la peau douce et

---

(1) Pline, livre IV.

unie, d'un blanc terne légèrement basané, à peu près sans incarnat aux joues ; le visage ovale, le sommet de la tête un peu plus élevé que chez les autres espèces blanches, le corps très velu.

Ses dents incisives étaient verticales, son nez bien fait, ses yeux grands et noirs, sans être gros, ses cheveux et sourcils noirs ou bruns, épais et naturellement touffus. Ce type, nous le retrouvons encore souvent, avec toute sa pureté primitive, dans tous les pays compris entre la Loire et les Pyrénées. Après s'être installés le long du littoral, les Ibères, méfiants et aventureux, pour fuir le contact des populations blondes et s'installer en lieu sûr, remontaient les vallées : celles du Lot, du Dropt, de la Dordogne, de la Vézère, de l'Isle, de la Charente et de la Vienne, qui permettent de gagner l'intérieur des terres sans beaucoup de difficultés et même de remonter jusqu'en Auvergne. Ils les occupèrent, laissant peut-être les plaines aux Santons de race blonde, et se groupèrent par tribus séparées, sans s'allier aux autres races (1).

Les villes, dont la fondation *se perd toujours dans la nuit des temps*, constituent, par les emplacements qu'elles ont occupés, une preuve péremptoire de cette origine. Avaricum (Bourges), Lemovicum (Poitiers), Augustoritum (Limoges), Augusto Nemetum (Clermont), Divona cadurcorum (Cahors), Aginnum (Agen), Rastiacum (Angoulême), Vesonna (la ville primitive des Petrocoriens), etc., placés sur des collines, dans des gorges ou des plis de terrain, ont été d'abord des abris et des refuges. La race brune fut la première

---

(1) Nous avons supprimé trente pages de l'introduction. Elles étaient relatives aux mœurs des Gaulois en général. Ces pages, écrites depuis longtemps, et sous l'influence de préoccupations d'ordre général, paraissaient à M. Dessalles convenir à une histoire de France, et non à l'histoire d'une province. Il m'avait manifesté souvent l'intention de les supprimer. En ne les publiant pas, je me suis conformé aux intentions de l'auteur.

Voici le sommaire des parties supprimées : Origine des Gaulois ; leurs migrations en Grèce, etc.; constitution physique, caractères, institutions, armes, religion, industrie, commerce, monuments, lettres, sciences et arts ; commerce, rapports avec les autres peuples. Aquitains, Ibères, costume, armes, etc. Sur les monuments attribués aux Gaulois, dolmens, allées couvertes, et sur les armes dites gauloises, les idées de M. Dessalles s'étaient, au reste, profondément modifiées depuis les découvertes faites aux Eyzies.

G. E.

occupants de ces contrées, qui ont toujours gardé, soit dans le langage, soit dans les mœurs, des signes caractéristiques de leur origine. Aussi Auguste rendit-il avec raison à l'Aquitaine ses anciennes limites jusqu'à la Loire (36 ans av. J.-C.) et en forma-t-il une province qui fut maintenue dans son intégrité jusqu'au IV° siècle.

Parmi les peuplades qui l'habitaient, on cite les Petrocoriens, ou mieux Petragoriciens. Ils étaient entourés par les Alvernes (Auvergnats) ; les Cadurciens (Quercinois) ; les Lemovices (Limousins) ; les Nitiobriges (Agenais) ; les Agenisates (Angoumoisiens) et les Bituriges viburci (Bordelais).

Les Ibères s'habillaient de peau, portaient les cheveux ras, et dédaignaient les ornements chers aux autres barbares. Ils habitaient des huttes couvertes de bardeaux, comme les Gaulois, ou des cavernes. Ils combattaient avec l'épée et la fronde, sans casque, isolément. Nous n'avons aucun document ni sur leurs cérémonies civiles, ni sur leur religion.

Les Ibères s'adonnaient à l'agriculture et à l'exploitation des mines. C'est sans doute la prospérité qui en résulta qui décida Agrippa à ouvrir à travers les Cévennes un chemin vers la Saintonge.

Ils entrèrent en relation avec les Carthaginois et leur fournirent des auxiliaires. Ils se mêlèrent aux Celtes, d'où les peuplades dites Celtibères.

L'Aquitaine, attaquée en 675, envahie par les lieutenants de César, ne fut définitivement soumise que sous Auguste par Agrippa, et plus tard par Messala. Le Périgord fut donc gouverné comme l'Aquitaine, et subit les alternatives de paix et de trouble que les guerres civiles et les révoltes occasionnaient ; souffrit de l'épouvantable oppression de Caracalla, qui fit acheter si cher aux peuples voisins le droit de cité qu'il leur imposait à tous indistinctement, et ressentit très douloureusement l'insurrection des Bagaudes. Les témoignages de Salvien et de St-Prosper d'Aquitaine, ne laissent pas de doute à ce sujet.

Ce serait le cas de s'arrêter ici, de faire connaître l'ensemble des transformations survenues dans l'empire sous le règne de Constantin, et d'aborder ensuite l'histoire du Périgord telle que les monuments nous la racontent, à partir du moment où il eut une vie à part. Mais comme il est certain que les changements commencés par Constantin ne s'achevèrent que sous Honorius et Théodose, il importe de les suivre dans leur marche progressive, afin de dégager du monde romain la province de Périgord.

À l'avènement de Constantin, l'Aquitaine ne formait encore qu'une province ; elle en formait deux vers 370 et trois vers 417, et le nombre de ses présidents augmentait proportionnellement. (1)

On a prétendu à tort que Constantin divisa l'empire en *diocèses*, et que c'est à cette division que les diocèses ecclésiastiques empruntèrent leurs circonscriptions. Il est vrai qu'il donna le nom de diocèse aux quatre grandes provinces de l'empire, à la tête desquelles il plaça quatre préfets du prétoire ; mais ce mot diocèse, emprunté au grec *dioikèsis*, était pris dans le sens large et primitif *d'administration* en général ; il n'avait pas encore le sens restreint et spécial que lui donnèrent plus tard les chrétiens. Le diocèse ecclésiastique fut calqué, longtemps après Constantin, sur la circonscription territoriale de la cité, qui reçut d'abord, parait-il, le nom de *paroisse*, du grec *paroikia*, *réunion d'habitations*. Il en résulte qu'il y eut, dans l'Aquitaine, autant de diocèses qu'il y avait de cités, lorsque cette partie des Gaules fut divisée en trois provinces, comme cela résulte de la nomenclature suivante, qui comprend les noms des cités de ces trois provinces, à la fin du quatrième siècle, et que ce fut la circonscription de ces provinces, qui donna naissance aux archevêchés, tels qu'ils subsistent encore aujourd'hui.

PREMIÈRE AQUITAINE.

Bituriges cubi (Berrichons), capitale Avaricum (cité des Bituriges) Bourges ;

Les Alvernes (Auvergnats), capitale Augusto-Nemetum ou Nemossus (cité des Alvernes) Clermont.

Les Ruthènes (Rouergas), capitale Segodunum (cité des Ruthènes) Rodez.

---

(1) Inscription publiée par Grutus. Sextus Rufus. Script. hist. Rei. Rom, t. 2, p. 102, semblerait dire qu'elle en formait trois, peu de temps après 300, mais on verra plus bas que ces trois provinces n'existaient pas encore en 401.

Les Cambolectres (Albigeois), capitale Albiga (cité des Albigeois) Alby.

Les Cadurciens (Quercinois), capitale Divona-Cadurcorum (cité des Quercinois) Cahors.

Les Lemovices (Limousins), capitale Augustoritum (cité des Lemovices) Limoges.

Les Gabales (habitants du Gevaudan, capitale Mimate (cité des habitants du Gevaudan) Mende.

Les Vellauvans (habitants du Velay), capitale Anassium (cité des habitants du Velay) Le Puy.

DEUXIÈME AQUITAINE.

Les Bituriges vibici (Bordelais), capitale Burdigala (cité des Bordelais) Bordeaux.

Les Nitiobriges (Agenais), capitale Aginnum (cité des Agenais) Agen.

Les Agesinates (Angoumoisins), capitale Rusticum (cité des Agesinates) Angoulême.

Les Santons (Saintongeois), capitale Médiolanum (cité des Santons) Saintes.

Les Pictons (Poitevins), capitale Lemanium (cité des Pictons) Poitiers.

Les Petrocoriens et mieux Petragoriciens (Périgourdins), capitale Vesonna (cité des Pétragoriciens) Périgueux.

NOVEMPOPULANIE.

Les Elusates (Auchois), capitale Elusa (cité des Elusates), Eause ville détruite.

Les Aquens (habitants du pays d'Acqs), capitale Aqua tarbellica (cité des Aquens) Dax.

Les Lactorates (Lectouriens), capitale Lactora (cité des Lectoriens) Lectoures.

Les Convennes (Commingeois), capitale Lugdunum (cité des Convennes) S. Bertrand de Comminges.

Les Conserans (Conserans), capitale Conseranum ville détruite (cité des Conserans) S. Lisier.

Les Boïens, (habitants du pays de Buch) capitale Lupurdum (cité des Boïens) Bayonne.

Les Bénéarnes (Béarnais), capitale Lascuva (cité des Bénéarnes) Lescas.

Les Adoures (habitants du pays d'Aire,) capitale Atura (cité des habitants du pays d'Aire) Aire.

Les Vasates (Bazadais), capitale Vasates (cité des Vasates) Bazas.

Les Bigorriens (Bigarrais) capitale Tarba (cité des Bigorriens) Tarbes.

Les Elorones (habitants du pays d'Oléron) capitale Elorona (cité des Elorones) Oléron.

Les Ausques (Auchois), capitale Ausca (cité des Ausques) Auch. Cette dernière cité et celle d'Eause, ne formèrent qu'une seule province dans le moyen-âge, et de nos jours, Eause n'est qu'un chef-lieu de canton du département du Gers.

Avant la Révolution, toutes ces anciennes cités constituaient autant d'évêchés et formaient trois archevêchés correspondants aux trois provinces indiquées plus haut. Aujourd'hui même la première et la deuxième Aquitaine n'ont pas varié pour les circonscriptions ecclésiastiques. Dans la Novempopulanie seule le nombre des évêchés a été réduit.

Il y avait, à Bayonne, *un tribun de la cohorte novempopulanienne*, en Auvergne, *un préfet des Letes gentils, Suèves de la première Aquitaine* et à Poitiers, *un préfet des Sarmates Taïfales gentils de la seconde Aquitaine*. Telle était à peu près l'organisation administrative supérieure vers la fin du IV° siècle.

Mais en dehors de l'action directe de l'autorité, sur toute l'étendue de l'empire, pour défendre le pays, y maintenir l'ordre, appliquer les lois dans l'intérêt de l'Etat, il y avait les institutions particulières à conserver et perfectionner, les intérêts subalternes à sauvegarder, les besoins locaux à satisfaire. L'Administration des provinces, eut pareillement son organisation toute spéciale.

Quand Auguste, à l'Assemblée générale de Narbonne, s'occupa du tribut à payer par les Gaules, il suscita beaucoup de résistances ; cependant Drusus et Germanicus, chargés du dénombrement de la population, le firent avec succès. Or, il n'est pas douteux que si Drusus et Germanicus réussirent, c'est qu'ils se mirent en contact immédiat avec les Gaulois, par les Assemblées dans lesquelles eurent évidemment lieu toutes les explications nécessaires. Selon toute apparence, ces Assemblées durent, comme celle de Narbonne, réunir les représentants de toutes les provinces. Ces Assemblées, du reste, n'avaient pas été instituées pour la circonstance ; elles étaient consacrées par le temps et se continuèrent après que Drusus et Germanicus eurent accompli leur mission. Tous les historiens sont d'accord à ce sujet ; mais comme ils se taisent sur la marche que suivit cette vieille institution gauloise, durant les trois premiers siècles de l'occupation romaine, et comme surtout ils ne nous apprennent rien sur l'époque où les intérêts des populations se trouvèrent scindés, au point qu'on dut créer une Assemblée particulière pour ce qu'on appelait alors les cinq provinces, il faut se borner à dire que l'Assemblée des cinq provinces fonctionnait régulièrement au IV° siècle, sans chercher à remonter à l'origine de la formation de cette Assemblée.

C'est à cette Assemblée des cinq provinces que députait l'Aquitaine, divisée alors en Aquitaine proprement dite et Novempopulanie, et formant par conséquent deux provinces, qui, avec la Viennoise, la Narbonnaise et les Alpes-Maritimes, constituaient les cinq provinces ayant leur représentation à part.

Cet état des choses est attesté par les actes du Concile de Valence de 374, par une loi du code Théodosien de 399, et même par les actes du Concile de Turin de 401. Il avait cessé d'exister en 417, comme on le voit par des lettres du pape Zozime de cette année (1) où il est parlé des sept provinces, et par l'édit d'Honorius et Théodose de 418 (2), relatif à l'organisation représentative de ces sept provinces, la Viennoise, la première Aquitaine, la seconde Aquitaine, la Novempopulanie, la première Narbonnaise, la seconde Narbonnaise et les Alpes-Maritimes.

Il résulte de ces données que l'Aquitaine était bien réellement

---

(1) Labbe, concil, t. II, col. 1566 et 1567.

(2) Rec. des hist. de Fr., t. 1, p. 566.

divisée en deux parties en 374, et probablement dès 370 ; et qu'elle ne fut divisée en trois que dans le V° siècle, entre 401 et 417, qu'elle eut une représentation à part avec d'abord les trois et ensuite les quatre autres provinces signalées plus haut, au moins à partir de la même époque.

L'organisation résultant de l'édit d'Honorius et de Théodose ne dura pas longtemps, comme nous l'apprennent les évènements subséquents ; mais il n'en est pas moins vrai que par le seul fait de son existence il demeure constaté que cette province, de même que les autres, devait avoir des intérêts à part auxquels l'autorité supérieure crut de son devoir de porter une attention particulière. Or à quoi faut-il attribuer cette distinction, cette séparation d'intérêts, sinon au caractère des peuples, à leur condition antérieure, à leur goût, à leurs habitudes et même à leur langage, que les auteurs contemporains reconnaissent être distinct de celui des autres habitants des Gaules, et leur donner une aptitude toute spéciale à parler latin? La race Ibérienne ne s'était donc pas encore fondue avec les autres peuples répandus sur les Gaules, même au V° siècle de notre ère.

J'ai donné plus haut la nomenclature des cités des trois Aquitaines ; je crois devoir terminer ces aperçus par des détails sur l'organisation administrative.

Avant Caracalla, il y avait en Aquitaine, comme dans toutes les autres provinces, des *Municipes*, agglomérations de familles d'origine gauloise ou ibérienne, jouissant d'une constitution municipale analogue à celle de Rome ; il y avait aussi des *colonies*, c'est-à-dire des groupes d'habitations fondées par les vainqueurs, qui avaient également apporté de Rome des institutions municipales. Enfin des centres de population conservaient leurs anciennes institutions et ne jouissaient pas des immunités découlant de la loi romaine. Avec Caracalla, ces distinctions disparurent et chaque peuple constitua une *cité*, image réduite de la métropole. Il suit de là que la cité n'était pas seulement une ville, mais qu'elle comprenait toute la circonscription du territoire d'un peuple. Il y eut donc en Aquitaine autant de cités que de peuples.

Indépendamment des formes municipales dont elles étaient dotées depuis Caracalla, les cités furent placées sous l'autorité de préfets ayant pour attribution spéciale de surveiller en général et de présider parfois les assemblées électorales (1). Plus tard, ces agents prirent le nom de comtes. Une loi qui nous a été conservée nous apprend que les préfets furent quelquefois nommés par le peuple ; mais il paraît constant que les comtes restèrent à la nomination des empereurs.

Les attributions des comtes étaient de traiter les affaires des cités et de rendre la justice ; ils devaient régler le commerce extérieur et veiller à l'ordre public. A eux aussi incombait le soin de fournir des moyens de transport, dans des cas donnés, etc., etc.

Quand le christianisme eut acquis assez d'importance pour donner aux évêques une position spéciale dans la cité, ils eurent leur place distincte à côté de celle du comte.

Cette organisation complexe ne se trouva développée dans tout son ensemble qu'au commencement du ve siècle, juste au moment de l'invasion des Barbares, qui jeta la perturbation partout, rendit toute régularité impossible et força les populations à s'isoler les unes des autres, pour vivre chacune de sa vie propre.

Je m'arrêterais donc ici, pour ne plus m'occuper désormais que de la cité des Pétragoriciens, objet spécial de mes études, si je n'avais à donner un aperçu rapide, mais aussi exact que possible, du mouvement religieux.

S'il fallait s'en rapporter aux légendes pieuses, chaque province de l'Aquitaine, comme des autres parties des Gaules, aurait eu son missionnaire, son propagateur de la foi, dès le premier siècle, et même souvent dès la première partie du premier siècle, envoyé de Rome par Saint-Pierre ou venu par une inspiration d'en haut, pour répandre les idées chrétiennes et fonder une église dont il aurait été le premier évêque.

A en croire au contraire les écrivains chrétiens, dont les œuvres inspirent toute confiance, à la manière dont s'expriment les chroniqueurs contemporains, et de l'avis des modernes les plus impartialement dévoués au christianisme, cette religion se produisit tard dans les Gaules et fut primitivement prêchée, dans l'Aquitaine, par saint Martial et saint Austremoine, au IIIe siècle.

---

(1) Raynouard, Hist. du droit municipal, t. I, p. 111 et 112.

Selon la saine critique, les données historiques en général et les faits qui résultent formellement du rapprochement de documents propres à dégager la vérité, l'introduction du christianisme, dans l'Aquitaine, comme dans le reste des Gaules, serait surtout l'œuvre de saint Martin de Tours et de ceux qu'il initia à la foi nouvelle.

La légende et les traditions n'ont pas même le mérite d'être probables. Les faits sont constamment en contradiction avec elles. Il suffit de la moindre connaissance des mœurs et des usages des Aquitains et des gallo-romains, de l'organisation de la société au premier siècle et de l'état des croyances à cette époque, pour reconnaître l'inanité de ces récits, qu'une religion mal entendue et ignorante a pu seule imaginer, car il n'est pas possible d'admettre qu'un système préconçu ait présidé à la rédaction de ces contes pieux, sans valeur et sans utilité pour la cause qu'on semble avoir voulu servir.

Les chroniqueurs, les historiens, tels que Sulpice-Sévère, Grégoire de Tours, etc., qui ont écrit de la meilleure foi du monde sur les premiers temps du christianisme, n'ont pas eu à leur disposition toutes les ressources nécessaires pour raconter, dans leur ensemble, les événements qui présidèrent à l'établissement du christianisme dans les Gaules et ont donné presque toujours à des faits isolés une portée et une influence qu'ils n'eurent jamais, croyant à tort que ces faits constituaient de véritables résultats, tandis qu'il n'aurait fallu y voir qu'un premier pas dans une carrière longue et difficile à parcourir. Il n'est pas douteux, en effet, que le christianisme eût des adeptes qui, dès la fin du IIe et surtout au IIIe siècles, essayèrent de pénétrer dans les Gaules et y recueillirent quelques rares sympathies qui leur valurent des disciples affectueux et dévoués ; mais leurs succès furent des plus modestes et ne leur laissèrent que des espérances bien éphémères. Au temps où saint Martin se voua à l'apostolat, la situation était radicalement changée. Le chef de l'empire était chrétien, la liberté de conscience était proclamée, des décrets autorisaient la démolition des temples inutiles ; l'arianisme, qui d'abord avait eu du succès au détriment du polythéisme, était vivement combattu par l'orthodoxie ; les esprits, ébranlés dans leur croyance primitive, ne demandaient pas mieux que de se rattacher à des idées nouvelles qui promettaient un bel avenir ; l'état de la société, constamment en péril, appelait une organisation plus stable, tout, en un mot, était parfaitement disposé pour le succès d'une prédication dirigée avec une conviction profonde et soutenue par le dévouement, l'abnégation et des intelligences d'élite ; on sait ce qui se produisit au IVᵉ siècle, sous l'influence de Martin, dont les efforts soutenus furent parfaitement secondés et dont l'aptitude à organiser trouva, dans les changements administratifs commencés par Constantin et continués par ses successeurs, des ressources parfaitement propres à seconder ses desseins. C'est, en effet, à partir du IVᵉ siècle que nous voyons les diocèses constitués et des évêques régulièrement placés à leur tête. C'est alors que le polythéisme s'efface, que l'arianisme s'amoindrit et que l'orthodoxie prend un grand développement, sous l'influence des établissements religieux dont saint Martin fut le propagateur, sinon l'introducteur dans les Gaules.

HISTOIRE DU PÉRIGORD

LIVRE PREMIER

CHAPITRE PREMIER

Le Périgord, ses limites, son étendue, sa configuration, sa position géographique.

Le territoire des *Petragoriciens*, placé d'abord dans la Celtique, fut réuni à l'Aquitaine par Auguste ; plus tard, il fit partie de la deuxième Aquitaine, sous le nom de cité des Petrocoriens *(civitas Petrocoriorum)*, que j'appelle *cité des Petragoriciens* ; la forme *Petragoricien* est dérivée de *Petracorium*, usitée dans le haut moyen-âge ; c'est de Petrocorium qu'est venue aussi la forme *Peyragort*, constamment employée depuis le haut moyen-âge avant celle de *Périgord*, dont fit usage la sénéchaussée.

Selon les anciens, le pays des Petragoriciens avait pour limites au nord, les Santons et les Lemovices ; au levant les Lemovices ; au midi, les Cadurciens et les Nitiobriges ; au couchant, les Bituriges vibices et les Santons. Au Moyen-Age, lorsque la France fut divisée en provinces et sénéchaussées, le Peyragort se trouva borné au nord, par l'Angoumois et le Limousin ; au levant, par le Bas Limousin ; au midi, par le Quercy et l'Agenais ; au couchant, par le Bordelais et la Saintonge. (1)

La question de l'étendue du Périgord, pendant les temps anciens et la plus grande partie de la durée du Moyen-Age, a été souvent

---

(1) Voir *l'Echo de Vesonne* du lundi 23 février 1857. Voir aussi le chapitre suivant et les appendices.

agitée, quoique parfaitement claire. Il importe avant tout de déterminer rigoureusement ses limites, afin d'en finir avec les suppositions de toute nature (1).

Dans un travail sur : *les Archiprêtrés en Périgord* (2), je m'appliquai à fixer l'étendue de ces archiprêtrés, en donnant les noms des paroisses qui les composaient. Comparant ensuite quelques-uns de ces archiprêtrés avec les divisions territoriales anciennes, telles que les *centaines*, les *vigueries*, je constatai que la centaine

---

(1) Les monuments historiques, propres à traiter directement cette question, sont trop restreints et surtout trop vagues, pour s'en tenir à eux ; mais il est un moyen sûr d'atteindre le but. Les circonscriptions ecclésiastiques nous le fournissent. Nous avons vu que les divisions territoriales, établies par les Romains, furent exactement adoptées par l'Eglise, et tous les vrais savants modernes s'accordent à dire que les diocèses correspondaient, en tout point, aux circonscriptions des cités. J'aurai donc rempli ma tâche et déterminé les véritables limites du Périgord, quand j'aurai fait exactement connaître l'étendue de l'ancien diocèse de Périgueux.

(2) *Annales agricoles de la Dordogne*, p. 249, 277 et 312, année 1841. Voir aussi l'appendice n° 1.

Depuis la publication de mon travail, on a reproduit trois nomenclatures de paroisses, réparties, dans la première, entre dix-sept archiprêtrés ; dans la seconde, entre vingt-trois, formant eux-mêmes sept diaconats ; quant à la troisième, elle ne porte que l'indication imparfaite de dix-sept archiprêtrés et cinq diaconats. Il suffit d'examiner ces nomenclatures, qualifiées du nom de *pouillés*, pour se convaincre qu'elles ne répondent pas à une classification authentique, et pour qu'on ne donne pas à ces documents plus d'importance qu'ils n'en méritent, quoique recueillis par l'abbé Lespine, dont le nom leur a servi de passeport.

La diversité du nombre des diaconats et des archiprêtrés, donne beaucoup à penser, surtout lorsqu'on présente ces documents comme appartenant au XIII° et au XIV° siècles. On n'est pas moins surpris en présence de la diversité des noms ; mais ce qui étonne le plus, c'est la manière dont les paroisses sont classées et les révélations qu'on y trouve. Il y a aussi de bonnes raisons pour se défier des circonscriptions de ces archiprêtrés. C'est ainsi qu'on est vraiment confondu de voir celui de Neuvic s'étendre jusques à Bergerac et comprendre St-Martin de Bergerac, qui faisait partie de la ville, tandis que celui de St-Marcel avait dans sa circonscription la plus grande partie des paroisses entre Neuvic et Bergerac. Mais sans pousser plus loin ces explications qui prouvent assez que ces documents ne concordent en rien avec les traditions de l'Eglise, disons que les chefs-lieux de Centaines et de Vigueries, devinrent et restèrent chefs-lieux d'archiprêtrés. Mais d'où proviennent donc ces documents ? De certains collecteurs qui, suivant qu'ils étaient plus ou moins au courant du pays, organisaient le service religieux plus ou moins exactement. Les altérations des noms de lieux les plus connus en sont une preuve de plus.

du Bugne et la vignerie de Pilhac correspondaient exactement aux archiprêtrés de même nom. D'où je conclus que les archiprêtrés, quoique d'institution plus moderne que les centaines et les vigneries, n'en avaient pas moins dû être calqués sur elles. Je ne tranchai cependant pas la question et je ne fus pas aussi affirmatif que mes études subséquentes me permettent de l'être actuellement.

En 1846, je publiai un autre article faisant en quelque sorte suite au premier et ayant pour titre : *Le Périgord et ses limites* (1).

Je disais que, de toutes les anciennes cartes de géographie, pas une ne donne au Périgord d'autres limites que celles qu'il a toujours eues dans les temps modernes, et pourtant, comme chacun sait, ces cartes ont été dressées par des savants consciencieux, qui n'ont fait usage que des monuments contemporains les plus authentiques. D'autre part, les renseignements qui nous sont parvenus sur l'état primitif des diocèses de Cahors, d'Agen et de Périgueux, concourent tous à confirmer l'opinion des géographes.

Je reprends ce travail, en procédant dans le sens inverse, et, remontant du connu à l'inconnu, jusqu'aux temps les plus anciens.

La bulle de Jean XXII, pour l'érection de l'évêché de Sarlat, s'exprime en ces termes : « Nous avons voulu *diviser en deux* le dio-
» cèse de Périgueux....... Nous voulons et décidons...... que les
» fleuves de Vézère et de Dordogne, dès à présent et pour toujours,
» séparent, délimitent et rendent distincts lesdits diocèses de Pé-
» rigueux et de Sarlat, comme il suit : c'est à savoir que tout ce qui
» est au delà de ce fleuve de Vézère (par rapport à Périgueux), se-
» lon qu'il descend et coule du château de Larche, en Limousin,
» jusqu'à son confluent au fleuve de Dordogne, près le château de
» Limeuil, où ce fleuve de Vézère perd son nom, et le long du
» cours dudit fleuve de Dordogne jusqu'au château du Fleix, en
» tant que s'étend et qu'on sait que l'ancien diocèse de Périgueux
» consiste, du côté de ladite ville de Sarlat, comment que ce soit,
» appartienne au diocèse de Sarlat...... tout ce qui, au contraire,
» sera au-deçà de ces fleuves (par rapport à Périgueux) restera en
» entier au diocèse de Périgueux (2). »

---

(1) *Annales agricoles*, t. 7, p. 153, 185, 250.

(2) Bulle de Jean XXII, de 1317, voir les *Antiquités du Périgord et du Sarladais*, du chanoine Tarde.

Jean XXII avait donc l'intention de diviser le diocèse de Périgueux en deux diocèses à peu près égaux, et sa bulle détermine très nettement leur séparation. Par malheur elle ne donne pas les limites respectives du diocèse de Sarlat et des autres diocèses circonvoisins. Il résulte cependant de ce silence un fait important, c'est que ces limites étaient tellement connues qu'elles ne faisaient doute pour personne. Cela est si vrai que le chanoine Tarde nous apprend, sans entrer dans aucune explication, que, du côté du diocèse d'Agen, partant de la rive gauche de la Dordogne, en face du Fleix, elles formaient une ligne plus ou moins onduleuse jusqu'à la *Fontaine des Trois Erèques*, près de Villefranche-de-Belvès, actuellement commune de Lavaur; que, du côté du diocèse de Cahors, cette ligne se dirigeait successivement vers la Dordogne, franchissait cette rivière et allait aboutir au *Puy des Trois Erèques*, entre Gignac, Ferrières et Nadaillac, et qu'enfin, du côté du diocèse de Tulle, elle se continuait jusqu'à *Cublac*, près de Terrasson. Ces indications sommaires, recueillies par Tarde, dans un temps où le diocèse de Sarlat existait tel qu'il avait été créé par Jean XXII, acquièrent un caractère de haute gravité, par leur exacte concordance avec l'état des archiprêtrés tels que je les ai fait connaître en 1844. En voici la preuve :

L'archiprêtré qui longeait la rive gauche de la Dordogne et touchait au diocèse d'Agen, sous le nom *d'archiprêtré de Flaugeac*, comprenait St-Nazaire et St-Avit-de-Moiron, en face du Fleix, aujourd'hui département de la Gironde. *Agnac, Quesagret, St-Macaire*, département du Lot-et-Garonne. *L'archiprêtré de Bonniagues*, qui venait ensuite, en remontant vers le Quercy, avait dans sa circonscription non-seulement les communes qui bornent le département actuel de la Dordogne, mais encore toutes celles de la rive droite du Drot jusqu'à la hauteur de *Ferrensac*, à savoir : *Massas, Lalandusse, Douzeins, St-Martin-de-Cahusac, Cahusac, St-Grégoire, St-Front, Castillonnès, St-Martin-de-Carensac et Ferrensac*(1). Celui de *Capdrot*, dans la même direction et dont la circonscription enclavait tout le canton de Villefranche-de-Belvès, moins la com-

---

(1) La carte de l'évêché de Sarlat par Sanson, indique Saint-Front, Castillonnès, Saint-Martin de Ferensac et Ferensac, comme ne faisant plus partie de ce diocèse.

mune de *Campagnac-les-Quercy*, c'est-à-dire toute la partie de ce canton qui confronte actuellement le département de Lot-et-Garonne, réunissait en outre des paroisses qui n'existent pas aujourd'hui comme communes, et dont une partie du territoire n'appartient pas au département de la Dordogne (1).

Ainsi, du côté du diocèse d'Agen, la portion de l'ancien Périgord représentée par le diocèse de Sarlat, comprenait un certain nombre de communes détachées du département de la Dordogne, et ses limites régulièrement déterminées par une ligne courbe plus ou moins accidentée, depuis la rive gauche de la Dordogne jusqu'à la *Fontaine des Trois-Evêques*, où les trois évêchés d'Agen, de Cahors et de Sarlat se rencontraient, s'étendaient un peu au-delà des limites actuelles du département (2).

Du côté du diocèse de Cahors, au contraire, les limites dont parle Tarde, détaillées dans les archiprêtrés de Daglan et de Saint-André, présentent une différence entre celles de l'ancien diocèse tracé par Sanson et celles du département actuel plus exactement calqué sur les limites du Périgord. Le diocèse d'après Sanson ne comprend ni *Sainte-Mondane*, ni *Saint-Julien-de-Lampon*, ni *Calviat*, ni *Peyrillac*, ni *Cazoulès*, ni *Carlux*, ni *Simeyrol*, ni *Orliaguet*, ni *Prats-de-Carlux*, ni *Eybènes*, ni *Eyrignes*, ni *Borèze*, ni *Carlucet*, ni *Saint-Crépin*, ni *Salignac*, ni *Paulin*. Voyons maintenant quelles étaient les limites de l'évêché de Périgueux, en partant du port Sainte-Foi.

L'archiprêtré de *Vélines*, dans lequel *le Fleix* était compris, réunissait exactement toutes les communes du département de la Dordogne situées aujourd'hui sur les confins de celui de la Gironde (3). L'archiprêtré d'Arencourt en comptait une, *Saint-Michel-de-Rivière*, qui appartient à présent à la Gironde ; ceux de Pilhac et du Peyrat (trente-quatre communes unies au département de la Charente),

---

(1) Ces paroisses étaient : Notre-Dame-de-Biron, Lebel, Saint-Germain, Lepic, Saint-Vincent et Criessac.

(2) D'après la tradition ce n'est pas parce que les trois évêchés se rencontraient à cette fontaine qu'elle se nomma la *Fontaine des Trois-Evêques* ; mais parce que les trois évêques s'y réunirent un jour et y prirent un repas qui fit époque.

(3) Moins *Castillon* alors appelé *de Périgord*, qui fit parfois partie du Périgord administrativement sans relever de l'évêché.

avaient été détachés administrativement de la sénéchaussée du Périgord longtemps avant 1789, mais continuèrent à faire partie du diocèse jusqu'à la révolution. Dans l'archiprêtré de Gouts, créé plus tard, nous trouvons la commune de *Combiers* incorporée à la Charente. L'archiprêtré de Nontron qui fait suite, dépendait complètement de l'évêché de Limoges, quoique la moitié environ eût été réunie administrativement à la Sénéchaussée, depuis le commencement du XV° siècle. Celui de Thiviers appartenait tout entier à l'évêché de Périgueux. Il en était de même de celui de Saint-Médard-d'Excideuil qui venait aboutir à la rive droite de la Vézère, dans le voisinage de Larche, moins les communes de *Sarignac-Lédrier, Saint-Mémin, Sainte-Trie, Salagnac, Génis, Teillots* et *Coubjours*.

Il demeure donc démontré, par les faits, que la partie de l'ancien Périgord, correspondant à l'évêché de Périgueux, comprenait deux archiprêtrés que l'Angoumois avait fini par s'approprier, et qu'elle n'avait pas dans sa circonscription, l'archiprêtré de Nontron ; tandis que, du côté du bas Limousin, elle avait à peu près conservé ses bornes primitives, moins sept communes dont Génis seul faisait partie de l'archiprêtré de Saint-Médard (1).

De tout ce qui précède, il résulte qu'à l'époque de la division du Périgord en deux évêchés, les limites de cette province ne s'étendaient pas au delà de sa circonscription naturelle, ni du côté du bas Limousin auquel diverses communes ont été empruntées, ni du côté du Quercy, ni du côté de l'Agenais, quoique, dans cette direction, il comprit un certain nombre de paroisses qui depuis en ont été détachées; qu'il en était de même du côté du Bordelais, mais que vers l'Angoumois, il possédait au moins deux archiprêtrés détachés depuis, et que, vers le haut Limousin, il ne s'étendait même pas à la moitié de l'archiprêtré de Nontron. D'où je conclus que, sans des preuves irréfragables constatant que le Périgord avait plus ou moins d'étendue antérieurement au XIV° siècle, il faut nécessairement admettre que la circonscription de son territoire ne varia ja-

---

(1) Je dois citer encore à l'appui de ce qui précède la visite du diocèse de Périgueux, en 1304, par Bertrand de Got, archevêque de Bordeaux, depuis pape sous le nom de Clément V, rapportée en son lieu, qui toutefois laisse à désirer sous le rapport de noms quelquefois altérés.

mais depuis l'occupation romaine jusqu'à nos jours à quelques légères modifications de limites près, sauf du côté de l'Angoumois.

Je ne trouve rien, à partir du XIV° siècle, en remontant vers le haut moyen-âge qui permette d'élever un doute sur mon assertion. La création des Sénéchaux au XIII° siècle, avait fait croire un moment que la Sénéchaussée de Périgord, comprenant le *Périgord* et le *Quercy*, justifiait la croyance admise par eux qu'autrefois le Périgord devait s'étendre jusqu'au Tarn (1), mais il suffit de lire les ordonnances des rois de France pour reconnaître que le Sénéchal, qui avait dans ses attributions non seulement le Périgord et le Quercy, mais encore le bas Limousin, s'appelait *Sénéchal de Périgord, de Quercy et de Bas-Limousin*, et que, par conséquent, les trois provinces restèrent toujours distinctes.

Cependant cette croyance que le Périgord s'étendait jusqu'au Tarn, basée sur un passage de Pline, dont l'altération ne fit jamais doute que pour quelques périgourdins, désireux de donner du relief à leur pays, cette croyance, dis-je, s'est si bien répandue, qu'il n'est pas rare, parmi nous, d'entendre proclamer l'ancienne puissance des Pétragoriciens. Voici ce texte qui se trouve à la fin de la longue nomenclature des peuples d'Aquitaine : « De plus les
» Ruthenes (Rouergas), limitrophes de la province narbonnaise, les
» Cadurciens (Quercinois), les Autobroges, (lisez Nitiobriges) (habi-
» tants de l'Agenais) et les Pétragoriens (Périgourdins) séparés des
» Toulousins par la rivière le Tarn (1). »

Au sujet de ce passage toujours commenté, jamais élucidé, voici ce que dit M. de Taillefer (2).

» Peu de passages des anciens auteurs ont été plus sujets que
» celui-ci à des commentaires et à des interprétations diverses. Les
« uns veulent que les Autobroges soient les mêmes que les Nitio-
» briges (Agenais), les autres agissent plus librement et altérant
» le texte de Pline, lisent : Rutheni, Cadurci, Antobroges, Tarne
» amne discreti à Tolosanis, Petrocorii, le tout pour faire rap-
» porter aux Autobroges..... ce qui regarde les Pretrocorii. Mais
» comme dans toutes les éditions, dans tous les manuscrits de Pline

---

(1) Rursus narbonensi provinciæ contermini Rutheni, Cadurci, Autobroges, Tarneque amne discreti à Tolosanis Petrocorii. Pline, L. 4. C. 9.

(2) *Antiquités de Vésone*, t. 1, p. 126.

» il y a *Tarneque* ou *Tarne amne*, on a beau placer et déplacer
» les virgules, même les points, ce *Tarne amne* ne peut, ce me sem-
» ble, avoir rapport aux peuples antérieurement nommés, mais
» aux *Petrocorii* qui termine la phrase latine. Je dis plus encore,
» c'est que lors même que d'autres peuples seraient nommés, après
» les Petrocorii, je doute que le *Tarneque* pût se rapporter à eux. »

Ainsi, d'après Pline, le Périgord s'étendait jusqu'au Tarn. Le texte le dit, mais c'est une erreur, je vais le démontrer la carte à la main, sans plus m'occuper du texte.

Nous savons que les circonscriptions des diocèses furent identiquement les mêmes que celles des cités. Admettons que les diocèses constitués vers la fin du IVe siècle, furent définitivement organisés vers le milieu du Ve, et disons, sans hésiter, que cent ou cent cinquante ans après comme alors, le diocèse de Cahors représentait parfaitement la cité des Cadurciens, et celui d'Agen la cité des Nitiobriges. Si donc, cent ou cent cinquante ans après l'organisation définitive des diocèses, nous pouvons déterminer les limites des deux évêchés, du côté du Tarn, nous aurons résolu la question qui nous occupe. Or voici les données historiques les plus sûres.

L'abbaye de *Moissac*, située non loin du confluent du Tarn et de la Garonne, bâtie à la fin du VIe siècle ou au commencement du VIIe par Saint Amand, évêque de Maestrick, (1), appartint au diocèse de Cahors dès son origine et lui a toujours appartenu depuis.

D'un autre côté, l'ancien *Excisum* de l'*Itinéraire d'Antonin*, sur la rive droite du Lot, à l'extrémité de l'Agenais, devenu plus tard une abbaye, sous le nom d'Eysse, a toujours fait partie du diocèse d'Agen. Or, si l'on tire une ligne droite de Périgueux à Moissac, on sera obligé de passer par Villeneuve, à deux kilomètres d'Eysse, sinon par Eysse même, et, comme Moissac est à peu près au confluent du Tarn et de la Garonne, il s'ensuit que, si le pays des Petragoriciens s'est jamais étendu jusqu'au Tarn, il a fallu nécessairement qu'il comprît le territoire situé à l'est de Villeneuve, et attendu qu'à l'est de Villeneuve, la première ville qu'on trouve en remontant le Lot, c'est Cahors (*Divona ou Ribona cadurcorum*)

---

(1) Hist. de Languedoc, t. 1, p. 655.

capitale des Cadurciens, il est évident que le pays des Pétragoriciens aurait dû comprendre dans sa circonscription, la capitale des Cadurciens. Je ne sache cependant pas que jamais l'histoire ait fait mention d'un pareil fait, que le passage de Pline lui-même repousse, puisqu'il constate formellement l'existence des Cadurciens comme peuple distinct. Il faut donc reconnaître qu'il est matériellement impossible que les Pétragoriciens aient jamais eu le Tarn pour limite. Suivrons-nous maintenant M. de Taillefer dans cette singulière supposition que les Cadurciens pourraient bien avoir été les tributaires des Pétragoriciens ? Mais pour être des tributaires, ils n'en auraient pas moins été un peuple à part, et tout ce qu'on pourrait en conclure ce serait que les Pétragoriciens auraient été des conquérants. Reste encore une particularité fort curieuse, qui, si elle n'avait pas une raison d'être toute différente, autoriserait à penser que la capitale des Pétragoriciens aurait exercé une grande influence et par conséquent aurait pu se glorifier avec raison, d'avoir joué le rôle de métropole, comme on s'est tant plu à le proclamer. Je veux parler de quelques actes consignés dans les registres de l'hôtel de ville et dont celui qui a trait aux villes de Dax et d'Aire est rapporté par M. de Taillefer.

Le point de départ de ses appréciations, c'est une charte du duc d'Anjou, frère de Charles V, datée de Toulouse (octobre 1369) qui s'exprime comme il suit : « comme d'*ancienneté* la plus grande partie du duché de Guienne, c'est-à-dire la ville de Bordeaux, la ville de Bayonne et plusieurs autres étaient dans l'usage de ressortir des assises de Périgueux dans les causes d'appel, etc. (1) » Ce texte, dont M. de Taillefer a forcé le sens en mettant *de toute ancienneté* au lieu simplement *d'ancienneté*, a conduit cet intrépide prôneur de l'influence périgourdine à se fourvoyer complètement. La simple lecture de la pièce lui permettait de constater qu'il ne

---

(1) Une chose qu'a complètement ignorée M. de Taillefer, c'est que, durant les luttes de la France et de l'Angleterre, la cour du sénéchal de Périgord constituait le premier degré d'appel des affaires de Guienne, ce qui donnait une grande importance à la ville de Périgueux. Il était donc tout naturel qu'elle réclamât contre l'institution d'assises à *Bergerac* et à *Saint-Louis* créées depuis peu à son détriment. Les lettres du duc d'Anjou n'ont pas d'autre but que de supprimer ces assises. Le prince récompensait, en cela, le dévouement de Périgueux à la cause royale, au moment de la rupture du traité de Brétigny.

s'agissait que de rétablir les choses comme elles étaient soixante ans auparavant, et par conséquent qu'il n'était pas du tout question de ce qui s'était passé de toute ancienneté. (1)

Mais en admettant que la charte n'eût pas été aussi explicite, on sait qu'alors *ab antiquo* ne s'employait que par opposition à un fait présent et qu'en général, ce qui ne se pratiquait plus depuis la veille, était, pour celui qui tranchait la question du jour, un événement accompli *ab antiquo*. Le texte de la charte du duc d'Anjou n'a donc rien de commun avec les droits dont pouvait jouir, dans l'antiquité, la ville de Vésone. Voyons maintenant le fait plus grave en apparence de Dax et d'Aire, qui de prime abord semble se rattacher à un passé plus éloigné. Ce sont des lettres des jurats de ces deux localités portant la date 13 août 1428, par lesquelles ils disent qu'il parait que d'*ancienneté*, il était d'usage que celui des habitants de ces villes qui se croyait grevé par quelque jugement de la Cour de Dax (2), fit appel à la municipalité de Périgueux, ajoutant toutefois qu'ils n'ont aucun souvenir de cet usage, et qu'en conséquence, ils se bornent à transmettre aux maires et consuls la demande et la défense des parties.

Certainement s'il n'était pas constant et de règle absolue que le moyen-âge n'affirmait jamais, et que, dès l'instant qu'un accusé invoquait un usage, quelque douteux qu'il pût être, on examinait la réclamation, à la seule forme de ces lettres, on repousserait le droit invoqué par elles comme n'ayant jamais existé. Mais en dehors de cette habitude toujours ponctuellement observée, il en existait aussi une fort répandue qui consistait, de la part d'une ville ou d'une province, à emprunter à la coutume d'une autre, les principes de justice distributive consacrés par elle, lorsque la ville ou la province qui se trouvait dans le cas de faire l'application de ces principes, n'avait pas eu encore l'occasion de les mettre en pratique. Un des exemples les plus remarquables de cet usage, c'est la coutume de S. Dizier en Champagne, exactement calquée sur celles d'Ypres en Belgique (3). Je n'hésite donc pas à croire que

---

(1) Bibl., imp., papiers Lespine, cart. Périgueux.

(2) Il s'agit bien entendu de la Cour municipale, comme le dit expressément le texte qui porte *notre Cour*.

(3) La coutume de St-Dizier a été imprimée pour la première fois à la suite du 2e volume des *Olim*, (Paris, imp. Roy, 1842, in 4°.) Voici la forme usitée pour

lorsqu'en 1428, les jurats d'Aire et de Dax s'adressèrent aux Maires et Consuls de Périgueux, pour une cause d'appel de leur juridiction, c'est que l'appelant avait eu connaissance qu'on avait eu recours à la municipalité de Périgueux, pour des interprétations de questions de droit et qu'il avait demandé qu'on fît pour lui ce qu'on avait fait pour d'autres, comme le disaient suffisamment les lettres, tout en avouant que ni la municipalité d'Aire, ni celle de Dax n'ont aucune souvenance de la chose. On lit du reste à la suite de ces lettres : « Et
» parce que la sentence ne peut être donnée au temps susdit,
» lesdits jurats écrivirent une autre fois auxdits maire et
» consuls, et leur envoyèrent tout expressément un messager,
» l'année suivante, pendant que maître Jean de Meymi était maire
» de la ville ; et alors leur fut transmise par ledit maire et
» les consuls, la sentence rédigée selon la coutume qu'ils leur
» avaient signalée, et selon qu'il fut reconnu, par le Conseil qu'on
» devait le faire. » Or ce texte doit évidemment achever de dissiper les doutes qui pourraient rester dans l'esprit du lecteur ; car si la manière de poser la question et la manière d'y répondre ne sont pas les mêmes, il n'en est pas moins évident que la démarche des jurats d'Aire et de Dax et la réponse des maire et consuls de Périgueux arrivent au même but.

Il faut donc reconnaître que toutes les citations fournies en faveur de l'extension du territoire pétragoricien ; que toutes les inductions tirées des textes ; que toutes les suppositions accumulées sont sans fondement sérieux, et ne méritent aucune créance. Il n'y a réellement, dans tout cela, qu'une exagération inutile, sans base et sans portée.

Situé dans la partie sud-ouest de la France, le Périgord, sous le rapport géologique, appartient au bassin de la Dordogne. Sa pente naturelle suit la direction de cette rivière qui coule de l'est à l'ouest,

---

les demandes adressées par Saint-Dizier à Ypres : « chère signour, laissez-
» nous savoir se nos frères doit avoir amende de ceuls qui ne connaissent,
» à leurs créditeurs (créanciers), en jugement baux deptes ou demandes ? »
Les Achevins de la ville d'Ypre répondirent : « Eschevins de la ville
» d'Ypre ont jugé, selon la loi de la ville d'Ypre, que le sire (le seigneur)
» n'en doit rien avoir. » Et cette réponse fut consignée dans le texte de la coutume.

et le sol va s'élevant au nord, en partant de la rive droite et au sud en partant de la rive gauche. Il est naturellement montueux et présente souvent des sites que les accidents nombreux et variés du terrain rendent très-pittoresques. Il est arrosé par cinq rivières qui sont : *La Dordogne, la Vézère, l'Ille, la Dronne* et *le Drot*, et par un grand nombre de ruisseaux dont les principaux sont : *la Couze, le Caudou, la Lidoire, la Lizonne, le Bandiat, la Côle, la Loue, l'eau de Vézère, le Manoir, la Beauronne, le Céou, le Coly* et *le Salambre*.

La Dordogne traverse le Périgord de l'est à l'ouest, dans sa plus grande largeur ; la Vézère coule du nord-est au sud-est jusqu'à Limeuil où elle se jette dans la Dordogne ; le cours de l'Ille est presque parallèle à celui de la Dordogne jusqu'à l'extrémité du département ; celui de la Dronne incline du nord-est au sud-est ; le Drot qui prend sa source dans le Périgord, le quitte bientôt pour y rentrer après et s'en éloigner encore dans la direction de la Garonne. Parmi les ruisseaux, les uns prennent leur source hors du Périgord comme le Bandiat, l'Eau-de-Vézère, le Céou, les autres dans le Périgord même ; mais tous serpentent dans le pays et sont tributaires : la Couze, le Caudou, la Lidoire et le Céou de la Dordogne ; la Cole, dont le vrai nom est l'*Escole*, de la Dronne ; la Loue, l'Eau-de-Vézère et non pas l'*Haut-Vézère*, le Manoir et la Beauronne, de l'Isle, et le Coly, de la Vézère. Quant au Bandiat, après un long parcours dans le Périgord, il va se perdre dans les terres de l'ancienne Saintonge. Indépendamment de ces principaux cours d'eau, les sources et petits ruisseaux du Périgord sont évalués à plus de douze cents.

Dans la nouvelle division territoriale de la France, l'ancienne province n'a point subi de démembrement, et, à part quelques rectifications de limites, sa circonscription est restée la même et tout s'est borné à substituer le nom de *département de la Dordogne* celui de Périgord (1).

Le Périgord est à peu près partagé par le 43me degré de latitude et par le premier de longitude du méridien de Paris. Sa plus grande longueur, dans le plan de ce méridien, peut être évaluée à 11 myria-

---

(1) Le département de la Dordogne reçut d'abord le nom de *Département de Périgord* ; cette dénomination ne subsista que très peu de temps. L'ancienne dénomination a conservé toute sa popularité.

mètres, 7 kilomètres (23 lieues 2 cinquièmes) ; sa plus grande longueur, entre les points les plus éloignés, à 12 myriamètres 7 kilomètres (25 lieues 2 cinquièmes) ; sa plus grande largeur, entre les points les plus éloignés, à 11 myriamètres 7 kilomètres (23 lieues 1 cinquième). Sa superficie est d'environ 947,875 hectares (480 lieues carrées). Sa population s'élève à près de six cent mille habitants.

CHAPITRE II.

Le pays des Pétragoriciens, de l'occupation romaine à la fin de la première race.

César a parlé le premier du Périgord ou plutôt de ses habitants, qu'il appelle *Petrocorii*. « On taxe, dit-il, les Petrocoriens à cinq mille (1) (hommes). »

Vercingétorix, assiégé dans Alésia, provoqua une assemblée des Gaulois dans le but d'assurer la défense du pays. Cette assemblée fixa le contingent d'hommes à fournir par chaque peuple, et celui des Petrocoriens fut de cinq mille hommes.

Ce fait a une importance historique. En effet, si on se rappelle, d'une part, que les Gaules étaient épuisées par sept années de guerre, et, de l'autre, que chez tous les peuples gaulois, certaines classes étaient exclues du service militaire, pourrait-on hésiter à reconnaître que la population du pays des Petrogoriciens devait être à peu de chose près la même que de nos jours ? Ne suis-je pas en droit d'en conclure que les limites du territoire ne devaient guère différer alors de celles des temps modernes ?

---

(1) Imperant..... Petrocoriis..... quinque millia. *Commentarii de bello gallico*, l. VII.

Nous ne savons rien de la manière dont cette population était répartie. A part Vésonne, que nous révèle Ptolémée, nous ne connaissons aucune ville de quelque importance, aucun *vicus*, *castrum* ou *oppidum* (1). Sur Vésonne elle-même, nous ne savons rien de précis, et tout ce qu'on a dit sur son rôle et son influence comme métropole, ne repose sur aucun fondement.

L'origine de ce *Vicus* (2), que les latins nommèrent *Vésunna* et *Vésonna* et qu'à leur imitation j'écris *Vésonne* de préférence à *Vésone* (3), se perd dans la nuit des temps. Les opinions sont diverses sur le point où il se développa primitivement. Selon une tradition du pays, les premières cabanes auraient été construites dans un étroit, obscur, malsain et presque stérile vallon, où sourd la fontaine de *Gimol* ou *Jameaux*, et qui porte encore, dit-on, le nom pompeux de *Vieille cité*. Selon les données historiques et la saine critique, elles se seraient groupées sur le coteau qu'on appelle *Ecornebœuf* et que je nomme *Corne-de-Bœuf*, à l'imitation du peuple qui lui donne le nom de *Cornobiau*.

Pour justifier son dire, la tradition fait intervenir l'étymologie de *Vésona*, la dénomination de *Vieille-cité* appliquée au vallon, et les débris antiques qui se trouvent de temps à autre dans ce vallon.

L'étymologie nous apprend que Vésona se compose de deux mots *vés* et *ona*; qu'*ona*, terme plus ou moins celtique, veut dire *fontaine*, et que *vés*, pareillement prétendu celtique, signifie à la fois *tombeau* ou *tumulus* et *cavité*, *élévation*, *vallée*, voire même *contour* (4); si bien que la décomposition de *Vésona* ne permet pas

---

(1) Bourg, hameau ou lieu fortifié.

(2) Je me sers de ce mot, quoique tous les savants ne l'acceptent pas, parce que nous avons dans le Périgord même *Vicq*, *Vicilvicq* et *Neuvicq* qui prouvent qu'on s'en servit autrefois.

(3) Malgré l'étymologie qu'on lira plus bas et les vers d'Ausone (*Claræ Urbes*), parce que je ne suis pas bien sûr que ce nom soit un composé de *Vés* et *ona* et que la forme latine me paraît plus proche de la forme gauloise que la forme grecque, attendu que les Romains furent mieux que les Grecs à même d'apprécier la prononciation et de la rendre.

(4) Il est vrai que pour arriver à faire signifier *vallée* à *vés*, *bes*, on est obligé d'avoir recours à Bullet (dict. celt.) qui donne *vais*, *bais* comme signifiant *gué*, *creux*, *mare*; mais alors il n'y a pas de raison pour ne pas tirer *vés*, *bés* de *vadum*, car très certainement *vais*, *bais* ont la même origine que le roman *ga*, *gua*, *gah*. Concluons donc que *vé* et *vais* n'ont rien de commun et qu'il est impossible de traduire *Vésona* par *Fontaine de la vallée*.

de se faire une opinion sérieuse sur l'établissement du vicus.

Le nom de *Vieille-cité* est un de ces absurdes anachronismes dont le xviiᵉ et le xviiiᵉ siècles furent si prodigues, et qui, par conséquent, ne peut servir qu'à démontrer que les érudits périgourdins crurent avoir fait une grande découverte lorsqu'ils eurent appliqué cette dénomination posthume à un petit vallon jadis traversé par une voie romaine.

Les vicus gaulois et aquitaniques et les villes antérieures à l'occupation romaine, furent toujours construits sur des points élevés ; Vésonne ne fait exception. Lorsqu'on explore avec attention le plateau de Corne-de-bœuf et ses versants, surtout celui qui fait face à La Boissière, on trouve, à chaque pas, des traces d'incendie si évidentes et tant de débris de l'époque gauloise, qu'en dehors du système préconçu dont on a fait si longtemps usage, on est forcément conduit à reconnaître que ce point fut longtemps habité. Il est vrai que les partisans du vallon, pour tout concilier, imaginèrent de bonne heure que Corne-de-bœuf avait été occupé par un fort destiné à protéger la *ville*, mais cette supposition s'écroule, comme les autres, en présence des faits. Que trouve-t-on dans le petit vallon ? rien. Point de trace d'incendie, point de débris, point d'ustensiles d'origine gauloise, comme le dit expressément M. Jouannet et comme le reconnaît implicitemen M. de Taillefer Une preuve non moins concluante de l'existence du vicus sur Corne-de-bœuf et de son développement dans la direction du faubourg Saint-Georges et non pas dans le vallon entre Corne-de-bœuf et la Boissière, c'est que tous les ustensiles, toutes les médailles qui se sont retrouvés et qui se recueillent encore de notre temps, ont toujours été déterrés à Corne-de-bœuf ou dans l'espace compris entre ce côteau et le faubourg Saint-Georges, et jamais dans le vallon ni dans la plaine en face (1).

Le fait de l'existence du vicus sur Corne-de-bœuf bien avéré,

---

(1) Dans le calendrier de 1818, M. Jouannet dit avoir retiré d'Ecornebœuf plus de 200 haches, plus de 50 flèches, autant de médailles gauloises, et une foule d'autres antiquités. M. de Taillefer, dans le passage cité, ne signale pas un seul objet retiré du vallon même. Le musée de Périgueux possède 12 couteaux fragmentés en silex, provenant de *Vieille-cité d'Ecornebœuf*, expression vague comme le langage de M. de Taillefer. On y comprend divers objets provenant d'Ecornebœuf.

voyons l'extension qu'il prit et l'influence qu'il exerça sur la contrée.

Pour en faire une ville splendide jouissant des prérogatives d'une *grande métropole*, l'érudition endémique a eu recours aux moyens suivants : 1° Le passage de Pline rapporté plus haut et qui, comme on l'a vu, ne prouve rien. 2° La comparaison du nom de *Vésone* avec ceux de *Saintes*, *Angoulême*, *Limoges*, *Poitiers*, *Tours*, *Bordeaux*, ayant pour but de prouver que ce mot *Vésonne* est bien plus ancien que tous les autres ; des rapprochements entre les positions topographiques respectives de toutes ces villes destinés à constater leur infériorité par rapport à Vésonne ; et enfin pour conclusions ce singulier aphorisme historique : « De toutes ces villes, aucune » peut-être, avant la conquête des Romains, n'était décorée du titre » de *cité*, tandis que ce rang appartenait à notre capitale dès les temps » les plus reculés, puisque bien avant la fondation de sa cité dans » la plaine, sa vieille cité était en possession de ce titre (1). » Ce qui prouve moins encore que le passage de Pline. 3° L'ancien prétendu commerce de Vésonne devenue l'entrepôt naturel des étains d'Angleterre, obligée forcément de porter ces étains à Vannes, d'où ils devaient obligatoirement encore passer par Vésonne, pour gagner le bassin de la Méditerranée comme cela est justifié par le nombre considérable de médailles de tous les pays retrouvées dans la banlieue de Périgueux, par l'abondance et la qualité des fers du pays, par certains indices d'industrie manufacturière, et surtout par le nombre et la variété des instruments en silex qu'on y a découverts et qu'on y découvre tous les jours ; comme si de pareils rapprochements avaient quelque importance et pouvaient justifier l'assertion émise. 4° Les lettres du duc d'Anjou, sans valeur pour la question. 5° Les lettres des jurats d'Aire et de Dax, qui n'ont pas plus de signification. 6° L'établissement d'une cour des aides à Périgueux en 1544 qui y aurait été instituée comme une sorte de réparation des malheurs passés !

Le premier moyen a été réfuté plus haut ; le deuxième est puéril et pêche par la base : les cités et leur organisation sont d'origine essentiellement romaine ; le troisième n'a pas même l'avantage de pou-

---

(1) Antiquités de Vésonne, t. 1 p. 431. La suite de l'argumentation est curieuse à lire.

voir reposer sur des conjectures, puisque nous savons par Strabon, que le commerce de l'Angleterre à la Méditerranée et réciproquement se faisait au moyen des cours d'eau, et qu'on procédait des trois manières suivantes : 1° on remontait la Seine, on transportait à dos de cheval les marchandises jusqu'au Doubs et à la Saône, on descendait ces rivières, on entrait dans le Rhône et on gagnait Marseille ; 2° on remontait la Loire, on passait par l'Auvergne et on s'embarquait sur le Rhône ; 3° on gagnait la Gironde, la Garonne, l'Aude et on arrivait à Narbonne. Il est vrai que Diodore de Sicile, sans rien préciser, ainsi que je l'ai rapporté, dit qu'on transportait l'étain à dos de cheval et qu'on mettait trente jours à traverser la Gaule, pour se rendre à l'embouchure du Rhône ; mais indépendamment des détails précis fournis par Strabon, il suffirait de la configuration du sol de la Gaule pour regarder comme impossible le passage par Vésonne. Les quatrième et cinquième moyens ont été appréciés déjà et le sixième ne mérite pas qu'on s'y arrête. Avant l'occupation romaine, Vésonne ne fut donc pas une ville splendide, encore moins une grande métropole. Il est vrai qu'on fait aussi intervenir un prétendu manuscrit dans lequel aurait été racontée une terrible lutte entre les Pétragoriciens et les Santons ; mais, l'existence même de ce manuscrit est beaucoup plus que douteuse, et ne repose que sur des *on dit*. Nous n'avons donc plus à nous occuper de Vésonne métropole, ni de son abaissement par Auguste irrité de la résistance imaginaire qu'elle avait faite aux Romains.

Les partisans du passage de Vésonne de la rive gauche à la rive droite de l'Ille ne prennent pas la peine de motiver ce déplacement. Ils le posent en fait et donnent pour raison l'importance de ce vicus ; mais, cette importance n'étant justifiée par rien, ce prétendu passage n'est évidemment qu'une simple pétition de principe. Ajoutez à cela que de tous les objets de l'époque Gauloise parvenus jusqu'à nous, pas un n'a été recueilli sur la rive droite de l'Ille. Tout ce qu'on connaît de la provenance périgourdine a été retrouvé dans l'espace compris entre le Vallon que j'appellerai désormais de Campniac et le faubourg Saint-Georges. On peut donc affirmer que la capitale des Pétragoriciens conserva son emplacement primitif jusqu'à la conquête et qu'elle n'avait point encore changé de place au moment de l'occupation romaine. Reste à savoir à quelle époque s'opéra la translation.

Nous avons vu que, s'il fallait prendre à la lettre les commentaires de César, la soumission de l'Aquitaine suivit la prise d'Uxellodunum ; mais j'ai fait remarquer en même temps, que cette partie des Gaules ne fut définitivement soumise que sous Auguste. Rien ne prouve d'ailleurs que les Pétragoriciens aient été visités par les Romains, du temps de César, et il est impossible de trouver, à cette époque, le moindre indice d'une manœuvre de la part de ces conquérants sur ce territoire. Cependant le Périgord subit le joug, comme le reste des Gaules, et la République dut y faire acte de souveraineté. Il est certain d'ailleurs que les Gaulois se montrèrent dévoués à leur vainqueur tout le temps qu'il vécut, et surtout pendant qu'il commanda dans Rome. Que se passa-t-il durant les guerres civiles, depuis sa mort jusqu'à l'avènement d'Octave au trône impérial ? Il n'est pas douteux que l'agitation générale qui suivit de près cette mort, eut de l'écho dans le pays Pétragoricien. Les récits des auteurs contemporains, s'appliquent tout aussi bien à Vésonne et à son territoire qu'à l'Aquitaine elle-même. C'est dans ces troubles qu'il faut chercher la cause et l'époque du déplacement de la ville.

L'an 711 de Rome (43 ans avant notre ère), les Gaules échurent en partage à Antoine. Elles lui furent encore attribuées en 714, mais bientôt après, Calenus, gouverneur de la province pour Antoine, étant mort et le commandement des troupes étant passé à Fusius, son fils, Octave parvint à séduire ce jeune fonctionnaire, se fit livrer par lui onze légions, et s'assura, par cette défection, le gouvernement des Gaules. Les Gaulois, cependant, restèrent fidèles à Antoine ; et Octave, vers 717, ayant chargé Agrippa de prendre possession du pays, dut user de la force pour soumettre les populations. Agrippa commença son expédition par l'Aquitaine et poussa, d'une part, jusqu'à la Loire, et, de l'autre, jusqu'à la Saône sans succès décisif. Ce ne fut que 9 ans plus tard, deux ans après la bataille d'Actium, que la pacification fut complétée par Messala.

Évidemment le camp de la Boissière fut créé à l'époque de l'expédition d'Agrippa, pour surveiller et contenir le vicus petragoricien, et ce ne fut tout au plus qu'après la campagne de Messala qu'il dut être levé. Il pourrait se faire cependant qu'il n'eût été évacué qu'à l'époque du voyage d'Auguste dans les Gaules et peut-être durant la tenue de l'assemblée générale de Narbonne, c'est-à-dire deux ans plus tard. Ce qui conduit à admettre ces conjectures, c'est qu'en dehors de ces faits rien ne laisse entrevoir le motif de ce camp. A la suite de l'assemblée de Narbonne, il y eut, il est vrai, une certaine émotion, facilement calmée par Drusus et Germanicus.

Ce ne fut donc qu'après la levée de ce camp et quand le pays, pacifié, vit l'administration romaine s'occuper sérieusement des populations et de l'embellissement des villes, qu'on dût songer à porter dans la plaine le vicus de Vesonne, désormais trop à l'étroit, et à qui les vainqueurs ne pouvaient pas donner tout le développement que leur goût, leurs habitudes et leur politique les portaient à y introduire. Cela est si vrai que, dans tout l'espace compris entre la rivière, le Pont Neuf, la route qui longe la tour Mataguerre jusqu'à l'entrée de la rue Taillefer et la route de Bordeaux jusqu'au pont de la Cité, on n'a trouvé et ne trouve jamais que des restes d'antiquités romaines ou gallo-romaines, tandis que les débris gaulois, comme je l'ai déjà dit plusieurs fois, ne se recueillent qu'à Corne-de-Bœuf et dans ses environs.

Faut-il conclure de l'espace que je viens de circonscrire que la ville gallo-romaine acquit rapidement une grande étendue ? Pas le moins du monde, car tout sert à démontrer qu'elle ne dépassa jamais les proportions d'une petite ville ornée avec tout le soin et toute la coquetterie que les Romains affectionnaient.

Il est plus que probable que l'installation du camp à la Boissière eut pour conséquence des luttes incessantes. Y eut-il un siège en règle ? Les traces d'incendie ne permettent guère d'en douter. Je le placerais volontiers au temps de Messala, d'où il faut conclure que la situation même faite aux Petragoriciens rendit plus facile le déplacement de leur ville. Rien ne permet, il est vrai, de fixer d'une manière certaine l'époque où ce déplacement commença. On serait pourtant tenté de croire que les premiers travaux suivirent de près le rétablissement de la paix. C'est inutilement qu'on a fait intervenir la famille Pompée pour la faire présider à ces travaux ; jamais cette famille ne s'occupa de Vésonne, et les Pompée qui figurent dans les inscriptions sur lesquelles on s'est appuyé, furent tout simplement des Gaulois des deuxième et troisième siècles. Il pourrait cependant se faire qu'il y en eût dès l'origine qui prirent ce nom par engouement pour tout ce qui était romain, par flatterie ou par esprit d'opposition, car les vaincus, tout en se montrant passionnément affectionnés aux vainqueurs et en s'appliquant avec entraînement à les imiter en tout, même jusqu'à quitter leurs noms pour s'affubler de noms romains, s'attachèrent aussi à choisir ces noms de manière à leur donner une signification en raison des circonstances dans lesquelles ils se trouvaient (1). Laissons donc de côté les Pompée du Périgord qui sont sans signification pour le sujet qui nous occupe, ne tenons pas compte non plus des inscriptions qui ne remontent guère qu'au deuxième siècle, et attachons-nous aux résultats des fouilles exécutées. Ils nous apprendront parfaitement quelle fut l'étendue de Vésonne. L'enceinte fortifiée nous permettra ensuite de constater que ces résultats sont conformes à la vérité.

Les fouilles exécutées pour la construction du canal latéral, depuis

---

(1) M. de Longpérier, membre de l'Institut, m'écrivait à propos d'un petit bronze, dont je parlerai bientôt : « Il appartient au temps où les Gaulois » mettaient des noms romains sur leurs espèces, où ils changeaient leurs » noms gaulois pour des noms romains, cela se voit dans leurs inscriptions. » Si l'un d'eux a pris les noms de la famille Pompée, c'est qu'il y avait un » intérêt à le faire. Peut-être était-ce par opposition à César. » Il me disait ailleurs : « Il faudrait une autorité antique pour croire que longtemps après » la ruine de la famille Pompée, une fantaisie subite a introduit, dans une » localité une épidémie de Pompéiens. Il demeure bien entendu qu'une fois » le nom de famille adopté, il a dû se conserver. »

J'admets parfaitement tout ce qu'avance M. de Longpérier, et je reconnais que j'avais eu tort de ne pas préciser l'époque probable où une famille pétragoricienne s'avisa de changer son nom en celui de Pompée.

Du jour où le camp de la Boissière fut installé, les Pétragoriciens durent nécessairement s'appliquer à se rendre agréables au parti d'Antoine, encore assez puissant dans les Gaules pour faire échouer l'expédition d'Agrippa. Or, un des moyens les plus sûrs de plaire à ce parti, c'était de se montrer hostile à l'autre.

Il est constant qu'en général les relations de Sextus et d'Antoine avaient été amicales et que, dans les luttes d'Octave et d'Antoine, ce dernier dut regretter plus d'une fois la mort de Sextus.

Les guerres soutenues en Espagne par les Pompéiens avaient eu du retentissement dans les Gaules. Durant l'existence du camp devant Vésonne, il fut évidemment question de ces guerres, de l'amitié d'Antoine pour Sextus, du regret que la mort de ce fils du grand Pompée aurait au parti d'Antoine et du désir qu'aurait eu ce parti de voir Sextus faire cause commune avec le triumvir. Il n'en fallait pas davantage pour que quelque Pétragoricien, ardent partisan de l'adversaire d'Octave, prît le nom de Pompée. Le nom de Libo qu'on voit si souvent uni à celui de Pompée dans les inscriptions retrouvées à Périgueux, semble assez nous dire qu'en se donnant le nom de Pompée, celui qui le prit voulut faire allusion à Sextus-Pompée dont le beau-père s'appelait *Libo* (Scribonius). Une fois introduit dans la famille ce nom s'y perpétua, d'abord oublié par les partisans d'Octave devenu Auguste, plus tard rendu recommandable par le mérite de ceux qui le portèrent.

le port jusqu'au moulin de Ste-Claire, ont démontré qu'au lieu de s'étendre dans la plaine du Toulon, la ville gallo-romaine ne dépassait pas le chemin qui conduit au moulin du Rousseau. Elle n'occupa sur le bord de l'Ille que l'espace compris entre le château de Godofre et ce chemin. Le développement dans la plaine s'arrêta aux arènes ; encore cet espace ne fut-il jamais complètement garni de constructions et à mesure que la ville gagnait la plaine haute, la plaine basse voyait ses habitations diminuer. Ce qui le prouve c'est le terrain sur lequel fut établie l'enceinte fortifiée. L'origine de cette enceinte et les détails qui nous restent sur le but qu'on se proposa en la construisant suffisent à justifier mon opinion.

De l'an 727 de Rome (27 ans avant notre ère), à la fin du quatrième siècle, les troubles de l'empire ne portèrent pas atteinte à l'existence de la société gallo-romaine. Vésonne eut quatre siècles de repos, elle put conserver la splendeur que lui donna la civilisation romaine. Cet espace de temps se divise en deux périodes répondant à un double mouvement architectural.

Les premiers travaux commencèrent après la fermeture du temple de Janus, alors que le besoin des améliorations, des restaurations, des embellissements était devenu général. Ce fut ainsi sous Auguste et ses premiers successeurs que se construisirent les principaux monuments religieux, une partie des voies de communication et d'autres établissements reconnus indispensables ; en même temps s'installèrent les premières habitations élégantes et commodes que les Pétragoriciens se donnèrent, à l'imitation des Romains. Voilà ce qui constitue la première époque durant laquelle on fit usage du grand appareil. Quant au capitole, aux écoles publiques, aux théâtres, s'il y en eût jamais, aux arènes, dont les restes imposants inspirent une véritable admiration, tout cela vint plus tard et lorsque la ville fut dotée d'institutions municipales. Le petit appareil devint à la mode vers le même temps ; ainsi la seconde époque coïncide avec la révolution architecturale.

Nous ne possédons rien de la première époque d'assez bien conservé pour nous permettre d'apprécier le faire du travail d'ensemble. Ces monuments, construits peut-être à la hâte, durent être restaurés dans la seconde période qui substitua le petit appareil au grand. Quant aux autres, ils finirent par être démolis lorsqu'on construisit l'enceinte fortifiée. Il reste cependant de la première époque des pilastres, des bases, des tambours, des fûts, des chapitaux, des colonnes, des frises, des corniches, etc., etc.

Selon toute probabilité, il nous reste aussi sept inscriptions et cinq autels. Les sept inscriptions ont trait à la déesse Tutéle de Vésonne, à Auguste divinisé et à Telonus, dieu topique, à Jupiter et à Tibère divinisé.

Des trois inscriptions concernant la déesse Tutéle, la première est rapportée par Beaumesnil, elle était gravée sur un autel en marbre blanc et se lit ainsi :

TVTELIE AUG.	Tutelie Augusto	À l'auguste Tutéle de Vésonne ; Secundus Soter donna du sien.
VESVNAE	Vesunæ	
SECVNDVS	Secundus	
SOTER	Soter	
D. S. D	De Suo Dedit.	

La seconde est conservée au Musée de Périgueux :

TVTELAE AV : :	Tuteleæ Augustæ	À l'auguste Tutéle de Vésonne ; Secundus Soter, ordonna par son testament d'élever cet autel. Lieu donné du sien (l'emplacement donné par lui)
VESVNNAE	Vesunæ	
SECVNDVS	Secundus	
SOT. T. I. LDSD.	Soter testamento jussit loco de suo dato.	

Il ne reste de la troisième que ces lettres

TVTE
AE

qui permettent parfaitement de reconnaître qu'il s'agit de la même divinité.

Ces trois inscriptions ont été le sujet de beaucoup de réflexions ; mais, personne ne s'est occupé de leur assigner une date. Elles sont de la première époque, seulement je crois devoir ajouter qu'elles ne peuvent se rattacher à la construction du temple de la déesse Tutéle, que comme conséquence de cette construction. On dédia des autels à la déesse peu de temps après que son temple eût été bâti ; or le temple de Tutéle dut être un des premiers dont on s'occupa.

Les inscriptions relatives à Auguste divinisé et au dieu Telonus (le Toulon) ne portent pas des dates moins certaines. L'autel d'Auguste à Lyon, fut consacré douze ans avant notre ère. Le culte de cette nouvelle divinité mit un certain temps à se propager et ce qui le prouve, c'est que Narbonne, une des premières villes des Gaules qui le reçurent, ne le vit s'introduire chez elle que neuf ans après. Il fut apporté à Vésonne dans les premières années de notre ère, et les fragments d'inscriptions suivants remontent à cette époque.

VMIN AVG. *Numini Augusti à la divinité d'Auguste*	NUMIN AVG ET EO TELN	Numini Augusti et deo Telono.

À la divinité d'Auguste et au dieu Telon.

La sixième inscription a trait à un temple érigé en l'honneur de Telonus

DEO TELON.....	Deo Telon.....	Au dieu Telon.....
SILVANI I....	Silvani filius ædifi	fils de Sylvain construisit un temple.
CA. TEMPLVM	cavit templum.	

La septième inscription, relevée sur un simple autel en pierre consacré par les bouchers de Vésonne à Jupiter et au génie de Tibère, est celle-ci :

JOVI O·M·ET	Jovi optimo maximo et	À Jupiter très bon, très
GENIO	genio	grand et au génie
TI. AVGVSTI	Tiberi Augusti	de Tibère Auguste
SACRUM	Sacrum	les bouchers
LANIONES	Laniones	consacrent cet autel

Elle ne peut être postérieure à l'an 37 de notre ère, date de la mort de Tibère.

On doit regarder comme de la même époque l'autel de la déesse topique Stanna, dont voici l'inscription :

....ET DEAE STANNA..	Et deae Stannae	À la déesse Stanna, Bassus illustre
...SSVS CC. R. CONSA...	Bassus clarus civis ro-	citoyen romain consacra ces autels avec
...AS CVM CEERIS O...	manus	les autres ornements
(1)	Consacravit aras cum	
	Cœteris ornamentis.	

Deux autres inscriptions, l'une relative à Ligurius Masculus, illustre citoyen romain, est conservée au musée sous le numéro 265 et une autre sous le numéro 272.

---

(1) Certaines inscriptions donneraient à penser qu'il s'agissait de basiliques au lieu d'autels ; celle-ci est de ce nombre. Dans ce cas, il faudrait la rapporter au IIIᵉ siècle, parce que le mot *basilica* ne paraît avoir eu le sens de temple qu'à cette époque.

Pour la seconde époque, nous sommes plus riches. La tour de Vésonne, les arènes, les thermes lui appartiennent, et ces monuments, tout mutilés qu'ils sont, nous permettent de les apprécier, de faire des rapprochements avec les inscriptions que nous possédons et d'en fixer les dates.

Tous les personnages décorés de noms romains plus ou moins célèbres sont de cette époque. Beaucoup portent le nom de Pompée ; c'est sur eux qu'il faut d'abord fixer notre attention et sur les inscriptions qui se rapportent à eux.

La première et la plus importante sans doute regarde la restauration du temple de la déesse Tutèle. Comme elle a toujours été mal lue, la voici avec les rectifications reconnues nécessaires :

T DEO APPOLLINI	...Et deo Appollini	Et au dieu Apollon
COBLEDVLITAVO	Cobledulitavo	cobladulitave.
M-POMPEUS C-POMP	Marcus Pompeius Caii Pompeii	Marcus Pompée Libo prêtre de l'autel d'Auguste, fils de
SANTI-SACERDOT	Sancti Sacerdotis	Caius Pompée Sanctus, prêtre de l'autel
ARENSIS FIL-QVR-LIB	Arensis filius quirina Libo	d'Auguste de la tribu
SACRDOS ARENSIS	Sacerdos arensis	Quirina, qui rétablit de son argent le
QVI TEMPLUM DEA	Qui templum deœ	temple de la déesse
TVTELAE ET T3IRMAS	Tutelœ et thermas	Tutele et les thermes publics tous les
PUBLIC VTRAQ. OI	Publicas utraque omnino	deux entièrement
VETVSTATE COLLAB	Vetustate collabsas	tombés de vétusté.
SVA PECUNIA REST	Sua pecunia restituit	Il acquitta son vœu de bon cœur et avec
V-S-L-M	Votum solvit libens merito	raison. (1)

---

(1) Je dois cette traduction à M. Auguste Bernard, membre de la Société des antiquaires de France et auteur d'un grand ouvrage sur l'*Autel d'Auguste à Lyon*. Afin de justifier sa lecture, il me transcrivit en 1862, les deux inscriptions suivantes, trouvées à Lyon dans l'église de Saint-Pierre et gravées sur une grosse pierre.

OMPEIÆ	Pompeia	C. POMPEIO	A Caius Pompée
SABINÆ	Sabina	M. POMPEI LIBO	sanctus
FILA	Fille	NIS SACERDOTIS	fils
POMPEI	de Pompée	FILIO	de Marcus Pompée Libo
SANCTI	Sanctus	C. POMPEI SANC	prêtre
NEPTI	petite-fille	TI SACERDOTIS	petit fils
POMPEI	de Pompée	NEPOTI	de Caius Pompée sanctus
IBONIS	Libo	QUIRINA	de la tribu Quirina
		SANCTO	
Public	Publiquement, (c'est-à-dire aux frais du pays).		

De cette inscription, il résulte que Marc Pompée Libo, prêtre de l'autel d'Auguste, restaura le temple de la déesse Tutèle et les bains publics. En voyant les restes de la Tour de Vésonne que tout le monde reconnait avoir été le temple de la déesse Tutèle, en présence des débris des anciens thermes, découverts en creusant le canal, on ne peut s'empêcher de convenir que cette restauration ne saurait remonter au-delà de l'époque où le petit appareil fut employé dans les grandes constructions, au III° siècle. Elle ne put donc avoir lieu tout au plus qu'à la fin du II°; mais j'aime mieux croire qu'elle ne se fit qu'au commencement du troisième. En effet, une autre inscription importante constate que Lucius Marullius Æternus établit un aqueduc conduisant des eaux à Vésonne et y fit construire des fontaines. Voici cette inscription :

L·MARVLLIVS·L·MARVLLI·ARABI FILLIVS·QVIR·ÆTERNVS·IIVIR AQVAS·EARUM·QUE·DUCTUM D. S. D.	Lucius Marullius Lucii Marulli Arabi filius, Quirina, Æternus duumvir aquas earumque ductum de suo dedit.	Lucius Marullius Æternus fils de Lucius Marullius Arabus de la tribu Quirina, duumvir, amena les eaux et fit construire l'aqueduc à ses dépens.

Vésonne ne reçut le titre de *Municipe*, qu'à l'avènement de Caracalla et les villes qui n'étaient pas municipes ne pouvaient pas avoir de duumvirs, fonctionnaires essentiellement municipaux. Le duumvir Marullius n'existait donc pas avant 211, époque de l'avènement de Caracalla. J'admets, si l'on veut, qu'il fut le premier duumvir de Périgueux, il en résultera toujours qu'il ne put s'occuper de l'aqueduc et faire construire des fontaines que postérieurement à 211, et, comme il suffit du plus simple raisonnement pour se convaincre que cet aqueduc, en petit appareil, dans sa maçonnerie extérieure, appartient bien à cette époque et qu'il ne dut pas être construit avant la restauration faite par Pompée mais immédiatement après, il faut en conclure que les deux entreprises se faisaient suite et par conséquent que les restaurations appartiennent au commencement du III°° siècle.

Deux inscriptions mutilées, rapportées par Gruter, paraissent devoir faire suite à celle qui concerne la restauration du temple de Tutèle.

.....SOLO. A. POMP. ANTIQVI ERI.	Pompeio solo, Auli Pompei Antiqui (filii) peristylum con-	A Pompée Solus fils d'Aulus Pompée Antiquus ; il cons-
...TVM. OMNE. CIRCA TEMPLVM.	cæptum omne circa tem- plum cum cæteris or-	truisit tout le péris- tyle entrepris autour du temple avec les
....NAMENTIS. AC. MVNIMENT...	namentis ac muni- mentis (ædificavit).	autres ornements et les murs de clôture.
.....SOLO. A. POMP. ANTIQ......	Pompeio solo Auli Pompei Antiqui (fi-	A Pompée Solus fils d'Aulus Pompée Antiquus ; il cons-
.....CONCAEPTVM. OMNE. CIRC.	lii) peristylum con- cæptum omne circa templum cum cæteris	truisit tout le péris- tyle entrepris autour du temple avec les
...M. CETERIS ORNAMENTIS. AC	ornamentis ac mu- nimentis (ædificavit)	autres ornements et les murs de clôture.

Ces inscriptions ne donnent pas le nom du temple autour duquel (1) furent exécutés les travaux ; mais le nom de l'auteur de ces travaux le désigne assez. Les Pompée, qui semblent avoir été une famille consacrée au sacerdoce, durent nécessairement s'appliquer à embellir les monuments religieux. Marc Pompée avait restauré le temple de Tutèle. Un autre Pompée en compléta les embellissements extérieurs. Nous sommes donc toujours dans ce III° siècle qui fut pour Vésonne, devenue municipe, une époque de rénovation. Ces inscriptions sont, par conséquent, purement commémoratives.

Les arènes furent aussi une œuvre du III° siècle. Le petit appareil le prouve assez et le zèle des citoyens de Vésonne municipe et par conséquent capitale du territoire pétragoricien, confirme mon assertion. Les Pompée, les Marulius eurent des émules, des rivaux. L'ardeur des villes circonvoisines à créer, dans leur sein, tout ce qui pouvait les assimiler à Rome, dut également s'emparer d'eux et les entraîner, dans la même voie. On s'est quelquefois préoccupé de la dimension de cet amphithéâtre où pouvaient se placer, dit-on, environ 40,000 personnes, mais qui, pour sûr, en contenait de vingt à trente mille ; et on s'est demandé si un aussi vaste cirque n'était pas la preuve de l'importance de la ville. Les anciens vivaient beaucoup plus de la vie publique que nous. Les solennités n'étaient pas seulement pour la capitale de la cité, elles

---

M. Bernard ajoutait qu'il existait au Musée de Lyon une série d'autres inscriptions relatives à la même famille. Nous avons dans ces trois inscriptions quatre membres de la famille Pompée : le père, le fils et deux petits-fils. Quant au mot *aram* de l'inscription de Vésonne, celles qu'on a retrouvées à Lyon nous apprennent qu'il s'appliquait spécialement à l'autel d'Auguste ; comme aussi elles expliquent l'abréviation O I par *omnia* et non pas par *olim*. Enfin l'abréviation *bb.*, se trouvant représenter un nom propre, il n'y a plus à penser à un affranchi.

(1) La première de ces inscriptions est déposée au musée de Périgueux.

étaient célébrées pour la cité entière. Les spectacles étaient gratis et toute la circonscription y prenait part. Il était donc naturel de construire dans la gracieuse petite ville de Vésonne, des arènes capables de recevoir tous les spectateurs que fournissait le territoire.

L'enceinte fortifiée, pour les partisans de la grande métropole, est devenue une spacieuse citadelle destinée à maintenir, dans tout son éclat, l'influence et l'autorité de cette métropole.

A la même époque, toutes les anciennes villes des Gaules entreprirent la construction d'un mur d'enceinte destiné à les protéger. Dans cinquante villes de France subsistent encore des parties de ce mur, bâti avec des matériaux identiques. Dans quel but avait-il été érigé ? Vers la fin du IV° siècle, la terreur qu'inspiraient les barbares prêts à fondre sur l'empire, s'était tellement répandue qu'on avait dû nécessairement prendre quelques mesures pour rassurer les populations. Deux lois, l'une de 396 et l'autre de 398, enjoignent à toutes les villes de se clore et les autorisent à employer les matériaux des monuments en ruine. Voilà une explication pour ces villes et pour Vésonne, de la disparition des monuments en grand appareil. Ceux qui avaient été conservés, avaient été restaurés en petit appareil, et les autres étaient employés à la construction de l'enceinte. Dans les restes de ce mur on a retrouvé plus de cinq cents fragments de toute nature, sans compter tout ce qui n'a pas été signalé, tout ce qui a été déposé au musée et tout ce qui s'est découvert ailleurs. Cette fameuse citadelle de Vésonne ne fut donc qu'une enceinte fortifiée destinée à servir de refuge à la population de la ville. Vésonne ne fut qu'une ville très-ordinaire, embellie par les Romains et les Gallo-Romains comme toutes les villes des Gaules ; ses plus anciens monuments appartiennent tous au III° siècle, les grands noms figurant dans les inscriptions, furent portés par de simples périgourdins. Vésonne devint municipe sous Caracalla et dut se contenter des institutions municipales telles qu'elles étaient réglées en dehors des privilèges spéciaux.

Les moindres municipes primitifs comptaient au nombre de leurs privilèges le droit de battre monnaie. Jamais Vésonne ne jouit de ce droit. C'est en vain que M. de Taillefer et après lui M. l'abbé Audierne et M. Galy ont prétendu que ce privilège lui avait appartenu. Les légendes et les exergues des pièces estimées antérieures à l'occupation, sont en latin et révèlent des temps postérieurs à cette occupation, et celles qu'on donne comme appartenant à cette période ne prouvent rien. En Espagne, les municipes qui battaient monnaie les frappaient à l'effigie des empereurs, avec les noms de leurs duumvirs. Si nous étions en Espagne, la question serait donc bientôt jugée puisque Vésonne n'a jamais produit rien de semblable. En Gaule, comme dans toutes les provinces conquises par les Romains, on ne frappait monnaie qu'en vertu du droit de colonie et de municipe, et on plaçait sur les monnaies l'effigie de l'empereur ou de quelque personnage de la famille, sans y joindre, il est vrai, les noms des magistrats municipaux.

J'expliquerai plus tard ma pensée sur les pièces qu'on a mis en avant pour justifier le droit attribué à Vésonne, mais je puis dire dès à présent qu'il n'en est pas une qui porte l'effigie d'un empereur. Il est vrai que M. de Taillefer (Ant. de Vés. t. 1, p. 370) rapporte qu'on trouva en 1788, près de l'église des Cordeliers, des coins de monnaie en terre cuite, sur l'un des fragments desquels on distinguait la figure et le nom de Faustine, femme de Marc-Aurèle ; qu'il ajoute même qu'il était possesseur de ces fragments ; mais qu'ils furent détruits pendant la révolution et qu'enfin il prétend que les monnaies de Faustine ne sont pas rares en Périgord. Ni l'existence d'un certain nombre de ces monnaies, ni ces débris de moules en terre, ne peuvent suffire à constater que ces pièces furent frappées à Vésonne et encore moins à prouver qu'il y avait un atelier. Vésonne ne jouit jamais du privilège de frapper monnaie, d'où il suit qu'elle ne fut pas municipe dès l'origine. Mais, dira-t-on, pourquoi ce titre d'*Auguste* que nous lui voyons prendre, dès les premiers temps de l'occupation ? C'est une erreur de croire que le titre d'Auguste lui fut accordé soit à la suite de la pacification de l'Aquitaine par Messala, soit à toute autre époque dans le but de cimenter la paix et d'encourager les populations à s'attacher à Auguste. Vésonne ne porta jamais ce titre ; ainsi donc, il ne reste rien qui permette même de supposer que la capitale des Pétragoriciens fut municipe avant Caracalla.

La multiplicité des voies aboutissant à Vésonne a été aussi un motif d'affirmer que cette ville avait dû jouer un rôle important ; et de fait, en présence de ces grandes artères conduisant à toutes les villes circonvoisines, et faute d'avoir suffisamment étudié les habitudes gallo-romaines, on a été porté à croire qu'une cité, si bien pourvue de moyens de communication, avait une grande importance. Aujourd'hui que des études sérieuses faites sur tous les points de la France ont permis de constater à peu près partout, que, durant l'occupation romaine, la circulation avait été rendue facile pour les petites comme pour les grandes agglomérations et qu'il n'y avait si obscure localité qui n'eût ses routes et ses chemins en bon état (1), il faut bien par force s'incliner devant la réalité et reconnaître que, tout ce que peuvent prouver ces voies, c'est que les Gallo-Romains du Périgord et en particulier de Vésonne, n'étaient pas restés en arrière des autres parties des Gaules.

Les voies Gallo-Romaines en Périgord, ne prouvent donc pas l'importance de Vésonne mais donnent une idée aussi nette que possible de l'état du pays et de ses ressources.

M. de Taillefer a détaillé le parcours de six voies, comme il suit :

EXTRAIT DE L'ITINÉRAIRE D'ANTONIN.

Burdigala.... — Sivionem XV — Ussubium XX — Fines XXIIII — XII
Aginnum XV — Excisum XIII — Trajectum XXI — Vésunnam XVIII — Fines XXI — Augustoritum XXVIII.

EXTRAIT DE LA TABLE THÉODOSIENNE OU DE PEUTINGER

Vésonna.... — Sc...o X — Contracte XIX — Vatedo XVIII — Burdigala.
Vésonna.... — Sarrum XX — Condate X — Médiolanum sanctum...
Vésonna.... — Fines XIIII — Ausrito....
Vésonna.... — Diolindum.... — Bibona XIIII
Vésonna.... — Diolindum...... — Excisum XXI — Aginnum XIII

Il est en outre tout porté à penser que le chemin d'Agrippa, qui de Lyon descendait vers l'Aquitaine, devait passer à Vésonne. D'un autre côté M. Gilbert de Merliat a constaté l'existence d'une voie partant de Tintiniac (près Tulle) ou d'Auvergne, et se rendant à Vésonne. Il résulte de toutes ces données, qu'au moins sept voies auraient abouti à Vésonne, ce qui n'a rien de surprenant, vu sa situation. On est à peu près d'accord sur le nombre de ces voies,

---

(1) Voir passim les mémoires de la Société des Antiquaires de France et plus particulièrement le 25e volume de la troisième série.

sans l'être, il est vrai, sur leurs divers parcours. Il n'est pas question d'en donner un tracé accompagné de preuves péremptoires, parce que ce travail ne le comporte pas ; mais comme l'existence des voies romaines révèle l'existence de différentes localités sous les noms d'*Oppidum, Mentio, Statio, Vicus, Mutatio, Castellum, Fines, Trajectum, etc. etc.*, résumons rapidement le résultat des connaissances acquises sur cette matière.

Probablement le chemin d'Aggripa passait à Vésonne, non pas en se rendant aux Pyrénées, mais en se dirigeant sur la Saintonge (1). Il est même très probable que cette voie était celle de Cahors à Vésonne, à moins toutefois que ce ne fût celle dont il sera question plus bas, en dehors des sept principales, mais qui alors n'aurait pas passé dans Vésonne.

La voie de Cahors à Vésonne se dirigeait sur le Périgord, non pas par *Duravel*, où quelques modernes croient fort à tort retrouver le *Diolindum* de la table de Peutinger, mais par la Dordogne, aux abords de Souillac, et côtoyait la rive droite de cette rivière jusqu'à la hauteur de *Saint-Cyprien*, où l'on retrouve encore des tronçons de cette route dans le sens du vallon qui domine le château de *Fages*. Dans ce parcours, elle abordait successivement un établissement à *Calviac*, une magnifique villa à *Saint-Vincent-le-Paluel*, une autre à *Carsac*, où il reste encore une portion d'un bel aqueduc, une autre à *Vitrac*, une autre à *Domme-Vieille (Cénac)*, que la tradition populaire appelle *Ville de Quinte* et qu'on ne gagnait qu'en traversant la Dordogne ; une autre à *Laroque-de-Gageac*; une autre à *Saint-Vincent-de-Cosse* où des restes de voie subsistent en débris nombreux, une *mention* ou *station* des plus importantes à constater, commune de Bézenac sous le nom de Ville de *Pradines*, sans compter *Saint-Julien-de-Lampon* sur la rive gauche de la Dordogne et *Le Coux*, à quelques kilomètres en aval de Saint-Cyprien. De la vallée de la Dordogne, elle passait dans le vallon de la *Vergnolle*, au bas duquel coule la Vézère qu'elle traversait aux environs du *Moulinet*, longeant la rive droite jusqu'à *la Boissière*, commune du Bugue, où se trouvait une villa, contournant ensuite le coteau de *la Gardelle*, et se déroulant vers le *Bugue*, aux abords duquel était une autre villa (*La Faux-Basse*) qu'elle traversait, pour courir sur

---

(1) Strabon. L. IV.

Journiac, Cendrieux, Lacropte, Marsaneix, Atur, et aborder Vésonne par le Faubourg-Saint-Georges.

La voie venant d'Agen passait à Eysse, tout près de Villeneuve, aux environs de Castillonnès, entrait dans le Périgord en laissant à gauche Eymet, belle villa sur le Dropt, abordait *Issigeac, Montaut, Saint-Cernin-de-la-Barde, Mons, Saint-Germain, Mouleydier* appelé *Trajectum, Baneuil, Cause-de-Clérans, Doutille, Vergu* et entrait à Vésonne, par le vallon de *Campniac.*

La voie de Bordeaux à Vésonne, après s'être rendue à *Coutras* par *Vayres*, entrait en Périgord par *Le Pizou*, se dirigeait sur le *Puy-de-Chalus* près de *Montpaon*, où elle traversait cette magnifique villa, je dirais plus volontiers ce *castellum*, appelé *Chàlus (castrum Lucii)*, passait à *Arancens*, à *Ribeyrac*, à *Villetoureix*, à *Tocane*, à *La Chapelle Agonaguet* où elle se confondait avec celles de *Saintes* et d'*Angoulême*, descendait à *Beauronne* au-dessus de *Chancelade*, point de jonction de celle de Limoges, et gagnait Vésonne par le *Toulon*.

La voie de Saintes, confondue avec celles de Bordeaux, d'Angoulême et de Limoges, se détachait de celle de Limoges à *Beauronne*, de celle de Bordeaux à *La Chapelle Agonaguet*, touchait à *Lisle*, traversait la Dronne entre cette localité et *Creyssac*, sur un pont dont une arche presque entière est encore debout, se dirigeait vers *Le Chadenil*, se séparait de celle d'Angoulême non loin de *Cercles* vers *Latourblanche*, passait près de *Gouts*, gagnait le *Pas-de-Fontaine*, commune de *Champagne*, et sortait du Périgord dans la direction de *Charmant*.

La voie d'Angoulême, comme il est dit ci-dessus, se séparait de celle de Saintes à la hauteur de *Latourblanche*, courait sur le *Vieux Mareuil* et sur *Lussas*, où on en trouve des traces depuis la *Croix-Gaugeau* jusqu'aux *Farges*, s'engageait dans la commune d'*Hautefaye* où on en voit encore un tronçon, dans un lieu appelé également *Les Farges*, traversait l'étang *Grolhier*, commune de *Piégut-Pluviers*, où on la distingue parfaitement au fond de l'eau, quittait le Périgord au-delà de *Busserolles* et se rendait à Angoulême, laissant d'un côté *Morthon* et de l'autre *Larochefoucault*.

La voie de Limoges se détachait des trois qui précèdent à *Beauronne de Chancelade* pour se porter sur *Agonac* et *Thiviers*, d'où elle gagnait *Firbeix*, qu'on s'accorde à reconnaître pour le *fines* de l'itinéraire d'Antonin et de la table de Peutinger, quoiqu'on ait aussi parlé de *Courbasy*, à la droite de Firbeix, en partant de Vésonne ; l'une et l'autre localité sur les limites du Périgord.

La voie de *Tintiniac* ou d'*Auvergne*, passait à *Bassillac* où sont connus les restes d'une villa, sous le nom de *ville de Boulogne* ; suivait l'Isle en amont jusqu'au confluent de l'Eau-de-Vézère, où se trouvent encore des traces d'un pont, remontait l'Eau-de-Vézère jusqu'à *La Boissière-d'Ans*, où l'on voit des restes d'un camp romain, à *Ste-Eulalie-d'Ans* où sont d'autres restes de camp, et gagnait *Naillac, La Chapelle-St-Jean, St-Lazare*, où était une villa à qui la tradition donne le nom de *Laboissière, Larilledieu, Terrasson* et *Larche*, où elle quittait le Périgord (1).

Indépendamment de ces sept voies principales, il en existait encore quatre autres dont le tracé se déroule avec tout autant de précision, et qui, pour n'être pas aussi importantes en apparence, n'en étaient pas moins fréquentées. Celle qui semble devoir être placée en première ligne, venait du Quercy et entrait en Périgord par *Florimont*, canton de Domme, où elle est parfaitement accusée, se dirigeait sur *Belvès* (2) ou *Montenil*, par *Bouzic, Daglan* ou *St-Pompon, Besse* et *Doissat*, courait ensuite vers l'ouest par *Vieilric*, dans le voisinage duquel se trouve un camp romain, par la forêt de Bessède, par *St-Avit-Sénieur*, par *Molières* (3) et *Monsac*, se croisait avec la voie d'*Agen* à *Mons* ou à *St-Germain*, gagnait *St-Laurent-des-Vignes, Lamonzie-St-Martin* et *Gardonne*, traversait la Dordogne au *Fleix*, où reste le souvenir d'une villa, sous le nom de *ville du Meille*, à *Falgueyrolles*, à *Vélines*, passait à *Montcarret* (villa avec aqueduc), à *Lamothe-Montravel* et quittait presque immédiatement après le Périgord.

Il est bon de faire observer, pour cette voie, qu'on trouve deux

---

(1) Dans le tracé de ces voies, je ne tiens compte que de la disposition du sol et des restes gallo-romains qui le jonchent encore. Le calcul des distances m'occupe peu, parce qu'indépendamment des fautes de copistes et des erreurs matérielles qui devaient exister, il y avait aussi les difficultés de terrain et les fausses directions. Je ne crois pas non plus devoir m'arrêter aux noms qui sont tous des noms connus.

(2) Voir les appendices.

(3) Molières est une bastille du XIIIe siècle ; mais le *chemin de la Reine Blanche*, dont je parlerai ailleurs et qui passe tout près, est la véritable voie romaine qui nous occupe.

embranchements très bien marqués qui conduisaient, l'un à *Pausac* par *Cussac* ; l'autre au *Sigoulès*, à *Razac*, à *Serres*, à *Rouquette* et à *Eymet* par *St-Laurent-des-Vignes*. La deuxième s'embranchait sur celle de Vésonne à Cahors, aux environs de *Cendrieux*, parcourait le vallon du *Vergu* jusqu'à *Neufric*, où elle traversait l'Ille au *gué du Chalard* (VADUM CASTELLARII), s'enfilait dans le vallon du *Salembre*, touchait à *Siorac*, ville importante, se confondait avec la voie de Bordeaux, dans le vallon de *Ribeyrac*, franchissait la *Dronne* avec elle au *gué du Chalard-de-Dronne*, s'en séparait ensuite pour gagner *Bertric-et-Burée*, *Verteillac*, *Grésignac*, *Gouts-Rossignol* ou *Vendoire* et allait rejoindre celle de Saintes.

La troisième se détachait de celle de Tintiniac, au confluent de l'*Eau-de-Vézère* et de l'*Ille*, courait sur *St-Vincent*, sur *Savignac-les-Églises*, sur *St-Sulpice-d'Excideuil*, sur *Jumilhac-le-Grand* et sortait du Périgord pour gagner Limoges, dans la direction de Nexon, sans doute par Courbasy, se confondant très probablement avec celle qui passait par Châlus, avant d'atteindre Limoges.

La quatrième se détachait à Terrasson de celle de Tintiniac, suivait la vallée de la Vézère, touchait à *Condat*, à *Montignac*, où se sont trouvés les débris d'une villa sous le nom d'*Oliroux*, à *Tayac*, où subsistent encore des traces et allait rejoindre celle de Cahors dans la plaine de *St-Cirq*, près du Bugue.

Il n'est pas douteux qu'il existait en outre bien d'autres moyens de communication, mais comme la direction n'en est pas suffisamment connue, il n'est pas nécessaire d'en parler ici ; tout ce qu'il est permis de dire, c'est qu'en principe il y avait des chemins partout où se trouvaient des groupes d'habitations ; or, comme il existe des traces de nombreuses villas en dehors de celles désignées ci-dessus, telles que, dans l'arrondissement de Sarlat, *St-Chamassy*, lieu dit *Laboissière* ; près de Sarlat, au lieu appelé *Olivier* ; dans l'arrondissement de Bergerac, *Trémolat, Pont-Romieu, Pontour, Bergerac* ; dans l'arrondissement de Périgueux, *St-Paul-de-Serres, Mensignac, Excideuil, Génis, Marsac, Razac* ; dans l'arrondissement de Ribeyrac, *St-Aquilain, Nanteuil, Segonzac, Le Petit-Bersac, Bourg-du-Bost* ; dans l'arrondissement de Nontron, *St-Saud, St-Barthélemy, l'Aiguilhac-de-Cercles, Miallet*, sans compter bien d'autres qui n'ont pas été signalées, ou sur lesquelles il reste trop de doute pour en parler d'une manière affirmative. Joignez à cela que nous trouvons encore au vi° siècle *St-Amand-de-Coly, Lanquais, Bannes, St-Aquilain* et *St-Astier*.

La population périgourdine non-seulement n'avait rien perdu de son importance durant l'occupation romaine, mais encore elle avait grandi, parce qu'il y a tout lieu de croire que les *mentions*, les *stations*, les *castella* avaient dû recevoir un certain nombre de vétérans, voire même d'affranchis ou autres étrangers qui étaient venus s'y fixer comme concessionnaires de terres, comme fonctionnaires publics ou comme simples particuliers.

Quant aux ressources du pays, les embellissements de la capitale, les voies de communication, la fécondité constatée de l'Aquitaine et par suite du Périgord, les établissements industriels dont on retrouve la trace, fabriques de poterie et forges, tout donne à penser que ces ressources étaient considérables, et que l'aménité de la température contribuait encore à en augmenter l'importance.

Le débordement des barbares jeta la perturbation dans les Gaules. Le pillage et l'incendie succédèrent aux travaux utiles, jusqu'à l'établissement des Goths dans la contrée. Ce peuple, moins étranger aux mœurs romaines, sembla s'attacher à réparer les maux de l'invasion, et peut-être y serait-il parvenu, s'il n'avait eu à soutenir des luttes incessantes, jusqu'à son expulsion par les Francs, de presque toute l'ancienne Aquitaine.

Si, avec les Goths, le Périgord ne répara pas entièrement ses malheurs passés, il se remit cependant des violentes secousses qu'il avait éprouvées. Il est bien vrai que la question religieuse y souleva de grandes passions et que le roi goth Euric commit d'affreux désordres ; que la corruption des mœurs, dont Salvien nous a fait un tableau affligeant, dut empêcher les améliorations, mais nous ne voyons cependant pas des traces saisissables d'amoindrissement dans les ressources de l'Aquitaine. L'acharnement avec lequel les successeurs de Clovis s'en disputèrent les diverses parties est, au contraire, une preuve éclatante de son importance territoriale. S'il y avait décadence, elle était générale.

Si Sulpice Sévère avait sa résidence en Périgord, ce qu'il en dit nous prouve suffisamment qu'au temps des Goths le pays n'était point appauvri.

La légende de St-Enmaque (St-Chamassy) supposerait les bords de l'Ille en fort bon état de production au v° siècle. Celles de St-

Sour, de St-Amand et de St-Cyprien donnent à croire qu'au vi° on fit de grands travaux sur les bords de la Vézère et sur les bords de la Dordogne, dans le Sarladais ; ce qui autorise à penser qu'alors l'agriculture était toujours en honneur en Périgord. A la manière dont on s'exprime sur le compte de saint Vaaste, évêque d'Arras, à la même époque, et originaire de la partie du Périgord voisine du Limousin, on voit qu'elle était bien cultivée. Le testament de saint Yrieix, abbé de ce lieu, appelé alors *Attane*, et celui de Bertrand, évêque du Mans, qui vivaient à peu près dans le même temps, ne sont pas moins explicites. Il en résulte que, sous la première race, le Périgord, s'il ne conservait pas toute sa richesse primitive, jouissait encore d'une grande partie de son ancienne prospérité.

CHAPITRE TROISIÈME

Établissement du Christianisme en Périgord.

A propos de l'introduction de la religion du Christ dans la Gaule, un homme d'un profond savoir a dit : « Je n'entrerai dans
» aucune discussion pour déterminer quels furent les premiers
» évêques qui apportèrent aux Gaules le bienfait de la religion
» chrétienne. Je laisse aux pieux érudits l'embarras et la hardiesse
» de choisir une opinion (1). » J'aurais fait comme lui, si, en écrivant l'histoire du Périgord, je n'étais pas rigoureusement obligé de parler de tout ce qui intéresse cette province, et par conséquent de chercher à savoir par qui le christianisme y fut apporté, et comment il s'y propagea.

Le récollet Jean Dupuy, né en 1589, et qui publia son *Estat de*

---

(1) Raynouard : *Hist. du droit municipal*, t. I, p. 141.

l'Eglise du Périgord en 1629 (1), est le premier des modernes qui ait raconté tout au long la tradition religieuse du pays et la vie de saint Front (2). Les détails de la dernière minutie qu'il fournit sur ce saint, sont donnés avec tant de bonhomie, qu'il y aurait presque de l'injustice à dire qu'il n'y croyait pas. Mais ce n'est pas une raison pour admettre tout ce qu'il a avancé. Aussi Tillemont, Bosquet, Baillet, les Bénédictins, etc., etc., tous les ecclésiastiques sérieux, en dehors du Périgord, se mirent en opposition ouverte avec le récit de Dupuy.

Cette unanimité eut pour conséquence des recherches nouvelles sur la vie de saint Front ; mais elles n'aboutirent guère qu'à augmenter la confusion. En effet, en exhumant tour à tour de l'oubli différentes vies de saint Front, dont le père Dupuy lui-même avait cru faire justice, dans son introduction, on fractionna la double tradition établie, et on répandit, à la fois sans nécessité et sans avantage, la défiance sur la légende admise par l'Eglise de Périgord et sur celle qu'on lui opposait. De part et d'autre on contestait, sans preuve, des assertions qu'on disait inadmissibles, et auxquelles on substituait d'autres assertions non moins vagues, non moins contestables. C'est ce qui a fait dire à Baillet (3) : « La » vérité n'est pas l'ouvrage des hommes. Il n'est pas en leur pou- » voir de la créer. » Aussi les seconds actes de saint Front n'ont pas été jugés, par lui, plus véritables que les premiers. De leur côté, les Bénédictins, après avoir examiné avec soin les pièces du procès, s'en sont expliqués avec une franchise qui sent l'indignation (4) : « Le génie romanesque se saisit de nos Français dès le x⁰ » siècle... De là tant de légendes fabuleuses... Tels sont les actes de » saint Martial, premier évêque de Limoges... Tels sont les actes » de saint Ursin ou Ursicin, premier évêque de Bourges... Tels

---

(1) Périgueux, chez Pierre et Jean Dalvy, imprimeurs, 2 vol. in-4°, le plus souvent reliés en un.

(2). Je dis le premier, parce que le petit ouvrage écrit avant lui et imprimé à Bordeaux en 1612 sous ce titre : *La Vie de saint Front, premier apôtre et évêque de Périgueux*, etc., est un assemblage de contes pieux qui promènent saint Front dans toute la Gaule, et en font plutôt l'apôtre de la majeure partie des nations gauloises, que l'apôtre spécial du Périgord.

(3) Vie des Saints. — 25 octobre, article saint Front.

(4) *Histoire littéraire de la France* ; T. VII, introduction, p. 64.

» sont ceux de saint Front, premier évêque de Périgueux, faits
» par un Gausbert, chorévêque de Limoges, quelques années avant
» la fin du même siècle, etc., etc., etc. »

En présence de cette divergence d'opinions qui s'est perpétuée jusqu'à nos jours, je me bornerai à résumer ce qui a été dit, afin de bien mettre le lecteur en état de se rendre compte de la situation. Je traiterai ensuite le fond de la question, avec toute l'impartialité d'un historien qui cherche avant tout la vérité. Voici le récit du père Dupuy, dégagé de tous ses accessoires :

« Saint Front, noble d'extraction, était de la tribu de Juda. Son
» père fut Siméon, sa mère Frontonia, et son pays la Lycaonie. Il
» connut Jésus-Christ en Judée, fut baptisé par saint Pierre et ap-
» pelé au service de Dieu dans l'estat de virginité qu'il ne perdit
» jamais. Il fut du nombre des soixante-douze disciples désignés
» par Jésus lui-même, et reçut le don de rendre la santé aux mala-
» des et la vie aux morts, de chasser des corps les esprits malins et
» de faire des miracles de toute espèce.

» Du temps qu'il prechait à Rome, où l'avait conduit saint
» Pierre, ce pouvoir de faire des miracles se manifesta un grand
» nombre de fois. Plus tard, après avoir été béni par le représen-
» tant de Jésus-Christ sur la terre, il vint dans les Gaules avec
» saint Georges ; mais pendant qu'ils prêchaient l'évangile aux
» gentils, saint Georges mourut soudainement. Saint Front retourna
» à Rome, où saint Pierre lui donna son baston, l'assurant que
» Georges reviendrait à la vie en le touchant de ce baston, ce qui
» fut fait. Poursuivant son chemin, saint Front laissa saint Georges,
» évêque du Puy en Velay, et se rendit à Toulouse, où il ressus-
» cita un enfant noyé dans la Garonne. De là, il vint en Périgord,
» province qui lui était spécialement donnée en charge. Sa parole y
» fit de nombreux prosélytes. Il démolit, par la seule vertu du si-
» gne de la croix, un temple placé hors de l'ancienne Vesonne.
» Un autre miracle convertit beaucoup de peuples de ce pays. Un
» dragon malfaisant, établi dans une roche sur la Dordogne, fut
» précipité dans cette rivière par la force de la prière du saint. Par
» ses soins, les temples de Jupiter, Vénus, Mercure et autres fu-
» rent démolis, et celui de Mars, dans Vesonne, fut entièrement
» détruit. Il établit à sa place un autel au vray Dieu et en l'hon-

» neur de saint Etienne. Il fit aussi bastir deux oratoires, l'un dé-
» dié à la Vierge, l'autre à saint Pierre.

» Les choses en étaient là, lorsque le président de la province,
» n'osant se saisir du chef par crainte de sédition, se mit à la pour-
» suite des disciples, et fit martyriser saint Silain, saint Frontaise,
» saint Séverin et saint Sévérian. Après avoir recueilli les corps
» des quatre martyrs, et les avoir fait ensevelir dans une crypte,
» près de son oratoire, le patron du Périgord, pour échapper à
» l'orage qui grondait encore, se retira vers Brive, où il se tint
» prudemment à l'écart jusqu'à ce qu'il pût revenir à son troupeau,
» avec un tel succès, que le président lui-même se convertit et se fit
» baptiser par ce saint personnage, qui l'appella Georges, en mé-
» moire de l'évêque du Puy.

» Après de longs travaux et des fatigues incessantes, le moment
» de la récompense étant arrivé, Dieu apparut en personne à notre
» saint au milieu d'une lumière éclatante, entouré de la milice cé-
» leste, et le jour de son trépas fut fixé au dimanche suivant. Sur
» cela, Front convoqua son clergé, lui annonça ce qu'il venait
» d'apprendre, engagea tous les assistants à s'aimer en frères et dé-
» signa son successeur. Le dimanche fatal arrivé, après avoir célébré
» le saint sacrifice, il mourut et monta au ciel enveloppé de la lu-
» mière éclatante dans laquelle Dieu lui avait apparu. »

Fort bien accueilli de la majorité des Périgourdins de son temps, l'ouvrage de Dupuy n'eut pas de succès parmi les érudits. Toutefois, personne n'ayant essayé de le réfuter dogmatiquement, les deux partis dont j'ai parlé plus haut ne subirent guère que des modifications de détail qui se résument comme il suit : Ceux qui pensaient, avec Dupuy, que saint Front était l'envoyé de saint Pierre dans la première moitié du premier siècle, formèrent trois classes bien distinctes : la première admettait purement et simplement le récit du récollet et faisait naître l'apôtre du Périgord en Lycaonie ; la seconde, ne cherchant pas à remonter plus haut que la venue de saint Pierre à Rome, se contentait du texte d'Adon de Vienne, rapporté plus bas, et la troisième lui donnait une origine grecque. Ceux au contraire qui rejetaient l'opinion de Dupuy, tout en s'accordant à dire que notre apôtre était Périgourdin d'origine, différaient beaucoup plus sur les particularités de sa vie. Les uns croyaient, avec Raban-Maur, qu'il était né à Lanquais, et avait vécu parmi des moines ; d'autres en faisaient un ermite. Ceux-ci voulaient que de Périgord il fût allé en Judée, se fût fait soldat d'Hérode, eût été baptisé par saint Jean-le-Précurseur, se fût retiré au mont Carmel, et de là eût été renvoyé dans son pays natal prêcher la nouvelle religion. Ceux-là le disaient de la famille de Marcus-Cornelius Fronto, précepteur de Marc-Aurèle, originaire d'Auvergne ou de Périgord.

Selon le père Dupuy lui-même, cette grande divergence d'opinions tenait à la multiplicité des écrits : « De faict, dit-il, j'ai observé presque dans toutes les anciennes vies de cet apostre, tant imprimées qu'en manuscrits, tous les symptomes qu'on peut desirer pour croire qu'elles n'estoient pas venues à nous avec fidélité, car premièrement nous ne trouvons bonnement aucun des anciens et authentiques historiens qui parle amplement de ce sainct, et néantmoins, pour le jour d'huy, on trouve en plusieurs anciennes familles du Périgord tant de manuscripts qui déduisent au long sa vie, quoyque presque tous différents entre eux et suspects en cela spécialement qu'ils sont trop prolixes et ne portent le nom de leur autheur. » Voilà donc la vérité échappée de la bouche de notre écrivain.

Un autre point important c'est l'incertitude qui s'était glissée sur la venue ou le retour de notre apôtre en Périgord, au temps de saint Pierre. Avant le père Dupuy, on le faisait passer en Gaule et se rendre en Périgord vers l'an 42 de notre ère. Le père Odo de Gissey a assigné à son voyage l'an 46 ; le chanoine Tarde, l'an 61 ; d'autres moins hardis, se sont bornés à dire qu'il avait accompli son apostolat dans le premier siècle. Ceux qui ont soutenu que ce fondateur de l'Eglise de Périgord avait vécu postérieurement au premier siècle, ne sont pas plus d'accord dans leurs assertions. Les uns le placent au troisième, les autres au quatrième, etc. (1), sans autrement se préoccuper de savoir s'il est ou non possible de concilier l'histoire avec leurs suppositions.

Les choses en étaient là, lorsque M. Wilgrin de Taillefer entreprit la publication de son ouvrage : *Les Antiquités de Vésone*. M. de Taillefer veut que saint Front ait existé dans le deuxième siècle et

---

(1) Tout récemment, M. l'abbé Guettée (*Histoire de l'Eglise de France*), Paris, 1857, 12 vol. in-8º, a dit, dans son tome premier, p. 44, qu'il fut envoyé par le pape Etienne, vers l'an 256.

appuie ce nouveau système, qui n'a rien de contraire aux données de l'histoire ecclésiastique, sur une inscription plus qu'à moitié effacée, dans laquelle il croit avoir retrouvé une sorte de signe hiéroglyphique, dont auraient fait usage les chrétiens de cette époque ; sur une monnaie (un tiers de sol) qu'il attribue à Périgueux, quoique Leblanc l'ait publiée comme inconnue, et sur les visites de saint Hilaire, évêque de Poitiers, et saint Géry, évêque de Cambrai, au tombeau de saint Front, la première dans la deuxième moitié du quatrième siècle, la deuxième vers l'an 600 (1). Quant au pays de la naissance de notre apôtre, il ne balance pas à se prononcer résolûment pour le Périgord, et traduit *Lenicasium* du martyrologe de Raban-Maur, par *Languais* ou *Lancais*. Il va même plus loin, et, combinant le fait historique qui donne le Périgord pour patrie à Marcus-Cornelius Fronton, avec la supposition que notre apôtre aurait bien pu être de cette famille, il admet comme possible la conversion de Fronton lui-même qui, de la sorte, aurait été notre premier évêque (2).

M. Audierne concluait à l'existence de saint Front au troisième siècle, et à son origine probable de la maison du précepteur de Marc-Aurèle, invoquant à l'appui de son opinion toutes les preuves sur lesquelles s'était appuyé l'auteur des *Antiquités de Vésone* (3). Il résume la légende de saint Front, sans la combattre, mais en ayant soin de dire qu'elle est inadmissible aux yeux de la saine critique.

En 1858, M. l'abbé Dion, à la suite d'un travail ayant pour titre : *De romani pontificis infaillibilitate commentarii* (Commentaires sur l'infaillibilité du pontife romain), imprima une dissertation sur l'apostolat de saint Front. Son but, disait-il en commençant, était d'établir

---

(1) Il déclare devoir ces deux derniers renseignements à l'abbé Lespine.

(2) Cette supposition se rattache à l'expédition de Marc-Aurèle contre les Quades. L'empereur, manquant d'eau, en eut par une pluie miraculeuse due aux prières de la légion thébaine, disaient les Chrétiens, et que les Romains attribuèrent à *Jupiter pluvius*, auquel on érigea une colonne sous le nom de *Colonne Antonine*. (Mémoires de l'académie des inscriptions et belles-lettres, t. XVIII, p. 218.) Tout ce qu'il y a de vrai dans cet événement, c'est qu'un orage survint à propos pour désaltérer les troupes de Marc-Aurèle, exténuées, par un soleil de plomb, dans un défilé long à franchir.

(3) Voir calendriers administratifs 1835. — Annales agricoles 1840. — Notes à l'Estat de l'Eglise en Périgord ; Dupont 1841. — Périgord illustré.

que saint Front était venu prêcher en Périgord au premier siècle de l'ère chrétienne.

Hérissé de beaucoup de citations qui font honneur à l'érudition de M. Dion, son travail ne nous apprend rien de nouveau ; il se borne à raconter que, du neuvième au dix-neuvième siècle, on a répété sur tous les tons que saint Front avait vécu au premier siècle ; mais de preuves de son existence, point.

En revanche, il invoque toutes les conjectures, s'appuie sur toutes les suppositions, et met en œuvre tous les raisonnements dont les écrivains modernes ont fait usage, dans le but de prouver que le christianisme fut répandu en Gaule au premier siècle. Les plus sérieux, au contraire, et les plus dignes de confiance, l'embarrassent. C'est d'abord Sulpice-Sévère, qu'il interprète de la manière la plus impossible ; ensuite Grégoire de Tours, qu'il accuse de contradiction avec lui-même, comme on avait déjà essayé de le faire, et qu'il serait tenté de prendre pour un ignorant mal informé ou manquant de mémoire. Launoi et les écrivains modernes qui ne sont pas de son avis ont aussi leur tour. A ceux-là il jette résolument la pierre, ce qui ferait croire qu'il n'a pas le moyen de les combattre. Comme tout cela ne prouve rien, et ne modifie pas la situation, je n'en parle que pour mémoire.

Enfin, en 1859 (1), M. Galy a repris la question, et, laissant de côté tout ce qu'on avait dit jusqu'à lui, il s'est résolument déclaré en faveur de l'existence de saint Front au premier siècle. Le motif de sa détermination repose sur la découverte de médailles romano-ibériennes, appartenant aux villes de l'Espagne tarragonaise *Osca* et *Celsa*, trouvées au mois d'août 1857, dans les ruines des habitations romaines jadis groupées sur les bords de l'Ille, et faisant partie de l'antique *Vesonne*. Ces monnaies, à l'effigie d'Auguste, de Tibère et de Caligula, portent les noms de Pompeius, de Marullus, de Fronto et de quelques autres personnages romains. Ces noms ont frappé M. Galy qui, à l'aide d'un rapprochement avec deux inscriptions provenant de Vesonne où figurent les noms identiques de Pompeius et Marullus, et avec le souvenir traditionnel de l'Eglise de Périgueux, au sujet de son fondateur, est insensiblement

---

(1) *Vesone et ses monuments sous l'administration romaine*, etc. Caen, 1859, brochure in-8°.

arrivé à croire à la contemporanéité du Fronto périgourdin et du Fronto tarragonais (1).

Tous ceux qui se sont occupés de saint Front se sont moins donné la peine d'examiner sérieusement ce qu'il y a de vrai ou de faux, dans ces récits que de combiner les faits de manière à leur procurer un degré de probabilité qu'à leurs yeux ils n'avaient pas avant eux. L'établissement du christianisme et tout ce qu'on a dit jusqu'à ce jour sur saint Front, ne formant en quelque sorte qu'une seule et même question, je vais essayer d'accomplir ce qu'ils ont négligé de faire. J'examine d'abord les textes invoqués. Ces textes sont les *Martyrologes*, la *Vie de saint Hilaire de Poitiers* par son disciple saint Just, celle de *saint Géry, évêque de Cambrai*, par un anonyme, une inscription, un tiers de sol et les monnaies d'Osca et de Celsa. J'y ajouterai même les *Litanies Carolines* dont personne n'a parlé, et qui méritent pourtant d'être mentionnées.

Les plus anciens martyrologes connus, et appelés l'un d'*Eusèbe* et l'autre de *Gélonne* ou de *saint Gérôme*, mais qui n'en font réellement qu'un, ne disent rien de saint Front. Il est vrai qu'on a prétendu qu'ils ne devaient pas en parler, parce qu'ils n'avaient à s'occuper que des martyrs ; mais c'est précisément pour cela qu'ils auraient dû le mentionner à propos de ses quatre disciples, martyrisés, selon la légende, comme je le dirai plus bas, et sur lesquels pourtant ils se taisent ainsi que sur lui-même ; silence qui constitue plus qu'un argument contre l'existence du patron et des élèves, quoique Baronius soutienne que ces martyrologes ne mentionnent guère que des martyrs d'Orient, car la réflexion de Baronius, pour ceux surtout qui savent que saint Gérôme habita quelque temps Rome, fut lié avec le pape Damase et lui servit de secrétaire, conduit tout

---

(1) Depuis lors, a paru un nouveau volume *La vie de saint Front*, par M. Pergot, curé de Terrasson. Ce n'est autre chose que la légende héroïque de saint Front, telle qu'on la lit dans le petit volume imprimé en 1612, largement délayée dans le style de convention adopté de nos jours pour ces sortes d'écrits, précédée d'une introduction où l'argumentation agressive et hautaine se promène complaisamment dans le champ des conjectures, des suppositions et des pétitions de principe, appuyée sur le travail de M. l'abbé Dion et sur ceux de quelques autres écrivains ecclésiastiques récents, sans égard pour l'érudition sérieuse en général et en particulier pour l'archéologie, qui pourrait lui susciter des obstacles et l'arrêter dans ses excursions à travers les ténèbres de l'incertitude.

naturellement à penser que, si ces martyrologes ne donnent que très peu de martyrs d'Occident, c'est qu'en réalité, à cette époque, l'Occident n'en avait eu encore que très-peu ; et de fait ce n'est guère qu'au cinquième siècle, durant la tourmente arienne, que l'Occident, et surtout la Gaule, comptèrent de nombreux martyrs.

Le martyrologe de Raban-Maur, qui vient après et qui ne fut composé que vers le milieu du ix⁰ siècle, est le premier qui parle de saint Front. Voici comment il s'exprime : « Ce même jour (25 oc-
» tobre) vint heureusement au monde Front, évêque et confesseur.
» Il naquit dans le territoire de la ville de Périgueux, en un lieu
» appelé *Lancais*. Très attaché au service de Dieu, il vécut parmi
» les moines, brilla par ses vertus et convertit à la religion chré-
» tienne une foule de gentils. Après de longs travaux rendus célè-
» bres et sanctifiés par l'éclat de ses mérites, il quitta les tribula-
» tions de cette terre pour la paix éternelle du ciel. »

Quinze ou dix-huit ans plus tard, Adon de Vienne composait le sien et parlait de saint Front dans les termes qui suivent : « Le 8
» des kalendes de novembre (25 octobre), on célèbre, dans la cité
» de Périgueux, la naissance de l'évêque saint Front, ordonné à
» Rome par le bienheureux Pierre, et envoyé pour prêcher l'E-
» vangile avec le prêtre Georges. Celui-ci étant mort le troisième
» jour du voyage, Front, tout affligé, revint auprès de l'apôtre, qui
» lui remit son bâton. Ce bâton, placé sur le corps du défunt, rendit
» à Front son compagnon arraché à la mort. Front, après cela, se
» transporta dans la susdite cité, et y convertit au Christ une grande
» multitude de gentils. Il y mourut en paix et fort renommé par ses
» nombreux miracles » (1).

Voilà bien la double tradition telle qu'elle s'est maintenue jusqu'à nous, sauf les accessoires, dont j'aurai occasion de parler ailleurs. Pourquoi l'Eglise de Périgord a-t-elle adopté le récit d'Adon, perfectionné comme nous le connaissons aujourd'hui, et pourquoi les érudits ont-ils accepté de préférence celui de Raban-Maur ? C'est ce

---

(1) On trouve parmi les ouvrages de Bède un martyrologe identique à celui d'Adon, qui, s'il était de cet auteur, prouverait que la tradition, telle que la rapporte Adon, serait plus ancienne que celle que nous a conservée Raban-Maur ; mais ce martyrologe n'est pas de Bède. Il n'est donc pas nécessaire de s'y arrêter.

que je ne saurais expliquer, mais la vérité n'est, je crois, ni d'un côté ni de l'autre. Toujours est-il que depuis lors la question s'est renfermée dans le cercle de cette double tradition, et que, pendant qu'à partir de Sébalde (fin du IX° siècle) jusqu'à nos jours, le clergé de Périgord a constamment soutenu la narration d'Adon, les savants ont adopté celle de Raban-Maur. De nos jours cependant, les adversaires de ce dernier se sont montrés plus agressifs et ont résolûment assuré que le passage relatif à saint Front *a été inséré* après coup dans son martyrologe. Fort heureusement que la négation n'est pas une démonstration et qu'il suffit de mettre en saillie la manière dont on a argumenté pour en faire comprendre tout le vide.

Dans un de ses ouvrages, Raban-Maur cite un anonyme, auteur de la *Vie de sainte Marthe*, et lui emprunte, sans commentaire, sans réflexion, le récit des funérailles de cette sainte. Dans le passage cité se trouve consigné le souvenir légendaire de l'apparition de saint Front, revêtu d'ornements pontificaux, et du Sauveur du monde, qui en présence du peuple assemblé auraient mis dans le sépulcre, de leurs propres mains, le corps de la sainte. C'est ce souvenir légendaire, n'ayant, dans la circonstance, d'autre valeur que celle d'une simple citation, qu'on oppose au texte du martyrologe dont j'ai donné la traduction plus haut. On part de là pour mettre Raban-Maur en contradiction avec lui-même, et soutenir que le passage de ce martyrologe relatif à saint Front est une interpolation. Je le demande, y a-t-il quelque rapprochement possible entre une citation empruntée par un auteur à un anonyme, dont il n'a pas à justifier la valeur, et le texte même d'un travail de cet auteur? Je ne le pense pas. Conformément aux usages de son temps, Raban-Maur, lorsqu'il empruntait, ne croyant engager en rien sa responsabilité, ne se donnait pas la peine de réfuter le passage cité; tandis que lorsqu'il composait, il avait soin de ne dire que ce qu'il croyait être la stricte vérité. Jusqu'à preuve positive du contraire, nous devons donc considérer le passage du martyrologe de Raban-Maur comme aussi vrai que celui du martyrologe d'Adon. Je poursuis l'examen des textes, en déclarant que j'accepte celui d'Adon avec la même confiance que celui de Raban-Maur, quoique Adon ait rencontré des adversaires tout aussi sérieux que ceux de Raban-Maur lui-même.

Notker et Usuard, qui viennent après Adon, le copient ou à peu près. Seulement, comme il nous reste plusieurs exemplaires du travail d'Usuard, retrouvés dans différents pays, ces divers manuscrits présentent cette particularité remarquable qu'ils contiennent à peu près autant de variantes sur la vie de notre saint qu'il en subsiste de copies ; ce qui prouve qu'en dehors de la double légende périgourdine, les autres provinces ou contrées avaient leur tradition locale, qu'elles eurent soin d'ajouter au texte primitif. C'est ainsi que celui de Louvain ne parle pas des vertus de saint Front, à la différence de celui de Bruxelles, qui les détaille avec une certaine complaisance, et que celui d'Utrecht le fait assister aux funérailles de sainte Marthe avec Jésus-Christ. Les autres martyrologes ne disent rien de particulier sur le sujet qui nous occupe.

Voilà donc ce que nous apprennent les martyrologes du ix° siècle. Selon le plus ancien, saint Front était Périgourdin, né à Lanquais et avait été reçu parmi des moines ; selon les autres, il avait été fait évêque à Rome par saint Pierre et envoyé à Périgueux, sans qu'il soit aucunement question de l'époque de sa naissance ni du temps où il vécut.

Comment se rédigeaient ces martyrologes ? C'est ce que nous ne savons pas d'une manière précise. Je suis pourtant porté à croire que leurs auteurs tantôt recueillaient les souvenirs du pays, tantôt faisaient appel aux églises, qui leur transmettaient chacune l'état de ses saints les plus renommés, avec les détails plus ou moins authentiques. Ce qui me donne à penser que le plus grand nombre d'entre eux dut procéder de la sorte, c'est que les martyrologes d'Adon, de Notker, d'Usuard, etc., composés sur des points et en des temps différents, reproduisent exactement les traditions de l'Eglise de Périgueux, sauf l'origine de saint Front, dont ils ne parlent pas ; ce qui prouve que l'invention en est bien plus récente, comme je le démontrerai plus tard. Aussi voyons-nous que cette église les fit transcrire. Ce qui du moins le donne à penser, c'est la copie de celui d'Adon, que M. Audierne a vue à Rome, et dans laquelle il a constaté, dit-il (1), différentes interpolations consistant dans les noms d'un certain nombre de saints périgourdins ou prétendus périgourdins, tels que *Silain*, *Eumaque*, *Sour*, *Sacerdos*, etc., qui ne se trouvent pas dans le texte pur.

---

(1) Notes sur l'*Etat de l'Eglise du Périgord*, t. i, page 231.

Les deux pèlerinages de saint Hilaire et de saint Géry sont une découverte toute moderne, mais d'autant plus digne d'attention que les ouvrages qui mentionnent la visite de ces deux saints évêques au tombeau de notre apôtre sont attribués, l'un à un disciple même de saint Hilaire, l'autre à un anonyme, sinon contemporain de saint Géry, du moins vivant peu de temps après lui. Le disciple de saint Hilaire, appelé saint Just, sans cesse auprès et sous la direction de son maître, aurait écrit à mesure que les événements se seraient accomplis sous ses yeux, et comme la vie du saint prélat place sa visite au tombeau de saint Front dans la seconde moitié du IV° siècle, il est évident que le fait de l'existence de saint Front antérieurement au IV° siècle serait acquis à l'histoire, si cette vie était bien réellement l'œuvre de saint Just ; mais voici que les auteurs de l'*Histoire littéraire de la France*, que ces savants bénédictins, si ardents à l'étude, si intrépides chercheurs de la vérité, si consciencieux dans leurs assertions, rejettent complètement ce travail comme apocryphe. De l'avis de ces amis de la saine critique les lacunes y sont trop nombreuses et trop étendues pour qu'il soit possible de supposer que cette vie soit d'un disciple de saint Hilaire. Ils vont même jusqu'à douter de l'existence de saint Just. Il n'est donc pas possible d'admettre le passage de cette vie relatif à saint Front, comme preuve suffisante de l'existence de ce saint. Il conduit au contraire à se défier de plus en plus des efforts tentés pour y faire croire, surtout en présence de l'impossibilité matérielle de l'existence de saint Front au IV° siècle, ainsi que je le démontrerai plus bas.

La vie de Saint-Géry ou Gaugéric (S. Gaugericus), donnée d'abord par Surius et rapportée ensuite par les Bollandistes, n'est pas aussi rudement repoussée, et c'est justice, car, par cela seul qu'elle est de 200 ans postérieure, elle pourrait fort bien avoir quelque fondement.

On rapporte, dans cette vie, que saint Géry fit son voyage vers l'an 600. Ce saint évêque mourut, croit-on, vers l'an 619. Il n'est donc pas douteux que sa vie a pu être écrite postérieurement à cette dernière date. Plaçons-la en 650, et nous verrons que, sauf différentes circonstances accessoires, qui ne permettent pas d'avoir une entière confiance en ce travail, on peut croire à la visite au tombeau de saint Front par saint Géry, sans en tirer la conséquence que saint Front, s'il a existé, soit réellement le fondateur de l'église de Périgord, voire même qu'il ait existé antérieurement au cinquième siècle. Voici le passage signalé :

« Le saint évêque, poursuivant son voyage, arriva au tombeau
» de saint Martin. Il y fut reçu en grande joie par les frères, et la
» besogne pour laquelle il était venu se trouvant achevée, il voulut
» sans retard retourner à son église. Cependant il lui parut conve-
» nable de visiter les domaines que cette église possédait dans le
» territoire périgourdin. Pendant ce nouveau voyage, il se rendit
» au tombeau de saint Front, pour y prier Dieu. Afin d'être plus
» libre, il tendit à ceux de sa suite le bâton qui lui servait d'appui ;
» mais ceux-ci avaient leur attention fixée ailleurs, et pas un ne se
» trouva là pour recevoir le bâton et le tenir. Cependant le sei-
» gneur ne voulant pas que les prières de son fidèle serviteur
» fussent troublées, soit par l'incurie de ceux qui l'entouraient, soit
» par le bruit de la chute du bâton, peut-être aussi à cause du peu
» de temps dont il avait à disposer, ou plutôt dans le but de mon-
» trer aux hommes quel était son mérite, confia, il y a tout lieu de
» croire, ce bâton aux mains des anges, qui eurent ordre de le
» tenir debout et immobile, comme s'il eût eu des racines qui l'eus-
» sent fixé en terre. Ses prières terminées, le saint homme, en se
» levant, vit son bâton debout, absolument comme un objet animé
» de la faculté de penser et prêt à lui obéir. Ayant rendu grâce à
» Dieu, qui toujours et partout vient en aide à ceux qui le servent,
» il regagna son pays glorieusement et avec bonheur. »

De ce passage, il résulte que saint Géry ne se rendait pas en Périgord pour le tombeau de saint Front, mais pour visiter les domaines que l'église de Cambrai possédait dans cette province (1); que le miracle opéré n'était pas du fait de saint Front, mais de celui de saint Géry, et que par conséquent on aurait mauvaise grâce à en induire autre chose que la preuve qu'au commencement du vii° siècle, il y avait en Périgord un tombeau de saint Front jouissant d'une certaine réputation dans le pays.

L'inscription dont parle M. de Taillefer, en supposant que le T avec un trait au-dessus serait un T en croix, au lieu d'un T surmonté

---

(1) Ces domaines provenaient sans doute de saint Vaaste, prédécesseur de saint Géry et Aquitain d'origine.

tout simplement d'une abréviation, ne mérite même pas qu'on s'y arrête. Elle concerne, il est vrai, un *Silanus*, que M. de Taillefer prendrait volontiers pour saint Sylain ; mais, en définitive, elle ne parle pas de saint Front, et, de plus, elle est tellement mutilée qu'on ne saurait en donner le sens. Remarquons en outre qu'à l'époque présumée de l'inscription, les Silanus étaient fort nombreux à Périgueux.

Le tiers de sol sur lequel on lit *Vesonno-Vic*, et, au revers, *frunt-i-ilas*, appartient au septième siècle, et peut-être à la fin de ce siècle. Il ne prouve donc rien, en lui appliquant même l'explication la plus large possible.

Je ne m'arrêterai pas à la prétendue conversion de Fronton. Cette supposition est trop futile pour mériter qu'on s'en occupe.

Les monnaies d'Osca et de Celsa, recueillies par M. Galy, ne sont pas concluantes par elles-mêmes ; mais, comme M. Galy s'est servi de cette découverte pour entrer dans des considérations, fournir des rapprochements et tirer des conclusions qu'il importe d'examiner avec soin, je me borne à faire remarquer, pour le moment, l'insuffisance des moyens mis en œuvre.

J'ai signalé les litanies carolines, dont pas un des partisans de l'apostolat de saint Front n'a parlé, que je sache, quoiqu'elles rentrent parfaitement dans leur système de démonstration. En effet, ces litanies, qui, selon Mabillon et tous les érudits, sont un document du VIIIe siècle, placent saint Front parmi les confesseurs, ce qui est une preuve de plus de la nature de celles qu'on a groupées avec tant d'empressement ; mais ici encore je ne vois que le fait de la croyance, consacrée par des prières publiques, que saint Front était considéré, au VIIIe siècle, comme un saint confesseur de la foi ; ce qui ne justifie en rien l'époque assignée à sa naissance.

Je ne veux pas oublier non plus la vie de notre apôtre par Gausbert, chorévêque de Limoges. Cette vie, qui repose tout entière sur le passage du martyrologe de Raban-Maur, est devenue sans importance depuis qu'on sait qu'au concile de Limoges, en 1031, un prêtre du Périgord ayant voulu soutenir que saint Front était apôtre au même titre que saint Martial, l'abbé de Solignac l'interrompit en lui disant : « Tais-toi, frère ; il vaut mieux que tu te taises, car, pendant » que nous buvions, dans les écoles, le lait et le miel de nos maîtres,

» toi seul, tu ruminais la fève. La nouvelle vie de saint Front dont
» tu t'appuies, notre Gausbert la composa pour de l'argent (1). »
(Vers 996.)

On convient généralement qu'il ne reste, dans l'antique Vésonne ni sur le Puy-St-Front (le Périgueux actuel), aucun indice de l'existence du saint qui puisse remonter au premier temps de l'occupation romaine. Sous ce rapport, il n'y a pas d'opinion divergente. Je puis donc dire, dès à présent, que les preuves matérielles de l'existence de saint Front au premier siècle de notre ère manquent complètement.

Les monnaies d'Osca et de Celsa, et les inscriptions de Vésonne sur lesquelles M. Galy a fondé ce qu'il dit de saint Front, se trouvent en tête de la nomenclature des moyens employés pour justifier cette légende. Il faut nous occuper avant tout de ces monnaies.

Comme je l'ai dit plus haut, elles sont aux effigies d'Auguste, de Tibère et de Caligula. Elles furent par conséquent frappées antérieurement à l'an 41 de notre ère ; c'est-à-dire deux ans au moins avant la venue de saint Front à Périgueux, selon l'opinion la plus large, celle de ceux qui le font arriver en Périgord l'an 42 de notre ère.

Les deux inscriptions n'ont pas de date certaine, et M. Galy, avant de s'en servir, je veux dire avant de rapprocher les noms qu'elles contiennent de ceux gravés sur les monnaies, ne nous a pas fait connaître quelles étaient leurs dates approximatives, ce qui est d'autant plus regrettable que ces dates approximatives peuvent seules confirmer ou faire rejeter ses conclusions. Je crois devoir avant tout

---

(1) Je ne dois pas omettre de parler d'un abbé de Nitrie, du nom de Front, qu'on fait intervenir à propos du travail de Gausbert, et qui, selon quelques écrivains ecclésiastiques contemporains, aurait été sciemment confondu par le chorévêque de Limoges, avec le patron du Périgord. J'admets, avec ces écrivains, que ce chorévêque ait commis cette confusion avec intention, et je leur demande s'il est possible d'en tirer le moindre avantage en faveur de la thèse qu'ils soutiennent. Le procédé de Gausbert prouve qu'au temps où il écrivait, la tradition de l'église de Périgueux n'était pas très bien fondée, puisqu'on pouvait impunément la mettre de côté, sans que personne réclamât pour elle, et que ce ne fut que trente-cinq ans plus tard, et à la suite du concile de Limoges, comme on le verra bientôt, qu'on s'avisa de réparer l'échec que lui avait fait subir Gausbert, et qu'il a fallu attendre jusqu'au XVIIe siècle pour qu'un érudit démêlât les faits de la vie de notre apôtre d'avec ceux de la vie de l'abbé de Nitrie, si malencontreusement enchevêtrés à dessein.

réparer cette omission, du mieux qu'il me sera possible ; mais il me paraît indispensable de donner préalablement ici la traduction des deux inscriptions. La première est mutilée. Voici ce qu'il en reste : » Et au dieu Apollon coblédulitave, Marc Pompée Libo, prêtre de l'autel d'Auguste, fils de Caius Pompée Sanctus, prêtre de l'autel d'Auguste, de la tribu Quirina, qui rétablit, de son argent, le temple de la déesse Tutèle et les thermes publics, tous les deux entièrement tombés de vétusté. Il acquitta son vœu de bon cœur et avec raison » (1). La seconde est entière. Elle est ainsi conçue : « Lucius Marullius Æternus, fils de Lucius Marullius Arabus, de la tribu Qui-» rina, duumvir, a fait les frais des eaux et de l'aqueduc. » Il est évident que si Pompeius et Marullus des inscriptions furent contemporains des Pompeius et Marullus des monnaies, le rapprochement fait par M. Galy, sans être une preuve péremptoire, devient une forte présomption dont il faut tenir grand compte ; tandis que s'ils ont vécu à un siècle ou plus de distance, il n'y a pas de rapprochement possible. Essayons donc de déterminer la date approximative de ces inscriptions, en commençant par celle d'Apollon coblédulitave.

Cette inscription ne doit pas, ne peut pas évidemment appartenir au premier siècle de notre ère. Il y est question de deux monuments construits tout au plus au commencement de ce siècle, et par conséquent ne pouvant pas être tombés de vétusté dans un si court laps de temps. Appartient-elle au deuxième ? Ce n'est pas croyable. Le temple de la déesse Tutèle et les thermes étaient de trop importantes constructions, et nous savons d'ailleurs que les Romains bâtissaient avec beaucoup trop de solidité pour admettre que ces édifices pussent être tombés de vétusté dans le second siècle. Il est donc permis d'affirmer que cette restauration ne se fit pas avant le commencement, j'allais dire avant le milieu du IIIe siècle. On essaierait en vain de repousser mon assertion en m'objectant la beauté des caractères de cette inscription. Les beaux caractères ne sont pas ici une raison même plausible pour justifier la contemporanéité des monnaies et de l'inscription, car, par le seul fait qu'il est incontestable, comme nous le savons tous, que les plus belles inscriptions

---

(1) Lorsque je publiai ce chapitre, je donnai cette inscription, traduite par M. de Taillefer. Je l'ai rectifiée au chapitre 2, et la reproduis ici, quoique j'eusse pu renvoyer à ce deuxième chapitre.

appartiennent à l'époque des Antonins, c'est-à-dire au deuxième siècle de l'ère chrétienne, il demeure démontré que celle d'Apollon coblédulitere, l'une des plus belles connues, ne peut pas être attribuée à une époque antérieure, et par conséquent qu'elle est au moins d'un siècle postérieure aux monnaies. Ce premier point établi, je demande à tout homme sérieux, si, de ce que la belle époque épigraphique correspond à la période antonine, nous devons conclure que juste en l'an 200, tous les beaux types disparurent ? Evidemment non, surtout quand les faits sont là pour démontrer leur persistance. Or, ici le fait de la restauration suffit pour établir que notre inscription dut être composée plus tard. Nous voilà donc encore arrivés à la placer, comme je l'ai dit plus haut, au moins dans le premier quart du III° siècle.

Les fontaines publiques et l'aqueduc construits par Marullus, selon toute probabilité, sont contemporains de la restauration du temple et des thermes par Pompée ; mais la dénomination de *Duumvir* attribuée à Marullus ne veut pas qu'on fasse remonter l'inscription au-delà du règne de Caracalla (211-217), époque où toutes les villes de l'empire devinrent municipes ; car il est impossible d'admettre que Vésonne obtint, sous Auguste ou Tibère, son organisation municipale. Il faudrait des preuves, et il n'y en a pas une seule. Un point surtout a embarrassé les écrivains qui se sont occupés de l'histoire de cette ville, c'est qu'il n'existe pas de monnaies frappées en son nom sous la domination romaine. « Réfléchissons, dit M.
» Galy, que Vésonne était un municipe, et non une colonie, et que
» le droit de monnayage ne fut pas concédé à des villes de si mince
» importance. » Il est vrai que cet aveu est immédiatement suivi d'une restriction : « J'admettrais volontiers cependant, continue-
» t-il, que les belles pièces que nous connaissons au type de la tête
» d'Apollon et de l'aigle éployé, ainsi que le denier que Bouterone
» et M. de La Saussaye ont publié, représentant une tête de femme
» (Rome ou la Gaule) coiffée d'un casque ailé et à la légende
» Petrucori ; revers, cavalier galopant, la lance en arrêt, avec la
» légende Cisconveus, ont dû être frappées à Vésonne, après l'occu-
» pation romaine. Ces pièces sont une imitation, par un chef péri-
» gourdin, des deniers consulaires, au type de la tête de Rome et
» des duumvirs. L'Apollon est un souvenir lointain du type macé-
» donien, et l'aigle une flatterie à l'adresse du nouveau pouvoir. »

Tout cela est fort ingénieusement trouvé et combiné ; mais que doit-on en penser, quand on a lu à la page 37 du travail de M. Galy que les médailles romano-ibériennes ont été décrites dans l'ouvrage de Florès sur les MONNAIES, des MUNICIPES de l'*Espagne* ; qu'elles appartiennent aux villes de la Tarragonaise OSCA et CELSA, qu'elles sont à l'effigie d'*Auguste*, de *Tibère* et de *Caligula*, et portent les noms des duumvirs POMPEIUS, MARULLUS, FRONTO et de quelques autres personnages ? Qu'étaient donc Celsa et Osca, aujourd'hui Huesca, d'après l'ouvrage de Florès lui-même, sinon des municipes constituant des villes d'aussi mince importance que Vésonne, mais des municipes remontant à Sertorius, à Pompée ou à tout autre personnage romain commandant en Espagne avant l'avènement d'Auguste (1) ? et comment se fait-il que les municipes de la Tarragonaise pussent frapper monnaie à l'effigie des empereurs, avec les noms de leurs duumvirs, tandis que Vésonne n'avait pas ce droit ? C'est qu'évidemment Vésonne ne jouissait pas du même privilège que ces villes. Avouons-le donc, Vésonne n'était pas municipe avant Caracalla, puisqu'elle ne frappait pas monnaie, et convenons dès lors que l'inscription qui donne à Marullus le titre de duumvir ne peut pas être antérieure au commencement du III° siècle. De tout ce qui précède, il résulte que le rapprochement des Pompeius, des Marullus et des Fronto, des monnaies tarragonaises et de nos inscriptions, etc., ne peut rien prouver en faveur de l'existence de saint Front, apôtre du Périgord au premier siècle de notre ère, ni même au second.

On a dit avant le père Dupuy, et le père Dupuy a répété, que la démolition de la tour de Vésonne (temple de la déesse Tutèle) (2), était l'ouvrage de saint Front. La tour de Vésonne, toute mutilée que nous la voyons aujourd'hui, est évidemment le reste du temple restauré de Marc Pompée, et, comme la construction et les appareils en appartiennent bien certainement au III° siècle, indépendamment de ce que nous y trouvons une confirmation de la date approximative assignée à l'inscription d'Apollon coblédulitave, elle nous fournit le moyen de repousser tout ce que le père Dupuy et

---

(1) Il ne peut pas y avoir de doute pour Huesca, dont l'existence est antérieure à l'occupation de l'Espagne par les Romains.

(2) M. Galy a, le premier émis cette idée fort juste.

ceux qui l'ont précédé ont dit sur la mutilation de ce temple par l'apôtre du Périgord.

Le père Dupuy a adopté l'opinion que saint Front consacra un autel au vrai Dieu, et sous l'invocation de saint Etienne, sur l'emplacement du temple de Mars, détruit par ses soins. Quelques légendaires prétendent aussi que ce temple, après avoir été débarrassé de ses idoles et purifié par notre apôtre, serait devenu une église, toujours sous l'invocation de saint Etienne. De nos jours, on a même produit (1) sur cette dernière version un texte dont voici la traduction : « Le temple de Mars, dépouillé de ses vaines idoles.... fut » consacré au culte du premier martyr, saint Etienne. Front fixa sa » cathédrale dans ce temple. » Mais parallèlement à ce texte, il s'en trouve un autre ainsi conçu (2) : « Saint Clair...., partant pour l'A- » quitaine, vint en la ville des Pétrocoriens... Il détruisit les tem- » ples des faux dieux, et autre Hélie, zélateur de la grâce divine, il » mit à mort les prêtres qui exerçaient l'exécrable culte de Jupiter » et de Mars. »

Ces deux faits contradictoires ne sauraient s'appliquer ni au premier ni au second siècle de notre ère, car ils sont réfutés par le fait qu'on réparait encore les temples de Vésonne au IIIe siècle. Les attribuerait-on au IIIe, que rien ne prouvant que durant cette période le polythéisme fût en décadence, on aurait toujours l'inconvénient de les voir se détruire l'un par l'autre. Mais admettons, avec la *Gallia christiana*, Baillet, et tous ceux qui ont parlé de saint Clair, que le culte de ce saint ne remonte ni au IIIe ni même au IVe siècle, sans parler de la grande incertitude qui règne sur le fait de son existence, et plaçons-le au Ve siècle. Supposons, d'un autre côté, que saint Front fut son contemporain, et que, par une erreur involontaire, on ait confondu les faits et gestes des deux personnages. Qu'arrivera-t-il ? Que saint Front, qui, au lieu d'être l'apôtre du Périgord, ne sera plus qu'un simple confesseur de la foi, n'aura fait qu'approprier au culte de Dieu un temple délaissé, ou que saint Clair d'Aquitaine et lui n'auront renversé de leurs mains que des temples abandonnés et discrédités et déjà fermés par décret impérial. En face de cette double

---

(1) Bosquet : *Histoire de l'Eglise Gallicane*, t. II, ch. 13, fol. 25.
(2) *Acta sanctorum a Boll.*, t. 1, p. 7 et 8.

difficulté, ce qu'il y a de mieux à faire, c'est de regarder la tradition comme mal fondée et les deux textes comme apocryphes. Désormais non-seulement nous sommes bien certains que rien ne permet d'admettre que saint Front ait vécu au premier ni au second siècle, mais nous pouvons affirmer qu'il n'est pas possible qu'il vécût au troisième. Passons actuellement à un autre ordre d'idées, et occupons-nous des données historiques proprement dites.

Dans la troisième partie des observations sur son troisième chapitre, le père Dupuy affirme qu'il *n'y a quartier dans l'estendue des Gaules qui, dans vingt ou trente ans après la mort de Jésus-Christ, n'aie reçu des ambassadeurs de la part des apôtres*. Cette assertion est essentiellement inexacte ; ouvrez la *Gallia christiana*, et, à première vue, vous reconnaitrez que, dans toute la province de Guienne, pas un diocèse n'a la prétention fondée d'avoir eu d'évêque avant le III° siècle. En dehors de la légende apocryphe de saint Martial dont je n'ai pas à m'occuper ici (1), le premier archevêque de Bordeaux est Oriental, en 314. A Agen, on a mis en avant saint Caprais, saint Vincent et même un Auxilius ; mais la saine critique considère tout au plus les deux premiers comme des martyrs, sans dire à quelle époque ils ont vécu, et rejette complètement le troisième. Le premier évêque authentique est saint Phébade, dans la deuxième moitié du IV° siècle. Saint Auzone, vivant dans la deuxième moitié du III° siècle, est le premier évêque d'Angoulême. Le premier de Saintes est saint Eutrope, vers le milieu de ce même siècle.

Il règne beaucoup d'obscurité sur les premiers temps de l'Eglise de Poitiers ; mais on s'accorde à dire que saint Martial est l'apôtre du Poitou, et, comme il vivait au troisième siècle, il faut en conclure que la série des évêques de Poitiers ne peut commencer avant saint Martial. D'ailleurs ceux dont on donne les noms avant saint Hilaire peuvent parfaitement avoir vécu entre saint Martial et saint Hilaire.

---

(1) Je crois pourtant devoir reproduire ici ce que Catel (*Mém. de l'hist. de Lang.*, fol 159) raconte de l'église de Saint-Etienne de Toulouse : « L'ancienne tradition, dit-il, était que l'église de Saint-Etienne avait été premièrement bâtie par saint Martial, et depuis consacrée par Fronton, premier évêque de Périgueux ; » d'où sans doute les auteurs de l'histoire littéraire de la France ont été conduits à regarder le fondateur de l'église de Périgueux comme disciple de saint Martial, et quelques autres écrivains portés à supposer que saint Front vivait au troisième siècle.

Il en est de même pour les autres parties de la Gaule, sans en excepter le diocèse du Puy-en-Velay ; bien que la question se complique d'une légende qui se rattache au Périgord, et qui prouve que les Périgourdins y ont été merveilleusement distancés dans l'art d'embellir les traditions (1). Par quel privilège ignoré de l'histoire, le Périgord ferait-il exception ?

---

(1) On a vu le passage d'Adon et les additions d'Usuard, sur ces textes. Le père Odo de Gissey *(Hist. de N.-D. du Puy)* (1619), a trouvé le secret de broder ou de compléter la broderie de la légende de saint Front et de saint Georges, de telle sorte que M. Mondet, dans son *Hist. du Velay* (1860), t. II, p. 13, a pu la reproduire comme il suit : « C'était en l'année 46... que saint
» Pierre envoya, de Rome dans les Gaules, des disciples de la foi du Christ,
» pour y porter les lumières de l'Evangile. Parmi eux se trouvaient deux
» hommes étroitement unis dès leur enfance, Georges et Fronton. La petite
» troupe était en marche depuis trois jours, et venait d'arriver près de la
» ville de Bolsena, en Italie, quand Georges frappé d'un mal soudain, chan-
» celle, tombe en défaillance et meurt. Ce malheureux événement remplit
» d'effroi la petite colonie, et, tandis qu'on disposait tout pour la sépulture,
» Fronton, chargé d'aller annoncer cette douloureuse nouvelle au prince des
» apôtres, reprit tristement le chemin de Rome, vint se jeter aux genoux de
» saint Pierre, et, les yeux baignés de pleurs, lui dit : *Vous m'avez associé à*
» *un homme entièrement vertueux, et cet homme m'était, selon la parole de Job, comme*
» *l'œil à l'aveugle, comme le bâton au boiteux. Je n'étais pas digne, ô saint-père ! qu'un*
» *tel ange fût le guide, fût la sauvegarde de mon voyage. Il est mort, je reviens pour*
» *vous l'apprendre et pour vous supplier de me choisir un autre compagnon avec lequel*
» *je puisse accomplir l'œuvre dont vous m'avez chargé.* — *Sèche tes larmes, mon fils,*
» dit le vénérable pontife ; *Dieu a permis ce trépas pour le plus grand triomphe de la*
» *vérité ; mais Dieu a d'autres desseins. Prenez mon bâton ; retournez d'où vous venez,*
» *et quand vous serez sur le sépulcre de votre ami écriez-vous : Georges serviteur du*
» *Dieu vivant, je vous adjure au nom de Jésus et de la part de Pierre son vicaire en*
» *terre, de reprendre vie, afin de remplir la mission qui vous fut confiée.* Il dit et lui
» donne la bénédiction. Trois jours après Fronton, de retour à Bolsena,
» frappait le tombeau de Georges avec le bâton miraculeux, en prononçant
» les paroles de saint Pierre. Quel fut son étonnement et sa joie, lorsqu'il
» vit son ami radieux sortir du linceuil funèbre, aux acclamations d'une
» foule immense d'idolâtres qu'un si grand miracle convertit aussitôt au
» christianisme. » Les disciples continuent leur route. Georges et Front vont à *Ruissium* (nom primitif de la capitale du Velay). Ils font des merveilles, l'un dans la ville l'autre dans la campagne. Cependant Georges reste en Velay et Front se rend en Périgord. Tout allait pour le mieux, lorsque le démon vient à la traverse et suscite le redressement des idoles. Dans le commun péril, les deux amis se réunissent et vont en Provence consulter sainte Marthe, qui, après avoir invoqué Jésus-Christ et s'être confessée de à saint Front, meurt en les rassurant sur leur destinée. De Provence, ils passent à Toulouse pour visiter Saturnin ; mais il venait d'être martyrisé. Sans s'arrêter, ils retournent à leur diocèse respectif.

A quelque temps de là, Front apparaît à Georges, pendant qu'il disait la messe, et lui donne sa bénédiction. Le silence et la conduite de Front

Selon une certaine tradition, l'an 42 de notre ère, l'an 46 selon le père Odo de Gissey, Dieu commanda, par révélation, à saint Pierre, d'envoyer des prédicateurs dans la Gaule, et saint Pierre, soumis aux ordres de Dieu, expédia immédiatement quatorze saints personnages, parmi lesquels figuraient saint Saturnin de Toulouse, saint Martial de Limoges et saint Front de Périgueux. Au rapport d'un second légendaire, l'an 95, saint Clément, troisième successeur de saint Pierre, envoie saint Denis à Paris, saint Nicaise à Rouen, saint Lucien à Beauvais, saint Taurin à Évreux, saint Eutrope à Saintes. Un troisième ajoute que saint Trophime d'Arles, saint Paul de Narbonne, etc., furent aussi les contemporains de saint Denis. A en croire ces traditions tous les évêchés de France de première création, auraient reçu, dès le premier siècle, quelque prédicateur de la foi, envoyé par saint Pierre ou l'un de ses trois premiers successeurs.

On a déjà vu que jusqu'au IIIᵉ siècle, le polythéisme réparait ou reconstruisait ses monuments religieux ; il en bâtissait même de nouveaux. Qu'on lise avec attention : *Histoire de la destruction du paganisme en Occident* (1) de Beugnot, on y trouvera la preuve de la persistance du paganisme pendant les quatre premiers siècles de notre ère, et l'impossibilité où se trouvait le christianisme de pénétrer dans les masses, par suite de l'état même des institutions sociales et la disposition des esprits dans la Gaule.

Grégoire de Tours, qui a écrit la vie de tous les martyrs et de tous les confesseurs de la foi célèbres avant lui, ne dit pas un mot de tous ces prétendus missionnaires du premier siècle. Il parle, il est vrai, de saint Martial, de saint Saturnin, de saint Trophime, de saint Paul, de saint Denis, de saint Gatien, de saint Austremoine ; mais il place leur venue dans la Gaule au IIIᵉ siècle. On ne croit pas, j'en conviens, que ces missionnaires soient partis tous les sept en même temps, comme semble le dire Grégoire ; toutefois, je ne sache pas qu'on ait positivement réfuté ce qu'il avance. Grégoire de Tours le

---

donnent à penser à Georges que son ami est mort, et qu'il doit lui rendre les derniers honneurs. Il part pour le Périgord, remplit la mission qu'il s'était imposée, rentre en Velay et meurt lui-même chargé d'années et de vertus. — Tout circonstanciés qu'ils sont, ces détails n'empêchent pas les Bénédictins de n'avoir aucune foi dans la légende.

(1) Paris, imprimerie de Firmin Didot frères, 1835, 2 vol. in-8°.

répète plusieurs fois, et pas un historien de bonne foi ne l'a mis en doute (1). Les choses en sont même venues à ce point, qu'à part les partisans de la légende quand même, on n'ose plus aujourd'hui invoquer ces souvenirs prétendus populaires, qui ne reposent sur rien. Il y a même plus, les orateurs sacrés, et la majorité des écrivains ecclésiastiques et partisans de la propagation de la foi dans la Gaule, au premier siècle, paraissent avoir si bien compris les inconvénients de ces récits légendaires, qu'ils laissent de côté toutes ces prétendues missions apostoliques, afin de faire intervenir Tertullien et opposer ses assertions à celles de Sulpice-Sévère, dont le récit simple et naturel gêne ce qu'ils avancent. Mais que dit donc Tertullien de si positif, de si authentique, pour qu'on ne puisse pas le mettre en doute ? Rien que je sache. Que signifie en effet ce langage aussi exagéré que vague : « Le Dieu éternel, le Dieu de vérité
» fut bientôt connu. A peine né d'hier, l'enseignement évangélique
» remplit les forteresses, les colonies, les bourgades, les conseils
» des villes, l'empire, les camps, les tribus, les décuries, le sénat,
» le palais, le forum. Nous multiplions à mesure que vous nous
» moissonnez. Le sang ensemence des chrétiens. Les nations lointaines des Espagnes, des Gaules, et des Bretons, inaccessibles aux
» aigles romaines, les pays même où nous n'avons jamais pénétré,
» sont aujourd'hui soumis au joug de Jésus-Christ. »

Si nous devions prendre au pied de la lettre les expressions de Tertullien, qui ne commença à écrire qu'à la fin du II° siècle, nous serions obligés de reconnaître que, de son temps, le monde

---

(1) On a beaucoup disserté sur le texte de Grégoire de Tours, et, pendant que les écrivains sérieux se bornaient à faire ressortir les divergences qui existent entre ce qu'a dit cet auteur, dans son *Histoire des Francs*, et ce qu'on lit dans sa *Gloire des martyrs* et dans sa *Gloire des confesseurs*, d'autres passionnés, intéressés dans la question, ont essayé de détruire la portée du fait en lui-même au moyen de ces divergences. Je ne puis admettre cette manière de procéder, et je dis de Grégoire de Tours ce que j'ai dit de Raban-Maur. Dans son histoire, qui est son œuvre propre, l'historien des Francs donne son opinion personnelle. Dans la gloire des martyrs, comme dans celle des confesseurs, il est l'écho de ce qu'on raconte, et il le dit sans commentaire. Je n'admets pas non plus qu'on le combatte avec des négations ou des conjectures, lorsque surtout nous savons formellement que l'état des croyances dans les provinces d'occident ne comportait pas qu'on fît plus que ce qu'il raconte. Les auteurs de l'*Histoire de Languedoc* n'hésitent pas à placer au troisième siècle la venue de saint Paul et de saint Saturnin dans cette province.

était chrétien. Nous savons le contraire. Il faudrait donc user d'une extrême réserve à son endroit ; quelle confiance mérite pour tout ce qui touche à la Gaule, un écrivain né et vivant en Afrique, à la fin du IIe et au commencement du IIIe siècles, exagérant avec passion tout ce qu'il disait, tombé dans l'hérésie, par suite de cette passion même, et qui finit par mourir apostat ? Ce qui a trait à la Gaule surtout ne saurait être pris en sérieuse considération en présence de ce que nous lisons dans Sulpice-Sévère, originaire d'Aquitaine, fort répandu dans toute la Gaule, parfaitement à même de constater les événements, et qui s'exprime avec précision :

« La cinquième persécution, dit-il, eut lieu sous Marc-Aurèle,
» fils d'Antonin, et alors pour la première fois on vit des martyres
» dans les Gaules. La religion de Dieu s'établit tard au-delà des
» Alpes » (1).

En quelle année commença cette cinquième persécution ? En 163 ou en 168; mais elle dura jusqu'en 177, époque où subirent le martyre les chrétiens de Lyon, les seuls mentionnés par l'histoire de ce temps-là, et dont quelques auteurs portent le nombre à neuf mille, ce qui me paraît d'autant plus exagéré que Sulpice-Sévère n'en dit pas un mot. Observons, toutefois, qu'il n'y a rien d'extraordinaire qu'en 177 il y eût un certain nombre de chrétiens à Lyon. Il s'était écoulé au moins quarante ans entre la quatrième persécution (126) et la cinquième. Par le seul fait que la quatrième ne s'était pas appesantie sur la Gaule, il était tout naturel que les persécutés eussent demandé un refuge à Lyon, ville voisine de l'Italie, et s'y fussent appliqués à y propager leur croyance. Mais de ce qu'il y avait des chrétiens à Lyon en 177, et même, si l'on veut, en 168, faut-il en conclure qu'il y en avait aussi dans la plus grande partie de la Gaule, au premier siècle ? Certainement non, sous peine de manquer de logique. La présence de Pothin, d'Irénée et de leurs coreligionnaires à Lyon, ne saurait donc infirmer en rien les assertions de Sulpice-Sévère, ni celles de Grégoire de Tours.

Depuis l'introduction du christianisme dans la Gaule jusqu'au

---

(1) Sub Aurelio deinde Antonini filio, persecutio quinta agitata. Ac tum primum intra Gallias martyria visa. Serius trans Alpes Dei religione suscepta (sacr. hist., liber II). Comprend-on, en présence de cette phrase : *La religion de Dieu s'établit tard au-delà des Alpes*, qu'on ait pu oser traduire MARTYRIA par *massacres* ?

quatrième siècle, un certain nombre de conciles furent tenus dans différentes villes de la contrée, et ni saint Front ni aucun de ses prétendus successeurs, antérieurement à l'arien Paterne, ne figurèrent dans ces réunions, sans en excepter le célèbre concile d'Arles en 314, réuni par l'empereur Constantin, qui venait d'embrasser le christianisme. A ce concile, destiné à glorifier la nouvelle religion et à combattre les donatistes, avaient été convoqués, au nom de l'empereur, tous les évêques d'Occident, et pourtant non-seulement celui de Périgueux, quel qu'il fût, n'y assista pas, mais encore on n'y comptait que deux évêques d'Aquitaine, celui de Bordeaux et celui de Mende, avec un seul diacre. Evidemment, à cette époque, l'Eglise de Périgueux n'était pas encore fondée, et le patron du Périgord était encore à venir.

Voilà donc où nous a conduit l'examen sérieux de toutes les tentatives ayant pour but de justifier l'existence de saint Front comme apôtre du Périgord. Le résultat est immense, car, de tous les rapprochements faits, de toutes les inductions tirées et de la comparaison des données historiques avec les assertions émises jusqu'à ce jour, il ressort que ce saint personnage n'a pu exister ni au premier, ni au II°, ni au III°, ni même au commencement du IV° siècle. La situation ainsi déterminée, je reviens tout naturellement aux textes déjà reproduits plus haut, et je puis, de prime-abord, constater pour ainsi dire matériellement, que la *Vie de saint Hilaire de Poitiers*, par saint Just, disciple prétendu de ce prélat, est bien certainement apocryphe (1). En effet, nous savons que saint Front n'était pas évêque en 314. Son absence du concile d'Arles prouve, en outre, d'une manière péremptoire, qu'il n'était alors revêtu d'aucune dignité ecclésiastique, puisque les diacres eux-mêmes avaient le droit d'y figurer. Si donc il vivait, il devait tout au plus être d'une extrême jeunesse, et par conséquent n'aurait pu être évêque avant la seconde moitié du siècle. Or, comme on le verra plus tard, nous connaissons ceux qui occupèrent le siège de Périgueux pendant cette seconde moitié du IV° siècle. D'où il suit qu'indépendamment de ce que nous ne devons plus le considérer comme l'apôtre du Périgord, il reste

---

1) On n'en a pas moins prétendu qu'après la mort de Saint-Hilaire, Just s'était retiré en Périgord dans son oratoire, consacré à la vierge, où il mourut. (Labbe *Bib., nov.*, mss., t. II, p. 790.)

constant qu'on n'aurait pu visiter son tombeau que pendant qu'il vivait encore. Toutefois, de ce qu'il n'est plus possible de qualifier saint Front du titre de patron de l'Eglise de la province, faut-il en conclure qu'il n'a pas existé ? Non, sans doute. Je suis même porté à croire que l'époque où il vécut n'est pas si difficile à déterminer qu'on pourrait le supposer. J'arrive à la visite de saint Géry au tombeau de notre saint.

Il importe d'entrer dans des considérations d'histoire générale, pour se rendre compte des causes qui conduisirent en Périgord cet évêque de Cambrai.

L'arianisme, introduit de bonne heure dans la Gaule, s'y développa rapidement, surtout dans le midi. La lutte engagée entre l'orthodoxie et l'hérésie y dura jusqu'au vi^e siècle. Tout puissants au ive siècle, les ariens finirent par obtenir un succès complet au concile de Béziers (vers 356), et firent exiler saint Hilaire, évêque de Poitiers, qui leur avait opposé la plus vive résistance. Paterne, évêque de Périgueux, arien fervent, qui avait assisté au concile (1), dut profiter de la circonstance pour organiser son Eglise, dont il dirigea les affaires religieuses, dans le sens de sa croyance, pendant plus de six années. Au retour de l'exil (vers 359), saint Hilaire recommença la lutte et ranima le courage des orthodoxes, si bien qu'au concile de Paris (360), la réaction était complète parmi les chefs de l'Eglise. La conséquence de ce revirement fut la déposition de Paterne (362). A partir de ce moment, l'arianisme perdit toujours du terrain. Toutefois, il garda longtemps encore une assez grande influence, au milieu de la société gallo-romaine, grâce à la persistance des rois goths à rester hérétiques. La situation changea complètement après la victoire de Clovis sur Alaric (507), et, malgré le débordement des passions et des vices les plus honteux, on vit l'orthodoxie se propager en Aquitaine sous l'influence des rois francs. Mais que s'était-il passé de 360 à 507 ? Il est utile d'avoir une idée aussi nette que possible des choses, durant cette longue période de près de 150 ans.

Quoique, dès avant l'avènement de Constantin et plus spécialement depuis lors, il y eût toujours, en dehors des hérésies sans

---

(1) On ne signale que deux évêques ayant fait de l'opposition au concile de Béziers : -saint Hilaire de Poitiers et Rhodanius, évêque de Toulouse.

importance dans l'Occident, une foule de mauvais chrétiens vivant dans l'indifférence et se complaisant dans les pratiques du paganisme (1), il est pourtant vrai qu'en général, parmi ceux de la nouvelle croyance, toujours en minorité, la ferveur religieuse se maintint à peu près la même jusqu'à la fin du règne de Constantin. Après sa mort, les rapides progrès de l'arianisme jettent la mésintelligence parmi les chrétiens, et, vers 379, les priscillianistes achèvent de répandre la confusion ; mais le débordement des barbares au cinquième siècle (406), change complètement la situation. Les villes sont pillées ou détruites, les populations dispersées ou mises à mort, les chrétiens massacrés, les évêques martyrisés, et le pays, de fertile et heureux qu'il était, n'offre que ruines et désolation. Les Goths pénètrent dans la Gaule et s'établissent dans l'Aquitaine. De là, des guerres longues et désastreuses, à travers lesquelles on voit apparaitre de nouvelles hordes de barbares, tandis que les mœurs romaines se relâchent sans cesse, que la religion elle-même se mêle de plus en plus aux intrigues, et que le désordre et la corruption se glissent partout, jusqu'à ce qu'enfin l'empire d'Occident disparait dans la tourmente du fond de laquelle surgissent les monarchies modernes, et parmi elles, au premier rang, le royaume de France. Les populations réduites à la misère, dit Salvien, ne cessaient de proférer des imprécations contre les Romains, appelaient de tous leurs vœux le renversement de leur pouvoir et attendaient avec impatience la venue des barbares : « Les pauvres sont spoliés, les veu-
» ves gémissent, les orphelins sont foulés aux pieds, de telle façon
» que beaucoup d'entre eux, des moins obscurs par leur naissance et
» des mieux traités par la fortune, se sauvent chez les ennemis, afin
» de ne pas mourir de douleur en face de la désolation publique.
» Ils vont chercher chez les barbares l'humanité qu'ils auraient dû
» trouver chez les Romains, parce qu'ils ne peuvent pas supporter
» l'inhumanité barbare des Romains ; et quoiqu'ils diffèrent de
» mœurs et de langage avec ceux chez qui ils se réfugient, quoique
» ces étrangers leur répugnent, s'il m'est permis de parler ainsi, à
» cause de la puanteur de leurs corps et de leurs vêtements bizarres,
» ils aiment cependant mieux souffrir chez ces barbares une ma-
» nière de vivre en opposition à la leur que l'injustice oppressive

---

(1) Beugnot, *Hist. de la destruction du pag. en Occident*, passim.

» chez les Romains. C'est ainsi qu'ils se rendent, ceux-ci chez les
» Goths, ceux-là au milieu des Bagaudes ou parmi d'autres hordes
» établies çà et là, sans jamais regretter de s'être expatriés. Ils ai-
» ment mieux vivre libres sous une apparence de captivité que
» d'être esclaves sous une apparence de liberté. Ainsi, la qualité de
» Romain, jadis grandement estimée de tous et chèrement achetée,
» en toute occasion, est aujourd'hui fuie, répudiée, et ne paraît pas
» seulement vile, mais encore presque abominable. Et quel plus
» grand témoignage peut-il y avoir de l'iniquité romaine, que de
» voir une foule de gens honnêtes, de noble condition, et que le
» titre de Romains aurait dû couvrir d'honneur et de gloire, ré-
» duits, par l'iniquité et la férocité romaines, à ne plus vouloir être
» Romains ? » Voici un autre échantillon qui a trait plus spécialement
aux mœurs : « Si quelqu'un veut savoir à quoi pensent les hommes
» qui fréquentent les églises, qu'il se donne la peine de lire. Aussitôt
» le service divin fini, chacun revient à ses occupations habituelles ;
» ce qui veut dire que les uns se remettent à voler, les autres à
» s'enivrer, ceux-ci à forniquer, ceux-là à commettre des brigan-
» dages, afin qu'il paraisse de la dernière évidence qu'ils ont médité,
» pendant qu'ils étaient au temple, ce qu'ils s'empressent d'exécuter
» après en être sortis. Et qu'on ne s'imagine pas que tous ces maux,
» que toute cette ignominie de vices que je viens d'énumérer ne se
» trouvent que chez les esclaves ou chez des hommes de la dernière
» condition. A quoi se livrent, par le fait, les négociants, pendant
» toute leur vie ? à la fraude et au parjure. A quoi les curiales ? à
» l'iniquité. A quoi les magistrats ? à la calomnie. A quoi les soldats ?
» à la rapine. » En parlant des nobles et des riches, il s'écrie : « Les
» esclaves mentent, fuient ou commettent d'autres mauvaises ac-
» tions, par crainte des supplices. Ils sont avides, gourmands.....
» Toi noble, au contraire, toi riche, qui abondes en biens immen-
» ses….. voyons si tes actions sont, je ne dirai pas saintes, mais
» seulement exemptes de reproches ? Quel est celui des riches, à un
» petit nombre près, comme je l'ai dit, qui ne soit infecté de tous
» les crimes ? Les chrétiens, dit-il ailleurs, sont d'autant plus cou-
» pables de se conduire comme ils le font, qu'ils savent ce qui est
» bien et ce qui est mal, ce que ne savent pas les barbares.

« **Personne ne met en doute que l'Aquitaine et la Novempopula-**
» **nie ne soient pour ainsi dire la moelle de toutes les Gaules et la**

» mamelle de toute fécondité. Je ne dis pas seulement de toute
» fécondité, mais ce qui paraît habituellement préférable, de la
» joie, du plaisir, de la beauté ; tout le pays est heureusement par-
» semé de vignes, orné de riantes prairies, remarquable par la
» variété de sa culture, richement planté de pommiers, délicieuse-
» ment boisé, arrosé par d'abondantes fontaines, entrecoupé de
» beaux fleuves, couvert de brillantes moissons, si bien que les pro-
» priétaires et maîtres de cette terre paraissent moins avoir en leur
» possession une simple portion de ce sol, qu'une sorte de paradis
» terrestre. Tout cela aurait dû faire que les Aquitains fussent plus
» affectionnés à Dieu, eussent une foi plus vive, plus ardente que
» les autres peuples, des mœurs plus honnêtes, une conduite plus
» exemplaire, etc., etc., etc. De même qu'ils marchent en tête des
» Gaulois, pour leurs richesses, de même ils sont les premiers
» pour les vices. En effet, il n'est pas ailleurs une débauche plus
» éhontée, une vie plus souillée, une conduite plus corrompue.

» Plus Dieu leur a fait de bien, plus ils s'en montrent indignes,
» et n'allez pas croire que j'exagère. Si ceux qu'on interrogera sur
» ce que j'avance nient, je suis prêt à me rétracter ; mais la vérité
» est qu'ils se font une sorte de point d'honneur à proclamer leur
» infamie. A part un très petit nombre d'hommes vertueux qui a
» horreur de tous ces vices, la masse ne vit que de libertinage. Dans
» les autres pays, les femmes publiques sont en général peu nom-
» breuses et n'ayant jamais connu les joies de la famille ; chez les
» Aquitains, au contraire, il n'est pas de ville dont le quartier le plus
» riche et le plus noble ne soit une sorte de lieu de prostitution.
» Qui ne s'y est plongé dans le gouffre du plus dégoûtant désordre ?
» Quels époux s'y sont gardé la foi jurée ? Bien plus, tant le liber-
» tinage est excessif, quel est celui qui n'y a pas réduit sa femme
» à la condition de servante, et qui n'a pas foulé aux pieds le saint
» sacrement du mariage, à tel point qu'aux yeux de ce mari dé-
» daigneux, pas une des femmes de la maison ne paraît aussi vile
» que celle qui, de droit, est la reine d'une union légitime ? Tout
» cela semble incroyable, car les mères de famille ont leurs pri-
» viléges là comme ailleurs. Il est vrai que, là comme ailleurs, elles
» ont conservé leur autorité de mères ; mais il n'en est pas une
» peut-être dont la dignité matrimoniale n'ait été plus ou moins
» souillée.

« Au milieu de cette corruption générale, et quand les maris ont
» des troupeaux de femmes dont ils usent et abusent avec la dé-
» bauche la plus cynique, que doivent être ceux qui les servent ou
» qui leur sont soumis ? Quand le chef est malade, aucune des par-
» ties ne se porte bien. Le crime et l'inconduite sont donc partout ;
» et qu'on ne pense pas que le malheur corrige rien. Ceux qui, de
» riches et puissants, sont devenus pauvres et dépourvus de tout,
» au lieu de s'amender, vivent plus ignominieusement, si c'est pos-
» sible, et se vautrent dans la corruption avec plus d'impudeur en-
» core que par le passé. N'avons-nous pas vu des hommes se plonger
» dans le vice au moment de la mort, et mourir fièrement en affi-
» chant le scandale le plus inouï ?

» Qu'arrive-t-il, cependant ? C'est que les barbares ont des
» mœurs, quand les Romains n'ont que de la débauche ; c'est que
» les premiers sont purs, quand les autres sont souillés. Qu'on
» s'étonne maintenant que la terre d'Aquitaine et celle des diverses
» autres contrées aient été livrées à ces peuples. Il est évident que
» Dieu a permis qu'ils s'en rendissent maîtres pour qu'elles fussent
» purifiées par leur chasteté, qui les lave de toutes les impuretés
» dont les Romains les ont salies (1). »

S'étonnera-t-on, après cela, que la hiérarchie religieuse, loin de s'y maintenir régulièrement organisée, s'y fût relâchée au point de rompre la chaîne de succession ? Il me semble qu'il y aurait plutôt à s'étonner du contraire (2). Il ne faudrait pas, d'ailleurs, supposer que le désordre et la corruption fussent les seuls éléments de dissolution.

C'est en 406 que le débordement des barbares commença sur la Gaule et s'étendit bientôt à tout le pays. Salvien, afin de mieux faire ressortir le honteux état de flétrissure où se trouvait plongée la société romaine, a pu faire un rapprochement entre cette société avilie et dégradée et ces barbares dont les mœurs étaient plus sim-

---

(1) Salvien De Gubernatione Dei liv. VIII.

(2) Je suis tenté de penser cependant que cette chaîne de succession a été surtout rompue par le soin que l'orthodoxie prit, dès l'origine, d'ensevelir dans le silence de l'oubli le nom des évêques ariens. On voit en effet, à travers les rares détails qui nous restent, qu'il y avait encore des évêques ariens en Aquitaine au commencement du sixième siècle. J'en trouve notamment un à Angoulême vers 508, dont le nom est resté inconnu.

ples ; il a pu exalter ces mœurs aux dépens d'une civilisation en pleine décomposition. Mais le passage de ces nuées d'hommes indisciplinés et avides laissait des traces de destruction que le temps seul put effacer ; le désordre, l'ignorance et tous les malheurs d'une invasion violente leur servaient de cortège.

Des calamités d'une autre sorte avaient depuis longtemps fondu sur la Gaule et continuaient à sévir contre elle. Je veux parler des luttes intestines et surtout de ces insurrections, de ces émotions populaires permanentes, dont les auteurs et acteurs furent appelés *Bagaudes* (1).

Leur apparition est placée vers l'an 285, sous le règne de Dioclétien ; mais elle pourrait bien remonter plus haut. Quoi qu'il en soit, il est certain qu'à partir de cette époque, bien que souvent battues et souvent dispersées, elles se maintinrent toujours, et que nous avons vu Salvien les présenter comme un refuge aux citoyens romains ou gallo-romains que le désespoir obligeait à quitter les villes.

Qu'étaient les Bagaudes ? des attroupements d'hommes de toutes les conditions, ayant secoué le joug de lois trop oppressives, vivant en dehors de la société romaine, affranchis de charges et d'impôts, fiers d'avoir repris leur indépendance, parcourant le pays sans s'attacher au sol, ennemis du pouvoir impérial, ne possédant rien en propre et n'ayant d'autre souci que de se maintenir dans la position qu'ils s'étaient faite.

On a beaucoup écrit sur les Bagaudes. Les uns en ont fait des chrétiens révoltés contre la persécution ; mais les faits le démentent formellement ; les autres les ont présentés comme des victimes de l'avidité romaine qui déshonoraient leur malheur par les excès auxquels ils se livraient. D'autres n'y ont vu que des paysans insoumis et séditieux, indignes de pitié et qu'on ne pouvait pas assez malmener ; d'autres enfin les ont pris pour la lie des grands centres de population, ayant uniquement pour but le pillage et la spoliation.

Nous ne savons guère sur les Bagaudes que ce qu'en ont dit les historiens romains, dont les assertions ne doivent être acceptées qu'avec une certaine défiance. La manière dont s'exprime Salvien

---

(1) L'étymologie la plus probable fait venir ce mot de *gau*, qui signifie bois, parce que les Bagaudes vivaient de préférence dans les bois.

autorise à penser que ces attroupements avaient un but plus élevé, des habitudes plus honorables, des sentiments plus nobles que ceux qu'on leur attribue et une organisation régulière. En hostilité permanente avec l'autorité romaine, ils avaient des points de ralliement dans toutes les parties de la Gaule.

Et qu'on ne dise pas que Salvien est un auteur morose, passionné et misanthrope. Ce que nous apprend l'histoire ne prouve que trop que Salvien avait raison.

Sidoine Apollinaire s'exprime ainsi : « J'arrive de Bourges,
» appelé dans cette ville par les citoyens. Le motif de cet appel, c'est
» le malheureux état de leur église, veuve depuis peu de son véné-
» rable pontife, et qui voit les ambitieux de l'un et de l'autre ordre,
» briguer, comme à un signal donné, les honneurs de l'épiscopat.
» Le peuple s'agite et se partage en factions contraires. Peu de gens
» donnent leurs suffrages à d'autres. Beaucoup de personnes s'of-
» frent elles-mêmes et se présentent par force. Si vous voulez, au-
» tant qu'il est en vous, considérer les choses selon Dieu et la vérité,
» vous ne remarquerez partout que légèreté, qu'inconstance, que
» déguisement. En un mot, l'impudence seule triomphe ici ;
» et, si je ne craignais que vous ne m'accusassiez d'exagération,
» j'oserais vous dire qu'on agit d'une manière précipitée, dange-
» reuse, et que la plupart ne rougissent pas d'offrir de l'argent
» pour obtenir un poste saint, une dignité sacrée. Depuis long-
» temps même, on aurait mis à l'enchère le siège épiscopal,
» s'il se fût trouvé des vendeurs aussi déterminés que le sont les
» acquéreurs. »

Dans son allocution au peuple de Bourges, ce même écrivain s'écrie : « Si je viens à nommer quelqu'un parmi les moines, pût-il
» être comparé même aux Paul, aux Antoine, aux Hilarion, aux
» Macaire, tout aussitôt je sens résonner autour de mes oreilles les
» murmures bruyants d'une tourbe d'ignobles pygmées qui se
» plaindront, disant : *Celui qu'on nomme là remplit les fonctions*
» *non d'un évêque, mais d'un abbé. Il est bien plus propre à inter-*
» *céder pour les âmes, auprès du juge céleste, que pour les corps au-*
» *près des juges de la terre.* Qui ne serait profondément irrité en
» voyant les plus sincères vertus représentées comme des vices ? Si
» nous choisissons un homme humble on l'appellera abject ; si
» nous en proposons un d'un caractère fier, on le traitera d'or-

» gueilleux ; si nous prenons un personnage peu éclairé, son igno-
» rance le fera passer pour ridicule ; si au contraire c'est un savant,
» la science le fera dire bouffi d'orgueil ; s'il est austère, on le
» haïra comme cruel ; s'il est indulgent, on l'accusera de trop de
» facilité ; s'il est simple, on le dédaignera comme bête ; s'il est
» plein de pénétration, on le rejettera comme rusé ; s'il est exact,
» on le traitera de minutieux ; s'il est coulant, on l'appelera négli-
» gent ; s'il a l'esprit fait, on le déclarera ambitieux ; s'il a du
» calme, on le tiendra pour paresseux ; s'il est sobre, on le pren-
» dra pour avare ; s'il mange pour se nourrir, on l'accusera de
» gourmandise ; si le jeûne est sa nourriture, on le taxera de va-
» nité. . . . . . Si je désigne un clerc, ceux qui n'ont été pro-
» mus qu'après lui le jalouseront ; ceux qui l'ont été avant le déni-
» greront. »

Et remarquez bien que ce qui se passait à Bourges, se passait depuis longtemps ailleurs. Lisez Tillemont et Beugnot, vous verrez que, dès le commencement du quatrième siècle et peut-être avant, la discorde régnait largement entre les chrétiens. On ne doit donc pas s'étonner, qu'au cinquième siècle, elle entretint l'agitation partout, et que cette agitation dégénérât en luttes sanglantes (1).

En parlant de Sidoine Apollinaire, Grégoire de Tours raconte la conduite de deux prêtres à l'égard de ce prélat, et le récit qu'il fait de leurs procédés (l. II, c. 23) est digne du tableau de Salvien. Ils accablaient le saint homme d'outrages, ne lui laissant aucun pouvoir sur les biens de l'Eglise, et à peine le nécessaire pour subsister.

Le désordre et le dérèglement auxquels Rome était en proie à la fin du quatrième siècle se produisaient partout. On les retrouve en Gaule. « Le christianisme, dit M. Beugnot, en parlant de l'état re-
» ligieux au cinquième siècle (1), s'était depuis cinquante ans pro-
» pagé avec succès dans les Gaules ; un nombre infini de temples
» et de statues avaient été détruits ; mais les Gaulois portaient dans
» leurs nouvelles croyances leur esprit turbulent et léger. Les hé-
» résiarques pullulaient parmi eux. » Qu'on lise d'ailleurs la *Vie de saint Martin*, par Sulpice-Sévère ; qu'on lise surtout les *Dialogues*, de ce même auteur, et l'on verra les mauvais évêques, les

---

(1) Sidoine Apollinaire. Livre 7e, lettres V et IX.

mauvais prêtres tendant à chaque instant des piéges à Martin, le calomniant, l'outrageant et cherchant à le perdre par tous les moyens possibles. On est effrayé de tous les dangers que ce saint homme avait à conjurer pour faire le bien, de l'audace et de la perversité de ses adversaires et de la démoralisation de tous ceux qui, par position, devaient enseigner aux autres à se gouverner honnêtement. Quoique vivant un peu plus tard, je crois devoir citer encore l'évêque Cantin, qui, selon Grégoire de Tours (livre IV), se conduisit de manière à mériter l'exécration générale. Ivrogne, avare, violent, il se complaisait surtout à spolier ceux qui possédaient autour de lui.

Ces faits et beaucoup d'autres prouvent que la société religieuse, si corrompue pendant les dernières années de Constantin, à la cour de ce prince (1) ne valait pas mieux dans les provinces. Peu maîtresse de ses passions, et toujours entraînée par les habitudes de luxe, de domination et d'orgueil, elle se jetait à corps perdu dans les trou-

---

(1) Voici même, à l'appui de ce que j'avance, un fait qui remonte à la fin du quatrième siècle : Amédée Thierry *Récits de l'Histoire romaine*, p. 302, d'après Ammien Marcellin, à propos du pape Simplicius, recommandable par ses vertus, sa charité et son dévouement : « Malheureusement, les évêques de
» Rome n'avaient pas tous à cœur de montrer cette avarice pour soi-même et
» cette sainte prodigalité pour autrui, qui faisait le cachet de Simplicius. On
» voyait trop souvent les biens de l'Église dilapidés, donnés, vendus en dépit
» des canons, soit par les évêques, soit par de simples prêtres, et le bien des
» pauvres détourné de sa destination, servir aux dépenses du luxe le plus
» mondain. Le goût de la somptuosité et de l'éclat extérieur s'était glissé, de-
» puis plus d'un siècle, chez les chefs de l'Église romaine. Il leur fallait de ri-
» ches vêtements, des appartements brillants d'or, un char attelé des plus beaux
» chevaux, une table enfin dont la recherche et la profusion ne le cédaient
» point aux festins des empereurs. Pour alimenter ce luxe, on épuisait les
» ressources ecclésiastiques, ou bien on pénétrait au sein des familles, on
» extorquait aux femmes des donations ou des testaments ; et le mal alla si
» loin, au temps du pape Damase, que les empereurs Valentinien, Valens et
» Gratien durent intervenir, par une loi, pour enlever aux ecclésiastiques le
» droit de défendre, en justice, de telles libéralités, contre la réclamation
» des parents. Ce luxe, étalé autour du siège de saint Pierre, produisit en-
» core un autre mal, celui d'enflammer la convoitise des prétendants, et d'en
» multiplier le nombre. On rechercha l'épiscopat de Rome comme une ferme
» productive, en même temps que comme une dignité éclatante. Tous les
» moyens semblèrent bons, dès lors, pour s'en emparer : la ruse, la corrup-
» tion, la violence. Les prétendants arrivaient suivis de leurs partisans sous
» les armes. On se livrait des batailles rangées, et, lors de l'élection du pape
» Damase, dont nous parlions tout à l'heure, CENT TRENTE-SEPT CADAVRES
» furent retirés, en un seul jour, de la basilique où se faisait l'élection. » —
Voir Ammien Marcellin, XXVII, 3.

bles et les agitations du temps, vivant d'une vie aventureuse, se compromettant à plaisir, cherchant à s'étourdir au milieu de la confusion générale, et se laissant aller au courant des mauvais instincts, de la malveillance, de la cupidité, de l'ambition et de la jalousie. L'amour de Dieu, la charité, nobles sentiments, n'étaient donc le partage que d'un petit nombre. L'athéisme était en quelque sorte l'état normal des esprits.

Voulez-vous savoir si Salvien s'est montré moins juste appréciateur de l'état de la société civile ? lisez ce que nous apprend l'histoire des vexations, des rapines, des exactions inouies et des crimes de toute nature du préfet des Gaules Arvande ; lisez surtout ce que Sidoine Apollinaire raconte de Séronat, son successeur immédiat. Parcourez les détails qui nous ont été conservés sur la conduite du Gaulois Ecdice envers le général franc Eudobic, sur les débauches et les violences du duc Victorius, chargé par Euric, roi des Goths, de commander en Auvergne, sur les désordres occasionnés par les tyrans et les barbares. Ne savons-nous pas que, dans plus d'une de ses épîtres, Sidoine Apollinaire parle de l'avilissement des lettres ? Les auteurs du temps ne s'accordent-ils pas tous à dire qu'on voyait partout la corruption se produire avec un cynisme désespérant ? Mais ce qui nous donne mieux encore le moyen de constater combien la situation des Gaules allait périclitant, et combien la vie morale et matérielle des peuples y était à la merci du hasard, c'est un exposé succinct de l'état politique de cette contrée si florissante au siècle précédent.

L'irruption des barbares (406) se continua avec les plus funestes alternatives pendant la première moitié du cinquième siècle (1). Dans la seconde moitié, le mal s'accrut encore. Nous lisons dans Grégoire de Tours (2) que de 467 à 480 environ, Euric, roi des Goths, porta la guerre dans l'Aquitaine, ravagea le pays de la Loire à la Méditerranée, exerça partout une cruelle persécution sur les chrétiens, fit décapiter ceux qui refusaient d'embrasser l'arianisme, jeta les prêtres en prison, envoya les évêques en exil ou les fit mettre à mort, et ordonna de fermer, avec des épines, l'entrée des églises,

---

(1) Prosper : *Poème de la Providence divine*, rec. des hist. de Fr., t. 1, p. 177.
(2) Hist. fr., l. II, c. 25.

afin que l'orthodoxie se perdît plus promptement. « La Novempo-
» pulanie, nous dit-il, et les deux Aquitaines, furent plus particu-
» lièrement désolées ; » et il ajoute que, de son temps, on conservait une lettre de Sidoine Apollinaire à Basile, évêque d'Aix,
remplie de détails désolants à lire. Cette lettre existe encore : « Le
» seul nom de catholique lui cause une telle horreur (à Euric, qu'il
« appelle Evaric), dit-il, que vous le croiriez le chef de sa secte,
» comme il est le chef de ses peuples. Ajoutez encore la puissance
» de ses armes, le feu de son courage, la vigueur de sa jeunesse.
» L'unique travers de ce prince, c'est d'attribuer à la bonté de sa
» religion le succès de ses entreprises, de ses desseins, tandis qu'il
» ne les tient que d'un bonheur passager. Ainsi donc, instruisez-
» vous promptement des maux secrets de l'état catholique, pour y
» apporter, en toute hâte, un remède efficace. Bordeaux, Périgueux,
» Rhodez, Limoges, Mende, Eause, Bazas, Comminges, Auch et beau-
» coup d'autres villes encore, dont les pontifes ont été moissonnés
» par la mort, sans qu'on ait mis de nouveaux évêques pour confé-
» rer les ministères des ordres inférieurs, ont vu s'étendre au loin
» l'image de ces ruines spirituelles. Le mal augmente évidemment
» tous les jours, par le vide que laisse la mort des pontifes ; et les
» hérétiques du siècle, comme ceux des âges passés, pourraient en
» être attendris, tant il est triste de voir les peuples privés de
» leurs évêques et désespérés de la perte de la foi. Dans les dio-
» cèses, dans les paroisses, tout est négligé ; partout on voit des
» églises dont le faîte se dégrade et tombe ; leurs portes sont
» arrachées, leurs gonds enlevés, l'entrée des basiliques est obstruée
» par les buissons et les ronces qui y poussent librement (1). Les
» troupeaux, ô douleur ! non-seulement viennent se coucher au
» milieu des vestibules entr'ouverts, mais encore paître l'herbe qui
» croît autour des saints autels. La solitude ne règne pas seulement
» dans les paroisses de la campagne, mais encore dans les églises
» des villes, où les réunions deviennent de plus en plus rares (2.) »
C'est au milieu de ce désordre, de cette confusion générale des-

---

(1) Il y a, comme on voit, entre le texte de Sidoine et le récit de Grégoire de Tours, une différence qui prouve que l'auteur de l'*Histoire des Francs* est allé au-delà de la vérité.

2). Sid. Apol., l. VIII, l. VI.

tinés à engloutir la civilisation romaine, que la vie monastique, apportée de l'Orient très probablement vers la fin du troisième siècle(1), prit tout à coup un développement imprévu. Fatigués des misères et des turpitudes du monde, des hommes de bien coururent se réfugier dans la retraite ; ils abandonnaient, sans hésiter, une société en désarroi pour se livrer librement à l'étude, à la méditation, au travail honnête et fructueux ; servant ainsi d'exemple aux populations assauvagies et dégradées, qui ne tardèrent pas à les admirer d'abord, à les vénérer ensuite, et qui finirent par les regarder comme leurs appuis les plus fermes et leurs protecteurs les plus dévoués.

Il n'y a pas de raison de supposer que l'esprit monastique ne se développa pas en Périgord avec la même rapidité que dans les autres parties de la Gaule, et si, comme tout porte à le croire, un établissement religieux se forma de très bonne heure dans les environs de Vésonne, n'est-il pas très naturel de penser que le fondateur de cet établissement, tout le temps qu'il vécut, se rendit recommandable par ses bienfaits ; dès lors qu'y aurait-il d'étonnant qu'après sa mort, ses vertus et ses mérites, honorés d'une manière toute particulière, lui eussent acquis une telle réputation de sainteté que Chronope, à la suite de la tourmente arienne, pour donner plus d'élan à la ferveur de l'orthodoxie triomphante, se crût obligé d'entourer le tombeau de ce saint personnage de tout le prestige du culte, au grand contentement des populations, à qui la mémoire du défunt devenait chaque jour plus chère ? Le temps aurait fait le reste, et lorsque saint Géry fit son voyage d'Aquitaine, la réputation du tombeau du saint aurait été telle que l'évêque de Cambrai se crut obligé de le visiter. J'entrerai en temps et lieu dans tous les détails nécessaires au développement de ce sujet ; mais actuellement, sûrs que Front ne fut pas le fondateur de l'Eglise de Périgord, ce qu'il importe de savoir, c'est si nous ne pourrions pas constater comment le christianisme pénétra dans la province.

Le christianisme était un progrès, dont toutes les classes de la société avaient également à profiter. Sa doctrine ne pouvait donc manquer de se propager. Mais, si l'Orient l'accueillit avec empres-

---

(1) On prétend que les moines furent établis en Occident par saint Martin. Je crois qu'ils y étaient avant lui, mais que c'est lui qui contribua essentiellement à leur propagation.

sèrment, il n'en fut pas de même de l'Occident. La Gaule surtout lui opposa une résistance énergique prolongée ; mais leurs mauvaises dispositions ne firent qu'accroître son activité et son besoin de triompher de l'antipathie qu'on éprouvait pour lui.

Il est donc certain, et tous les historiens sérieux s'accordent à le reconnaître, qu'il se passa plus d'un siècle et demi avant que ces idées vinssent se heurter, dans la Gaule, aux difficultés que je viens de signaler. En dehors des miracles et des légendes qui, dans leur forme actuelle, ne remontent en général qu'au dixième ou au onzième siècle, et qui sont toutes tellement remaniées qu'elles ne conservent rien de leur rédaction primitive, nous savons d'une manière certaine que la religion du Christ était connue à Lyon vers l'an 168-177 de notre ère ; mais nous savons aussi, que ce ne fut qu'au troisième siècle qu'elle se répandit dans la contrée, non d'une manière générale, mais en gagnant çà et là un petit nombre d'adeptes. Selon Grégoire de Tours, le premier missionnaire qui vint dans l'Aquitaine fut saint Martial, premier évêque de Limoges, et surnommé l'apôtre d'Aquitaine. Se fondant sur la tradition sarladaise, le chanoine Tarde (*Antiquités du Périgord et du Sarladais*), place sa venue dans les environs de Sarlat en l'an 42, et lui assigne la priorité sur saint Front ; les études des Bénédictins et leurs longues recherches les ont conduits à croire que l'Eglise du Périgord avait dû être fondée par saint Martial ou quelqu'un de ses disciples. La tradition de Toulouse attribue la fondation de l'église de Saint-Etienne dans cette ville à saint Martial et sa consécration à saint Front. Nous savons enfin que l'église de Périgueux n'était certainement pas fondée au commencement du troisième siècle. Nous pouvons donc, avec beaucoup de probabilité, admettre que le christianisme y fut introduit par saint Martial lui-même, ou par quelqu'un de ses disciples à la fin du troisième siècle ou au commencement du quatrième. Ni l'histoire, ni la marche des événements contemporains, ni l'appréciation des faits connus, ni l'ensemble des traditions les plus héroïques ne s'opposent absolument à cette opinion, partagée par les Bénédictins, et beaucoup moins invraisemblable que celle dont nos chroniqueurs religieux se sont fait les échos persévérants. Il ne s'agit ici bien entendu que des premiers germes de la foi et non pas de l'Eglise, qui ne pouvait être fondée avant l'avènement de Constantin, et dont nous ne trouvons de trace que sous l'évêque arien Paterne.

La question ainsi réduite aux proportions d'un fait historique ordinaire, se trouve dépouillée de ce prestige poétique à travers lequel les esprits se plaisaient à contempler l'apparition en Périgord du premier apôtre de la foi nouvelle. Mais qu'importe une légende de plus ou de moins quand il s'agit de la vérité.

Que s'était-il donc passé en Périgord durant le cours du siècle ? L'histoire se tait complètement à cet égard, et en dehors du fait de la restauration des temples, au commencement de ce siècle, les monuments qui nous ont été conservés ne permettent pas la moindre induction au sujet du mouvement religieux. Nous savons d'ailleurs que les Gaulois se montrèrent beaucoup trop attachés au polythéisme, pour qu'il soit permis de supposer que les idées nouvelles pussent faire le moindre progrès dans l'espace de temps compris entre la restauration du temple de la déesse Tutèle et la venue de saint Martial. Il suit de là que, par le fait qu'il est démontré que saint Front n'a pu exister dans les trois premiers siècles de notre ère, l'existence de ses disciples Frontaise, Severin, Severian et Silain à cette même époque, leur martyre, les derniers honneurs à eux rendus par saint Front, sont inadmissibles. Il en est de même de l'apostolat de saint Anian, de celui de Chronope I*er*, qu'on dit pareillement avoir été ses disciples, et de celui de Léonce, que M. Audierne croit avoir occupé le siége épiscopal après Chronope I*er*, mais qui doit trouver sa place ailleurs.

Il est pourtant une circonstance que je ne dois pas négliger. Quelques érudits placent la construction des premières églises au III*e* siècle. Cette opinion a l'assentiment de Tillemont, qui n'admet cependant pas qu'on en ait construit avant la seconde moitié de ce siècle. Sans rejeter complètement cette supposition, je suis loin de croire que le III*e* siècle ait été une époque féconde en constructions d'églises, dans la Gaule. J'admettrais bien avec Tillemont qu'on put essayer d'en construire quelques-unes vers la fin de ce siècle, à l'imitation de ce qui se faisait en Afrique (1) ;

---

(1) On cite saint Saturnin de Toulouse comme en ayant construit une vers 250; mais rien n'est moins démontré, et les auteurs de l'*Histoire de Languedoc*, tout en rapportant le fait, semblent douter de sa réalité. L'usage où l'on était de dire que tel ou tel saint personnage avait fondé l'église d'une ville, lorsqu'il y avait gagné quelques prosélytes à la nouvelle foi, me paraît la source de la confusion qui consiste à dire de saint Saturnin comme de

mais ces tentatives furent beaucoup trop restreintes pour qu'il soit permis d'en induire la moindre conséquence en faveur d'une extension plus rapide du christianisme dans le pays, et, à plus forte raison, pour qu'on puisse prétendre que l'église du Périgord fut une des premières bâties, lorsqu'on n'en a pas de preuves. Les tendances de l'époque, les persécutions et l'histoire en général ne permettent pas de faire remonter au-delà du quatrième siècle le mouvement religieux qui organisa le culte et poussa à la construction des églises. Ainsi, tout en reconnaissant que le christianisme put pénétrer, je dirai même pénétra dans le Périgord, vers la fin du IIIe siècle, je ne vois rien qui permette de supposer que l'église de Périgueux, je ne dirai pas ait pu être construite, mais organisée à cette époque.

Au IVe siècle, l'arianisme se produit et se propage avec rapidité. Non-seulement il gagne du terrain parmi les populations de l'Europe orientale, mais encore parmi les populations romaines de l'Occident; car il ne faut pas croire, comme on s'est plu à le dire, que l'orthodoxie fût un objet d'affection toute particulière qui rendait chaque jour plus odieuse l'hérésie arienne. Les faits sont là pour justifier le contraire, et pour nous prouver que, pendant que l'orthodoxie se propageait très lentement, l'arianisme gagna rapidement la sympathie des populations, encore attachées au paganisme.

Que se passa-t-il en réalité dans la première moitié du IVe siècle ? A peine Arius avait-il formulé sa doctrine que l'Eglise d'Afrique (321) se soulève contre lui et l'excommunie. Mais loin de se laisser abattre, cet hérésiarque et les siens persistent et font si bien que la même année, ils triomphent dans les conciles de Béthynie et de Palestine. Leur fortune se soutient en Afrique et en Asie, avec des alternatives de succès et de revers jusqu'en 325. A cette époque, le grand concile de Nicée, auquel assista Constantin, leur porte un rude coup, mais sans les arrêter dans leur marche. Probablement l'année suivante, un autre concile, tenu dans la même ville de Nicée, ayant déposé comme ariens, Eusèbe de Nicomédie et Théognis de Nicée, Constantin les relègue dans la Gaule. C'est à cet exil, qu'il faut faire remonter l'introduction de l'arianisme parmi les populations gallo-romaines de cette contrée ; et

---

beaucoup d'autres qu'il bâtit, parce qu'il fonde une église, en convertissant des païens ; mais en réalité rien ne prouve cette construction, quoique les actes de ce saint parlent de son église près du Capitole.

comme de son côté, Arius lui-même ne tarda pas à se rendre à Constantinople, il faut bien convenir que la doctrine de cet hérétique, loin d'être mal accueillie, se propagea rapidement dans toute l'étendue de l'empire. L'exil d'Eusèbe et de Théognis en Gaule prouve qu'à cette époque, cette partie de l'empire n'était pas tellement chrétienne orthodoxe qu'on crût avoir à y redouter la présence des deux évêques ariens. Tel est le résumé des faits historiques. Actuellement, si l'on veut bien se rappeler que les conciles d'Arles et de Béziers, tenus de 353 à 356, se composaient plus particulièrement des évêques du midi de la Gaule et que l'arianisme eut un succès complet dans ces deux conciles, on sera bien forcé de convenir avec moi qu'il y a tout lieu de penser qu'Eusèbe et Théognis, loin de gémir tristement dans l'exil, durent se fixer dans l'une des sept provinces, pour de là rayonner dans toute la partie méridionale de l'Aquitaine, où les partisans du polythéisme furent toujours enclins à l'arianisme.

Ceci bien établi, et le concile orthodoxe, tenu dans Arles en 314, par les soins de Constantin, nous ayant permis de constater que l'Eglise de Périgueux n'existait pas encore, à cette époque, quoique le christianisme, depuis quelque temps déjà, eût pénétré dans la province, il n'est plus, je crois, possible de mettre en doute que l'église de Périgueux dut être fondée entre 314 et 353. Or, comme l'évêque arien, Paterne, que nous savons avoir figuré au concile de Béziers (356), et qui pouvait bien avoir aussi assisté à celui d'Arles, est le premier évêque de Périgueux dont l'histoire fasse mention, il est tout naturel de penser que, si cette église ne fut pas fondée par les ariens, son premier évêque fut très probablement l'arien Paterne.

A quelle époque Paterne fut-il élevé au siège épiscopal ? C'est ce qu'on ne saurait dire d'une manière certaine, le nom de cet évêque ne figurant pour la première fois qu'au concile de Béziers et ne nous étant donné que par Sulpice-Sévère, de qui nous apprenons aussi qu'il fut déposé en 362. Toutefois, la manière dont en parle Sulpice-Sévère, l'autorité dont nous le voyons jouir parmi les hétérodoxes et sa persistance dans ses opinions, donnent à penser qu'il était évêque depuis assez longtemps. Reportons-nous actuellement un peu en arrière, et voyons quel fut le mouvement politique et administratif de 314 à 362.

Constantin s'était converti au christianisme en 312. En 313, il avait accordé des privilèges aux chrétiens et à leurs églises, encore peu nombreuses en Occident. Nous savons ce qui se passa en 314. Tout porte à croire qu'à partir de ce moment les églises se multiplièrent rapidement. Mais l'empire, travaillé par les rivalités de Constantin et de Licinius, n'eut guère de repos jusqu'à l'abdication de ce dernier (323). En 325, l'arianisme apparait en Orient, tandis que l'Occident voit s'opérer des réformes de toute nature, source de nombreuses agitations, sans que pour cela l'élan religieux éprouve aucun temps d'arrêt. En 329, l'empereur jette les fondements de Constantinople, associe ses trois fils, Constantin II, Constance et Constant, à l'empire en 335, assignant à chacun sa part bien distincte, et meurt en 337. Trois ans après (340), Constantin II descend dans la tombe, et Constant cesse de vivre en 350. C'est de 340 à 350 que l'arianisme, sous la protection de Constant, prit tout son développement en Occident, car il est positif que, malgré tout ce qu'on a dit de la vanité de leur foi et de leur peu de succès, les ariens, loin de s'en tenir aux disputes de l'école et aux arguties d'une vaine discussion, déployèrent toujours une grande activité dans la propagation de leur doctrine et furent constamment animés du désir de fonder.

On sait d'ailleurs que Constant, se montra leur partisan zélé, les soutint en toute occasion et se plut à propager leur influence. C'est de lui qu'émane un décret rendu en 342, relatif à la fermeture des temples des faux dieux, décret qu'il formula incontestablement sous l'inspiration arienne, et qu'il ne faut pas confondre avec celui de 341, émané de Constance et de lui, dans le but de faire revivre un autre décret de Constantin, leur père, sur les superstitions païennes. Ce décret s'exprime ainsi : « Il nous a plu
» que les temples fussent incontinent fermés dans toutes les villes
» et généralement partout, afin de mettre dans l'impossibilité de
» pécher ceux qui ne sont pas dans la bonne voie, l'accès de ces
» temples leur étant complètement interdit. Nous voulons aussi
» qu'on s'abstienne de faire des sacrifices. Ceux qui contreviendront
» à nos ordres seront frappés par le glaive, et leurs biens confisqués.
» Les gouverneurs de provinces qui auront négligé d'atteindre les
» coupables devront être punis (1). »

---

(1) *Corpus juris civilis, etc.*, cod. l. 1, t. 2.

Ce décret a le double avantage de constater, d'une part, que les ariens s'occupaient très activement de propager leur doctrine, et de l'autre que le mouvement de rénovation religieuse depuis Constantin avait pris des proportions telles que les temples n'étaient plus d'une utilité immédiate, car je ne saurais admettre que la liberté des cultes, consacrée par Constantin et maintenue par ses enfants jusqu'en 341, eût été violée en 342 et qu'on se fût décidé à fermer les établissements consacrés au culte des faux dieux avant que ce culte fût délaissé par la plus grande partie des populations. Il résulte en outre de la situation ainsi faite, sans parler des travaux de saint Front, dont j'ai constaté l'impossibilité matérielle à la date qu'on leur assigne, que toutes les assertions hasardées au sujet des temples renversés par les premiers prédicateurs de la foi, s'évanouissent devant ce décret, soit qu'on essaye de les reporter à une époque antérieure au IVe siècle, puisque, comme on l'a vu plus haut, tout est incertitude ou supposition avant la conversion de Constantin et même le décret de 342, soit qu'on leur assigne des dates postérieures à ce décret (1). L'opinion qui ne fait pas remonter l'organisation des évêchés au-delà de cette conversion, puise pareillement une nouvelle force dans ce décret, et j'y trouve moi-même un motif de plus pour croire que Paterne fut bien réellement le premier évêque de Périgueux.

Nous n'avons du reste aucun renseignement sur les travaux de Paterne, en dehors de ce que nous apprend Sulpice-Sévère, qui le présente comme un arien très obstiné, c'est-à-dire convaincu. Il semble même qu'on prit de très bonne heure le plus grand soin pour le faire oublier.

Les modernes n'ont pas été beaucoup plus indulgents pour Paterne, et le père Dupuy le raye de la liste des évêques de Périgueux. Il en est de même du *Calendrier* de 1788. Je dois dire toutefois que la *Gallia christiana*, les auteurs de l'*Histoire de Languedoc* et l'*Histoire sacrée d'Aquitaine* le mentionnent. Tout

---

(1) Il est bien entendu qu'il ne s'agit ici que des temples publics ; car il y avait une autre sorte de temples construits et entretenus par des particuliers qui, au milieu de l'agitation de l'empire, pouvaient parfaitement être renversés sans contradiction, dès l'instant que les propriétaires étaient convertis.

récemment aussi, M. Audierne a eu soin de le faire figurer dans sa *Notice historique sur les évêques de Périgueux* (1).

On n'est pas d'accord sur le point de savoir par qui fut occupé le siège épiscopal après la déposition de Paterne, et tandis que quelques érudits lui donnent Gavide pour successeur, d'autres font tour à tour Gavide, évêque d'Agen, de Toulouse, de Narbonne, etc., etc. Cette divergence d'opinions a pour cause principale l'incertitude où l'on est de la patrie de Sulpice-Sévère et voici comment :

Dans ses écrits, Sulpice-Sévère se borne à se qualifier d'Aquitain, et comme il est le seul qui mentionne Gavide, à propos d'un incident du concile de Rimini, sur lequel il n'était pas d'accord avec lui, incident qu'il rapporte en l'appelant *notre évêque*, on s'est demandé à quel diocèse appartenait Sulpice-Sévère ; et là-dessus le champ des conjectures se trouvant ouvert, les critiques se sont donné carrière.

On connaît les noms de trois résidences distinctes de Sulpice-Sévère. La plus célèbre est *Toulouse*. Vient ensuite *Elusone*, sur lequel on n'a que des données incertaines, mais qu'on croit cependant être *Luz*, dans le comté de Carmaing, diocèse de Toulouse ; et enfin *Primuliac* ou *Prémiliac*, séjour habituel de Sulpice, et où il construisit un couvent. C'est ce Primuliac ou Prémiliac, sur lequel on n'a rien dit de positif jusqu'à ce jour, qui a plus particulièrement été l'objet des méditations des savants. Les uns l'ont placé dans les environs d'Agen, et partant ont fait de Gavide un évêque d'Agen ; mais la nomenclature des évêques de ce diocèse ne laissant pas de lacune de 348 au commencement du cinquième siècle, ils ont dû renoncer à leur conjecture ; les autres ayant cru retrouver cette localité dans les environs de Toulouse ou dans les environs de Narbonne, ont assigné à Gavide le siège de Toulouse ou celui de Narbonne ; cependant, comme Toulouse présente des difficultés à peu près insurmontables, on a fini par se ranger à l'idée qu'il avait dû résider à Narbonne. Il en est enfin qui se sont battu les flancs pour placer Primuliac ou Prémuliac en Bigorre, et faire de Gavide un évêque de Tarbes. Les seuls partisans de l'idée d'assigner le siège de Périgueux à Gavide, s'en sont tenus à conjecturer, et ce

---

(1) *Calendrier* du département de la Dordogne, années 1835 et 1836. — Remarquons, en passant, que Tillemont en a fait un évêque d'Eauze ; erreur incroyable de la part d'un savant comme lui.

sont eux, à mon avis, qui avaient le plus de motifs sérieux de rejeter les conjectures et de procéder par affirmation.

Sulpice-Sévère, dans ses écrits, se borne à se qualifier d'Aquitain, et cette qualification, vague en apparence, ayant conduit les auteurs de l'*Histoire de Languedoc* (1) à penser qu'il ne devait pas y avoir de distinction entre les sept provinces d'Aquitaine proprement dite, ils ont avancé qu'il pouvait fort bien avoir reçu le jour dans n'importe quelle de ces sept provinces. C'est là une première erreur. Je n'hésite pas à dire que jamais les sept provinces, quoique constituant l'Aquitaine officielle, ne furent confondues avec l'Aquitaine proprement dite. Nous savons trop ce que peut la force d'habitude et de la tradition, pour croire qu'en dehors des formes administratives et dans le langage familier dont fit toujours usage Sulpice-Sévère, cet écrivain se fût jamais avisé de se dire Aquitain, s'il n'avait pas été réellement enfant de la véritable Aquitaine. Je pose donc en fait que Primuliac ou Prémiliac ne devait être cherché que dans cette Aquitaine. Il est vrai que c'est ainsi qu'ont agi ceux qui ont voulu que Gavide fût évêque d'Agen ; mais leurs tentatives ayant été repoussées par le fait de l'existence d'un autre évêque dans cette ville, je n'ai plus à m'occuper de cette circonstance, il ne me reste donc qu'à justifier l'exactitude des conjectures qui font naître Sulpice-Sévère en Périgord, et font de son ami un évêque de Périgueux.

Dans la commune de St-Sulpice-d'Excideuil, canton de Lanouaille, existe un hameau du nom de *Prémiliac* ou *Primuliac*, auquel se rattachent des souvenirs anciens. La tradition un peu confuse parlait de plusieurs sortes d'établissements dont on y trouvait les ruines. La terre est jonchée de restes gallo-romains qui révèlent un ancien établissement ne pouvant être autre que le couvent construit par Sulpice-Sévère. Rien n'est resté debout ; mais le site, l'état du sol et les souvenirs qui se rattachent au nom, tout confirme les probabilités historiques.

Cette découverte m'a naturellement conduit à examiner de nouveau ce qui a été dit jusqu'à ce jour de Primuliac ou Prémiliac, et le résultat de ce dernier examen m'a pleinement confirmé dans ma

---

(1) T. v. p. 635, col. 2.

conviction. Désormais donc le Prémiliac du Périgord est bien pour moi le Prémiliac de Sulpice-Sévère, d'autant qu'il est le seul dont l'existence soit bien avérée. Il résulte que Gavide a réellement été évêque de Périgueux, parce que, des trois résidences dont j'ai parlé, Prémiliac était positivement la seule où Sulpice-Sévère, enfant du pays, se tenait d'une manière permanente, et d'où il pût par conséquent dire : *Gavide, notre évêque* (1).

Maintenant, de ce que Gavide fut évêque de Périgueux, faut-il en conclure qu'il fut le successeur immédiat de Paterne ? Je ne l'admets pas, je crois même qu'au sujet de Gavide, évêque ou non de Périgueux, les auteurs de l'*Histoire de Languedoc* ont encore commis une erreur dont la constatation justifiera ce que j'avance.

Ces savants historiens ont interprété le passage de Sulpice-Sévère relatif à Gavide, de manière à laisser croire que cet évêque avait assisté au concile de Rimini (359). S'il en était ainsi, il est certain que Gavide aurait été évêque avant que Sulpice-Sévère fût au monde. D'où je conclus qu'il aurait dû avoir au moins une quarantaine d'années de plus que lui, mettons quarante-cinq ; et comme Sulpice-Sévère ne naquit qu'en 363, il n'est pas douteux qu'il ne pouvait causer avec Gavide du concile de Rimini guère que vers 390 ; c'est-à-dire alors que ce prélat était septuagénaire. Or, je soutiens qu'avec les habitudes du temps, Sulpice-Sévère n'eût pas manqué de placer une épithète respectueuse à côté du nom de son évêque. L'absence de cette épithète m'autorise donc à penser que Gavide ne différait pas beaucoup d'âge avec Sulpice-Sévère, et j'en conclus qu'il ne fut pas le successeur immédiat de Paterne, à moins que le siège de Périgueux ne fût resté vacant. On ne saurait dire non plus à quelle époque il mourut ; mais je suis porté à croire qu'il n'était plus de ce monde peu de temps après 390.

---

(1) Mon honorable ami, M. Lapeyre, bibliothécaire de Périgueux, partage cet avis. Je ne veux pas omettre de rapporter une circonstance dont les auteurs de l'*Histoire de Languedoc* ont essayé de tirer parti. Ils prétendent que Posthumien, l'ami de Sulpice-Sévère, qui figure dans ses trois dialogues et qui dit quelque part qu'il mit dix jours à se rendre à Primuliac, voyageait à pied, et que la distance de Primuliac qu'ils placent aux environs de Narbonne à la mer, exige dix jours pour être parcourue par un piéton. Mais rien n'est moins démontré que le voyage pédestre de Posthumien, lequel pouvait parfaitement aller de Narbonne à Prémiliac de Périgord en dix jours à cheval, surtout pressé qu'il était de voir son ami.

Au temps de Sulpice-Sévère, le goût de la solitude et de la vie monastique, passé d'Orient en Occident, commençait à prendre un assez grand développement dans la Gaule. Saint Martin l'avait propagé, il devait acquérir une grande extension pendant les désordres du cinquième siècle. Nous savons que Sulpice-Sévère lui-même disciple fervent de saint Martin, dont il a écrit la vie, adopta ce genre d'existence, et que pour mieux jouir de la paix de la retraite, il fit bâtir le couvent de Prémiliac. Ce couvent était bâti avant le débordement des barbares (406), et, comme Sulpice-Sévère vécut jusqu'en 420, il dut s'estimer heureux de s'être isolé du monde et entouré de disciples dévoués à l'étude, et fuyant les troubles du monde.

Après Gavide, si tant est qu'il ait été évêque de Périgueux, le siége resta-t-il vacant, ou fut-il immédiatement occupé par Pégase, que nous verrons revêtu de la dignité d'évêque de Périgueux au commencement du cinquième siècle ? C'est ce qu'il n'est pas facile de dire. Je suis cependant porté à croire qu'il resta quelque temps vacant ; car à cette époque, la confusion régnait partout, et les hérétiques, les orthodoxes et le polythéisme semblaient rivaliser de zèle pour mettre la société en péril. En effet, indépendamment de la grande influence qu'exerçaient toujours les ariens, les priscillianistes, sorte de manichéens et de gnostiques tout à la fois, et les ithaciens, leurs violents adversaires, propageaient rapidement leurs doctrines et suscitaient des troubles continuels dans les provinces méridionales, tandis que les chrétiens, profitant de la position que leur faisait la loi de 342, provoquaient de nouvelles mesures contre le culte des faux dieux, et, ajoutant leur zèle aveugle et passionné aux ordres de l'empereur Théodose, détruisaient les monuments et statues et s'efforçaient d'anéantir les produits de la civilisation romaine ; de telle sorte que l'empereur lui-même fut obligé de mettre un terme à ces violences.

Théodose ayant débarrassé la Gaule d'Arbogaste et d'Eugène, et s'étant montré de prime-abord très zélé pour la propagation du christianisme, le cinquième siècle apparut sous les auspices de la paix et sembla promettre aux populations un avenir meilleur. Mais le calme n'était qu'à la surface. Bientôt la négligence de Théodose dans le gouvernement de son empire, et surtout son peu de soin à veiller à la protection des provinces menacées d'invasion, ramenèrent le danger. Cependant les populations, qui ne demandaient que le repos, parurent croire à la paix sérieusement. Avec le cinquième siècle de nouveaux évêques se trouvent à la tête de différentes provinces qui n'en avaient pas auparavant, parmi lesquelles celle du Périgord, dont Pégase occupe le siège épiscopal de 400 à 405. Pégase fut un vénérable prélat, selon Paulin, dont Grégoire de Tours (1) a conservé un fragment de lettre ainsi conçu : « Si » vous voyiez ces dignes prêtres du Seigneur, Exupère, de Tou- « louse ; Simplice, de Vienne ; Amand, de Bordeaux ; Diogenien, » d'Albi ; Dynance, d'Angoulême ; Vénérand, de Clermont; Alithe, » de Cahors, ou *Pégase, de Périgueux,* quelles que soient les mau- « vaises tendances du siècle, vous verriez certainement de très » dignes gardiens de toute sainteté, de la foi et de la religion. » C'est du reste tout ce que nous savons sur Pégase, la durée de son épiscopat, l'époque de sa mort ne nous sont pas connues. On ignore également le nom de son successeur, si réellement il eut un successeur immédiat, ce qui paraît peu probable, quand on se donne la peine d'examiner les événements survenus dès 406. On a parlé de la sixième lettre du deuxième livre de Sidoine Apollinaire adressée à Pégase par cet illustre écrivain, et on s'est demandé si ce Pégase ne pourrait pas être un parent contemporain de notre évêque, sinon notre évêque lui-même. Le seul rapprochement des dates suffisait pour s'épargner cette réflexion. Pégase était évêque au commencement du v° siècle, et Sidoine Apollinaire ne naquit qu'en 430.

Il y aurait lieu de s'étonner que la succession des évêques de Périgueux, ne se trouvât pas interrompue durant cette longue période des invasions, surtout si l'on se rappelle l'influence que continua d'exercer l'arianisme dans la seconde moitié du siècle (2). Toutefois, durant cette période de troubles, on voit se produire un fait des plus curieux, dont personne ne paraît

---

(1) Hist. Fr.
(2) Ce que nous savons de l'arianisme et le zèle incontestable dont étaient animés ses adhérents, me font penser que le siège de Périgueux fut occupé à cet époque par quelque évêque arien, dont la mémoire se sera perdue plus tard sous l'action de l'orthodoxie. M. l'abbé Guettée, dans son *Histoire de l'Église de France,* t. 1, page 44, prétend qu'il n'y eut que trois évêques ariens en Aquitaine. Comment admettre cette assertion, en présence des conciles d'Arles et de Béziers et de tout ce que j'ai rapporté plus haut?

s'être préoccupé jusqu'à ce jour, cependant digne d'attention, et qui nous permet de mieux nous rendre compte du rôle des évêques, des tendances des peuples envahisseurs et de l'esprit des Gallo-Romains.

Pendant que, dans toute l'Aquitaine, les évêchés restaient vacants ou occupés par des évêques ariens ; pendant que les populations, converties au christianisme orthodoxe, étaient presque sans direction, et faisaient souvent usage des pratiques du polythéisme, les lettres, les arts, les sciences même, sans être cultivés comme par le passé, conservaient encore un certain relief, et avaient pour interprètes des hommes remarquables. Des Anthedius, des Paulin, des Loup, honorèrent le Périgord durant ce cinquième siècle ; je m'occuperai ici des personnages religieux dont les vertus, l'austérité, le zèle infatigable pour le bien et le dévouement à leurs semblables leur acquirent une gloire d'une nature toute particulière, et leur valurent l'estime, le respect et les bénédictions de leurs contemporains, l'admiration et les louanges de la postérité.

L'histoire ne nous apprend rien de particulier au Périgord, pour cette période. Elle ne prononce pas même de nom propre ; seulement, en examinant ce qui se passait dans l'Aquitaine et en général dans les sept provinces, en se rendant un compte exact des tendances de la société à cette époque, et en suivant avec attention le mouvement religieux qui se produisait partout, avec la conviction parfaitement établie que la foi, loin de s'affaiblir, que l'orthodoxie, loin de s'affaisser sur elle-même, que le zèle pieux, loin de disparaître devant la persécution, se montrèrent fermes, persévérants et dévoués, comme le commandaient la conviction profonde, le mépris des choses d'ici-bas, les ardentes aspirations qui animaient les esprits convaincus et les poussaient au bien, à travers toutes les difficultés des troubles civils, de l'invasion, on ne saurait s'empêcher de reconnaître que le Périgord ne pouvait pas faire exception, et qu'il dut nécessairement suivre l'impulsion donnée. Nous sommes d'ailleurs certains qu'il marchait de pair avec les autres provinces méridionales, si, comme j'en ai la conviction, l'établissement religieux de Primuliac est bien celui dont il reste des traces à Prémiliac de Saint-Sulpice-d'Excideuil.

La vie monastique fut apportée d'Orient en Occident au plus tard au commencement du IVe siècle. Saint Martin, qui fit si résolûment la guerre au polythéisme, fut un des plus grands propagateurs de cette vie, durant la seconde moitié de ce ive siècle, dans toute l'Aquitaine. A la même époque, les moines abondaient dans le nord de la Gaule. Comment ne pas admettre qu'à la fin du ive siècle, le Périgord, de même que les autres provinces, avait ses moines, ses solitaires, ses ermites. Malgré donc le silence de l'histoire, et en dehors de Sulpice-Sévère et de Primuliac, il serait possible de retrouver la trace de quelque établissement de cette nature, créé à cette époque, et que la nuit du temps semble avoir couvert de son voile impénétrable.

J'ai constaté, d'une part, qu'il était matériellement impossible que saint Front, et par suite ses disciples, eussent existé avant la seconde moitié du IVe siècle. D'un autre côté, une tradition constante nous apprend qu'au VIe siècle, sinon au VIIe, on construisit une église ou basilique, dont il reste encore d'importants débris. Nous devons en conclure que ce saint, dont le Périgord s'honorait déjà au VIe siècle, et qui se rendit assez recommandable par ses mérites pour qu'on érigeât une église ou basilique sous son invocation, florissait nécessairement entre 350 et 500. Ceci nous reporte au passage de Raban-Maur, où nous trouvons que Front, d'origine périgourdine, est né probablement à Lanquais, *qu'il vécut parmi les moines, brilla par ses vertus, convertit une foule de gentils à la religion chrétienne et mourut en paix, après de longs et glorieux travaux* ; et aux litanies carolines, dont j'ai parlé plus haut, qui le qualifient du titre de *confesseur*, le seul qui lui convienne. Or, ces détails, tout opposés à ceux que nous fournit Adon, n'en acquièrent pas moins une grande importance de ces rapprochements, et se fortifient encore d'une circonstance toute particulière qui, pour être connue de tous, n'en est pas moins restée inaperçue. Je veux parler du nom donné au centre de population constitué autour de cette église ou basilique. Personne n'ignore, en effet, que la colline où s'établit l'agglomération de maisons que nous retrouverons au onzième siècle qualifiée de *bourg* s'appelait primitivement le *Puy-Saint-Front*. Il est évident que cette dénomination de Puy-Saint-Front ne dut être attribuée à cette colline, sur laquelle se déroule le Périgueux de nos jours, qu'à la suite du séjour prolongé du saint personnage dont elle a gardé la mémoire. Il est donc permis d'en tirer la conséquence que saint Front s'établit sur cette colline lorsqu'il se voua à la retraite.

Mais ce n'est pas tout, nous savons qu'en ces temps reculés, on était généralement dans l'usage de construire les établissements religieux près des villes, et nous avons la certitude que, dans le cours des IV° et V° siècles, saint Hilaire fonda l'abbaye de ce nom, à côté de Poitiers ; saint Martin, un premier monastère près de Milan et un second près de Tours, sous le nom de Marmoutier (Majus monasterium) ; saint Séverin, et par corruption Seurin, celui qui porta son nom à côté de Bordeaux ; saint Romain, celui de Blaye ; saint Honorat, celui de l'Isle, dans un faubourg d'Arles ; saint Cassien, celui de saint Victor, près Marseille ; saint Castor, celui d'Apt en Provence, saint Séverin, ceux de Faviane et de Passan, dans le Norique, etc., etc., sans compter ceux de Lérins, de Prémiliac, de saint Maixent, de Toulouse, etc., etc. Ces données importantes nous conduisent tout naturellement à regarder comme plus positif encore le fait de la création d'un établissement religieux sur la colline ou puy, depuis lors appelé le Puy-Saint-Front. Allons plus avant encore, et pour achever de dissiper tous les doutes, concentrons notre attention sur cette colline au triple point de vue de l'histoire, de la tradition et de l'archéologie. Ce sera le plus sûr moyen de porter la conviction dans les esprits.

Malgré les assertions de certains érudits, l'histoire, ni la tradition, ni l'archéologie, ne permettent de croire à l'existence d'un établissement romain quelconque sur cette colline. Il demeure pareillement démontré, par tout ce qui précède, qu'on n'y érigea aucun édifice religieux avant le milieu du IV° siècle. D'un autre côté, la tradition dégagée de ses formes légendaires, nous apprend qu'antérieurement au VI° siècle, c'est-à-dire avant l'érection de l'église dont il a déjà été question, on y voyait un oratoire et une cellule ou ermitage. Ils ne pouvaient par conséquent pas remonter au-delà de la seconde moitié du IV° siècle. L'archéologie justifie pleinement cette opinion, qui n'avait pas pu se produire nettement jusqu'à ce jour, faute d'avoir été débarrassée du cortège obligé des conjectures sans fondement.

Dans son travail sur la basilique de Saint-Front, travail de patience et d'abnégation (1), M. de Mourcin a constaté qu'au nord

---

(1) *Antiquités de Vésonne*, t. II.

et au sud de l'église attribuée à Chronope, il existe encore deux chapelles antérieures à cette église par leur construction primitive, quoique l'ensemble de la maçonnerie autorise à croire qu'elles ont subi plusieurs remaniements. Que sont ces deux chapelles ? Sans nul doute, si l'une n'est pas l'oratoire bâti par saint Front, elle en occupe certainement la place ; quant à l'autre, elle dut évidemment être construite sur le terrain où s'élevait d'abord la *cella* (cellule ou ermitage) du saint, dans laquelle il fut enterré par ses disciples, et où ils commencèrent à rendre un hommage public à ses mérites. Et de fait, quelle pourrait être l'origine de ces deux chapelles, sinon cet oratoire et cette cellule autour desquels les disciples de saint Front et leurs successeurs formèrent, petit à petit, un établissement chaque jour plus vénéré, et que la mémoire de son fondateur et la conduite de ceux qui marchaient sur ses traces entouraient d'une auréole de sainteté toujours croissante, sans que les suites de l'invasion des Francs, ni les mœurs corrompues, ni les troubles incessants pussent porter atteinte à sa renommée ?

L'histoire n'est pas aussi explicite ; mais les renseignements qu'elle fournit, tout vagues qu'ils sont en apparence, contribuent cependant à donner une nouvelle force à tout ce qui précède. J'ai raconté ailleurs les maux causés par le débordement des barbares, la confusion qui en fut la suite. J'ai aussi rapporté ce que Grégoire de Tours nous apprend de la cruelle persécution exercée par Euric (467) contre les chrétiens orthodoxes de l'Aquitaine. La lettre de Sidoine Apollinaire, met l'évêché de Périgueux au nombre des plus maltraités par le roi Goth, durant cette invasion. L'épitaphe de Chronope par Venance Fortunat, dit que cet évêque rétablit les citoyens dans leur ville déserte et releva les temples brûlés ou renversés. De ces données, il résulte qu'à Périgueux comme ailleurs, l'orthodoxie eut beaucoup à souffrir, et qu'au temps d'Euric, non-seulement la population de la ville fut dispersée, mais qu'encore l'église de la Cité et les établissements religieux qui l'avoisinaient furent dévastés et brûlés, si bien que Chronope, devenu évêque près la tourmente, dut pour ainsi dire reconstituer la ville en son entier. Tous ces détails concordent parfaitement, et, loin de voir, un inconvénient dans l'incendie très probable du Puy-Saint-Front cet incendie, au contraire, m'explique le premier remaniement des chapelles attenantes à l'église, construite évidemment plus tard, dans le but non moins évident de relier ensemble ces deux chapelles. Je trouve dans la persécution exercée par Euric, à la fois et le point de départ de la légende de saint Front, et l'explication du martyre de saint Frontaise, saint Séverin, saint Sévérian et saint Silain ; ces disciples qui, moins heureux que leur maitre, parce que sans doute leur jeunesse excitait davantage leur ferveur et les poussait à la résistance, furent victimes de leur zèle très probablement dès le commencement de la persécution, tandis que Front, oublié au milieu de la tourmente, eut le temps de se soustraire à la mort violente qui le menaçait et put retourner un peu plus tard terminer tranquillement ses jours dans la retraite qu'il s'était faite, sans attirer sur lui l'attention des persécuteurs de ses disciples (1).

D'ailleurs rien n'autorise à dire que Chronope ait eu l'intention d'honorer la mémoire d'un de ses prédécesseurs et encore moins du fondateur de l'Eglise du Périgord, et l'épitaphe composée par Fortunat se borne à constater qu'il releva les temples renversés et brûlés. Or, peut-on admettre que si, dans ses travaux de restauration, Chronope avait eu à s'occuper de l'apôtre de Périgord, Fortunat eût pu manquer d'en parler ? C'était un trop beau sujet de réflexion pour ne pas s'y arrêter. Cette circonstance contribue donc encore à corroborer ce qui précède. Ajoutez à cela la certitude que le nom de Front, encore usité à Périgueux au vi⁰ siècle, devait être commun au v⁰ et même au iv⁰, la double qualité d'abbé et d'évêque que prirent les prélats de Périgueux, les désordres causés par les invasions et par la lutte des Francs et des Goths, la perte des souvenirs traditionnels, la transformation rapide des mœurs et des habitudes, et demandez-vous si, de tout ce qui précède, il ne résulte pas la preuve de la fondation d'un couvent sur le Puy-Saint-Front, à la fin du iv⁰ siècle ou dans le premier quart du v⁰, par celui-là

---

(1) Voici la légende de ces disciples : Envoyés pour prêcher la nouvelle foi aux gentils de la province, le président les fit arrêter, interroger dans un pré voisin de la ville, couronner d'épines. On leur infligea d'affreux tourments, sans ébranler leur courage ; ne pouvant rien obtenir d'eux, il les fit décapiter, leurs corps se redressèrent, marchèrent vers l'Isle en portant leurs têtes, franchirent la rivière et rejoignirent saint Front, qui priait sur la colline à laquelle il a donné son nom. Saint Front, avec un autre de ses disciples, du nom d'Asian, enterra dans cette église Frontaise, Séverin et Silain. Quant à Sévérian, une sainte matrone l'ayant réclamé, l'enterra loin de ses co-martyrs, avec beaucoup d'honneur.

même qui donna son nom à la colline. La mauvaise direction imprimée aux données historiques, de jour en jour plus confuses, le temps et l'ignorance, firent d'un simple moine l'apôtre de la province.

Voilà donc la vérité historique : Un saint personnage du nom de Front s'établit sur une colline au nord-est de Vésonne, y attire des disciples, y fonde un établissement qui, en prenant son nom, le donne à la colline, appelée désormais le Puy-Saint-Front, et meurt laissant une grande réputation de vertu et de sagesse. Plusieurs de ses disciples, moins prudents ou moins heureux que lui, loin de lui survivre, le précèdent dans la tombe, victimes de leur ardente ferveur, très probablement au commencement de la tourmente arienne soulevée par Euric, ce qui n'empêche pas l'établissement de survivre à cet échec, et son fondateur d'y finir ses jours, non sans doute sans avoir vu l'orthodoxie persécutée dans la cité de Vésonne, mais du moins sans avoir à déplorer la destruction de son œuvre. Après la tempête survient Chronope qui ranime la foi, rebâtit ou du moins restaure les églises et donne un nouvel essor à l'établissement de saint Front rendu célèbre par les persécutions. Il résulte de tout cela que saint Front est réellement le premier saint périgourdin, et que la popularité de ce saint explique comment on a pu facilement le confondre avec le premier évêque, et que par suite, il doit être placé en tête de la série de ceux qui appartiennent à cette province, quoique quatre de ses disciples l'aient devancé dans l'éternité, et qu'il est réellement le seul d'une grande renommée qui remonte au cinquième siècle, lors même qu'il serait parfaitement démontré que Sulpice-Sévère était Périgourdin. Quant à saint Frontaise, saint Séverin, saint Sévérian et saint Silain, il suffit de les mentionner, sans entrer dans aucun détail sur leur compte, parce qu'à part la légende qui en parle et qui n'a aucun caractère de vérité, nous ne connaissons sur eux rien qui mérite une sérieuse attention.

A quelle époque mourut saint Front ? Probablement quelques années après l'invasion de l'Aquitaine par Euric. Il pourrait néanmoins se faire qu'il eût cessé de vivre avant cette persécution, alors il faudrait croire que ses disciples auraient péri dans une émotion antérieure ; mais il me paraît plus probable que sa mort ne précéda que d'une trentaine d'années l'avènement de Chronope, qui restaura son oratoire et sa cellule. La tradition du reste, ni l'histoire, ni l'archéologie ne s'opposent à ce qu'il en ait été ainsi.

Le sixième siècle apparut sous de meilleurs auspices que ne semblaient le prédire les événements de la seconde moitié du v° siècle. Le ménagement d'Alaric, fils d'Euric, pour les orthodoxes, la liberté qu'il leur accorda de nommer des évêques et de se réunir en conciles, le concile d'Agde en particulier, tenu en 506, le respect de ce prince pour les lois, la publication d'un commentaire du code théodosien connu sous le nom de *Bréviaire d'Anian*, tout annonçait un avenir de paix et de prospérité. Mais les orthodoxes étaient moins bien disposés pour le roi que le roi pour eux. Le souvenir des persécutions d'Euric, le désir d'en finir avec les ariens, les poussèrent à faire tous leurs efforts pour briser son fils. Comme on l'a vu plus haut, il reste des preuves irrécusables de l'alliance des évêques avec Clovis, dans le but de renverser Alaric, et nous savons que le succès couronna leurs démarches.

Cette époque de confusion et d'intrigue fut le prélude de la conquête des Francs. Elle nous est très imparfaitement connue ; mais nous en savons assez pour pouvoir constater qu'elle prépara le coup de grâce porté à l'arianisme.

C'est au milieu de toutes ces conjonctures que Chronope s'assit sur le siège épiscopal de Périgueux. L'époque précise où il en prit possession n'est pas connue ; mais il est probable qu'elle ne fut pas de beaucoup postérieure à l'avénement d'Alaric. La conduite de ce monarque ne permet pas d'en douter, et tout porte à croire aussi que l'évêque profita des bonnes dispositions du roi envers les orthodoxes pour rappeler dans Vésonne les chrétiens dispersés, et commencer les travaux de restauration de Saint-Etienne et des oratoires et chapelles de la Cité et de son voisinage détruits ou ruinés ; c'est d'ailleurs ce qu'on ne peut mettre en doute en présence de l'épitaphe dont j'ai parlé :

« Saint pontife, si jadis tu avais pris quelque souci des choses
» d'ici-bas, je verserais plutôt des larmes que je ne te donnerais des
» éloges dans mes vers ; mais comme tu es pur, et comme les crimes
» des hommes ne t'ont pas souillé, tu m'incites à me réjouir, toi qui
» restes immortel. Prélat à l'ardente piété, vénérable Chronope, le
» sépulcre a reçu ton corps, mais le ciel possède ton esprit. La dignité
» sacerdotale dont furent également honorées les deux branches de
» ta famille se concentre sur leur héritier, décoré du titre d'évêque ;

» une succession sacrée te prépara justement cette élévation, absolu-
» ment comme un honneur qui t'était dignement dévolu et qui te
» revenait tout naturellement de l'ancienne condition de tes parents.
» Cependant tu es encore plus rehaussé par le Christ. Ton air placide,
» ton esprit calme, ton cœur sincère rendirent ton front toujours se-
» rein et firent que tes paroles, qui, quand tu parlais, coulaient comme
» le nectar, devaient, en s'échappant de ta bouche, l'emporter sur la
» saveur des rayons de miel. Tu donnais des vêtements à ceux qui
» n'avaient pas de quoi se vêtir, tu remplaçais les manteaux usés.
» Quiconque venait sous ton toit, manquant du nécessaire pour se
» garantir du froid, s'en retournait bien couvert. Tu as placé toutes
» tes richesses en dépôt chez les pauvres, et de la sorte tu possèdes
» toujours des richesses vivantes. Tu rassasiais l'affamé, tu désal-
» térais celui qui avait soif. Le triste et l'exilé te trouvèrent tou-
» jours prêt à leur porter secours. Tu rendis à la ville les citoyens
» dont elle était veuve, lesquels, grâce à tes largesses, purent
» revoir leurs pénates. La brebis que le loup, dominé par son ins-
» tinct ravisseur, avait arrachée des étables, rendue à son troupeau,
» te proclame son pasteur. Tu as, sans retard, rétabli les temples
» dans leur ancienne splendeur, et tu les habites, ou plutôt le ciel
» est ta demeure éternelle. Tu as vécu corporellement deux fois
» huit lustres ; actuellement tes mérites te valent de couler des
» jours sans fin (1). »

Comme tout ce qu'on écrivait à cette époque, cette épitaphe, remplie d'arguties métaphysiques, se borne donc à nous dire que Chronope appartenait à une grande famille, que ses parents paternels et
maternels avaient exercé des fonctions sacerdotales, qu'il était très
éloquent et très charitable, qu'il rétablit, dans Vésonne, les orthodoxes dispersés par la tourmente arienne, et qu'il répara les temples. C'est déjà beaucoup sans doute, puisque, au moyen de ces
faibles détails, nous avons pu recueillir quelques vagues notions sur
le couvent du Puy-Saint-Front ; mais ce n'est pas assez pour jeter
la lumière sur une époque aussi environnée de ténèbres. Cette
épitaphe et une lettre de Rurice, premier évêque de Limoges, plus
insignifiante encore, dont il sera d'ailleurs question plus bas, étant
les seuls documents authentiques qui nous restent sur deux Chronope,
voyons si, à l'aide d'une critique sévère, du rapprochement des

(1) Venance Fortunat, carm, l. IV.

faits connus et des synchronismes qui découlent de l'ensemble de ces faits, nous ne parviendrons pas à tirer des inductions, à dégager des aperçus qui nous permettront d'entrevoir la vérité.

Chronope dut monter sur le siège épiscopal peu de temps après l'avènement d'Alaric. Son premier soin fut sans doute de rappeler, dans Vésonne, les orthodoxes dispersés, de leur distribuer des secours et de ranimer leur ferveur attiédie. Tout cela lui prit nécessairement du temps, mais très certainement ne l'empêcha pas de s'occuper des évènements politiques dont la marche devenait chaque jour plus précipitée.

On a vu que les orthodoxes n'avaient point répondu aux avances d'Alaric. A peine Clovis avait-il reçu le baptême, que déjà ils faisaient des démarches auprès de lui et prenaient des mesures pour passer sous sa domination. Nous savons que les évêques se mirent à la tête du mouvement. Un des plus ardents était Volusien de Tours qui, par sa conduite, attira sur lui la colère d'Alaric dès 496, et se vit exilé en Espagne. Les autres continuèrent sans doute à intriguer, mais sans encombre jusqu'après le concile d'Agde (506). Jusqu'alors du moins il ne paraît pas qu'Alaric ait eu à sévir contre quelqu'un d'entre eux, quoiqu'il ne soit pas permis de mettre en doute de quels sentiments ils étaient animés, en lisant la lettre que saint Avit, évêque de Vienne, écrivit à Clovis peu de temps après qu'il eut été baptisé par saint Remy (vers 497).

A la suite du concile d'Agde, beaucoup moins réservés dans leur conduite, les évêques s'agitèrent avec plus d'ensemble et donnèrent l'élan aux orthodoxes. « L'attachement des sujets d'Alaric à la religion
» catholique, disent les auteurs de l'*Histoire de Languedoc* (1), et
» le désir qu'ils avaient de se voir sous la domination du roi Clovis,
» qu'ils regardaient comme l'appui de la foi et le protecteur de
» l'Eglise, furent la principale cause des troubles et des révolutions
» qui arrivèrent dans le royaume des Visigoths, après le concile
» d'Agde......
» Quelque liberté en effet qu'Alaric laissât a ses sujets pour
» l'exercice de leur religion et le choix de leurs pasteurs, ils ne
» pouvaient cependant dissimuler l'envie qu'ils avaient de passer sous
» la domination des Français, ce qui donnait à ce prince des défiances
» continuelles de leur fidélité. Les soupçons d'Alaric tombèrent
» en particulier sur Verus, évêque de Tours et successeur de

« Volusien, qu'il envoya en exil, sous prétexte qu'il avait voulu
« livrer sa ville épiscopale aux Français (1). » Il n'est pas permis
de supposer que Chronope se soit tenu en dehors de ce mouvement,
surtout lorsque nous savons qu'il assista au concile d'Agde, d'où
partit incontestablement le signal de l'agitation. J'en conclus donc
que, comme les autres, il dut être surveillé, et que cette surveillance dut avoir pour résultat un ralentissement dans ses travaux,
sans que d'ailleurs il éprouvât de mauvais traitements. J'admettrais
cependant que son diocèse se ressentit, comme les autres, du
malaise qui régnait partout.

Après l'occupation de l'Aquitaine par les Francs, Chronope,
reprit avec une nouvelle ardeur les travaux commencés. Nous le
voyons assister au concile d'Orléans en 511, ce qui prouve encore

---

(1) Je crois devoir dire un mot ici de l'évêque Quentien de Rhodez, dont certains manuscrits de Grégoire de Tours placent l'exil à cette époque, tandis que d'autres n'en parlent pas. Divers auteurs ont prétendu que Quentien ne fut exilé qu'en 511, c'est-à-dire après la reprise du Rouergue sur les Francs, par Théodoric, tandis que d'autres persistent à le faire exiler vers le commencement du siècle, et que l'abbé Dubos, pour tout concilier, le fait exiler deux fois. Un fragment de manuscrit publié par M. Raynouard (*Ch. des Poët. orig. des Troubl.*, t. II, p. 152), s'exprime ainsi :

  Et fo mandat al rey per messatge coren,
  Que Quentin l'avesque de Rhodes veramen,
  Era fugit so oltra, per peare gondimen
  Del pobol de Rhodes que va'n far persegueu.
  Dizo que subjugar las certanames
  Al noble rey de França, no lor era plazen.

  Et il fut mandé au roi par message courant
  Que Quentien, l'évêque de Rhodez vraiment,
  S'était enfui par deçà pour prendre sûreté
  Du peuple de Rhodez, qui va en faire la poursuite.
  Ils disent qu'il veut certainement les soumettre
  Au noble roi de France, ce qui ne leur était pas agréable.

Ce passage n'est pas contemporain de l'événement ; mais il fut écrit au onzième siècle et est une traduction d'un ouvrage latin plus ancien. La manière dont le fait est rapporté ne permet guère de penser qu'il ne s'agisse pas de Clovis, et dès lors, il faut admettre que la fuite de Quentien, à laquelle il fait allusion, se rapporte aux premières années du sixième siècle. Deux autres fragments, qui font suite à celui-ci, donnent à penser que d'autres troubles amenèrent un exil. Je ne suis donc pas porté à croire, comme l'abbé Dubos, que Quentien fut exilé deux fois, mais qu'il prit la fuite une première fois et fut exilé plus tard. Il résulte de plus de ces fragments que, si les orthodoxes conspiraient pour Clovis, le peuple était contre les conspirateurs, c'est-à-dire défendait l'arianisme.

mieux qu'il avait toujours tenu au parti de Clovis. De 511 à 533, non-seulement il n'est plus fait mention de lui, mais encore l'histoire générale de l'Aquitaine, désormais soumise aux Francs, n'offre plus rien de bien digne de fixer l'attention. Les orthodoxes s'occupaient de rétablir leur influence et de faire disparaître jusqu'aux moindres traces de l'hérésie.

Dans le cours du v° siècle, et surtout vers la fin de ce siècle, plusieurs provinces avaient vu s'ériger de magnifiques basiliques par le soin de leurs évêques. Ce besoin d'entourer le culte de tous les prestiges de l'architecture continua de subsister dans le sixième, et ce serait très probablement entre 511 et 533 qu'il faudrait placer l'érection de la basilique en l'honneur de saint Front attribuée à Chronope, si le silence de son épitaphe ne repoussait pas absolument cette idée. L'archéologie ne nous apprend rien de certain.

Le mouvement religieux nous est un peu plus connu, quoiqu'en général il soit entouré de tant de contes pieux, qu'il devient fort difficile, sinon impossible de découvrir la vérité à travers ce chaos.

On parle de trois saints contemporains de Chronope et qu'on nomme saint Avit, saint Eumaque, par corruption saint Chamassy, et saint Secondinus. La légende de saint Avit, qu'on fait naître à Lanquais, en Périgord, lieu de la naissance de saint Front, ne repose sur rien. On prétend que jeune, il servait sous Alaric contre Clovis à la bataille de Vouillé ; que fait prisonnier par les Francs, il fut conduit à Paris ; que là, poussé par la vision d'un ange, et malgré l'affection qu'il portait à son maître, il s'évada, se mit en route, fit beaucoup de miracles, guérit un grand nombre de malades et d'infirmes, parmi lesquels un certain Benoît qui ne le quitta plus et fit comme lui des miracles ; que dans le Poitou, voulant se reposer, et pour échapper au concours de peuple qui les assiégeait, les deux voyageurs se retirèrent dans l'abbaye de Bonneval, où Avit cultiva une vigne et construisit une cellule, à la place de laquelle fut bâtie plus tard une église sous son invocation ; qu'il y mena une vie tout angélique ; que, malgré un travail excessif, il se contentait d'un *repas par semaine*, distribuant aux pauvres tout le surplus qui lui venait de l'abbaye ; que furieux de tant de vertus, le démon lui suscita des ennemis parmi les religieux, qui l'accusèrent devant l'abbé ; qu'on le dépouilla, et qu'*ayant vu son corps rongé par les* sers, l'abbé impatienté le dégrada et l'expulsa ; que, dans cette extrémité, soutenu par son ange, il partit pour le Sarladais, où il perdit bientôt son compagnon Benoît, mort en odeur de sainteté, ce qui ne l'empêcha pas de poursuivre ses succès jusqu'à Bannes, où il fit la connaissance de Secondinus, avec lequel il se rendit dans l'endroit le plus noir et le plus obscur de la forêt de Rouflac (la Bessède actuelle) ; que là, il se construisit une cellule sous terre, vis-à-vis d'un temple dans lequel on adorait *quelque trois mille petites idoles* ; qu'il dissuada les peuples d'honorer ces fausses divinités ; que, vis-à-vis du temple, il fit alors bâtir une église en l'honneur de la Sainte-Vierge, et, qu'après quarante ans de séjour dans sa cellule souterraine, jeûnant, veillant et priant, notre saint, plein de mérite et de vertu, rendit l'esprit à Dieu, fut enterré dans l'église qu'il avait bâtie et fut ensuite porté dans celle où était le chapitre de saint Avit-Sénieur, etc.

Ce conte nous permet tout au plus de supposer qu'il a pu y avoir en Périgord, un Avit, nom fort commun à une certaine époque, que ses vertus rendirent cher aux populations et qui a servi de type à cette singulière légende, et qui fut honoré de très bonne heure.

Moins circonstanciée que celle de saint Avit, la tradition sur saint Eumaque ou saint Chamassy n'est pas plus acceptable. Issu d'une famille honorable du Périgord, on prétend qu'il gardait les juments d'une dame qui en avait beaucoup sur les bords de l'Ille ; mais en même temps on veut qu'il ait été prêtre, sans pourtant avoir jamais exercé son ministère, ce qui est doublement inacceptable. Sa légende, peu développée et toute traditionnelle, n'a rien de précis. Il n'est du reste question de ce saint que dans l'ancien bréviaire du Périgord. Aussi, ce qu'il y a de plus probable, c'est qu'il est le pseudonyme d'Eumaque, l'un des premiers évêques de Viviers, sur lequel il nous reste très peu de détails.

On ne sait rien de Secondinus, sinon qu'il fut le compagnon de saint Avit, comme je l'ai dit plus haut.

A part ce que l'archéologie nous apprend d'assez positif sur les deux vieilles chapelles, et d'une manière beaucoup trop vague sur la vieille basilique qui peut tout aussi bien appartenir au septième siècle qu'au sixième, et qui paraît plutôt l'ouvrage d'un successeur de Chronope, nous ne sommes guère mieux instruits de l'état des établissements religieux, qui néanmoins durent prendre un certain développement sous la direction de Chronope et durant son long épiscopat. Il n'en est pas de même de la hiérarchie séculière. Grâce à la lettre de Rurice, évêque de Limoges, nous savons qu'à cette époque, les paroisses qu'on appelait aussi *diocèses*, étaient constituées et connues. Ces paroisses, au sixième siècle, étaient administrées par des chorévêques, et il demeure établi qu'elles avaient toutes une organisation identique (1).

On a prétendu que Chronope, après avoir terminé sa basilique, retira le corps de saint Front de son tombeau primitif et le plaça dans cette basilique. Le bréviaire de Périgueux fait mention de ce fait ; Baillet l'a accepté, et avec lui tous ceux qui ont parlé de saint Front, mais tous sans commentaire. Malgré l'accord des hagiographes, je ne crois pas pouvoir accepter cette opinion, parce qu'elle me paraît résumer des faits impossibles à concilier.

D'après le travail de M. de Mourcin, la basilique consistait en trois nefs, avec un sanctuaire et un vestibule : « Sa longueur totale,
» prise hors d'œuvre et y compris la saillie des antes ou pilastres,
» était de 121 pieds 3 pouces, sous le rond-point, et sa largeur
» était de 61 pieds 9 pouces y compris cette même saillie des antes.
» Cet édifice se composait, comme on a vu, d'une nef principale et
» de deux bas-côtés. A l'entrée était un vestibule, à l'autre extré-
» mité était un sanctuaire terminé par un rond-point demi-circu-
» laire. Les trois nefs se composaient chacune de cinq travées ;
» chaque travée avait pour comble un berceau de voûte particulier.
» Dans les ailes, ces berceaux étaient parallèles entre eux et perpen-
» diculaires à la longueur de l'édifice. Dans la grande nef, ils for-
» maient une seule voûte, divisée par des arcs-doubleaux. Toutes
» ces voûtes étaient portées par les murs du pourtour, par des
» massifs et des pilastres. Le vestibule et le sanctuaire se composaient
» aussi de trois parties, le centre et les côtés. Enfin ce que nous
» avons nommé *avant-porche* était le vrai et seul porche de cette
» église, qui avait plusieurs caractères des anciennes basili-
» ques, etc. (2). »

S'il faut s'en rapporter à l'opinion de Dupuy et des hagiographes,

---

(1) *Annales agricoles de la Dordogne*, deuxième série, t. v, page 349. Art. sur les archiprêtrés.

(2) *Antiquités de Vésone*, t. ii, page 442.

comme l'a fait M. de Mourcin, le corps retiré d'une des chapelles latérales antérieurement construites, aurait été placé au milieu de la nef, du côté où plus tard fut bâti le cloître, c'est-à-dire à quelque distance du pied du clocher actuel et, juste là où le public passe pour se rendre de la Clautre à la basilique moderne. Ce fait bien établi, et le travail de M. de Mourcin ne laisse pas de doute à cet égard (1), suivons la marche du temps, ainsi que des événements, et voyons ce qu'il en résultera.

Le père Dupuy rapporte la translation de saint Front, d'après le bréviaire périgourdin, qui remonte tout au plus au huitième siècle, et à cette époque, ne ressemblait guère à ce qu'il était de son temps (2). C'est déjà un inconvénient, car le fait en lui-même pourrait bien n'être que le résultat d'une tradition plus qu'incertaine ; mais, ce qu'il y a de plus grave, c'est qu'à l'époque de Chronope, on ne s'était pas encore avisé d'enterrer dans les églises. C'est du moins ce qu'il faut induire de l'interdiction expressément faite par le concile de Nantes, vers 660, qui ne permet les enterrements que dans les parvis, sous les porches, ou, en d'autres termes, dans les bâtiments adjacents aux églises ; car il est rationnel de supposer que l'interdiction ne fut que la conséquence de quelques tentatives faites alors pour la première fois.

Mais admettons que la translation des restes d'un mort ne fût pas assimilée à un enterrement, et que rien ne s'opposât à cette trans-

---

(1) Voici ce qu'on lit dans ces mêmes *Antiquités de Vésone*, même volume, p. 518 : « 1° Le corps saint fut ôté de son tombeau primitif au commencement » du sixième siècle et fut transporté au centre de la nef principale de la » vieille église ; 2° la chapelle d'où ce corps saint fut retiré était au sud du » gros pilier du sud-ouest de la branche de l'ouest de l'église actuelle, » puisqu'elle se trouvait du côté du grand degré, c'est-à-dire du côté du » degré qui communique à l'évêché et vers l'autel de sainte Catherine, qui, » comme on sait, était encore naguère contre le gros pilier du sud-ouest du » centre de la croix. »

(2) D'après l'opinion la plus large, le bréviaire remonterait au septième siècle, et aurait été d'abord composé pour les moines qui, absents des couvents, ne pouvaient se livrer à tous les exercices auxquels se conformaient tous ceux qui s'y trouvaient présents. On leur abrégeait les prières. Plus tard le bréviaire devint un *compendium* où se résumait tout le cérémonial, et qui, disent les auteurs ecclésiastiques, fut la source de beaucoup de confusion. Je crois que cette forme de bréviaire, au lieu de remonter au huitième siècle, n'est guère que du dixième.

lation passée en usage ; qu'arrivera-t-il ? Que si les restes de saint Front furent réellement portés dans la nef de la basilique, ils se trouvèrent complètement à nu, je veux dire sans ornements extérieurs, après l'incendie (1) de 1120-1121 qui détruisit la basilique attribuée à Chronope et tout ce qu'elle contenait, de telle sorte que la construction du clocher actuel et le raccord des lieux avec l'édifice byzantin eurent pour conséquence de placer ce tombeau, déjà dégradé par l'incendie, sur le passage des fidèles pendant près de cent cinquante ans, ainsi qu'on le verra tout à l'heure, sans qu'il vint à l'idée de personne de déplacer ce tombeau pour empêcher une pareille profanation.

Cependant le père Dupuy n'était pas tellement certain de ce qu'il avait affirmé à l'article de Chronope, qu'il ne modifiât pas plus tard son assertion. En effet, à la page 207 de son premier volume, à l'occasion des ravages des Normands, il rapporte : « Spécialement » le monastère de saint Front, basti par Chronopius, avoir esté » tellement bruslé et saccagé avec le restant du bourg, *hormis* » *l'église, conservée miraculeusement*, comme nous avons dit, que » mesme LE CORPS DE L'APOSTRE DE PÉRIGORD demeura longtemps in- » connu, à cause que ces Normands sacrilèges en vouloient spécia- » lement aux corps saints des chrétiens. » D'où il suit que le corps de saint Front ne reposait pas dans l'église, miraculeusement sauvée de la destruction, puisqu'il demeura longtemps *inconnu*, bien que cette basilique fût restée intacte. Il est vrai que nous n'en voyons pas moins, dans le cours du récit de notre auteur, l'évêque Sébalde colligeant les détails historiques de la vie du saint, en un volume, où, selon le père Dupuy lui-même, se trouvent *plusieurs pièces estrangères et trop disproportionnées*, sans que ce prélat se préoccupe autrement du moyen employé ou à employer pour retrouver ce corps et le rendre à son tombeau par ses propres soins, s'il n'avait pas encore été *reconnu* et réinstallé dans ce tombeau avant lui, voire même pour rétablir ce tombeau s'il avait été détruit. Au temps de Sébalde, pourtant, les miracles opérés, toujours selon le père Dupuy, furent assez nombreux pour qu'il dût paraitre nécessaire de dire comment la perturbation, causée par les Normands, avait été réparée.

---

(1) Voir mon article à ce sujet dans l'*Echo de Vésone* du mercredi 29 décembre 1869.

Cet état des choses ne se modifia point dans la suite, et pourtant personne ne s'avisa de réclamer même après l'incendie. Il y a plus, au temps de l'épiscopat de Guillaume de Montberon (1077), on était tellement sûr de l'emplacement occupé par le tombeau de notre saint, qu'un moine de la Chaise-Dieu, du nom de Guinamonde, habile sculpteur, fut chargé de décorer ce tombeau de riches ornements aux frais d'Itier, chanoine et cellerier du Puy-Saint-Front (1). Il est vrai qu'on ne dit pas où était placé ce tombeau : mais ces embellissements dispendieux donnent nécessairement à croire qu'à cette époque il n'existait pas de doute sur l'authenticité du monument. Le soin que prit Pierre Mimet, plus de cinquante ans après l'incendie (entre 1170 et 1178) de retirer des décombres de l'ancienne basilique les restes de ses prédécesseurs, donne cependant à penser, que, de son temps, on ne savait rien de certain sur le tombeau de saint Front. En effet, des deux auteurs qui nous apprennent qu'il les fit transporter, avec grande solennité, de l'ancien chapitre dans la chapelle de saint Barthélemy, où il consacra un autel à sainte Catherine, devant lequel il les plaça en rond chacun dans un cercueil différent, pas un ne prononce le nom de saint Front ni ne parle de ses reliques. Les choses se passèrent différemment quatre-vingts ans plus tard, sous l'épiscopat de Pierre de Saint-Astier (1261), car, selon l'expression du père Dupuy, alors s'élevèrent : « Des doutes et conjectures touchant le lieu où repo-
» sait le corps du glorieux apostre saint Front, plusieurs assurant
» qu'il s'estoit perdu dans la furie des Normands et siècles passés ;
» d'autre part, ceux de l'abbaye de Saint-Pons, en Provence, assu-
» rant, comme ils disent encore, que ce corps saint estoit chez
» eux (2). »

Le prélat, suivi d'un grand nombre de frères mineurs, de frères prêcheurs, de chanoines et de *deux bourgeois*, et en présence d'une foule considérable de chanoines, de prêtres, de clercs, des consuls de la ville et d'une multitude de bourgeois, *placés à une certaine*

---

(1) *Frag. des Évêques de Périgueux* ; LARUE, nov. bibliot. mss., t. II, p. 758. — A cette occasion, le père Dupuy place le tombeau au milieu du chœur (t. II, p. 19), ce qui constitue une troisième variante.

(2) Il n'y avait pas que l'abbaye de Saint-Pons qui prétendît avoir le corps de Saint Front. On le soutenait aussi dans l'Auxerrois, où on disait posséder tous les restes du saint, moins le chef, qui était, ajoutait-on, à Périgueux.

distance ; après avoir ouvert avec beaucoup de peine le tombeau en pierre dans lequel la renommée et *autres conjectures* lui faisaient fermement croire que reposait le corps saint, il descendit dans le tombeau (1), où il vit une grande caisse en bois, forte et bien ferrée, dans laquelle était enfermée une autre grande caisse en plomb, où il trouva les os de tout le corps bien conservés et *des morceaux importants de la tête en très bon état*. Il montra le tout aux assistants, et le replaça ensuite dans une caisse en bois neuf doublée de soie, en attendant qu'on donnât à ces reliques une châsse digne d'elles. Cette cérémonie terminée, la fête commença, et après la messe eut lieu une allocution au peuple qui se termina par l'exposition d'une première lame de plomb sur laquelle on lisait : *Hic jacet corpus beati Frontonis, Jesu-Christi discipuli, et beati Petri in baptismate filii.* (Ici repose le corps du bienheureux saint Front, disciple de Jésus-Christ, et fils chéri du bienheureux saint Pierre dans le baptême.) Vint ensuite une seconde lame en cuivre qui portait : *Hic jacet corpus beatissimi Frontonis, Jesu-Christi discipuli, et beati Petri apostoli in baptismate filii ; ex Licaonia regione orti, de tribu Juda, ex Simeone et Frontonia. Obiit octavo kalendas novembris, anno quadragesimo secundo post passionem Domini Jesu-Christi.* (Ici repose le corps du très heureux saint Front, disciple de Jésus-Christ, et fils, par le baptême, du bienheureux Pierre, apôtre. Originaire du pays de Licaonie, de la tribu de Juda, de Siméon et de Frontonia. Il mourut le huit des kalendes de novembre, l'an quarante-deux après la passion du Seigneur Jésus.) (2).

Je dois d'abord faire remarquer que non-seulement il s'agit ici du tombeau de saint Front, mais encore de ses reliques et de l'histoire de ses reliques. Pour ce qui est du tombeau, voici ce qu'il y a à dire. Les données historiques, m'ont conduit à constater qu'il avait été placé, dès le principe, dans l'ancienne cellule de notre saint, sur l'emplacement de laquelle fut construite la chapelle latérale située au sud de la première basilique. S'il n'y avait donc qu'à constater ce fait, l'archéologie se trouvant d'accord

---

(1) Dupuy, t, п, p. 89.

(2) Voilà le point de départ des additions du texte d'Adon ayant pour but de fixer le lieu et la date de la naissance de saint Front, les noms de son père et de sa mère, etc., etc. On remarquera qu'on a pris la date de sa mort pour celle de sa venue en Périgord.

avec l'histoire, il n'y aurait pas à hésiter, et la réponse ne serait pas ambiguë ; mais le déplacement dont parle Dupuy, la destruction de ce tombeau, attribuée aux Normands ; la négligence de Sébalde, le merveilleux travail de Guinamonde, sous la direction d'Itier ; le déplacement des tombeaux par Pierre Mimet et les détails fournis par le document, qui raconte ce que fit Pierre de Saint-Astier, sont de véritables embarras, d'où découlent des contradictions nombreuses que les lames de plomb et de cuivre compliquent encore. J'ai fait ressortir le peu de suite qui règne dans les idées de Dupuy. J'ai fait remarquer tout ce qu'avait d'étonnant le silence de Sébalde. Examinons les détails qui se rattachent aux embellissements dont fut chargé Guinamonde. Je me sens d'autant plus obligé de m'en occuper, qu'instinctivement j'ai toujours cru voir dans ce travail commandé et payé par un chanoine, et non par l'évêque, quelque chose d'irrégulier et d'insolite. En quoi consistaient les ornements de ce tombeau, que Dupuy place dans le chœur de la basilique, mais de l'emplacement duquel le fragment des évêques de Périgueux ne parle pas ? Se borna-t-il à décorer le vieux monument ? Comment le décora-t-il ? Fit-il une restauration avec sculptures ? ou construisit-il un nouveau tombeau ? C'est ce qu'on ne dit pas, et ce qu'il est impossible de constater, puisqu'il ne reste trace d'aucun travail extérieur ; mais là n'est pas la question, et ce qu'il importe de savoir, c'est s'il n'y aurait pas certaine corrélation entre l'œuvre de Guinamonde, et le tombeau ouvert en 1261 par Pierre de Saint-Astier ; car alors ce qui paraît inexplicable deviendrait très facile à comprendre. Que trouva Pierre de Saint-Astier dans le tombeau ? Il y trouva : 1° une caisse en bois ; 2° une caisse en plomb ; 3° deux lames, l'une de plomb, l'autre de cuivre, portant les deux inscriptions que j'ai données plus haut. Avec la meilleure volonté du monde, on ne saurait faire remonter la caisse en bois ni à la mort de saint Front (les caisses en bois n'étaient, d'ailleurs, pas en usage à cette époque, ni au temps de Chronope ou de ses deux successeurs immédiats, parce qu'il en était encore, pour le bois, comme au temps de saint Front ; ni à l'époque Sébalde, par la raison qu'indépendamment de ce qu'il n'est pas bien certain que le bois fût alors employé à la construction des bières, les moyens dont on disposait ne permettent pas d'admettre qu'une caisse construite au temps de cet évêque se fût conservée jusqu'en 1261. Il n'en est pas de même d'une caisse construite en 1077. Elle pouvait fort bien exister encore en 1261, c'est-à-dire 184 ans après sa confection. Ce premier rapprochement se corrobore de la présence d'une lame de plomb et d'une lame de cuivre dans cette caisse, attendu que nous avons la certitude qu'au temps de Guinamonde les lames de plomb et de cuivre jouaient un grand rôle dans les tombeaux.

En effet, sans sortir de l'Aquitaine, nous trouvons que, dans le cours du onzième siècle, Aldouin, fils de Guillaume II, comte d'Angoulême, fit mettre dans le tombeau de son père une lame de plomb, avec cette inscription : *Hic jacet amabilis Guillelmus, comes Engolismensis, qui, ipso anno quo venit de Jerusalem, obiit in pace, VI idus aprilis, vigilia Osanne MXXVIII ab incarnatione domini.* (Ici repose l'aimable Guillaume, comte d'Angoulême, qui, l'année même qu'il revint de Jérusalem, mourut en paix le 6 des ides d'avril, la veille d'Osanna (l'an 1028 de l'incarnation du Seigneur) ; nous trouvons qu'au Puy-Saint-Front même et dans l'abbaye, les tombeaux de cette époque renfermaient des croix en plomb, portant d'un côté une inscription qu'on peut lire dans l'ouvrage du père Dupuy (tome II, page 16). Il est pareillement constant qu'à cette même époque le cuivre était en vogue pour une foule d'usages et qu'on recherchait surtout les lames de cuivre d'Espagne. Après ce double rapprochement, si l'on veut bien se rappeler que le concile tenu à Limoges, en 1031, avait solennellement mis en question l'apostolat de saint Front, et avait déclaré le saint originaire du Périgord, circonstance qui dut mettre en émoi tout le clergé périgourdin, et fit très probablement dès-lors naître les doutes dont l'explosion, selon le père Dupuy, ne serait remontée qu'à Pierre de Saint-Astier, ce qui paraît plus que douteux ; comment se défendre de la pensée que les magnifiques ornements de Guinamonde furent autre chose qu'un moyen fort adroitement ménagé pour donner le change aux esprits peu disposés à croire les gens sur parole ?

Au sujet des reliques, la question est encore plus scabreuse, car elle est entourée d'une foule de difficultés. Lorsque les effets de l'action de l'air sur les ossements provenant de caveaux sont connus comme ils le sont aujourd'hui, comment admettre la probabilité de la conservation des reliques de notre saint à l'état où les trouva, dit-on, Pierre de Saint-Astier ? Elles avaient été retirées de leur premier tombeau par Chronope ou tout autre. Elles avaient été déplacées par les Normands. Guinamonde et Itier durent les exposer encore au grand jour, et c'est après ces trois dérangements au moins, que Pierre de Saint-Astier les retrouve en bon état de conservation, moins quelques fragments de la tête ! Certainement, de tous les miracles opérés par ces reliques, le plus grand, c'est ce bon état de conservation. Mais ce n'est pas tout : nous avons vu les incertitudes du père Dupuy, et nous savons qu'on prétendait que les Normands avaient dispersé ces reliques ; comment justifie-t-on que cette dispersion n'eut pas lieu ? On se borne à dire que *la renommée et autres conjectures donnent fermement à croire, etc., etc.*

Chronope vivait encore en 533 : il assistait au concile d'Orléans tenu cette année, et non pas en 536, comme le prétend le père Dupuy ; mais il est à croire qu'il ne survécut pas longtemps, et qu'il n'était plus de ce monde en 540.

S'il faut s'en rapporter aux actes de la vie de saint Eparque, vulgairement appelé saint Cybar, le successeur très probable de Chronope s'appelait Sabaude. Eparque, lorsqu'il voulut se retirer à Angoulême, lui envoya, avec la permission d'Abthonius II, évêque de cette ville, un archiprêtre du nom de Fronton ou Front (1), et un archidiacre pour lui en demander la permission. Il n'est pas possible d'ailleurs de dire d'une manière certaine ni à quelle époque il monta sur le siège épiscopal, ni en quelle année il mourut ; cependant, en rapprochant les faits qui se rattachent à la vie de saint Eparque, il y a tout lieu de croire qu'il était évêque dès 540. En effet, selon Grégoire de Tours (2), saint Cybar (Eparque) vécut 40 ans en reclus à Angoulême. Avant de s'y retirer, il avait passé 15 ans dans une forêt appelée de Sedaciac (3), et avait 15 ans quand il s'y établit. En réunissant toutes ces données, et en y ajoutant cinq ou six ans qu'il dût rester à Périgueux avant de se rendre à Angoulême, nous trouvons que Cybar avait 76 ans ou environ lorsqu'il mourut, et 36 en 541 ; or, comme c'est à peu près à cet âge de 36 ans qu'il fit sa démarche auprès de son évêque, il en résulte que Sabaude était

---

(1) Nous retrouverons ce nom de Fronton ou de Front à Périgueux dans le même siècle.

(2) L. VI, c. 8.

(3) *Annales Bénéd.*, t. I, l. 7, c. 9.

évêque au moins en 541 ; et, comme on ne le voit pas figurer au concile d'Orléans, tenu en 549, où se trouvaient 50 évêques et 21 députés, on pourrait croire qu'il était mort à cette époque.

De tout ce qui précède, il résulte qu'Eparque ou Cybar vint au monde vers 505 ou 506, qu'il quitta pour la première fois sa famille vers 520, et que 15 ans plus tard, y étant revenu, il s'en éloigna de nouveau cinq ou six ans après pour se retirer définitivement à Angoulême. Selon les *Annales Bénédictines* déjà citées, il était fils du comte Félix, surnommé Aureol, fils lui-même de Félicissime, comte de Périgord ; sa mère s'appelait Principia. On prétend que cette famille comtale avait ses domaines à Trémolac, canton de St-Alvère, où Eparque naquit et fut élevé jusqu'à ce que son grand-père en fît son secrétaire. On ajoute qu'après avoir passé ses quinze années de retraite dans la forêt de Sedaciac, et pendant les quelques années qu'il revint séjourner à Périgueux, il y construisit un couvent dont il fut l'abbé, ce qui concorde avec le calcul que j'ai fait plus haut. On dit, en effet, que l'établissement de ce couvent eut lieu à cette époque ; mais nous savons de la manière la plus certaine qu'il le quitta bientôt pour aller s'établir et mourir à Angoulême dans une cellule.

Chartier succéda à Sabaude. En supposant que Sabaude fût mort en 549, il s'ensuivrait que Chartier devait être évêque à cette époque, et comme il vivait encore en 585, mais qu'il ne survécut pas longtemps, il m'est permis dès lors d'assurer qu'il administra son évêché pendant 36 ou 37 ans.

L'histoire garde complètement le silence sur lui jusque vers 580 ou 582 ; je crois que ces premières années furent bien plus occupées qu'on ne serait généralement porté à le penser.

Les données historiques que nous possédons, sans être des plus positives, sont assez explicites cependant pour qu'il soit permis d'assurer que l'Aquitaine, ou du moins la partie de l'Aquitaine où est situé le Périgord, dépendait du domaine de Gontran, dès son avènement au trône, c'est-à-dire dès 561. Selon Grégoire de Tours, Gontran était un bon roi, pieux et populaire. Nous savons d'ailleurs que les évêques de ces temps reculés ayant toujours en face d'eux, le polythéisme, encore en partie debout et l'arianisme, encore menaçant, s'empressaient de construire des églises. Très probablement, Chartier construisit, une grande partie de la basilique attribuée à Chronope.

Gontran était aimé de ses sujets. Il passe de plus pour avoir été très pieux. Nous verrons tout à l'heure Chartier compromis, pour avoir étourdiment tenu certain propos dans lequel il manifestait une antipathie pour Chilpéric et un vif attachement pour Gontran. Sous ce règne, l'orthodoxie dut progresser et s'affermir. Le mouvement religieux, que nous allons voir se produire dans la seconde moitié du siècle et surtout durant l'épiscopat de Chartier, ne permet pas de doute à cet égard. Tout s'accorde donc à me donner raison, d'autant que, comme je l'ai déjà fait remarquer, il n'y a pas de motif sérieux de placer la construction de cette basilique 50 ans plus tôt ou 50 ans plus tard, dès l'instant qu'il est constaté, par le silence de l'épitaphe de Chronope, qu'il ne pouvait pas s'en être occupé. On remarquera d'ailleurs que la différence entre l'appareil qui a servi à la construction des vieilles chapelles et l'appareil employé pour la basilique, comporte parfaitement cette différence de temps.

C'est au milieu de ces graves occupations de notre prélat que les discordes des rois francs Chilpéric, Sigebert et Gontran éclatèrent et mirent en feu l'Aquitaine. Chilpéric, s'étant rendu violemment maitre de cette vaste province, y commit toutes sortes de violences. Les couvents furent pillés. On enleva les vases sacrés des églises (1), et, s'il fallait en croire les *Grandes Chroniques de Saint-Denis*, l'hérésie aurait trouvé le moyen d'exercer une grande influence dans tous ces troubles (2). Quoi qu'il en soit, et sans qu'il y ait moyen de bien se rendre compte de ce qui se passa durant la période de 574 à 580, il arriva un moment où notre évêque se trouva gravement embarrassé. C'était vers 580 ou 582. Nonnich, comte de Limoges, surprit deux émissaires de Chartier portant des lettres de ce prélat, dans lesquelles, après avoir dit beaucoup de mal de Chilpéric, il ajoutait *qu'il avait été rejeté du paradis pour tomber en enfer*, voulant faire comprendre par là combien il était désolé d'avoir passé de la domination de Gontran sous celle de Chilpéric. Conduit

---

(1) Grégoire de Tours ; *His fr.*, l. 4, c. 48 ; l. 6, c. 12. — *Grandes Chron. de Saint-Denis*, édit. de P. Paris, t. 1, p. 208.

(2) *Grandes Chroniques de Saint-Denis*, éd. de P. Paris, t. 1, p. 196 et suivantes.

devant ce dernier, il fut mis en présence des porteurs de ses lettres, et on lui demanda si ces lettres étaient de lui. Il nia. On demanda aux porteurs de qui ils les tenaient ; ils nommèrent un diacre du nom de Fronton ou Front. L'évêque répondit que le diacre était son ennemi déclaré, et qu'il n'était pas douteux que ces lettres ne fussent l'œuvre de la méchanceté de cet homme. Interrogé par le roi, Fronton chargea Chartier en disant : *J'ai dicté ces lettres par ordre de l'évêque.* Celui-ci se récria et rejeta tout sur Fronton. Dans cette perplexité, le roi, ému, se recommanda à Dieu et les renvoya tous deux, priant l'évêque, ajoute Grégoire de Tours, de pardonner à son diacre (1). La suite du récit et la mort de Nonnich, qui ne se fit pas attendre, donneraient à croire que le diacre et l'évêque étaient plus d'accord que ne le ferait supposer le récit de Grégoire de Tours.

Chartier assista au concile de Mâcon tenu en 585, et signa au-dessous d'Antedius, évêque d'Agen (2).

Vers cette époque, l'aventurier Gondobalde, qui se disait fils Clotaire 1er, après avoir eu deux fois les cheveux coupés, fut couronné roi par Didier et Mommole (en 584). Il se trouvait à Poitiers, lorsque Gontran marcha contre lui. A cette nouvelle, Gondobalde se retira sur Angoulême, où il fut accueilli par l'évêque et les habitants. De là, il se rendit à Périgueux, « e pour ce que li
» évesques ne le reçut pas en grace ne en faveur, si comme il li
» sembla, il l'afola (le maltraita) assez vileinement, et li fit assez de
» persecucions (3). »

Comme on le voit, l'évêque de Périgueux n'est pas nommé ; mais il suffit du rapprochement des dates pour se convaincre qu'il ne peut s'agir que de Chartier. A partir de ce moment, du reste, il n'est plus question de lui, et nous verrons bientôt son successeur s'occuper d'une des plus graves affaires de ce temps-là.

C'est sous l'épiscopat de Chartier que le mouvement religieux orthodoxe semble avoir pris son allure la plus vive ; nous voyons apparaître un certain nombre de personnages pieux dont le zèle et la foi fervente se multiplient pour ainsi dire, dans le but évident de débarrasser le pays des restes de l'idolâtrie, l'arianisme. J'ai parlé

---

(1) Grégoire de Tours, ouvrage déjà cité, l. 6, c. 22.
(2) Labbe, *Rec. des Conciles*, t. v, col. 967 et 968.
(3) *Grandes Chroniques de Saint-Denys* ; éd. de P. Pâris, t. 1, p. 240.

de Cybar et de sa retraite à Angoulême et du couvent qu'on croit avoir été construit par lui. On lui attribue aussi la fondation de celui de Trémolac, qui, bien longtemps avant la révolution, n'était plus qu'un simple prieuré ; mais une tradition plus naturelle et plus probable l'attribue à quelque membre de sa famille venu après lui.

Pendant sa longue carrière, il forma beaucoup de disciples, parmi lesquels, selon une tradition qui paraît assez fondée, il faut mettre au premier rang saint Astier, dont la réputation fut longtemps des plus grandes, qui conserve encore de son prestige passé et qui eut lui-même pour élève saint Aquilain. Saint Astier, dit la légende, alla d'abord rejoindre saint Cybar, dans le désert de Sédaciac, puis se retira sur un coteau faisant actuellement partie de la commune de Saint-Astier, où ses miracles attirèrent les populations des environs. C'est non loin de là que fut construite l'église autour de laquelle se forma petit à petit un couvent et la ville. Sur ce coteau existe encore une chapelle sous l'invocation du saint. Et non loin de là on aperçoit les restes d'une vieille église. De toute la légende de saint Astier, ce qui paraît le plus vrai à la fois et le plus vraisemblable, c'est qu'il fut disciple de saint Éparque, qu'il eut lui-même des disciples et qu'il s'appliqua à faire le bien et à être utile à ses semblables.

On place à peu près à la même époque la fondation, par saint Maur, du couvent d'Aubeterre, qui jadis faisait partie du diocèse de Périgueux, et qui dépend aujourd'hui du département de la Charente.

Le couvent de Genouillac, qui n'appartint jamais au Périgord, était déjà célèbre au temps de Chartier. L'abbé d'alors s'appelait Canalis. Parmi les moines qu'il avait sous ses ordres, trois originaires d'Auvergne, de Limousin, se rendirent spécialement recommandables dans notre Périgord. L'un s'appelait Sour, l'autre Armand, le troisième Cyprien. Ces trois personnages quittèrent ensemble le couvent et pénétrèrent en Périgord. S'étant séparés, Sour gagna les bords de la Vézère, s'y installa dans une caverne qui a conservé son nom, se rendit célèbre par ses miracles, fonda un couvent à côté de son ermitage, et attira près de sa retraite un certain nombre de familles qui constituèrent l'agglomération de maisons appelée aujourd'hui Terrasson. Amand gagna le bord d'un ruisseau appelé le Coly, où il jeta les premiers fondements d'une abbaye, connue plus tard sous le nom de Saint-Amand-de-Coly, près de Montignac. Cyprien alla plus en avant dans le midi, et ayant découvert une gorge riante en face de la Dordogne, à deux kilomètres de ce fleuve, s'y établit, et y vécut en ermite. Sa retraite a donné naissance à Saint-Cyprien. La légende dit que saint Sour était le plus renommé des trois, qu'après lui venait d'abord saint Amand puis saint Cyprien. Elle leur attribue tant de faits merveilleux qu'il faudrait plus d'un volume pour les raconter en détail ; ils se rendirent utiles à tous ceux qui les connurent, les instruisirent, les formèrent au travail et aux habitudes d'une vie honnête ; ce qui leur valut l'amour et l'affection dont ils furent toujours entourés.

Il n'est plus question de Primuliac, qui sans doute ne prospéra pas après la mort de Sulpice-Sévère. On ne parle pas non plus du couvent du Puy-Saint-Front ; mais ce que j'ai dit plus haut des travaux présumables de Chartier prouverait que cet établissement était toujours prospère. Nous verrons, d'ailleurs, que, durant tout le moyen-âge, il ne perdit jamais son importance.

Les légendaires, les chroniqueurs et les historiens les plus sérieux du temps parlent tous de conversions à cette époque, comme on le faisait au quatrième et au cinquième siècle. C'est qu'en effet, alors encore, le polythéisme conservait partout de profondes racines, qu'on avait la plus grande peine à extirper ; et des familles puissantes ne s'étaient pas converties.

Childebert, roi de Paris, par une constitution en 554, qui ne nous est parvenue qu'en partie, enjoint aux idolâtres de célébrer convenablement les jours de fête. Cette constitution fut envoyée par tout le royaume, afin que *le peuple ne pût prétexter de son ignorance* (1) ; ce qui prouve que les idolâtres étaient encore nombreux.

Les fêtes appelées *feralia*, par le polythéisme, consistaient à faire des festins sur les tombeaux, pour concilier aux morts les dieux infernaux. A l'époque dont nous nous occupons, les chrétiens s'unissent aux païens pour célébrer ces fêtes. Le concile de Lyon de 566 (22° canon), s'efforça de réprimer ce mélange de christianisme et de paganisme, mais inutilement. Vers 601, Grégoire 1ᵉʳ dit *le Grand*, s'appropria cette coutume et lui donna une physionomie toute chrétienne. Voici par quel procédé : « Vos nouveaux chré-

(1) *Cap. des R. de France*, édition de Baluze t. 1, p. 1.

» tiens, écrivait-il aux missionnaires d'Angleterre, étant accoutumés
» à tuer beaucoup de bœufs, en sacrifiant aux démons, il faut leur
» établir quelque solennité, et dans les *feuillées* (feralia) que, selon
» l'usage, ils continueront de faire autour de leurs temples payens
» changés en églises, ils célébreront la fête par des repas modestes ;
» au lieu d'immoler des animaux aux démons, ils les tueront pour
» les manger, et rendront grâce à Dieu, qui les rassasie de ces vian-
» des (1). »

En 585, le dimanche était mal observé, malgré le concile de Mâcon. Un précepte du roi Gontran adressé aux évêques et aux juges de son royaume enjoignit aux peuples de son obéissance de l'observer mieux que par le passé (2).

Clovis, en chassant les Goths d'Aquitaine, avait porté une atteinte irréparable à l'influence arienne. Mais l'arianisme ne disparut pas tout à coup de cette contrée avec les peuples d'Alaric. Il subsista longtemps après leur expulsion, quoique Clovis poussât le zèle jusqu'à renverser ses églises, pour les reconstruire et détruire ainsi jusqu'au souvenir de son culte (3). Nous voyons Justinien écrire aux Francs, vers 534, pour les engager à l'aider à combattre les Goths, et les inciter surtout à s'allier à lui, parce qu'ils sont ariens. Dans plus d'une circonstance Grégoire de Tours en parle et laisse entrevoir qu'il y en avait encore un peu partout.

A propos de la lettre de Sidoine Apollinaire, où il rapporte son allocution au peuple de Bourges, j'ai fait entrevoir comment les évêques finirent par devenir les défenseurs nés de la cité. Selon la loi romaine, les évêques devaient veiller à ce que les chrétiens commerçants ne vendissent pas trop cher leurs marchandises ; ils devaient s'occuper des subsistances et protéger les populations de leurs diocèses de tout leur pouvoir. Quant à leur costume, il ne différait de celui des autres chrétiens que par une lame d'or qu'ils portaient sur la tête, à l'imitation des grands pontifes de la loi juive. On paraît même croire que Saint Paul les confondait avec les prêtres (4).

---

(1) Extrait d'une dissertation manuscrite de feu M. l'abbé Guillon de Monléon, premier conservateur de la bibliothèque Mazarine à Paris, p. 27.

(2) *Cap. des R. de France*, éd. de Baluze, t. 1, col 9 et 10.

(3) Labbe, Nov. bibliot. mss. *(Chron. d'Adhémard de Chabannais*, t. 11, p. 158.

(4) Tillemont. *Mém.*, etc., t. 1, p. 412.

Saffaire fut le successeur de Chartier. Nous n'avons rien de positif sur la date de son avènement. Il est question de lui pour la première fois en 580. Il assistait au Concile provincial de Poitiers, convoqué par l'archevêque de Bordeaux, pour juger Chrodielde, fille du roi Caribert, et Basine, fille du roi Chilpéric, religieuses de l'Abbaye de Sainte-Croix, qui s'étaient révoltées contre leur abbesse, avaient attiré dans leur parti quarante religieuses, s'étaient formé une troupe de satellites, recrutée parmi ce qu'il y avait de plus vil et de plus coupable dans la population de Poitiers, et répandaient partout le désordre et la terreur. Leur pouvoir était si grand et leur violence si déréglée, qu'au moment où elles apprirent que les prélats réunis venaient de les excommunier, leur colère et leur insolence ne connurent plus de bornes et qu'elles lancèrent contre eux des satellites qui les maltraitèrent, les expulsèrent de l'église de Saint-Hilaire où ils étaient réunis, et les obligèrent à quitter subitement Poitiers (1). A part ces détails nous ne connaissons rien de particulier sur l'épiscopat de Saffaire.

M. Audierne croit qu'il ne mourut pas à Vésonne, mais au Fleix, canton de Laforce, où M. Jouannet, dit-il, retrouva son tombeau (2). Cette circonstance donnerait à penser qu'au moment de sa mort, la capitale du Périgord était agitée par des troubles assez graves pour avoir contraint le prélat à s'en éloigner.

Au temps de Saffaire, vivait saint Aquilain, que la légende dit être devenu célèbre par ses miracles et ses vertus. Il n'y a rien de bien précis sur le compte de ce disciple de saint Astier, qui vécut en solitaire, et donna son nom au lieu de sa retraite, près de Neuvic.

J'ai parlé des troubles de Poitiers. Grégoire de Tours (3) rapporte que lorsque Chrodielde eut fait violemment arracher son abbesse du couvent de Sainte-Croix, l'évêque lui fit de sévères remontrances. Je remarque cette phrase au milieu de son discours : « Aucun catéchumène ne recevra le baptême dans cette ville, tant que tu n'auras

---

(1) Voir Grégoire de Tours, l. ix, c. 41, pour les détails de cette révolte. On peut aussi consulter le l. x, c. 16, où se trouve le jugement rendu contre ces religieuses.

(2) *Annuaire du département de la Dordogne*, 1835. La pierre tumulaire se trouve aujourd'hui faire partie du musée Mourcin.

(3) *Hist. fr.*, l. 10, c. 16.

pas fait délivrer l'abbesse des chaines qui la retiennent. » Il y avai donc encore des idolâtres dans la Gaule à la fin du vi° siècle.

Par un concours de circonstances que je ne puis expliquer, la chaîne des temps religieux se trouve interrompue après Saffaire. M. l'abbé Audierne, dans l'*Annuaire* de 1835, a cherché à combler en partie la lacune qui subsistait entre ce prélat et Bertrand I*er*, siégeant vers 767; mais indépendamment de ce que les trois évêques qu'il place dans cet espace de cent soixante-sept ans, en supposant que Saffaire ne mourut qu'en 600, et qu'il appelle Marc, Ermenomaris et Arculfe, ne peuvent pas remplir un si long espace de temps, il y a toujours quelque embarras à les accepter sur des données aussi vagues que celles sur lesquelles il s'appuie. Marc, dit-il, est nommé dans une bulle du pape Jean IV accordée vers 640 à l'abbaye de Sainte-Croix, à la prière de saint Faron de Meaux. Remarquez que Jean IV ne fut pape qu'en décembre 640. Ermenomaris souscrivit le concile de Bordeaux de 670, selon la chronologie des conciles; de 673, selon les auteurs de l'*Histoire de Languedoc*; mais le manuscrit où se trouve ce concile laisse à désirer sous le rapport de l'authenticité; Arculfe, qui aurait vécu de 680 à 702, serait auteur d'un itinéraire, selon le chanoine Leydet; mais les dates n'ont rien de positif, et il n'est pas certain que l'auteur de l'itinéraire fut évêque de Périgueux.

A la fin de la première race la série des évêques de Périgord, si elle n'était pas interrompue, s'y trainait dans une obscurité dont on ne comprend pas la cause. Cependant le christianisme avait toujours des conquêtes à y faire, puisque l'idolâtrie subsistait encore dans la Gaule sous Charlemagne et même plus tard, et qu'il n'est pas possible que le Périgord fit exception aux autres provinces. Que faut-il donc penser du silence que l'histoire garde sur nos évêques ? J'examinerai plus tard s'il n'y a pas moyen d'expliquer le motif de ce silence (1).

---

(1) Voyez : au chapitre iii° du livre 1er, l'appendice.

LIVRE II

CHAPITRE PREMIER

De l'avènement de la deuxième race à l'an 1,000.

Les historiens modernes s'accordent à reconnaître que Dagobert ayant donné le duché d'Aquitaine à son frère Caribert (630), ce prince et sa descendance se maintinrent paisiblement en possession jusqu'au premier quart du viii° siècle. Ce n'est pas ici le lieu de discuter la charte d'Alaon, qui a trait à cette donation et aux enfants du frère de Dagobert; mais ce qu'il y a de certain c'est que, pendant l'agonie des derniers rois de la première race, si justement qualifiés du nom de *rois fainéants*, les successeurs de Caribert on prétendus tels, avaient grandi, et qu'au moment où Chilpéric II, en lutte avec Charles-Martel, eut besoin de lui opposer une forte résistance, Eudes, le plus célèbre de ses représentants, se trouvait avoir sous son autorité toute l'Aquitaine, et qu'il n'hésita pas à défendre la cause de Chilpéric. Le Périgord faisant partie de l'Aquitaine, il est tout naturel d'affirmer qu'il fournit son contingent à l'armée d'Eudes. C'est en 718 ou 719 que cette guerre s'engagea. Eudes et Chilpéric ne furent pas heureux ; mais tel était le dévouement du duc envers le roi que, malgré sa défaite et au milieu d'une retraite précipitée, il n'abandonna pas Chilpéric, se retira avec lui au delà de la Loire, sans que les plus grands périls le décourageassent. Ce ne fut que plus tard qu'il consentit à négocier avec Charles, qui reçut de ses mains Chilpéric pour le proclamer roi. Je n'ai pas à raconter ici les rivalités de Charles-Martel et d'Eudes. La part qu'y prit le Périgord n'est pas connue. Nous savons seulement que les Sarrasins ayant pénétré dans le midi de la France durant leurs querelles, firent une terrible diversion et malgré les vicissitudes diverses de l'invasion (721-732) finirent par s'emparer de Bordeaux et de là se répandirent dans toute la deuxième Aquitaine, portèrent le pillage et la dévastation en Saintonge, en Périgord, en Limousin, en Poitou et pénétrèrent en conquérants jusque dans les plaines de Tours, où Charles-Martel et Eudes les mirent en pleine déroute (732). Eudes mourut en 735, après avoir eu encore des démêlés avec Charles-Martel, qui pour la troisième fois, venait de ravager l'Aquitaine.

Eudes eut pour successeur ses deux enfants Hunold et Hatton ; mais Hunold seul joua un rôle important, parce que seul il lutta avec Pépin et Carloman et plus tard avec Charlemagne.

Charles-Martel mourut en 741 et eut pour successeur dans ses emplois et dans son influence, ses fils, Pépin surnommé le *Bref*, parce qu'il était de petite taille, et Carloman, qui, peu de temps après, embrassa la vie religieuse. L'année suivante, Hunold et Pépin se brouillèrent, et la guerre qui en résulta, conduite par Pépin et Carloman, eut pour conséquence la soumission apparente d'Hunold, en 745, qui leur prêta serment, attira auprès de lui son frère Hatton, dont la conduite l'avait indigné (1), lui creva lui-même les yeux, et se démit du duché d'Aquitaine en faveur de son fils Waifre et se retira dans le couvent de l'Ile-de-Ré, fondé par son père.

Au moment où il succéda à son père en Aquitaine, Waifre devait être âgé de 20 à 24 ans. Grand, vigoureux, intrépide et héritier de toute la haine de sa famille pour les Francs, il prit les rênes du pouvoir avec la ferme résolution d'employer toute son énergie à combattre ces hommes du nord dont les chefs, usurpateurs audacieux, avaient la prétention de commander à toute l'ancienne Gaule. Je n'ai pas à m'occuper de toutes les péripéties de la lutte de Waifre avec Pépin ; mais je crois devoir faire remarquer qu'après être demeuré quinze ans sans avoir l'air de troubler le duc d'Aquitaine dans ses droits et dans son indépendance, Pépin, en 760, formula ses griefs en trois articles, parmi lesquels celui qui réclamait la *restitution des priviléges et immunités des biens possédés en Aquitaine par les églises franques*, était le plus accentué. C'est aussi sur

---

(1) Quoique les historiens ne s'expliquent pas d'une manière bien nette, il paraît hors de doute que Hatton avait reconnu Charles-Martel et était resté fidèle à ses fils.

lui qu'il s'appuya le plus vivement pour justifier la guerre qu'il entreprit contre Waifre, dont la conséquence fut la conquête de l'Aquitaine et la destruction du pouvoir ducal. Quelques explications feront mieux saisir l'enchainement des évènements et la partialité avec laquelle les chroniqueurs francs ont parlé de cette longue et rude guerre, dont quelques-uns des plus sanglants épisodes s'accomplirent en Périgord.

Nous savons que les rois de la première race, pendant qu'ils avaient été maitres de l'Aquitaine, avaient fait des dons considérables aux églises du Nord, dans cette partie des Gaules dont les chroniqueurs francs de la deuxième race appelèrent les habitants *romains*, et qu'ils avaient affranchi ces terres de tout impôt et de toute charge publique, par des chartes connues sous le nom de *privilèges* et *immunités*. Pour soutenir la position qu'il s'était faite, Charles-Martel avait été obligé de se créer des ressources en s'emparant des domaines du clergé du Nord ; il en avait largement usé, au grand mécontentement des propriétaires dépossédés. Pépin et Carloman s'étaient vus forcés de marcher sur les traces de leur père ; mais ils l'avaient fait avec ménagement. Désireux cependant de voir, dans toute l'étendue de ses domaines, le sol soumis strictement au droit commun, Waifre, au lieu de s'emparer des domaines du clergé, s'était borné à révoquer les privilèges et immunités des églises du nord, pour leurs propriétés dans le midi, et avait voulu que toutes les terres d'Aquitaine fussent placées dans les mêmes conditions et contribuassent également aux charges publiques. Aux yeux du clergé franc c'était un crime d'autant plus odieux que ses revenus en étaient considérablement diminués. Pépin qui, en se rendant usurpateur, avait eu soin de mettre de son côté le clergé auquel il avait fait des dons, et surtout des promesses, ne manqua pas de tirer parti de cette circonstance favorable à ses desseins, et fit un grief à Waifre d'avoir voulu se montrer juste et impartial pour tous. Waifre repoussa les prétentions de Pépin, et la guerre commença. Evidemment Pépin devait être l'agresseur, et c'est ce qui eut lieu. Il y a même cela de particulier à considérer, qu'il procéda par surprise et qu'il entra en campagne sans que Waifre eût le temps de se mettre sur ses gardes, ou plutôt eût cru nécessaire de prendre des mesures de précaution.

Cette guerre dura neuf ans avec des chances diverses. Il ne paraît pas que dans les cinq premières années le Périgord ait été le théâtre d'aucun évènement remarquable. En 766, par suite d'un changement de tactique, Waifre, délaissant les extrémités de ses domaines, s'établit au centre, entre la Garonne et la Dordogne, rayonnant sur leurs confluents et fortifiant les villes les plus à portée des montagnes et des forêts, au milieu desquelles il s'était concentré avec ses troupes les plus aguerries. Dans cette campagne, tout en manœuvrant dans le Périgord, il désempara à dessein les fortifications de Périgueux et d'un certain nombre d'autres villes. De telle sorte que Pépin s'étant mis en campagne, put entrer pour ainsi dire sans coup férir dans Limoges, Périgueux, Angoulême, Saintes, Agen, etc., relever les murailles de ces villes et y établir des garnisons. A en juger cependant par la campagne de 667, on est porté à croire qu'après le départ de Pépin, qui ne manquait jamais d'aller passer l'hiver dans le nord, elles étaient presque toutes rentrées sous l'obéissance de Waifre. Nous voyons, en effet, dans l'hiver de 766-767, Ramistan, oncle de Waifre et frère naturel d'Hunold, qui d'abord avait suivi le parti de Pépin et s'était ensuite rallié à Waifre, faire des courses heureuses jusques à Bourges ; mais, dans le courant de la campagne de 667, Pépin reprit tous ses avantages, et à l'entrée de l'hiver, Ramistan ayant été pris et pendu, Waifre se trouva réduit à se cacher dans la forêt de la Double (1) en Périgord, ne sachant où reposer sa tête. La situation ne s'étant pas améliorée en 768, Pépin prit le chemin du Périgord, par Angoulême, fit fouiller le pays avec quatre corps de troupes différents, pendant qu'il tâchait de corrompre quelques-uns des familiers de la suite de Waifre qui se chargeraient de le délivrer de cet ennemi dont il voulait la perte à tout prix. Ce fut la corruption qui aboutit, et un certain Waratton accepta la mission d'assassiner son maître. Il le poignarda, dit-on, pendant son sommeil, dans le mois de juillet.

Cette mort, obtenue par un infâme procédé que les chroniqueurs francs ont vainement essayé d'ensevelir dans l'oubli, ne profita pas longtemps à Pépin, qui mourut moins de trois mois après laissant pour successeurs ses deux fils Charlemagne et Carloman.

En mourant Pépin emporta la conviction que l'Aquitaine était désormais soumise à l'autorité carlovingienne, et de fait il

---

(1) Frédégaire, rec. des hist. de fr., t. 5, p. 7.

avait raison. Cependant, affligé des maux si cruellement et si longuement appesantis sur son pays, et sans doute profondément indigné de la manière dont on avait mis fin aux jours de son fils, le vieil Hunold voulut encore tenter la fortune. Il sortit de son convent, fit appel à ses anciens amis, rassembla les restes des troupes de Waifre et recommença la lutte. L'entreprise était au-dessus de ses forces. A peine le partage de la succession de Pépin était-il réglé entre ses deux successeurs, que Charlemagne se porta sur Angoulême (769), et de là, rayonnant dans le pays, dispersa rapidement les forces réunies par Hunold, le traqua lui-même comme une bête fauve et le contraignit à se réfugier auprès de Loup, duc des Gascons Pyrénéens. Celui-ci, redoutant la colère de Charlemagne, lui livra le fugitif avec sa femme, et le futur empereur enferma sa victime dans le fort de Fronsac, qu'il venait de construire (1).

Durant cette campagne, qui suffit à rendre impossible toute tentative nouvelle de résistance, Charlemagne visita-t-il le Périgord? Quoique les chroniqueurs ne s'expliquent pas à cet égard, je ne saurais, pour mon compte, hésiter à répondre affirmativement. En effet, indépendamment de ce qu'il fonda très probablement, cette année, l'abbaye de Brantôme, il n'est pas permis de croire que, dans les marches et contremarches qu'il eut à exécuter pour réduire Hunold à l'impuissance et le chasser de l'Aquitaine, il ne fut plusieurs fois obligé de manœuvrer en Périgord, peut-être même d'y livrer divers combats. Ajoutez à cela que la construction du fort de Fronsac le démontre presque d'une manière positive (2).

Depuis 769 jusqu'en 778, ni l'Aquitaine, ni par conséquent le Périgord, ne furent visités par Charlemagne, et l'histoire ne parle en aucune façon des évènements qui purent s'y accomplir. En 778 il put et dut passer en Périgord pour se rendre à Casseneuil (3) où il célébra les fêtes de Pâques et d'où ensuite il se dirigea sur l'Espagne ; mais son séjour à Casseneuil n'ayant pas été de longue durée, il est à croire que tout préoccupé de son expédition contre les Arabes, il ne donna pas grande attention aux affaires d'Aquitaine, et

---

(1) Hunold relâché ou ayant trouvé moyen de s'échapper, alla périr misérablement en Italie.

(2) Annal. de St-Bertin, Duchêne, hist. fr. script., t. 3, p. 153.

(3) Palais impérial ; aujourd'hui commune du canton de Villeneuve-sur-Lot.

qu'en s'éloignant de son palais, il ne songea guère qu'à prendre toutes les précautions nécessaires pour que la reine Hildegarde, qu'il y laissa à cause de son état de grossesse avancée, y habitât en toute sécurité. A son retour, la situation n'était pas la même et son séjour à Casseneuil, occasionné par l'accouchement de la reine qui tout récemment avait mis au monde deux jumeaux, lui donnait le loisir de se rendre compte de l'état du pays. Et de fait tout porte à croire que ce fut alors qu'il posa les bases de la nouvelle organisation du royaume que nous allons voir créer, pour l'un des deux fils jumeaux ; mais rien n'indique que le Périgord ait attiré son attention d'une manière particulière.

De Casseneuil, il prit le chemin d'Aix-la-Chapelle, y passa un an, fit une campagne en Allemagne, se rendit ensuite à Rome et y fit sacrer roi d'Aquitaine Louis, appelé depuis le *Débonnaire*, le seul des deux enfants nés à Casseneuil qui avait survécu et qui avait alors à peine trois ans. Cette cérémonie accomplie, il rentra en Austrasie et envoya Louis prendre possession de son royaume (781). Parmi les changements opérés par Charlemagne nous devons placer le renouvellement des comtes qui, tels que les avait nommés Pépin, n'offraient pas toutes les garanties désirables pour une bonne administration et un dévouement à toute épreuve. Celui qu'il donna au Périgord s'appelait Wuidbode (1).

L'année 783 fut une année de sécheresse et de chaleur excessive au point qu'on en mourait, et il est à croire qu'en Périgord comme ailleurs il y eut des hommes asphyxiés. De grandes pluies et des inondations marquèrent l'année 784. Il y eut une épidémie en 786 et famine en 793. Nous ne savons d'ailleurs rien de spécial au Périgord, ni dans quelle mesure cette région, déjà éprouvée par des guerres sans cesse renouvelées, souffrit de ces fléaux multiples.

Les expéditions contre les Arabes d'Espagne, conduites par le roi d'Aquitaine, commencèrent en 803 et durèrent jusqu'en 812. On ne dit pas comment étaient composées les armées commandées par Louis ; mais il n'est pas douteux que les Périgourdins en faisaient partie, puisque nous savons qu'en 809 un corps de troupes était commandé par le comte Auréole, descendant de Félix Auréole,

---

(1) L'astronome (Vie de Louis le Débonnaire), rec. des hist. de fr. t. 6. p. 92.

jadis comte de Périgord et père de Saint-Eparque ou Saint-Cibard, et qu'on a vu que cette famille était originaire de Trémolat ou y était déjà fixée au III° siècle.

Vers 810, les Normands avaient commencé à faire parler d'eux ; en 813, c'est-à-dire six ou huit mois avant la mort de Charlemagne, qui succomba à une pleurésie en janvier 814, ils pénétrèrent dans la Frise et suscitèrent de très vives inquiétudes dans l'esprit de l'empereur pour l'avenir de son empire, au sujet duquel il avait déjà commencé à prendre des mesures de sûreté. Il prescrivit dès lors de donner toute l'extension possible à ces mesures, ce que l'on essaya de faire de prime-abord, avec un certain succès ; mais Louis le Débonnaire, son successeur, plus occupé de discipline ecclésiastique et de l'insoumission persistante des Gascons que des dangers lointains préparés par les courses des hommes du nord, se laissa bientôt surprendre par le désordre intérieur. Cette négligence contribua plus tard au succès des incursions de ces pirates, que leur impunité rendit de plus en plus audacieux.

De 814 à 820, les Gascons, les Danois et le clergé occupèrent tout le temps de Louis. La réforme du clergé fut surtout pour lui une affaire des plus importantes. Depuis longtemps, les ministres des autels s'étaient uniquement attachés à la vie mondaine et c'était pour ainsi dire un usage général de voir les évêques et les clercs en habit de guerre, baudriers et ceinturons dorés, et les éperons aux talons. Il leur imposa des habitudes plus conformes à leur condition et les fit peu à peu renoncer aux camps et à l'esprit batailleur, au grand déplaisir de beaucoup d'entre eux.

Il ne se passa rien de remarquable de 820 à 830 qui, de loin ou de près, pût intéresser le Périgord ; mais la révolte de Bernard, neveu de Louis le Débonnaire, et l'insubordination des fils de cet empereur, qui finirent par le contraindre à se retirer dans un couvent, avait rendu les troubles intérieurs encore plus grands.

Les Normands parurent, dit-on, dans la mer aquitanique vers 830, et firent même une descente par l'Ile-de-Ré.

On place vers cette époque la dédicace de l'église du Sauveur, à Limoges, qui prit plus tard le nom de Saint-Martial et à laquelle présidait Louis le Débonnaire. Une partie du clergé du Périgord dût nécessairement prendre part à cette solennité.

Une seconde révolte de ses enfants empêcha Louis, en 832, 833 et même 834, de s'occuper de l'intérieur de l'empire, et par suite de remédier aux désordres qui grandissaient encore en raison de la mésintelligence de la famille impériale. Divisés en plusieurs fractions, les peuples de l'Aquitaine n'avaient même plus l'instinct de la conservation et voyaient s'organiser au milieu d'eux des bandes de pillards et de voleurs, que l'impunité rendait chaque jour plus redoutables ; aussi vers 834, lorsque l'on entendit parler d'une nouvelle apparition des Normands dans la Manche, ce n'étaient pas ces pirates qui préoccupaient le chef de l'empire, mais bien ces bandes, contre lesquelles il envoya des commissaires impériaux chargés de les réduire par la force.

En quittant le royaume d'Aquitaine pour monter sur le trône impérial, Louis le Débonnaire avait associé ses enfants à l'empire et leur avait assigné, à chacun, une part dans ses États. L'Aquitaine avait été dévolue à Pépin. Comme ses autres frères, et même plus qu'eux, Pépin s'était montré ingrat, insoumis et âpre à s'emparer des domaines de l'Église. Vers 836, cependant, il mit un frein à son avidité et parut tenir compte des admonestations de son père. Les Normands ayant abordé les côtes d'Aquitaine et s'y étant livrés au pillage, en 837, on peut croire qu'il avait voulu saisir cette circonstance pour expier ses torts vis-à-vis du clergé. En effet, on place à cette époque la construction de l'abbaye de Saint-Jean-d'Angély et de celle de Saint-Cyprien-de-Poitier, fondées par ses soins, la réparation de celle de Brantôme, dont un chroniqueur le fait à tort le fondateur, et le rétablissement de l'habit monastique dans celle de Saint-Cybard-d'Angoulême.

Pépin mourut en novembre ou décembre 838, peu de temps après sa réconciliation avec son frère Charles-le-Chauve, qui avait alors environ quinze ans et demi. A sa mort, l'Aquitaine se trouva divisée en deux partis : l'un plus fort en apparence que l'autre, ayant à sa tête Emenon, comte de Poitiers ; l'autre, moins nombreux mais disposant du pouvoir, dont Ebroin, évêque de Poitiers, avait la direction. Tout dévoué à Pépin, Emenon et ses amis se hâtèrent de proclamer roi le fils aîné de Pépin, appelé comme lui Pépin. Obligé de se retirer devant la manifestation d'Emenon, Ebroin se rendit auprès de Louis le Débonnaire, lui fit part de ce qui s'était passé à Poitiers, et lui annonça que ceux du parti qu'il représentait attendaient ses ordres pour se prononcer.

Sur cet avis, l'empereur envoya l'évêque en Aquitaine, avec des instructions, tint un plaid à Chalons, rassembla une armée, passa la Loire, entra dans l'Aquitaine par l'Auvergne, avec sa femme et son fils Charles, reçut avec bonté les bandes venues à sa rencontre, leur fit prêter serment à Charles proclamé roi à la place de Pépin, pénétra en Poitou, chassa Emenon de Poitiers, et donna le comté à Rampnulfe, fils de Gérard, comte d'Auvergne, fit Turpion comte d'Angoulême, Ratier comte de Limoges, Seguin comte de Bordeaux, et Ludovic comte de Saintes, voulut que la monnaie d'Angoulême et de Saintes fut frappée en son nom (1), et, sur ces entrefaites, ayant été informé que son fils Louis, roi de Germanie, s'était encore révolté contre lui, il confia l'administration du royaume de Charles et la direction du nouveau roi aux grands de son parti et se mit en route pour aller faire rentrer dans le devoir le prince indocile. Quoique dans l'énumération des comtes, nous ne voyons pas figurer celui du Périgord, il n'est pas douteux que cette province en avait encore un, et qu'elle ne dut s'en trouver privée, comme on le verra bientôt, qu'à la suite des invasions normandes et des désastres qu'elles causèrent.

Cependant la campagne de Louis le Débonnaire contre son fils n'eut pas lieu. L'empereur s'était arrêté aux environs de Mayence pour y célébrer les fêtes de Pâques. Sa santé déjà chancelante empira tout-à-coup, et il s'éteignit vers la fin de mai 840.

Au moment de la mort de Louis le Débonnaire, le Périgord se trouvait obéir, la partie sur la rive gauche de la Dordogne au jeune Pépin, la partie sur la rive droite à Charles, alors âgé de 17 ans. Tout jeune qu'il était, ce prince, soit par lui-même, soit à l'aide de conseillers, trouva le moyen de sortir avec avantage de la position difficile que venait de lui faire cette mort, et manœuvra si heureusement pendant deux ans, qu'il put engager la fameuse bataille de Fontenay (juin 840), avec confiance et la gagner, sans s'étonner de son succès. Il est vrai que cette bataille, si meurtrière qu'elle fût, n'eut pas de résultat décisif ; mais il n'en est pas moins certain qu'à travers les incertitudes qu'il eut à subir, depuis cette bataille jusqu'au mois de mars 842, époque où son frère Louis et lui se trouvèrent de nouveau réunis avec leurs armées auprès de Strasbourg,

---

(1) Labe, nov. bibl. mss. t. 2 p. 160.

Charles, alors âgé de 19 ans, n'éprouva pas de défaillance et put prêter avec son frère, en présence de ces deux armées, et conjointement avec elles, les fameux serments qui les unissaient dans le but de combattre à outrance les prétentions de Lothaire et qui sont demeurés célèbres, comme le monument le plus ancien de notre idiome vulgaire (1).

Je n'ai pas à raconter ici les suites des serments de 842 ; aussi, sans plus longtemps m'en occuper, j'ai hâte de dire qu'aussitôt qu'il en eut le loisir, Charles s'empressa de repasser en Aquitaine pour la débarrasser de Pépin. Les vicissitudes de la lutte furent longues, et ce ne fut qu'en 848 qu'il put espérer de voir son adversaire se soumettre. Voici les circonstances qui préparèrent cette soumission.

De 842 à 848, les diverses rencontres entre les deux adversaires avaient tourné de telle façon que Charles se trouvait moins avancé que jamais et que le pays était d'autant plus mécontent que, durant cette lutte, les Normands avaient pu pénétrer impunément plusieurs fois dans la contrée, y commettre d'affreux ravages, piller un grand nombre de villes et se retirer chargés de butin sans être inquiétés, notamment en 844, 845 et 846. Leur audace s'était même accrue en 847 à tel point qu'ils avaient entrepris le siège de Bordeaux, dont les habitants les avaient vaillamment repoussés, sans les rebuter cependant ; revenant à la charge l'année suivante, ils renouvelèrent leur attaque avec plus d'ardeur que jamais et se rendirent maîtres de la place, par la trahison des Juifs. Tant de calamités, bien faites pour aigrir les esprits et démoraliser les populations aquitaniques, furent imputées à Pépin, qui, se trouvant le plus fort, aurait dû se montrer protecteur plus zélé. Cette imputation, merveilleusement exploitée par les partisans de Charles, leur fournit le moyen de lui ménager des adhérents. Encouragé par ce premier succès, ce prince, au printemps de 848, pendant que les Normands étaient devant Bordeaux, entreprit une expédition en Aquitaine, se porta sur la Dordogne avec son armée, et s'empara d'une partie du littoral soumis à Pépin. On ne dit pas sur quel point de la rive droite il atteignit la Dordogne ; mais les détails qui vont suivre ne

---

(1) Les serments de 842 ont été publiés plusieurs fois. Une des meilleures éditions est celle que M. Raynouard a donné dans son *choix des poésies originales des troubadours*, t. 2, p. 169. Je parlerai ailleurs de ces serments.

permettent guère de mettre en doute qu'il manœuvra surtout dans le Périgord.

Pendant qu'il cherchait à tirer parti des bonnes dispositions des Aquitains en sa faveur et qu'il se tenait sur les bords de la Dordogne, pour profiter des occasions qui se présenteraient, Charles rencontra neuf barques chargées de Normands ; c'était incontestablement un détachement de la grande expédition contre Bordeaux, qui, pendant que le gros des bandes assiégeait cette ville, avait une mission spéciale dont je parlerai bientôt ; il est évident que cette rencontre ne pouvait pas avoir lieu vers le confluent de l'Isle et de la Dordogne, point trop rapproché de Bordeaux pour une armée qui ne s'était pas proposée de délivrer cette ville. Il n'est pas probable non plus qu'elle se fit dans le Quercy ; le pays est trop accidenté et les partisans de Pépin y étaient trop forts, pour que Charles s'y aventurât sans nécessité. Or il ne paraît pas qu'il y ait eu de rencontre entre les deux partis. Lors donc que ces barques furent signalées à Charles, elles devaient naviguer dans les parages du Périgord. Cette bonne fortune ne pouvait se présenter plus à propos. Charles n'hésita pas ; il attaqua les barques et détruisit le détachement, vers la Quadragésime. Les Aquitains lui tinrent compte de ce petit succès qui, dans l'état d'émotion où se trouvait le pays, fut considéré comme un grand service rendu. Peu de temps après, et durant le Carême, Charles se rendit à Limoges, où le rejoignirent les grands d'Aquitaine, ralliés à sa cause, pour tenir le plaid qu'il leur avait assigné. Cette élite de la nation l'ayant proclamé roi d'Aquitaine, il quitta Limoges et se dirigea sur Orléans, où il fut couronné et sacré roi de ce royaume. Cependant que faisait Pépin rentré en Aquitaine après la bataille de Fontenay ? Son premier soin avait été de consacrer tous ses efforts à s'affermir dans le pays aux dépens de Charles, et il y avait si bien réussi qu'en 845 ce prince, se voyant des ennemis partout, crut prudent de traiter avec lui. En conséquence il lui donna rendez-vous à Saint-Benoît sur Loire, et là il lui fit abandon de toute l'Aquitaine, moins les comtés de Poitiers, de Saintes et d'Angoulême, d'où il résulte qu'il lui céda le Périgord. Après ce traité, Pépin se retira et se rendit à son palais de Castillon en Périgord, où il s'occupa d'abord de quelques établissements religieux ; mais sa légèreté et son grand amour du plaisir ayant bientôt pris le dessus, au lieu de porter son attention sur la discipline ecclésiastique, fortement altérée, et sur l'administration du pays, beaucoup trop négligée, il se livra sans réserve à l'entraînement de son caractère et suscita des murmures. Le mécontentement fut encore plus grand en 846, année de famine qui répandit la misère, la désolation et la mort dans toute l'Aquitaine. Ajoutez à cela les ravages des Normands dont, comme on vient de le voir, il ne se donnait même pas la peine de se préoccuper. 847 se passa comme 846, et nous avons vu ce qui ariva en 848.

C'est à cette même année de 848 et non pas à 849 que je crois devoir rapporter le commencement des courses des Normands en Périgord dont il va bientôt être question, et qui durèrent probablement jusqu'en 849. Le motif qui me détermine dans cette opinion, c'est qu'à partir du plaid tenu à Limoges, Charles ne reparut plus en Aquitaine qu'à la fin de l'été de 849, pour y faire une longue campagne.

Il n'est pas douteux que les barques Normandes détruites par Charles le Chauve étaient occupées à explorer le pays et que, malgré l'échec qu'elles éprouvèrent, quelque une d'entre elles, plus ou moins maltraitée, put regagner le port de Bordeaux, y raconter ce qu'elle avait vu et donner des détails sur le désastre auquel elle avait échappé ; on doit admettre aussi qu'avant la prise de la ville, les assiégeants surent la déconfiture de Pépin et le retour en Neustrie de Charles le Chauve. Dans la situation, ces aventuriers toujours prêts à prendre une prompte détermination, ne durent pas hésiter à former en principe le projet de venger leurs frères égorgés par les Francs et d'aller ravager le pays, qui leur promettait un riche butin. Le départ de Charles le Chauve, qui leur laissait le champ libre, et le peu de cas qu'ils faisaient de Pépin devenu impuissant, ne firent que les affermir dans ce dessein, et lorsque Bordeaux fut en leur possession et pillée, rien ne pouvait plus les arrêter. Ils gagnèrent donc la Dordogne avec le dessein évident d'exploiter la vallée. Tout porte à croire cependant qu'arrivés au confluent de l'Isle et de ce fleuve, au lieu de se diviser, ils s'engagèrent résolûment en masse dans la rivière, laissant tout au plus à quelques barques détachées, le soin de remonter le fleuve pour explorer le pays et se ménager une nouvelle course dont je parlerai plus bas.

Le résultat de cette expédition fut le pillage et la destruction de l'abbaye de femmes de l'Allier, de l'abbaye d'hommes de Brantôme, où ils pénétrèrent par la Drône, affluent de l'Ille qui la reçoit près de Coutras ; la prise, le pillage, l'incendie, la dévastation de Périgueux et de sa cathédrale, sous l'invocation de Saint-Etienne ; la prise, le pillage de l'abbaye de Saint-Front et de tous les autres établissements qui pouvaient exister autour de l'ancienne capitale des Pétragoriciens(1). On parle aussi de Nontron ; mais je serais porté à croire que Nontron fut pillé par les bandes qui dévastèrent Angoulême un an ou deux auparavant.

La description que les chroniqueurs font de la désolation publique va jusqu'à dire que, pendant que d'un côté, on aimait mieux déserter le pays que de se voir à la merci de ces barbares, de l'autre, on voyait des hommes énergiques se donner la mort, pour échapper à leurs violences.

En 849, Charles, qu'on aurait pu croire désormais maître de l'Aquitaine, se vit cependant de nouveau forcé à marcher contre Pépin, qui avait essayé de se reconstituer un parti et y était parvenu jusqu'à un certain point. Après avoir traversé la Loire, il se porta sur Limoges, de là sur la Dordogne, puis sur le Lot, le Tarn et Toulouse, dont il devint maître par trahison. Il est probable qu'il traversa la Dordogne en Périgord.

Le siège et la prise de Toulouse avaient rendu Charles complétement maître de l'Aquitaine. Pour la conserver, il aurait dû y séjourner quelque temps ; c'est ce qu'il ne fit pas. Aussi à peine était-il revenu dans le pays franc que Pépin, d'accord avec le Normands, reparut dans la contrée et avec leur aide reconquit Toulouse ; mais n'en prit possession qu'après que ses alliés l'eurent pillée à fond.

La dévastation de Toulouse s'était accomplie en 850 ; au lieu d'accourir pour l'empêcher, ou du moins pour surprendre Pépin et les pirates et les punir de leur audacieuse entreprise, Charles le Chauve ne reparut en Aquitaine qu'en 851. Pépin n'osa pas tenir devant lui, et le monarque franc rentra dans Toulouse comme un libérateur.

Son compétiteur s'était réfugié auprès de Sanche-Sanchez, duc des Gascons ; mais ce duc, redoutant la colère de Charles, le retint prisonnier et le livra à ce prince (852) qui le conduisit à Soissons,

---

(1) Duchêne : HIST. FRANC. SCRIPTORES, *Chron. de Gestis Normannorum in francia*, t. 2 p. 525. Rec. des Hist. de France, t. 7 p. 66 *Annales de F. Bertin* et p. 300, *Livre des miracles de saint Benoît*. Nous verrons même, plus tard, que l'église latine de Saint-Front n'eut pas beaucoup à souffrir de ce pillage.

le fit tonsurer et l'enferma dans le monastère de saint Médard. La déconfiture de Pépin n'assura cependant pas la couronne à Charles, qui vit bientôt surgir de nouveaux embarras.

Avant de quitter l'Aquitaine pour retourner en Neustrie, selon son usage, Charles confirma divers dons faits à l'abbaye de St-Cybard, parmi lesquels figure Trémolac et son église, sous l'invocation de la Vierge (1).

Toujours inconstants et insoumis, les Aquitains mécontents et fatigués de Charles, avaient demandé à Louis de Germanie un de ses fils appelé Louis comme lui, pour en faire un roi, tandis que, d'un autre côté, Pépin, qui était parvenu à s'évader de sa prison, était accouru dans son ancien royaume et y avait rallié quelques armées. Trois partis s'y trouvaient donc en présence. Charles commença par se débarrasser de Louis, et après la retraite de ce jeune prince, le parti de Pépin se dissipa de lui-même. Cependant tout n'était pas fini, et loin de se soumettre, les Aquitains demandèrent à Charles lui-même un de ses fils pour le mettre à leur tête, dans l'espoir d'arriver à une réconciliation. Ce monarque consentit à leur donner son aîné, encore enfant, appelé Charles comme lui ; et de fait, ce jeune prince fut couronné à Limoges le 15 octobre 855. Ce nouveau roi n'était déjà plus du goût des Aquitains en 856. Aussi le quittèrent-ils pour revenir à Pépin, le délaisser de nouveau, retourner à Charles (858) et enfin accepter un traité par lequel les deux princes se divisaient le royaume d'une certaine manière.

Je ne suivrai pas plus loin ces tiraillements, qui ne finirent que vers 872, parce que désormais ils n'ont plus qu'un intérêt très secondaire pour l'histoire du Périgord ; mais je crois nécessaire de revenir un peu en arrière pour suivre, avec une certaine attention, les courses des Normands, qui exercèrent une véritable influence sur les destinées de nos ancêtres.

Nous avons vu ces hommes du nord ravager une partie du Périgord en 849 à la suite de la prise et du pillage de Bordeaux. En 857, leurs courses, qui n'avaient pas discontinué, se multiplièrent encore, et après avoir saccagé Poitiers au moins pour la seconde fois, ils se répandirent dans la contrée, y commirent toute sorte de ravages, portèrent le feu et la désolation dans les établissements

---

(1) Rec. des hist. de fr. t. 8, p. 521.

religieux, mirent au pillage les villes qui se trouvèrent sur leur passage et ruinèrent jusqu'aux habitations privées.

C'est à cette époque et très probablement en 860 ou en 862, qu'il faut placer la course dont j'ai parlé plus haut et durant laquelle ils remontèrent la Dordogne et la Vézère, pillèrent Paunat, Terrasson, probablement St-Amand et St-Cyprien et en auraient fait de même de Calabre, aujourd'hui Calviac, sans une circonstance qui donna naissance à la ville de Sarlat. Deux ou trois ans plus tard, vers 864, leurs incursions recommencèrent aussi cruelles et aussi générales qu'en 857. Dans une des rencontres qu'ils eurent avec les Aquitains, Turpion, comte d'Angoulême, et très probablement du Périgord, fut tué par un de leurs chefs en même temps qu'il lui donnait la mort. Deux ans après, Emenon, frère de Turpion, comte d'Angoulême et de Périgord, comme lui, mourut d'une blessure qu'il avait reçue de Landry, comte de Saintonge, au moment où lui-même le frappait à mort. C'était l'époque où les Normands commettaient le plus de ravages dans le pays. Cette mort leur permit de pénétrer dans Angoulême et d'y ruiner le couvent de St-Cybard. Profondément ému de ce fatal évènement, Charles le Chauve s'empressa d'appeler à gouverner le comté d'Angoulême et celui du Périgord, réunis en un seul désormais, son parent, Wlgrin, frère d'Aldoin, abbé de S. Denis ; ce qui, avec les détails relatifs à Turpion et Emenon, donne à croire que, depuis quelque temps, le Périgord n'avait pas de comte. A partir de ce moment l'histoire du Périgord devient plus nette et les évènements sont racontés, dans les chroniqueurs, d'une manière plus précise, comme on le verra au chapitre des comtes.

J'ai dit qu'en 848 ou 849, quelques barques à peine avaient dû tenter une exploration sur la haute Dordogne ; j'ai été conduit à parler de la sorte par ce que nous savons de la conduite des moines de Calabre, entre cette époque et l'année 861.

L'abbaye de Calabre ou Calviac était placée à quelque distance de la Dordogne et disposée de telle façon qu'elle pouvait observer ce qui se passait sur une assez grande étendue du cours de ce fleuve. Soit que les barques normandes eussent fait apparition dans ces parages, soit que la terreur qu'inspiraient ces pirates du nord fût parvenue jusqu'à eux, il arriva que, dans cet espace de douze ans, les moines guidés, par une sage prévoyance, prirent la résolution d'abandonner leur trop célèbre établissement et d'aller couler ailleurs leur vie d'ordinaire si paisible. Après mûre délibération, ils s'arrêtèrent à l'idée de se retirer dans un vallon étroit, fortement boisé, aux versants tourmentés et abruptes, à sept ou huit kilomètres de la Dordogne. Ce vallon ou ravin, courant du nord au midi, à peu près inculte, était cependant arrosé par un ruisseau qui en adoucissait un peu la sauvagerie. Cette résolution, mise promptement à exécution, sauva le couvent et ses richesses, et donna naissance à Sarlat. On a voulu faire remonter l'origine de cette ville à Clovis, mais les raisons mises en avant ne supportent pas l'analyse ; on a aussi voulu lui donner Charlemagne pour fondateur, mais cette prétention n'est pas mieux fondée. La vérité est que la retraite des moines de Calabre dans le vallon où se déroule aujourd'hui Sarlat, donna seule naissance à cette ville, au sujet de laquelle j'entrerai plus tard dans de plus amples explications.

Il pourrait pourtant se faire que les moines de Calabre ne se fussent éloignés de la première résidence qu'entre 888 et 895, époque où le Périgord fut de nouveau ravagé par les Normands, sa capitale dévastée et en partie brûlée (1), mais il me paraît plus probable que leur émigration eut lieu vers 860.

Les Normands ou des bandes de pillards vers 915-917 (2), remontèrent encore la Dordogne, commirent, comme on l'a vu, de grands désordres en Périgord, pénétrèrent de nouveau dans Périgueux, mirent cette ville à feu et à sang et jetèrent la désolation partout ; mais il est encore moins probable que les moines de Calabre se fussent résolus à attendre jusqu'alors.

A partir de cette époque, les données historiques se concentrent sur le *mouvement religieux* et sur les *comtes descendants de Wigrin*. C'est aux deux chapitres consacrés à la double série d'événements que ces deux titres rappellent, qu'il faut recourir pour avoir des détails de quelque importance sur le Périgord. Il n'y a pas jusqu'aux courses des Normands, sur lesquelles les chroniqueurs ne se montrent beaucoup plus distraits que par le passé. Il nous reste cependant quelques ren-

---

(1) Chron. de Maillezais, Labbe. Nov. Bibl. mss. t. 2, 5, 209. Duchêne. Histoire franc. scriptores t. 2, p. 530.
(2) Justel : Preuve de l'hist. de la Maison de Turenne, p. 18.

seignements sur l'état général de la société ; c'est ainsi que nous voyons invoquer tour à tour, la loi romaine, la loi gothe, la loi salique, selon que ceux qui avaient des affaires à régler étaient dépendants des Gallo-Romains, des Goths ou des Francs. C'est dans le cours de ce siècle que la hiérarchie féodale s'affirme d'une manière assez tranchée ; c'est durant cette même période que les usurpations des biens des églises et l'envahissement des établissements religieux par les grands seigneurs prennent de grandes proportions. Il est vrai de dire que le désordre et la violence avaient tellement gagné toutes les classes de la société que le clergé lui-même abusait souvent de ses richesses. En voici une preuve bien remarquable :

Les évêques d'Angoulême possédaient bon nombre de domaines dans le Périgord et ailleurs. En 974, Hugues, de la maison de Jarnac fut appelé à occuper le siège épiscopal de cette ville. Ambitieux, éloquent et plein d'astuce, il conçut le dessein de déposséder les comtes de leurs domaines au profit de l'évêché. En conséquence, il se mit en guerre avec le comte Armand et fit si bien que pour soutenir la lutte, il fut réduit à donner aux barons de son parti tout ce qu'il possédait dans le Limousin, le Périgord, l'Angoumois, et la Saintonge, ce qui ruina complètement l'église d'Angoulême (1).

CHAPITRE II.

Les comtes de Périgord.

Sous la domination romaine, chaque cité avait son comte ou gouverneur particulier nommé par l'empereur, et subordonné au président ou proconsul de celle des dix-sept provinces où se trouvait placé son district. Il devait surtout veiller à ce que le Sénat et les duumvirs remplissent exactement leurs devoirs.

A partir de Constantin, deux comtes furent chargés l'un de la

(1) Hist. des évêques et comtes d'Angoulême. Labbe, nov. bibl. ms. t. 2, p. 253.

justice et des affaires de police et de finance ; l'autre, sous le nom de tribun militaire, du commandement des troupes. Le premier était toujours subordonné au président ou gouverneur de la province ; le second obéissait au duc de son département.

Le Périgord eut d'abord son comte unique, après il y eut sans doute deux comtes sous les empereurs qui précédèrent Constantin. Cependant, des différents comtes qui, tour à tour, furent appelés à diriger le Périgord, au nom des empereurs, pas un ne nous est connu même de nom. Sous la domination des Goths et sous les premiers rois Francs, nous en connaissons deux, et nous savons en outre que les Francs réunirent, dans la même personne, les deux offices établis par Constantin, et envoyèrent dans chaque cité un comte ; ayant pour mission de faire rendre exactement la justice par les magistrats des cités, de veiller à la perception des revenus du prince et d'exercer le commandement des troupes. Ils en laissèrent cependant quelquefois le choix aux cités (1). Mais cette autorité du comte était plus ou moins réelle suivant l'état où se trouvait la province dont dépendait la cité ou district. Dans le Midi par exemple, l'autorité des Francs n'ayant jamais été bien stable, les comtes qu'ils envoyaient ne durent jamais être bien respectés, ou plutôt est-on autorisé à penser que, pour donner à ces fonctions une certaine importance, les premiers Mérovingiens s'appliquèrent à ne mettre à la tête des cités que des comtes Gallo-Romains. C'est cette circonstance qui ne permet pas de douter de l'existence du premier comte dont le nom nous est parvenu, quoiqu'il ne se trouve que dans une légende. Selon la vie de saint Eparque (vulgairement saint Cybar), ce comte s'appelait Félicissime, nom essentiellement romain. Il paraît avoir vécu vers le commencement du vi° siècle. Il était, selon l'auteur de cette vie, grand-père de saint Cybar ; c'est du reste tout ce que nous savons sur Félicissime, dont le fils Félix surnommé Auréol, fut aussi comte et père d'Eparque, qui devint *chancelier*, c'est-à-dire secrétaire de son grand'père.

Depuis lors jusqu'en 778, nous ne voyons plus figurer aucun nom propre. Mais à cette époque, Charlemagne, s'apercevant que l'Aquitaine était toujours en agitation, imagina d'y établir des fonctionnaires publics et des chefs religieux Francs d'origine, et parmi les

---

1) Grég. de Tours, l. v., c. 46.

comtes, il choisit, comme je l'ai dit plus haut, Waidbode, qu'il chargea de gouverner le pays de Périgord ; mais ses successeurs, s'il en eut, sont restés inconnus jusqu'au milieu du ıx° siècle.

Vers l'an 860 et peut-être même plus tôt, un certain Imon paraît avoir exercé cet emploi : c'est du moins ce qui est rapporté dans le discours sur les miracles de sainte Fauste. Il avait pour fils Arnaud, duc des Gascons vers 864 ; ce qui n'a rien de surprenant, les fonctions de duc et de comte n'étant pas alors héréditaires, et de plus ne se trouvant pas toujours bien distinctes l'une de l'autre. Nous ne savons du reste rien sur la vie d'Imon ni sur l'époque de sa mort. Tout ce qu'on peut dire c'est qu'il ne vivait plus en 866. Cependant il pourrait se faire que cet Imon ne fut autre qu'Emenon ou Imenon que les auteurs de l'*Art de vérifier les dates* appellent aussi Imon, lequel était frère de Turpion, comte d'Angoulême, et de Bernard, avec lequel il partagea la dignité de comte de Poitiers, dès 838, et qui se retira auprès de Turpion vers 840. Devenu comte d'Angoulême en 863, il porta, dit-on aussi, le titre de comte de Périgord jusqu'à sa mort, le 22 juin 866.

Adhémar de Chabannais nous apprend, de son côté, qu'Emenon, ou Imon, était d'abord comte de Poitiers ; qu'après la mort de Pépin, fils de Louis-le-Débonnaire, il avait voulu intriguer pour le jeune Pépin, fils du précédent, que Louis-le-Débonnaire le chassa de Poitiers, pour ce fait, ainsi que son frère Bernard ; qu'à la suite de cela il fit Ramnulfe comte de Poitiers, Turpion comte d'Angoulême, Ratier comte de Limoges, Seguin comte de Bordeaux et Landri comte de Saintonge ; si bien qu'il renouvela tous les comtes de l'ancienne seconde Aquitaine, moins celui de Périgueux et celui d'Agen. La certitude que Charlemagne avait donné un comte au Périgord, puisque son nom est venu jusqu'à nous, m'avait fait croire que c'était par omission du chroniqueur que le comte de Périgord ne figurait pas dans cette nomenclature ; mais tout bien examiné et le rapprochement des faits bien opéré, je suis porté à croire que dès lors le Périgord n'avait plus de comte spécial. En effet, à l'époque de la nomination de Turpion, Louis-le-Débonnaire, dit Adhémar, voulut que la monnaie d'Angoumois et de Saintonge fût frappée à Angoulême, et à son nom ; or nous savons que celle de Périgord portait aussi son nom et était frappée à Angoulême. Nous savons également qu'Emenon, qui remplaça Turpion, portait le titre de comte d'Angoulême et de Périgord. Il y a donc de fortes présomptions pour croire que Turpion était comte de Périgord, comme Emenon (1).

Wlgrin. — Vers le milieu du ix° siècle, les Normands ayant envahi l'Aquitaine, y commettaient toutes sortes de ravages. En 863, Charles-le-Chauve leur opposa Turpion, créé comte d'Angoulême dès 839, par Louis-le-Débonnaire. On a vu que dans des rencontres avec les Normands, Turpion fut tué, et qu'Emenon, son frère, deux ans après, mourut d'une blessure de la main de Landry, comte de Saintes, au moment où il le frappait à mort lui-même. En mourant Emenon laissa un fils en bas âge appelé Adhémar, qui fut fait plus tard comte de Poitiers.

La mort d'Emenon mettait une partie de l'Aquitaine sans chef capable de la défendre contre les Normands. Dans cette occurrence, Charles-le-Chauve, en 866, désigna, comme je l'ai déjà dit, Wlgrin pour succéder à Emenon, et le fit en même temps comte d'Angoumois et de Périgord, comme l'étaient, sans doute, ses prédécesseurs (2). Ce Wlgrin, frère d'Aldoin, abbé de St-Denis et parent du roi, était fort âgé quand il succéda à Emenon, et déjà bien connu dans les provinces méridionales parce qu'il avait été souvent chargé d'y rendre la justice, y avait épousé Roselinde, sœur de Guillaume II, duc de Toulouse, qui lui donna les deux fils dont il sera bientôt parlé (3), et que, neuf ans auparavant, il avait été obligé de s'emparer de vive force de l'Agenais, patrimoine de sa femme. Il eut de nombreux et terribles combats à soutenir contre les Normands. Pour mieux leur résister, il construisit les châteaux de Mastas et de Marcillac en Angoumois, dans lesquels il établit, en qualité de vicomtes, Robert, guerrier fort versé dans les lois ; et son ami Ram-

---

(1) Labbe, nov. bibl. mss. t. ii. p. 160.

(2) Chron. d'Adhémar de Chabannais ; id. de Maillezais ; hist. des év. et comt. d'Angoulême. Labbe, nov. bibl. mss. t. 2, p. 162, 199 et 251.

(3) Dans Adhémar et dans l'histoire des évêques et comtes d'Angoulême (Bibl. nov. mss. t. ii p. 167 et 252), il est appelé duc ; mais ce duc Hélie ne peut être que celui que les auteurs de l'*Art de vérifier les dates* disent avoir été plus tard comte de Périgord ; car il n'y avait alors aucun duc appelé Hélie, ni aucun autre personnage distingué portant ce nom que le fils de Boson. Les chroniqueurs lui donnent le titre de duc, sans doute parce qu'à cette époque il n'avait d'autre qualité que de commander des troupes.

nulphe, père de trois enfants, dont deux périrent plus tard de la main de Bernard, comte d'Angoulême et de Périgord et petit-fils de Wlgrin, qui vengea sur eux sa sœur Sancie, dont ils avaient voulu faire leur victime. Quand il fut fait comte d'Angoumois et de Périgord, les deux fils d'Wlgrin, Aldoin et Guillaume, étaient déjà grands. Il mourut le 3 mai 886, après avoir gouverné pendant vingt ans les provinces qui lui avaient été confiées (1), et fut enterré à Angoulême, près de la basilique de saint Cybar. Ses deux fils lui succédèrent ; on dit même, mais sans preuve, qu'il leur partagea sa succession (2).

ALDOIN ET GUILLAUME. — Selon Adhémar de Chabannais et l'histoire des évêques et comtes d'Angoulême et même la chronique de Mallezais (3), Wlgrin aurait laissé l'Angoumois à Aldoin ou Audoin, le Périgord et l'Agenais à Guillaume.

Rien de moins réel cependant que ce prétendu partage, complètement en opposition avec les faits qui vont suivre, que les intérêts de la féodalité naissante ne pouvaient pas accepter et que l'usage général repoussait.

C'est ainsi que Raymond et Enmengand, son frère, fils d'Eudes, comte de Toulouse, mort en 918, qu'un peu plus tard, les deux fils de Bozon, comte de Provence, et ceux d'Arnaud, comte de Carcassonne, jouirent, en commun, des successions de leurs pères (4).

Il est positif du reste que l'autorité d'Aldoin et de Guillaume ne fut en aucun temps circonscrite à telle ou telle partie du territoire jadis placé sous le commandement de leur père, par Charles-le-Chauve, et dont l'Agenais fut de bonne heure violemment distrait par Ebles, comte de Poitiers, qui s'en empara. Aussi n'exercèrent-ils jamais, directement ni indirectement, aucun pouvoir

---

(1) Et non pas dix-sept ans, comme le dit par erreur Adhémard (Labbe : Bibl. Nova, mss. p. 163). Il avait gouverné l'Agenais vingt-neuf ans.

(2) Tous ces faits, qui, il faut bien le dire, présentent ample matière à la critique, reposent sur la Chronique d'Adhémar de Chabannais, sur l'histoire des évêques et comtes d'Angoulême qui n'est guère que la copie d'Adhémar et sur la chronique de Maillezais. Labbe : Nova. Bibl. mss. t. 2, p. 162 et 163) et sur le *Breve chronicon Normanorum seu Britannorum* (Morice de Beaupois, histoire de Bretagne, t. 1, preuves col. 150).

(3) Labbe, bibl. nov. t. 2, p. 162-251.

(4) Hist. de Languedoc, t. 2, p. 110 et 111.

l'un en dehors de l'autre, car il n'est pas possible de considérer, comme un acte de souveraineté spéciale, la pensée qu'eut un moment Aldoin de construire une église à Angoulême, pour y déposer le bois de la vraie croix, apporté dans cette ville par les moines de Charroux, afin de le protéger contre les incursions des Normands, et qu'il refusa longtemps de restituer à ces moines.

Aldoin mourut le 27 mars 916, vingt-huit ans après Wigrin (1), ne laissant qu'un fils Guillaume surnommé Taillefer. Il fut enterré à côté de son père.

Guillaume survécut au moins quatre ans à son frère Aldoin, car il était encore de ce monde lorsque son fils Bernard mit à mort les deux fils du vicomte Ramnulphe, et au sujet duquel il est dit qu'il les frappa quatre ans après qu'Aldoin eut cessé de vivre (2).

Il est vrai que les auteurs de l'*Art de vérifier les dates* (3), prétendent, je ne sais sur quelle garantie, que Guillaume mourut cette même année ; mais rien ne permet de l'affirmer. Il est à croire cependant qu'il ne vécut pas longtemps après.

On ignore le nom de sa femme ; mais indépendamment de Bernard, il eut deux filles : Sancie, dont il a déjà été question, qui se maria avec Adhémar, comte de Poitiers, sans laisser de postérité ; et Emma, unie à Bozon, comte de la Marche, dont la descendance par cette Emma, après la mort de Bernard et des enfants de Bernard décédés sans postérité, aurait dû posséder les comtes de Périgord et d'Angoulême, tandis qu'elle n'hérita que du Périgord seul (4).

BERNARD — A la mort d'Aldoin, Guillaume Taillefer, son fils, avait pris le titre de comte ; Bernard fit de même quand son père eut cessé de vivre : « Guillaume, frère d'Aldoin par Wigrin, étant mort, Bernard devint comte de Périgord. Guillaume Taillefer, de son côté, occupa la *principauté* d'Angoulême. De la sorte, Bernard, son cousin, et lui eurent en commun toute la seigneurie (5). » Ainsi tout en prenant chacun un titre différent, ils n'en conservaient pas moins une autorité sans partage.

---

(1) Et non pas 30 ans, comme le dit Adhémar.
(2) Chron. d'Adhémar de Chabannais ; Labbe : Bibl. nov. mss. t. 2, p. 165.
(3) T. II, p. 375.
(4) Chron. d'Adhémar ; Labbe : Bibl. nova. mss. t. II, p. 170.
(5) Labbe : Nov. bibl. mss. t. II, p. 165 et 252.

A la suite des incursions des Normands, l'abbaye de saint Cybar s'était relâchée de sa discipline primitive, au point que les moines avaient renoncé à l'habit monastique. Vers 935, Guillaume Taillefer et son cousin Bernard, désireux de rendre à cette abbaye son ancienne renommée, réunirent la noblesse du pays, rétablirent l'habit monastique dans le couvent, et lui donnèrent Mainart pour abbé (1).

Mais longtemps après cette solennité, probablement au moment où il sentit que sa fin approchait, Guillaume Taillefer, ayant fait son testament, donna à cette même abbaye l'église de saint Hilaire, dans la viguerie de Pilhac, en Périgord (2), avec deux autres églises en Angoumois ; ce testament fut approuvé et signé par le comte Bernard, son fils Arnaud Bouration, Arnaud Manzer et Adhémar, bâtards de Guillaume, ainsi que par plusieurs autres seigneurs présents. Ces détails sont tellement précis, qu'il n'est pas nécessaire de les commenter. Je me borne donc à les rappeler en faisant observer cependant qu'on n'en a pas moins toujours persisté à qualifier Guillaume Taillefer du titre de comte d'Angoulême et Bernard de celui de comte de Périgord, sans que rien puisse justifier cette distinction que trois chartes émanées, dit-on, de Bernard, dont l'une est une restitution, par ce seigneur à l'abbaye de Brantôme, des biens qu'il lui avait enlevés (3) ; dont l'autre contient des dons à l'abbaye de Sarlat qu'il soumet à Odon, abbé de Cluny, pour y introduire une réforme devenue indispensable ; et dont la troisième est un don de l'abbaye de Terrasson à Adasius, abbé du monastère de Tulle. Sans nul doute, si ces trois chartes étaient bien authentiques, elles constitueraient un triple acte d'autorité de la part de Bernard, qui réfuterait péremptoirement le double fait signalé plus haut, et prouverait de la manière la plus évidente qu'il était bien réellement seul comte de Périgord, puisque, par trois chartes dont la date remonte incontestablement au règne de Louis d'Outremer, mort en 954, c'est-à-dire huit ans avant que Guillaume Taillefer eût cessé de vivre, il paraît bien avéré que ce dernier ne partageait pas avec Bernard le pouvoir sur le Périgord.

---

(1) Ibid, ibid, ibid.
(2) Aujourd'hui Saint-Hilaire-d'Estissac, canton de Villamblard.
(3) Cette pièce a été trouvée dans l'abbaye de Chantouge.

Mais ces trois pièces, sont loin de réunir les caractères d'authenticité qu'on exige de documents aussi anciens (1).

Ces documents, dont on ne produit que d'anciennes copies, sont tous deux datés : *Au mois de juin, régnant Dieu, le seigneur Louis commandant* (2) ; il n'est question nulle part des originaux ; la première, bien que concernant Brantôme, s'est retrouvée dans une abbaye étrangère au diocèse (3) : le père Dupuy n'a pas connu ces deux pièces ; la 2ᵐᵉ édition du Gallia Christiana, tout en rapportant celle de Sarlat, se borne à mentionner celle de Brantôme quoiqu'ayant été recueillie comme l'autre par Etiennot, chargé de réunir les documents nécessaires à cette 2ᵐᵉ édition ; elles ne contiennent ni l'une ni l'autre la formule sacramentelle de malédiction généralement usitée alors : *Qu'il encoure la colère du Dieu tout-puissant et que, comme Satan, Abiron et Judas Iscariote, qui trahit le Seigneur, il brûle éternellement dans l'enfer* (4) ; et enfin le temps auquel se rapportent ces sortes de pièces, quoique considéré comme une des époques les plus favorables aux établissements religieux, à qui tout le monde donnait pour réparer les maux causés par les invasions normandes, les autres par crainte de la fin du monde, et plusieurs pour des motifs de pure largesse, est beaucoup trop éloigné de nous et surtout beaucoup trop mal connu pour qu'on puisse se contenter de la simple énonciation des faits qu'elles contiennent, et les accepter sans une escorte de preuves irréfragables toutes les fois que les écrivains contemporains n'en font pas men-

---

(1) Je ne m'arrêterai pas à celle qui est relative à Brantôme, et qui donne à Bernard le surnom de *Grandin* qu'on ne retrouve pas ailleurs, quoique les chroniqueurs ne manquent jamais de rapporter exactement les surnoms. Je ne m'arrêterai pas davantage à ce que celle qui a trait à Sarlat parle des filles de ce comte dont les généalogistes ne disent pas un mot, quoiqu'ils aient toujours grand soin de relever toutes les descendances. Ce qui m'inspire véritablement des doutes c'est que, dans l'une comme dans l'autre, le comte agit du *consentement de sa femme Garsinde* exprimé dans des termes identiques.

(2) Il y a pourtant une variante, dans l'une on lit : In mense junio, regnante domino, domino Ludovico imperante. Dans l'autre on lit : In mense junio, regnante Deo, etc. ; mais cette variante est sans conséquence.

(3) L'abbaye de Chantange était du diocèse de Saint-Flour (Cantal).

(4) Iram Dei omnipotentis incurrat et cum Datam et Abiron et Judas Iscariotis, qui Dominum tradidit in inferno permaneat.

tion. Je n'hésite donc pas à dire que ces chartes, méritent d'autant moins de confiance que l'histoire se tait sur le double évènement dont elles parlent, à la différence de la réforme de saint Cybar, si exactement rapportée par les chroniqueurs.

Une particularité, échappée aux auteurs de l'*Art de vérifier les dates* et aux autres généalogistes corrobore encore mon opinion : « Guillaume Taillefer étant mort (962), après lui gouvernèrent » successivement pendant trente ans, *Bernard, comte de Périgord*, » Arnaud Bouration, Guillaume Taleran, Ramnulphe Bonpar et » Richard le Simple ou le Fou, tous enfants de Bernard (1). »

Ainsi donc il est constant que Bernard, après la mort de son cousin, non-seulement n'eut pas besoin de prendre le titre de comte d'Angoulême, mais encore qu'il n'eut à vaincre aucune résistance de la part des Angoumoisins, pas plus que ses enfants ; ce qui prouve que la province reconnaissait son autorité même avant que Guillaume Taillefer eût cessé de vivre, et qu'on y trouva tout naturel que ses enfants le remplaçassent. Cependant, toujours dominés par cette idée de succession de père en fils, les auteurs de l'*Art de vérifier les dates* et autres généalogistes se sont trouvés conduits à faire figurer Arnaud Mauzer, bâtard de Guillaume Taillefer, comme comte d'Angoulême dès 975, c'est-à-dire dix-sept ans plutôt qu'il ne le fut légalement d'après la chronique ; prenant ainsi le fait pour le droit parce que la chronique déclare un peu plus bas que cet Arnaud Mauzer, après avoir tué Ramnulphe, prit le titre de comte ; mais les auteurs dont je viens de parler auraient dû signaler cette circonstance (2).

On ne sait pas au juste l'époque de la mort de Bernard ; il vivait au moment de celle de Guillaume Taillefer, puisqu'il est dit qu'il signa son testament, et qu'il gouverna le comté après lui. Si donc

---

(1) Chron. d'Adhémar de Chabannais et Hist. des évêques et comtes d'Angoulême, Labbe Nov. bibl. mss. t. II, p. 165 et 232.

(2) La troisième charte, recueillie pareillement par Étiennot, dont un fragment a été donné par Baluze, dans son *Histoire de Tulle*, a été acceptée par Lespine et se trouve reproduite in-extenso par l'abbé Pergot dans son livre ayant pour titre : *La vie de saint Sour*. Rapportée sans commentaire, cette charte constitue une véritable anomalie avec tout ce que nous savons de la vie de Bernard et de l'état du pays qui, de prime-abord, autoriserait à croire à un faux des plus audacieux, si un examen un peu attentif ne

Guillaume Taillefer mourut en 962 (1), Bernard vivait encore quelque temps après.

Le père Anselme ne lui donne qu'une femme, Garcende. Les auteurs de l'*Art de vérifier les dates* lui donnent en outre Emma. Ils disent aussi qu'indépendamment des quatre fils nommés plus haut, il en eut un cinquième dont le nom est inconnu. Personne, que je sache, n'a parlé des filles mentionnées dans la charte relative à Sarlat, pas plus que de la femme et des fils dont il est parlé dans celle qu'on donne comme ayant trait à Terrasson.

ARNAUD BOURATION. — A la mort de Bernard, son fils ainé, Arnaud, dit Bouration, pour avoir saisi et étouffé un loup enragé qui ravageait le pays, lui succéda dans les comtés de Périgord et d'Angoumois, malgré les bâtards de Guillaume Taillefer (il n'avait pas eu d'enfants légitimes), qui tentèrent de le déposséder, les armes à la main (2). Tant qu'il vécut, tous

---

conduisait à penser qu'il y a dans l'attribution de cette charte à Terrasson une confusion de localité et qu'elle appartient à un autre pays que le Périgord. Dans cette pièce, Bernard ne se dit point comte de Périgord ; il appelle sa femme Berthe, il donne à ses enfants des noms qui ne sont pas ceux sous lesquels les désigne l'histoire, à part Arnaud, qui n'y a pas de surnom. C'est à la demande d'un Frotaire, sur lequel l'histoire se tait, qu'il fait sa donation, et elle est signée par un évêque inconnu.

Je ne parle pas de la formule d'excommunication qui s'y produit un peu différente ; mais n'y aurait-il pas de quoi fortement s'étonner si cette charte émanait de Bernard, comte de Périgord, et regardait Terrasson, qu'elle contînt juste des renseignements qui ne se trouvent que là. Fort heureusement, de Marca, dans son livre ayant pour titre : *Marca hispanica*, nous a mis sur la voie de la vérité, et grâce à lui nous pouvons, sans hésiter, dire : Cette charte ne regarde pas le Périgord, ne regarde pas surtout Terrasson, et, si elle n'est pas fausse, nous sommes sûrs du moins qu'elle ne prouve rien en faveur de Bernard du Périgord.

De tout ce qui précède cependant il résulte que l'époque où vivait ce Bernard est une époque très difficile à étudier, et qu'avant de prendre un parti sur un acte quelconque qu'on dira s'y rapporter, il est nécessaire de l'examiner avec la plus grande minutie ; parce qu'il est rare qu'on n'y découvre pas ou un faux ou une méprise.

(1) Art de vérifier les dates.

(2) Voici comment s'expriment les auteurs de l'*Art de vérifier les dates* : « Arnaud dit Bouration, fils ainé de Bernard, comte de Périgord, lui succéda dans » ce comté, et se rendit maître de celui d'Angoulême en 962 ». Si nous acceptions cette manière de raconter les faits, que deviendraient les assertions du moine d'Angoulême et de l'auteur de l'*Histoire des évêques et comtes d'Angoulême* ?

leurs efforts restèrent sans succès ; mais, durant cette lutte incessante, il eut l'imprudence de dépouiller l'abbaye de St-Cybar, « de la ville de Salles, pour la donner à son cousin Hélie, fils de Boson-le-Vieux, comte de la Marche, et d'Emma, sœur de son père ; ce qui attira sur lui la colère du Ciel et fut cause que Dieu, au rapport d'Adhémar et de l'*Histoire des évêques*, donna ordre à un ange de le frapper dans Villeboys, où, toutefois, il ne rendit le dernier soupir qu'après avoir réparé ses torts envers saint Cybar en lui assignant Jarnac comme compensation de Salles ».

Cette mort violente, qu'on peut croire avoir été l'œuvre des moines de St-Cybar ou d'Arnaud Manzer, le plus intrépide des bâtards de Guillaume Taillefer ; peut-être des moines et d'Arnaud tout à la fois, qu'un intérêt commun avait conduits à conspirer ensemble, permit donc au bâtard de s'emparer du comté d'Angoulême après une sanglante guerre, durant laquelle des trois frères d'Arnaud Bouration survivants, deux périrent violemment. Le plus âgé, Guillaume Talleyrand, périt on ne sait comment ; le second, Ramnulphe Bompart, de la main même d'Arnaud ; tandis que le troisième, Richard-le-Simple, ayant échappé à la mort en s'éloignant de l'Angoumois, ne discontinua pas de porter le titre de comte, comme c'était son droit, et comme le donne justement à penser le silence des chroniqueurs ; d'autant que, n'étant pas dépossédé du Périgord, non-seulement il n'avait pas perdu son domaine tout entier, mais encore il se trouvait de fait avoir toujours sous son autorité une seigneurie à laquelle cette qualité était inhérente.

L'époque où Arnaud Bouration mourut n'est pas bien connue ; ce serait quelque temps avant 975, si, comme le disent les auteurs de l'*Art de vérifier les dates*, Arnaud Manzer s'était emparé, cette année, du comté d'Angoulême ; ce qui ne présente rien de formellement contraire à l'assertion d'Adhémar, ni au récit de l'*Histoire des évêques et comtes d'Angoulême*. En effet, l'occupation violente de ce comté par Arnaud Manzer, ne devait pas empêcher les enfants de Bernard de conserver leur titre, les uns après les autres, jusqu'en 992 selon ces chroniques. Il y a même plus, en admettant qu'après la mort de ses frères, Richard-le-Simple, pour des raisons restées inconnues, se fût vu forcé d'abandonner, ou eût volontairement délaissé le titre de comte d'Angoumois, il n'en faudrait pas moins regarder comme certain le prolongement légal de son autorité sur le comté de Périgord. Si ce fait n'avait pas échappé à l'attention des auteurs de l'*Art de vérifier les dates*, ils n'auraient pas fait de ce seigneur un autre usurpateur, plus coupable que le bâtard, puisque selon eux, et en cela, ils prétendent se conformer au récit d'Adhémar, ce mauvais oncle aurait, après avoir d'abord prêté secours aux enfants de Bernard contre Arnaud Mauzer, jusqu'au moment où ce dernier se fût emparé du comté d'Angoulême, changé brusquement de conduite à leur égard, et, lorsqu'il les aurait vus écrasés par leur ennemi et que, des quatre, il ne serait plus resté que Richard-le-Simple, il aurait enlevé à celui-ci le comté de Périgord.

Ces détails, donnés par les bénédictins, n'ont rien de satisfaisant. Les dates surtout sont inadmissibles. La seule chose parfaitement certaine, c'est qu'après la mort des enfants de Bernard, le comté de Périgord passa dans la maison de la Marche qui, désormais, le rendit bien distinct de celui d'Angoulême.

« Boson Ier. — Boson Ier, surnommé le *Vieux*, était fils de Sulpice
» et petit-fils de Geoffroy Ier, comte de Charroux, c'est-à-dire de la Mar-
» che, dont Charroux était la capitale. Boson est qualifié comte de la
» Marche, dans la charte de fondation de l'église du Dorat, sous
» l'année 944. Il soutint contre Arnaud Mauzer, comte d'Angou-
» lême, les enfants de Bernard, comte de Périgord, dont il avait
» épousé la sœur Emma ou Eina. Ceux-ci étant morts sans posté-
» rité, Boson leur succéda au comté de Périgord. Quelques mo-
» dernes ont voulu nier ce fait ; mais Adhémar l'atteste en termes
» exprès. Une charte, passée à Limoges, au mois d'août de la pre-
» mière année du règne de Lotaire, lui donne aussi le titre de mar-
» quis et met le Limousin dans son marquisat.... L'époque de sa
» mort est incertaine, quoiqu'un moderne la fixe à l'an 968. Il
» laissa de son épouse cinq fils : Hélie, Aldebert, Boson, qui suivent
» Gausbert, mort vraisemblablement avant son père, et Martin,
» évêque de Périgueux (1) ».

Il est difficile d'entasser plus d'impossibilités en aussi peu de lignes.

On a vu à l'article d'Wigrin, qu'à l'époque où il fut fait comte d'Angoulême et de Périgord, ce guerrier n'était plus de la première jeunesse et qu'il avait deux fils, Aldouin et Guillaume

---

(1) T. II, *Art de vérifier les dates*.

déjà âgés. Lorsqu'il mourut, ses deux fils devaient par conséquent être mariés depuis longtemps, et Emma, fille de Guillaume, était très probablement au monde. Il cessa de vivre, comme on sait, en 886. Admettons qu'Emma avait alors quatre ans. Lorsque son père mourut (920), elle en aurait eu environ 38, et lorsque Bernard, son frère, descendit dans la tombe (vers 963), elle eut été âgée de 80 ans. Comme il est très probable que Boson était plus vieux que sa femme, il devait avoir à cette époque environ 85 ans, et, en plaçant sa mort en 968, ainsi qu'on l'a déjà avancé ailleurs, il serait mort à 97 ans, ce qui expliquerait assez ce surnom de *vieux* que lui donnent les chroniqueurs, s'il n'était pas plus probable qu'il reçut ce surnom pour le distinguer de son troisième fils.

Ce sont là des faits d'une logique rigoureuse. Dès lors, que deviennent les assertions des Bénédictins ? En quel temps soutint-il les enfants de Bernard, puisqu'il avait 90 ans en 968, et qu'Arnaud Bouration, qui s'était toujours maintenu contre Arnaud Mauzer, vivait encore en 975 ? En quelle année prit-il le titre de comte de Périgord, puisque ce même Arnaud Bouration, et après lui ses frères, succédèrent à Bernard ? Doit-on admettre qu'il vivait encore lorsque Arnaud Mauzer prit le titre de comte d'Angoulême ? A la rigueur ce serait possible, car en 975 il n'aurait eu que 97 ans ; mais cela n'est guère admissible, d'autant que les chroniqueurs s'accordent à dire qu'après la mort d'Arnaud Bouration, Arnaud Mauzer eut à lutter contre les trois autres fils de Bernard pour s'emparer de l'Angoumois, et que, par conséquent, Boson aurait été presque centenaire lorsque ce comté devint la paisible possession du bâtard. Or, on voudra bien convenir avec moi qu'il n'est guère d'usage qu'on se fasse usurpateur sur des neveux, à l'âge de cent ans.

Il faut donc le reconnaître, les auteurs de l'*Art de vérifier les dates* ont adopté un système parfaitement insoutenable à l'égard de Boson ; et, malgré tout ce qu'on pourrait dire, je suis très fermement persuadé que ce comte de la Marche ne fut pas, ne put pas être comte de Périgord, d'où je conclus que son mariage et postérieurement le retour du Périgord à sa maison, par droit d'hérédité, comme je vais l'expliquer, ont seuls pu faire supposer qu'il avait porté ce titre.

En admettant même qu'Emma ou Eina ne vint au monde que

plusieurs années plus tard, et qu'elle n'avait que trente ans à l'époque de la mort de son père, les détails que je viens de fournir n'en conserveraient pas moins toute leur probabilité.

Comme le disent les auteurs de l'*Art de vérifier les dates*, Emma le fit père de cinq enfants : Hélie Ier, Aldebert Ier, Boson II, Gausbert, qui eut les yeux crevés par Guillaume Fiérabras, et mourut, croit-on, avant son père et Martin, évêque de Périgueux en 992.

Hélie Ier. — Je ne crois pas davantage aux assertions des auteurs de l'*Art de vérifier les dates*, au sujet d'Hélie Ier. C'est en vain qu'ils nous le représentent comme comte de Périgord, du vivant de son père. Tout ce qu'il y a de positif c'est qu'il était qualifié du titre de duc peu de temps avant la mort de son cousin Arnaud Bouration, c'est-à-dire vers 974, époque où ce comte lui fit don de la ville de Salles, et où Ebles, évêque de Limoges, frère de Guillaume Fiérabras, comte de Poitiers, mourut de chagrin de ce que son chorévêque Benoit, qu'il destinait à lui succéder, avait eu les yeux crevés. Les chroniqueurs nous apprennent encore que Giraud, vicomte de Limoges, et son fils Guy, s'étant chargés de venger le chorévêque, firent à Hélie une guerre acharnée, au commencement de laquelle la fortune leur fut contraire ; mais que, par la suite, ayant été plus heureux, ils s'emparèrent d'Hélie et d'Aldebert, son frère, et enfermèrent le premier dans le château de Montignac (1), l'autre dans celui de Limoges. Il est certain aussi que Giraud était dans l'intention de faire arracher les yeux à Hélie, à l'instigation de Guillaume Fiérabras, pour le punir par le talion, lorsque celui-ci s'échappa du château de Montignac, prit peu après le chemin de Rome et mourut pendant le voyage. Il est également hors de doute qu'il était batailleur et qu'il eut des querelles avec beaucoup de ses voisins, qui ne valaient pas mieux que lui, comme le prouvent les liaisons de Guillaume Fiérabras, comte de Poitiers, avec Arnaud Mauzer (2).

---

(1) Quel est ce Montignac ?

(2) Arnaud Mauzer et les fils de Boson ne pouvaient pas être d'accord, car il était tout naturel que ces derniers prissent le parti de leurs cousins, enfants de Bernard. Dans une rencontre, Arnaud Mauzer fit prisonnier Gausbert, le plus jeune des fils de Boson-le-Vieux, et le remit à Guillaume Fiérabras, neveu d'Ebles, évêque de Limoges, pour lui arracher les yeux. Fiérabras aurait ainsi vengé le chorévêque Benoît aveuglé par Hélie. Ce procédé d'Arnaud Mauzer prouve ses bons rapports avec Guillaume Fiérabras.

Mais tout cela ne justifie pas le titre de comte de Périgord dont on l'a qualifié; ce que l'on peut tout au plus en conclure, c'est qu'à cette époque de désordre l'anarchie s'était glissée partout et que le pays appartenait aux plus entreprenants, surtout avec Richard-le-Simple, qui n'avait ni énergie ni troupes, et qui peut-être s'était réduit à la retraite pour conserver ses jours, car les historiens ne parlent plus de lui. Mais occupons-nous de nouveau du rapprochemen des dates, c'est le plus sûr moyen de nous éclairer dans ce dédale.

Nous avons vu qu'en 973 Bozon aurait eu 97 ans ou environ. Supposons qu'à l'époque où il épousa Emma elle n'avait que 25 ans, comme je l'ai déjà dit plus haut, qu'elle n'en eût que trente à la mort de son père (920). Hélie, en sa qualité d'aîné de leurs enfants, aurait eu environ 55 ans en 974, époque où Arnaud Bouration lui fit don de Salles. Ce n'est donc qu'un an plus tard, c'est-à-dire postérieurement à la mort d'Arnaud Bouration (975), qu'il aurait pu prendre le titre de comte de Périgord, qu'il n'est guère probable que Boson vécut encore, ainsi que je l'ai déjà fait remarquer. Le prit-il après que son père eut cessé de vivre? ce n'est pas plus probable, car s'il ne devint pas prisonnier de Giraud dans la dernière année de la vie d'Arnaud Bouration, la mort de celui-ci ne précéda pas de beaucoup sa captivité, et comme on l'a déjà vu, en sortant de prison il alla mourir sur la route de Rome.

Avant la mort de Richard-le-Simple, si les chroniqueurs déjà cités ne mentent pas, les conjectures des auteurs de l'*Art de vérifier les dates* ne reposent donc sur rien de solide. Voici maintenant les miennes, qui peut-être arriveront à tout concilier.

Nous savons qu'au commencement de la monarchie, tous les princes du sang royal s'appelaient rois. Il est à croire que cet usage n'était pas restreint aux familles princières. D'un autre côté, nous trouvons qu'au xiie siècle il était encore d'usage que les filles reçussent une qualification égale à celle de leurs parents, qualification qu'elles conservaient toujours, lors même qu'elles s'unissaient à des seigneurs inférieurs en dignité à leur père. C'est ainsi que la fille de Raimond, comte de Toulouse, quoique mariée avec Raimond Trencavel, vicomte de Béziers, s'appela toujours comtesse de Burlats, parce qu'elle était fille de comte et née au château de Burlats. Cet usage était évidemment trop conforme à ce qui se pratiquait chez les Francs pour ne pas le faire remonter jusqu'à eux, et dès lors il n'est plus permis de mettre en doute son existence au x° siècle. D'où il faut conclure qu'Emma avait tout naturellement reçu le titre de comtesse de Périgord, quoique mariée à un marquis, appelé il est vrai en même temps comte de Charroux. De là évidemment confusion dans les titres ; et par suite la dénomination de comte de Périgord, donnée parfois, quoique sans raison, à Boson-le-Vieux, et mieux encore à Hélie qui, en sa qualité de fils d'Emma, réunissait les deux privilèges. Par ce moyen tout s'expliquerait et on comprendrait parfaitement comment Boson et Hélie peuvent être qualifiés comtes de Périgord sans en avoir jamais exercé les droits. Hélie mourut sans enfants.

Aldebert fut-il réellement comte de Périgord ? c'est ce qu'il n'est pas plus facile de constater. Il n'est sans doute pas impossible qu'il ait porté ce titre d'une manière plus directe et plus formelle que son père et son frère ; mais à quelle époque le prit-il et quelle fut, en réalité, son autorité sur la province ? Voilà ce qu'on ne saurait dire avec quelque certitude. Rien même n'autorise à avancer qu'il ait eu une résidence fixe dans le pays, quoique le *second Livre* des miracles de saint Benoit lui attribue ce comté par droit de succession. Sa vie se passe en guerres avec le comte de Poitiers, Guillaume Fiérabras, duc d'Aquitaine, qu'il va assiéger jusque dans Poitiers, dont il se rend maître, avec le comte de Blois (990), Eudes Ier, qu'il poursuit jusque devant Tours, dont il fait le siège sous les yeux d'Hugues Capet (990), qui, sans oser l'attaquer, se borne à lui faire demander : *Qui t'a fait comte ?* et auquel, pour toute explication, Aldebert mande : *Qui t'a fait roi ?* (1). Réponse bien autrement remarquable que celle que la plupart des historiens lui mettent dans la bouche, et qui paraît d'autant plus croyable qu'en la donnant, Adhémar de Chabannais s'est montré parfaitement fidèle à la vérité de l'histoire, puisqu'il est constant qu'alors les habitants du Midi ne reconnaissaient pas Hugues Capet. Du reste, cela ne le détourna point de son siège. Il prit Tours et en fit don au comte d'Anjou, son allié, qui ne sut pas le garder.

Postérieurement, de concert avec Boson II, son frère, il déclara

---

(1) Chron. d'Adhémar de Chabannais ; Labbe, nov. bibl. mss. t. 2, p. 170.

la guerre à Guillaume-le-Grand, duc d'Aquitaine, fils de Guillaume Fiérabras, et voulut lui enlever le château de Gençai, dont Boson s'était déjà emparé une première fois, au temps de son père, et que Guillaume-le-Grand avait fait reconstruire ; mais trop confiant en lui-même et se croyant sûr du succès, il se mit à faire le tour de la place sans être revêtu de ses armes. Cette imprudence lui coûta la vie. Une flèche partie du château l'ayant frappé à mort, il fut transporté à Charroux et enterré dans l'abbaye. Il laissa un fils nommé Bernard encore en bas âge, et qui fut tout simplement comte de la Basse Marche.

Tous ces détails ne prouvent rien en ce qui concerne son autorité sur le Périgord. Ils nous apprennent seulement que, comme tous les hommes de son temps, il fut très turbulent, et qu'il avait surtout voué une grande haine aux comtes de Poitiers ; d'ailleurs, à part la guerre qu'il soutint avec Hélie, son frère aîné, contre Giraud, vicomte de Limoges, et Gui, son fils, il ne paraît nullement s'être occupé du Périgord. La circonstance même qui se rattache à la qualification que porta son fils, le démontre encore mieux. Mais voyons si les dates nous fourniront quelques renseignements plus positifs.

En admettant, comme je l'ai dit plus haut, qu'un Hélie n'eût que 55 ans en 974, nous pouvons, je crois, supposer qu'Aldebert, à cette même époque, en avait au moins 50 ; d'où il résulte qu'au temps où Guillaume-le-Grand succéda à Guillaume Fiérabras (990), il en avait 66. Ses querelles avec Guillaume Fiérabras et le siège de Tours sont donc antérieurs à la mort du dernier des enfants de Bernard (992). Il n'est par conséquent pas raisonnable de supposer qu'il fut sérieusement comte de Périgord, surtout si l'on admettait que son père Boson-le-Vieux vivait encore alors. Quant à son mariage, il ne put le contracter que tard, puisqu'il n'était pas encore sorti de prison à la mort de son frère, qui ne survécut pas beaucoup à Arnaud Bouration, et qu'il ne fut délivré de sa captivité que plusieurs années après. Son union avec Asceline, fille de Giraud, vicomte de Limoges, ne put donc guère s'effectuer que vers 980, c'est-à-dire lorsqu'il avait atteint, sinon lorsqu'il avait dépassé la soixantaine ; et comme il mourut peu de temps après l'avènement de Guillaume-le-Grand (990), il dut laisser son enfant Bernard à peine âgé de 10 ans.

Le rapprochement, fait suivant l'ordre chronologique, ne permet donc pas plus de lui appliquer légalement le titre de comte de Périgord que le récit des auteurs de l'*Art de vérifier les dates*.

Boson II. — Les auteurs de l'*Art de vérifier les dates* ne qualifient pas ce fils de Boson-le-Vieux, frère d'Hélie et d'Aldebert, du titre de comte de Périgord ; et c'est précisément lui qui put seul porter ce titre, comme héritier légal et direct des enfants de Bernard, ses cousins. Nous le voyons du reste, dans différentes circonstances, exerçant son autorité en Périgord, de même qu'Adhémar dit positivement qu'à la mort d'Aldebert, il se mit à son lieu et place. De plus, ce sont ses descendants, et non ceux d'Aldebert, qui ont possédé le comté. Il fut même enterré à Périgueux.

Nous avons vu qu'il était avec son frère au siège du château de Gençai. Par un singulier concours de circonstances, il arriva que la veuve d'Aldebert plut à Guillaume-le-Grand, ce qui prouve qu'elle était fort jeune lors de son premier mariage, et qu'elle épousa Guillaume sans que la paix se conclût entre les deux beaux-frères, puisqu'alors Boson était marié avec la sœur de la veuve d'Aldebert. Il avait, en effet, épousé Almodis, fille aussi de Giraud (1). La lutte se continua donc très vive pendant quelque temps avec des chances diverses (2). Enfin la paix ayant été conclue, Boson prit le chemin de Rome, on ne dit pas dans quel but.

A peine s'était-il mis en route, que Gui, vicomte de Limoges, son beau-frère par sa femme, s'avisa de construire une tour en face de Brantôme, sans doute pour mieux dominer cette abbaye qu'il convoitait, et dont il n'avait pas osé s'emparer de vive force, quoique

---

(1) Comme dans tous les récits de ce temps, il y a ici une confusion inextricable. Adhémar donne Almodis pour femme à Aldebert ; et comme Aldebert mourut peu de temps après 990, ainsi que je l'ai dit plus haut, il n'y avait rien qui pût empêcher Guillaume d'épouser Almodis, plusieurs années avant l'an 1,000 ; il était dès lors dans l'ordre des choses possibles qu'Almodis fût morte en 1,004, époque où Guillaume épousa en secondes noces Busque ou Sancie, sœur de Guillaume Sanche, duc de Gascogne ; mais les auteurs de l'*Art de vérifier les dates*, faisant Almodis femme de Boson II, et celui-ci n'étant mort, empoisonné par sa femme, qu'en 1,006, il n'est guère possible d'expliquer comment Almodis fut femme de Guillaume avant Sancie. Il faut donc admettre que la femme d'Aldebert n'était pas Almodis.

(2) Pour les détails qui n'ont en aucune façon trait au Périgord, voir l'*Art de vérifier les dates*.

depuis longtemps, son père et lui fussent habitués à une rencontre de résistance en Périgord de la part de personne. Selon la chronique d'Adhémar, Grimoard, périgourdin d'origine et frère d'Aimeric, seigneur de Mucidan, était alors abbé de Brantôme. C'était un homme d'un talent remarquable, ami des lettres, mais ambitieux et avide, pour qui tous les moyens étaient bons. Y avait-il eu entre Grimoard et le vicomte quelque traité secret violé par Grimoard ? S'étaient-ils fait des promesses réciproques, à la suite desquelles l'abbé n'avait pas rempli ses engagements ? C'est ce qu'on ne dit pas ; mais Adhémar avance positivement que Grimoard avait été fait prisonnier ; que Gui demandait impérieusement à l'abbé captif de lui faire don de l'abbaye, et que le vicomte avait construit la tour par suite de son refus. Selon le père Dupuy et une tradition adoptée par le *Gallia christiana*, ce serait Audouin, frère de Gui, plus tard évêque de Limoges, mais abbé de Brantôme avant Grimoard, que Gui aurait persécuté et de qui il aurait exigé la cession de Brantôme. A cette nouvelle, Boson rebrousse brusquement chemin, marche droit vers Brantôme, livre bataille à Gui, qui est blessé, le met en fuite et détruit la tour. Il ne paraît pas avoir repris le chemin de Rome à la suite de cet exploit (1). A partir de ce moment l'histoire se tait sur le compte de Boson II, qui, après avoir, pendant quelque temps encore, participé plus ou moins activement aux troubles des provinces circonvoisines, finit par renoncer à la vie des camps et se tint en paix dans ses domaines, habitant sans doute Périgueux ; c'est du moins ce qui semble résulter du récit et des suites de sa mort, rapportée en ces termes par Adhémar Chabannais : « Boson » ayant été empoisonné par sa femme Almodis, fut enterré à Péri- » gueux. » D'un autre côté, cette ville ayant été prise par Guillaume- » le-Grand, tuteur des fils de Boson et de son neveu (Bernard, fils » d'Aldebert), il en fit don au fils aîné de Boson et attribua la » Marche à Bernard, fils d'Aldebert. » (2). Ajoutons qu'il épousa Almodis. Quelques détails sur ces évènements et le rapprochement

---

(1) S'il fallait suivre les auteurs de l'*Art de vérifier les dates*, article des vicomtes de Limoges, tout cela se serait passé beaucoup plus tard ; mais il arriverait alors que les faits que j'ai rapportés et ceux qui vont suivre seraient inconciliables. J'aime mieux croire que les dates données à l'article précité sont inexactes.

(2) Labbe : Nov. bibl. mss. t. 2, p. 174.

des dates, permettront de mieux apprécier les faits à leur juste valeur.

Nous avons vu Guillaume-le-Grand épousant la veuve d'Aldebert sans pour cela discontinuer d'être en guerre avec Boson. Cette veuve, qui devait être née avant 974, avait au moins de 27 à 28 ans lorsqu'elle se remaria. Je ne doute pas qu'Almodis, sa sœur, ne fût plus jeune qu'elle ; mais elle devait avoir 25 ans, à cette même époque ; elle en avait donc environ 39 ou 40, lorsqu'elle empoisonna son premier mari, et Guillaume 45 ou 46 ; de telle sorte que ces détails n'ont rien d'impossible, et qu'on peut très bien admettre que cette femme, jeune encore, et à qui on avait prédit qu'elle serait un jour duchesse, commit un crime pour réaliser la prédiction qui lui avait été faite. On comprend d'ailleurs, qu'à cet âge, elle pût avoir de Boson un fils, encore enfant ou du moins fort jeune, dont Guillaume devint naturellement le tuteur ; mais si, au contraire, il était vrai, comme le disent les auteurs de l'*Art de vérifier les dates*, qu'Adhémar, vicomte de Limoges, ne succéda à son père qu'en 1025, par le seul fait que nous savons qu'Adhémar fut en guerre avec Boson, elle n'aurait empoisonné son mari qu'à l'âge de 50 ans, pour épouser Guillaume, qui en aurait eu alors 65 ou 66, et ce crime n'aurait eu d'autre but que de réaliser la prédiction dont il vient d'être parlé, sans que d'ailleurs il fût possible d'admettre qu'elle eût un fils mineur à cet âge. Dans ce cas, il faudrait tout simplement dire que deux vieillards s'entendirent pour commettre un crime sur un autre vieillard, crime que l'amour, l'ambition et la vengeance peuvent seuls inspirer. Fort heureusement les dates et les faits repoussent ces atrocités et commandent de rejeter les assertions des auteurs de l'*Art de vérifier les dates*.

Je ne dois pas omettre de rapporter ici un fait d'une nature toute particulière, qui donne une assez juste idée du désordre qui régnait alors dans la société.

Au concile de Limoges (1031), les moines de Beaulieu, en Bas-Limousin, se plaignirent que leur abbaye était gouvernée par un abbé séculier qui les tourmentait beaucoup. L'affaire examinée, il fut constaté que, vers 983 ou 984, le comte de Toulouse s'était emparé de cette abbaye, en avait fait don au comte de Périgord, qui lui-même l'avait donnée à un vicomte de Comborn. Il est évident que ce comte de Périgord ne pouvait être autre que Boson II. (Voir Justel et le 2ᵉ volume de l'histoire de Languedoc.)

CHAPITRE III.

Mouvement religieux du VIIᵉ au XIᵉ siècle.

Après la mort de Saffaire, l'histoire ecclésiastique présente une lacune en Périgord.

Si nous portons notre attention sur les divers diocèses des Gaules, nous voyons ceux d'Avranche, de Mont-de-Marsan, d'Autun, d'Agde, d'Agen, d'Alby, d'Amiens, d'Angers, d'Apt, de Comminge, d'Orange, de Strasbourg, d'Arras, d'Aoste, d'Orléans, d'Auxerre, de Bayeux, de Beauvais, de Béziers, de Teroine ou Boulogne, de Saint-Brieuc, de Cavaillon, de Cahors, de Carcassonne, de Chartres, de Châlons, du Mans, de Clermont, de Conserans, de Coutances, de Digne, de Die, de Châlons, d'Évreux, d'Angoulême, de Genève, de Glandvès, de Grasse, de Grenoble, d'Elne, de Lectoure, de Lescar, de Laon, de Limoges, de Liège, de Lisieux, de Saint-Paul-de-Léon, de Langres, de Lodève, de Saint-Malo, etc., etc., c'est-à-dire tous les anciens diocèses, présentant des lacunes plus ou moins considérables à peu près à cette même époque. Par quelle étrange exception se trouvait-elle en partie comblée, dans notre diocèse, lorsqu'elle ne le serait pas dans les autres ? Évidemment, cette lacune tient à une cause générale, à des faits émanés eux-mêmes de l'état de la société à cette époque.

Avec l'extension de l'autorité des Maires du palais, les troubles se multiplièrent et le pouvoir royal s'avilit, jusqu'à ce qu'enfin la race mérovingienne se trouva dépossédée du trône. Les secousses politiques de la fin du VIIᵉ siècle portèrent atteinte à la discipline de l'Église et jetèrent le désordre dans la hiérarchie ecclésiastique. Ce premier pas dans l'anarchie religieuse permit aux mauvaises tendances du clergé de se donner carrière, et ce fut alors qu'on dut commencer à voir les prêtres et les évêques renoncer à leur mission de paix et de charité, pour endosser les costumes de guerre et se livrer à la vie des camps.

Avec le VIIIᵉ siècle, apparut Charles Martel. On sait que la position faite à ce chef de la race carlovingienne, par les évènements politiques, l'obligea de s'emparer d'une grande portion des biens

du clergé, qu'il employa à rémunérer ses amis et ses partisans. Belliqueux comme il était, le clergé ne pouvait pas se soumettre à un pareil acte de violence. Il cria à la spoliation, et poursuivit de sa haine cette hardiesse inouïe. Les deux passages suivants, empruntés à deux auteurs presque contemporains, quoique empreints d'une exagération incontestable, révèlent avec exactitude la situation. On lit dans la 132° lettre de saint Boniface : « Au rapport des
» anciens, les Francs demeurèrent plus de quatre-vingts ans sans
» synodes et sans archevêques, n'attribuant ni ne renouvelant à
» personne les pouvoirs canoniques de l'Église (c'est-à-dire ne
» remplissant pas les vides faits dans les rangs du clergé) (1). » La
» 6° lettre, chapitre XIX d'Hincmar, s'exprime ainsi : « Du temps du
» prince Charles (Martel)... dans les provinces germaniques,
» belges et gauloises, la religion chrétienne fut pour ainsi dire
» abolie, de telle sorte que... plus particulièrement dans la partie
» orientale, la plupart adoraient les idoles et mouraient sans
» baptême. »

Du reste, ce n'est pas seulement pendant l'espace d'un siècle, mais pendant plus d'un siècle et demi, que l'histoire ecclésiastique resterait muette sur le Périgord, si nous n'avions pas quelques vagues détails relatifs à un établissement que la légende s'est complue à entourer d'une auréole de merveilleuses impossibilités. Je veux parler de l'abbaye de *Calabre*, aujourd'hui Calviac, canton de Carlux.

« Sacerdos naquit à Calabre, en Sarladais, vers 455. Il eut pour
» père Laban, pour mère Mondane, et pour parrain le roi Anticius,
» qui par hasard se trouvait à Calabre au moment de sa naissance,
» et qui lui fit don de cette terre. Dès sa tendre enfance, Sacerdos
» fut confié à Capuanus, évêque de Cahors. Lui reconnaissant de
» rares aptitudes, cet évêque l'initia aux lettres *humaines et divines*,
» et, persuadé qu'il rendrait un jour de grands services à la religion,
» l'ordonna clerc. Devenu majeur, Sacerdos s'occupa très active-
» ment d'une abbaye établie à Calabre, où résidaient quarante
» religieux vivant d'aumônes. Il les nourrit, rebâtit leur église et
» leur monastère qui tombaient en ruine, leur donna tous ses
» biens, y fit profession, demeura sept ans simple religieux, fut

---

(1) Bibl. max. Patrum, t. XIII, p. 125.

» ordonné prêtre et devint abbé du lieu. Peu de temps après, les
» miracles qu'il opéra le rendirent tellement célèbre dans la contrée
» que l'évêché de Limoges, s'étant trouvé vacant, il y fut appelé
» d'une voix unanime et administra dignement le diocèse pendant
» un certain nombre d'années, après lesquelles, sentant sa fin
» s'approcher, il prit le chemin de son pays natal, par Argentat,
» pour aller y terminer ses jours en paix ; mais arrivé dans cette
» petite ville et se sentant défaillir, il n'essaya pas de pousser plus
» loin, y séjourna quelque temps et rendit son âme à Dieu avec
» toutes les marques d'une grande sainteté. Son corps fut ensuite
» transporté, par eau, à Calabre et enterré dans l'abbaye, où dans
» la suite il opéra de grands miracles. »

Tel est le sommaire de cette vie racontée fort longuement par l'hagiographe qui l'a composée, et dont le récit essentiellement héroïque est tellement étranger aux annales du pays, pour le temps auquel il se rapporte, que je n'aurais pas essayé de m'en occuper, si je n'avais pas la conviction profonde qu'il est du devoir d'un historien de ne rien négliger de ce qui touche à la vérité des faits, et de ramener les légendes aux proportions de l'histoire contemporaine.

Je n'ai rien à dire sur Laban, l'histoire n'en fait pas mention. Je ferai remarquer au contraire que Mondane sanctifiée donna son nom à une paroisse qui constitue aujourd'hui une des communes du canton de Carlux, dans laquelle est situé le château de Fénelon. Le roi Anticius, dont le nom a paru être une altération d'Ecdicius, fils de l'empereur Avitus, célèbre au ve siècle par les divers emplois qu'il occupa, ne mérite pas la moindre attention, parce que les détails qui vont suivre nous placent aux viie et au viiie siècle. De l'avis de tous les historiens sérieux, le maître donné à Sacerdos, plus connu sous le nom de saint Sadroc ou saint Sardos, l'évêque Capuanus, fut promu au siège de Cahors en 660, c'est-à-dire immédiatement après saint Didier, et jouissait d'une grande réputation quand Sacerdos lui fut confié. En admettant que Capuanus fût évêque depuis une dizaine d'années, lorsque Sacerdos se rendit près de lui, et que l'enfant eût alors de 10 à 12 ans, on peut aussi avancer, sans crainte, que le fils de Laban vint au monde à peu près à l'époque où Capuanus fut élu évêque. Les mêmes historiens sont d'accord pour dire que Sacerdos n'occupa le siège de Limoges qu'après Aggericus, qui dut cesser de vivre vers 715, ainsi que le prouvent suffisamment les faits suivants.

Félix fut représenté au concile de Châlons par l'abbé Paterne, entre 643 et 650 ; on peut admettre sans peine que Félix vécut jusque vers 655. Or, entre Félix et Cessator on compte sept autres évêques dans l'ordre suivant : Adelphius, — Hertgenobertus, — Coparius, — Ermenerius, — Salutaris, — Aggericus et Sacerdos. Par le seul fait que ce Cessator florissait en 730, nous devons croire qu'il était évêque au moins depuis cinq ou six ans ; admettons qu'il prit possession du siège épiscopal vers 725, il en résultera qu'entre Félix et Cessator nous aurons un espace de temps de 70 ans, soit une moyenne de 10 ans par évêque, ce qui place la mort d'Aggericus vers 715, comme je l'ai dit plus haut, et la mort de Sacerdos vers 725.

Il est donc probable que Sacerdos florissait à la fin de la première race de nos rois, qu'il vint au monde au plus tôt à la fin du règne de Clovis II ou au commencement de celui de Clotaire III, et qu'il mourut au temps où Charles Martel était dans toute sa puissance, laissant le siège de Limoges à un prélat, après lequel il y eut une vacance de plus d'un demi siècle.

Quarante ans environ plus tard, selon la tradition consacrée par un manuscrit de 1570, selon le père Dupuy et selon le père Labbe (1), un évêque du nom de Bertrand aurait occupé le siège épiscopal, sans qu'on sache d'ailleurs la durée de son épiscopat. Il aurait eu pour successeur, selon le même manuscrit, Raymond, également inconnu. A Raymond en auraient succédé deux autres dont on n'avait pas pu retrouver les noms. Voici comment s'exprimait ce manuscrit : « On voyait dans l'église collégiale de St-Front, du
» côté de l'autel dédié à sainte Catherine, contre la muraille,
» plusieurs évêques du Périgord, représentés en peinture, et im-
» médiatement devant Frotaire il y avait la représentation de quatre
» évêques. Le premier était intitulé : *Bertrand* ; le second *Ray-*
» *mond* ; le nom des deux autres n'avait pas pu être lu. » Si ces détails sont vrais, il n'est pas difficile de retrouver les deux évêques dont parlait le manuscrit, puisque l'histoire nous a conservé leur nom ; mais faut-il accepter ces renseignements sans examen ?

---

(1) Bibl. Nov. mss., t. 2, p.

Dom Claude-Etiennot fut chargé de recueillir tous les documents propres à refondre le *Gallia christiana* des frères Sainte-Marthe. Dans ses longues recherches, il retrouva une partie du nécrologe de l'abbaye de Brantôme qu'il transcrivit avec soin. Dans cette transcription, dont j'ai fait une copie moi-même, se trouvent signalés dix-sept évêques ; six sont donnés avec la qualification d'évêques de Périgueux ; un avec celle d'évêque d'Angoulême, et un septième avec celle d'évêque de Poitiers ; les neuf autres portent seulement le titre d'évêques. Ce sont, dans l'ordre établi par le nécrologe, Auscléobe, Audoin, Gobert, Turpin, Ramnulfe, Geoffroy, Udalric, Martin, Hugues (1).

Ces dix-sept évêques appartiennent incontestablement tous à une époque bien postérieure à Charlemagne, c'est-à-dire à une époque où Jérusalem et le tombeau du Christ avaient recommencé à attirer l'attention des fidèles, à la suite de la donation de cette ville et de ce tombeau à Charlemagne par le calife Haraon-Al-Raschid. Je n'hésite pas à dire que le plus ancien des dix-sept ne remonte pas au-delà de 991, et que c'est Audoin qui, au lieu d'être évêque de Périgueux, fut sacré évêque de Limoges à Angoulême, cette année 991, par l'archevêque de Bordeaux, assisté de plusieurs évêques, parmi lesquels Frotaire, évêque de Périgueux. Quant aux autres, ils sont tous des xie et xiie siècles et appartiennent aux évêchés de Saintes, d'Angoulême, de Limoges et d'Agen, à l'exception d'Auscléobe, d'Udalric et de Martin ; or, par la raison que, sur dix-sept, il y en a quatorze de connus, dont un seul remonte au xe siècle, il est rationnel de dire que les trois inconnus ne sont pas plus anciens, et par conséquent n'appartiennent pas à la période comprise entre Sébalde et Frotaire ; de plus, il demeure démontré que, sur

---

(1) Sur ces neuf, M. Audierne en a choisi cinq qu'il donne comme ayant été évêques de Périgueux, dans les ixe et xe siècles. Il se montre même surpris que le *Gallia christiana* n'en parle pas, et attribue le silence de cet ouvrage au défaut de chronologie, de la part du nécrologe de Brantôme, dans la classification de ces évêques. Je commence par déclarer que cette observation de la part de M. l'abbé Audierne était d'autant plus inutile que, précisément l'ordre chronologique n'a point été interverti, comme on le voit par la série des noms que j'ai transcrits plus haut, en me conformant au texte même du nécrologe ; aussi n'est-ce pas la remarque de M. l'abbé Audierne qui m'inspire de la défiance, à l'endroit de ces cinq évêques, mais bien son choix de cinq sur neuf de nommés ; c'est au sujet de ce choix que je crois devoir me permettre quelques réflexions sur les noms des élus.

les cinq, il n'en resterait plus que trois qu'on pourrait attribuer à Périgueux. Mais admettons que ce rapprochement laisse à désirer, sous le rapport de la démonstration, et supposons que ces trois évêques peuvent appartenir à la période comprise entre les deux évêques que je viens de nommer ; nous allons examiner ce qu'il y a de probable à les croire évêques de Périgueux.

Le premier porte un nom qui ne se trouve dans aucune des nomenclatures d'évêques français ou gaulois. Et de fait, le mot Auscléobe est un mot oriental qui dut s'appliquer à quelque évêque de l'Asie-Mineure, de l'Afrique ou de la Palestine, et que l'abbaye de Brantôme consigna sur son nécrologe en vertu de quelque service rendu soit à l'abbé, soit à des moines de ce couvent, allant visiter les lieux saints. Udalric n'est pas un mot aussi étranger, car on trouve deux évêques de ce nom au XII° siècle : un à Coutances et l'autre à Autun ; mais il est complètement en dehors des formes méridionales, et nous ne rencontrons rien d'approchant, à aucune époque, ni dans la province de Bourges, ni dans celle de Bordeaux, ni dans celle de Toulouse, ni ailleurs dans le Midi. Martin est un nom très commun dans toute l'étendue de la monarchie ; toutefois, en examinant les séries d'évêques, on est tout surpris de constater que la dénomination de Martin, passablement usitée dans les premiers temps du christianisme, fut délaissée pendant le Moyen-Age, pour ne reprendre faveur qu'à la fin du XIV° siècle, durant le cours du XV° et postérieurement ; mais comme le nécrologe ne descend pas au-delà du premier quart du XIII° siècle, il faut en conclure que ce nom de Martin, appliqué à un évêque de Périgueux du X° siècle, n'est pas plus possible que les deux autres. Hâtons-nous donc de reconnaître que, de ces cinq évêques, pas un n'a pu occuper le siège de Périgueux ; et nous revenons au renseignement fourni par le manuscrit signalé plus haut, parce que ce renseignement est conforme aux données historiques. Les deux évêques dont le nom ne pouvait pas se lire se trouveront alors être Amar ou Aimard, et Sébalde, auteur d'une compilation sur saint Front.

La chronique de Maillezais fait occuper, en 844, le siège épiscopal de Périgueux par Amard ou Aimard dont Dupuy ne parle pas. M. l'abbé Audierne serait tenté de croire qu'un évêque auquel on a donné le nom d'Amavius et qui signa immédiatement après Audacher, dans une assemblée tenue à Germigny, près d'Orléans, en 843, pourrait bien être le même que notre évêque ; mais, indépendamment de ce que le nom est mal écrit, il est certain qu'Audacher n'existait plus en 841. Ce qui me parait plus certain, c'est qu'Amard ou Aimard vivait encore en 849 et qu'il assista à une réunion tenue à Saint-Florent-de-Saumur (1). Il est aussi question de lui, à cette même date, dans un diplôme de Charles-le-Chauve, en faveur de cette même abbaye de Saint-Florent (2). On ignore l'époque de sa mort.

Selon Dupuy, Sébalde aurait occupé le siège épiscopal de Périgueux dès 892 ; il est certain qu'il était encore évêque en 900. Il est, comme je l'ai dit, l'auteur d'une compilation sur saint Front que le père Dupuy critique avec raison en ces termes : « Et de » fait il est constant que dès lors, la tradition se trouvait tellement » interrompue que Sébalde a introduit dans ce petit travail des » détails inadmissibles et insoutenables. »

La lacune entre Aimard et Sébalde avait été d'une quarantaine d'années; elle fut de plus d'un demi-siècle entre Sébalde et Frotaire ; mais aussi elle fut la dernière. Toutefois, avant d'aborder l'épiscopat de Frotaire, il faut se faire une idée aussi juste que possible de l'état religieux en Périgord vers la fin du x° siècle.

L'établissement fondé par Sulpice-Sévère, qui n'avait plus donné signe de vie depuis lors, n'existait très probablement plus, car tout porte à croire que l'invasion des barbares, ou les luttes de l'arianisme et de l'orthodoxie, l'avaient frappé à mort. Celui du Puy-Saint-Front au contraire était en voie de prospérité, quoiqu'il eût été la proie des Normands ; après s'être emparés de la cité, et l'avoir pillée, ils avaient pénétré dans l'établissement fondé par le saint devenu le patron du Périgord et s'étaient attachés à le ruiner. Le convent, ou plutôt la prévôté de Trémolat, se maintenait avec succès, non pas parce que Charlemagne l'avait rebâti, comme l'a prétendu le père Dupuy, sur la foi d'un manuscrit du xvi° siècle, dont l'authenticité ne saurait se justifier, mais par la raison qu'il recevait des dons, notamment en 852, de la part de l'évêque d'Angoulême, de qui il dépendait, en vertu de la volonté de saint Cybar, son fondateur. C'est par la même raison que, vers 995, Gri-

---

(1) Cette abbaye possédait de grands domaines en Périgord.
(2) Rec. des Hist. de Franc. t. vm, p. 501.

moard, évêque d'Angoulême, donna cette même prévôté à Eymeri, son parent, seigneur de Mussidan, qui plus tard en disposa à son tour ; si bien qu'elle se trouva désormais soustraite à l'autorité du couvent de saint Cybar. Le couvent de femmes de Saint-Astier, que nous avons vu envahi et ruiné par les Normands, était toujours veuf de ses religieuses et devait rester délabré, jusqu'au moment où Raoul de Scoraille y établirait des chanoines. Terrasson, détruit également par les Normands, était sur le point d'être reconstruit si sa construction n'avait déjà été recommencée. Saint-Amand et Saint-Cyprien jouissaient toujours, selon toute apparence, d'un état prospère ; c'est du moins ce qui résulte des détails qu'on lira plus tard. Le chapitre de Saint-Avit-Sénieur, dont la date de la fondation n'est pas exactement connue, existait probablement alors et avait une certaine importance. On parle encore d'une abbaye de *Rociaco*, détruite par les Normands en même temps que celle de Saint-Astier, dont il ne reste plus de traces et sur la position topographique de laquelle on n'est pas d'accord. Il est probable que c'était *Boussac*, ancienne paroisse non loin de *Cercles*, canton de Verteillac, que nous verrons plus tard donnée à Saint-Astier. Il y avait en outre cinq autres établissements, fondés depuis la mort de Saffaire, dont deux avaient été maltraités par les Normands ; mais qui, déjà rétablis, brillaient d'un nouvel éclat et avaient plus d'avenir que jamais. Je veux parler de Brantôme, de Paunat, de Saint-Martin-de-Bergerac, de Sourzac et du Bugue.

Le fondateur de Brantôme est Charlemagne et non pas Pépin, fils de Louis-le-Débonnaire, qui n'en fut que le bienfaiteur. La date de la fondation est entourée de quelque obscurité ; selon une vieille chronique elle ne remonterait qu'à 779, c'est-à-dire au retour de l'expédition d'Espagne contre les Sarrazins ; mais selon Reginon et une chronique rapportée par Mabillon dans les Annales bénédictines (1), il faudrait la placer en 769. D'abord Reginon et ensuite la chronique, quoique je doive reconnaître que le manuscrit, ayant appartenu à Loizel, soit le seul qui porte cette date, d'une écriture un peu plus récente que le corps du manuscrit, puis encore les circonstances qui se rattachent à la campagne de Charlemagne et de son frère Carloman contre le vieil Hunold, seraient, à mon avis, parfaitement concluantes ; et enfin le fait de l'installation

(1) T, II, p, 769.

dans ce nouvel établissement par Charlemagne lui-même, des reliques de saint Sicaire, données à son père Pépin par le pape Etienne II ou Paul Ier, qui depuis trop longtemps déjà étaient sans destination. La tradition est constante, et n'est contrariée par aucune donnée historique d'une manière formelle. Je dois convenir cependant que l'année 779 a beaucoup d'avantages pour elle, puisqu'il est très certain que Charlemagne séjourna à *Casseneuil*, à son retour d'Espagne ; que ce fut sans doute pendant ce séjour qu'il s'occupa de l'organisation du nouveau royaume d'Aquitaine et du renouvellement des comtes ; mais c'est précisément le côté tout politique de ses occupations, durant ce dernier séjour, qui me fait pencher pour 769. Quoi qu'il en soit, il est certain que Charlemagne est le véritable fondateur de l'abbaye de Brantôme, dont l'église fut dédiée par le pape Léon III en 804, et ce qui lève tout doute à cet égard, c'est que dans l'Assemblée générale d'Aix-la-Chapelle en 818, où furent recensées les abbayes de l'empire, celle de Brantôme figura parmi les établissements religieux de ce temps qui ne devaient que des prières à l'empereur. Nous n'avons pas de renseignements précis sur cette abbaye jusqu'en 839. A cette date, un chroniqueur (1), attribue à Pépin, roi d'Aquitaine, fils de Louis-le-Débonnaire, la fondation de Brantôme, qui pouvait se placer quelques années plus haut, parce que 839 est la date de la mort de Pépin, mais qui, dans tous les cas, n'est pas l'œuvre de Pépin, comme on vient de le voir. Ce que je crois plus probable, c'est que Pépin travailla à son agrandissement ou à son embellissement, et qu'il en fut le bienfaiteur au lieu d'en être le fondateur. Les Normands la détruisirent en 849. Elle fut, dit-on, rétablie à la fin du IXe siècle ou au commencement du Xe. Certains auteurs en ont voulu même attribuer la gloire à Bernard, comte de Périgord ; mais on a vu au chapitre des comtes, combien peu mérite de confiance tout ce qu'on a dit à ce sujet. J'attribuerai volontiers la restauration de ce couvent à l'abbé Martin, qui le régissait vers 920, et dont on vante le zèle actif.

Paunat, commune du canton de Sainte-Alvère, fut fondée très probablement à la fin du VIIIe siècle, par David et Bénédictine sa femme ; il nous reste une charte de 804 par laquelle les fondateurs

---

(1) Adhémar de Chabannais ; Labbe : Nov. bibl. mss. t. II, p. 160.

en font don à l'abbaye de Saint-Martial-de-Limoges. Cet établissement est mentionné dans un diplôme de Pépin, roi d'Aquitaine, portant la date de 828. Il était prospère encore en 856, et recevait des dons importants. Il fut envahi et saccagé par les Normands, vers 861. Cependant l'abbé, appelé Adalgaze, et une partie de ses moines, voyant le danger imminent, se hâtèrent de se sauver et de se retirer auprès du comte de Toulouse, qui leur fournit le moyen de fonder l'abbaye de Vabres, en Rouergue. Paunat ne demeura pas longtemps en ruines, et tout porte à croire qu'il fut restauré par Charles-le-Chauve ou son fils Charles, roi d'Aquitaine (862-866) ; mais il fut de nouveau détruit entre 964 et 976. Il était même encore en ruines à l'avènement de l'évêque Frotaire, qui s'occupa de son rétablissement quelque temps avant sa mort (entre 987 et 991) (1).

Nous n'avons aucune donnée positive sur la fondation de Saint-Martin-de-Bergerac ; mais tout porte à croire qu'il fut fondé au temps de Charlemagne. Ce n'est que vers 1080 qu'il en est question pour la première fois ; néanmoins, à la manière dont on en parle, on voit que cet établissement était fort ancien. Je ne doute donc pas qu'il n'existât au xe siècle (2).

Je place volontiers l'abbaye de Sourzac, commune du canton de Mussidan, donnée à saint Florent de Saumur en 1081, dans la catégorie des abbayes du xe siècle, sans avoir d'ailleurs le moyen de fournir aucun renseignement précis sur son existence, pour l'époque antérieure à 1081 (3).

L'abbaye du Bugue, abbaye de femmes de l'ordre de saint Benoit, fut fondée en 964 par Grimoald et Adelaïde, seigneur et dame de Montignac, d'accord avec les moines de Paunat. Elle fut, de prime abord, placée sous l'invocation de saint Salvador, dont elle reçut le nom.

De l'importance de ces établissements, il ne faudrait pas conclure que le christianisme avait pénétré par tout le pays et s'y était universellement établi. Un passage de la chronique de Maillezais où il est dit que, vers 900, la foudre tomba dans presque toutes les localités qui avaient des églises, semble donner à penser le con-

---

(1) Voir l'*Écho de Vésone* des 5 et 6 mai 1863.
(2) Voir les Annales agricoles de la Dordogne, 2me série, t. xxvii, p. 471.
(3) Martene : Thes. nov. anecd. t. i, col, 213.

traire et porterait à croire qu'il y avait encore des centres de populations sans églises, ou, en d'autres termes, non parfaitement convertis. Telle était la situation du Périgord, au moment où Frotaire fut appelé au siège épiscopal.

Selon le fragment imprimé par Labbe (1), cet évêque fut envoyé à Périgueux par Hugues Capet, en 776 ; cela est contraire à la vérité, car Hugues Capet ne monta sur le trône de France qu'en 987, et qu'en 990, Frotaire, comme on va le voir, ne reconnaissait pas encore Hugues Capet pour roi. Convenons donc que ce prélat dût arriver canoniquement au siège épiscopal et surtout sans l'appui d'un prince qu'il regardait encore comme un usurpateur, trois ans après son élévation au trône (2). Frotaire qui, selon le peu que nous savons de lui, était loin d'être un évêque ordinaire, gouverna l'Eglise du Périgord pendant quatorze ans six mois et trois jours. Durant cet espace de temps, il construisit cinq grands châteaux : *Agonac*, canton de *Brantôme* ; *Craonac*, qu'on croit être *Crognac*, près *St-Astier* ; *Auberoche*, commune du *Grand-Change*, canton de *Savignac-les-Eglises* ; *Laroche-St-Christophe*, près *Le Moustier*, canton de *Montignac* ; *Bassillac*, canton de *St-Pierre-de-Chignac* ; présida au rétablissement du couvent de Paunat, et commença, dit-on, la construction de la grande église de St-Front telle qu'on la voyait naguère encore. Selon le fragment, ces châteaux étaient destinés à servir de refuge à la fois et de défense aux populations, contre les incursions des Normands, ou plutôt contre les ravages commis par des bandes d'aventuriers qui se donnaient le nom de Normands, pour inspirer plus de terreur, car les vrais Normands étaient fixés dans la province qui porte encore leur nom (3).

Frotaire assista au Concile de Charroux tenu en 989, et où on dressa trois articles, dont un contre les *brigands* (4). Il prit aussi part à l'élection, à la consécration et à l'intronisation de Gausbert, évêque de Cahors, qui eurent lieu aux nones de janvier (5 janvier) 990, *régnant le roi Charles* (de Lorraine), ce qui prouve, comme je

---

(1) Nova bibl. mss. t. 2, p. 737.
(2) Baluze, Capitulaires, t. 2, col. 629 ; *Gallia christiana*, t. 2, pr. col. 485.
(3) Voir le Concile de Poitiers. Labbe, Nova bibl. mss. t. 2, p. 765 et Glaber : l. IV, c. 5.
(4) Labbe : Nov. bibl. mss. t. 2, p. 764.

l'ai dit, qu'il ne reconnaissait pas Hugues Capet pour roi. On a vu que l'année suivante il se trouva à la consécration d'Audoin, évêque de Limoges (1). Il mourut assassiné par son prévôt, à Mourcinq, commune de Coursac, le 6 des ides de décembre (8 décembre) 991 (2). Quel fut le motif qui porta cet ecclésiastique à donner la mort à son évêque ? C'est ce que le fragment ne nous dit pas ; mais il nous apprend qu'il fut enterré dans la basilique de St-Front. Quelques auteurs appellent ce prélat Frotier ou Frotaire de Gourdon et le font sortir de la maison de ce nom, descendant elle-même des comtes de Toulouse. J'ignore complètement sur quoi ils se fondent pour avancer une pareille assertion ; et je crois devoir me borner à l'énoncer.

Frotaire eut pour successeur Martin Dieu-Donné, fils de Boson-le-Vieux et d'Eyna ou Emma, fille elle-même de Guillaume Taillefer et sœur de Bernard, comte de Périgord et d'Angoulême. Il prit possession du siége épiscopal en 992 et mourut en l'an 1000. Il administra par conséquent le diocèse huit ans et quelques mois sans doute, et non pas neuf ans, comme le dit le fragment et comme l'ont répété les divers auteurs qui ont parlé de nos évêques.

Nous n'avons rien de particulier sur l'épiscopat de Martin. Nous savons seulement que sa mère construisit la chapelle de St-André. Son obit n'est pas consigné dans le calendrier, mais, comme Frotaire, il fut enterré dans l'église latine de St-Front.

Du temps de cet évêque, le désordre et la violence régnaient plus que jamais partout, et les populations se trouvaient à la merci de ces malfaiteurs odieux, de ces pillards insatiables qui désolaient le pays sous des noms différents ; mais plus habituellement, comme je l'ai déjà dit, sous celui de *Normands*.

---

(1) On peut citer à ce propos un passage d'Adhémar de Chabanais (Labbe nov. bibl. mss. t. 2, p. 171) : *Sæpe idem Aldimus* (évêque de Limoges, dont il va être question), *pro rapinâ militum et devastatione pauperum novam observantiam constituit.*

(2) Dans les cathédrales, le prévôt était un chanoine exerçant des fonctions qui répondaient à celles de prieur dans les couvents. Le prévôt qui assassina Frotaire était-il le prévôt de la cathédrale, ou le prévôt de St-Front ? C'est ce qu'on ne dit pas.

CHAPITRE IV.

Détails géographiques. — Hommes célèbres.

J'ai toujours pensé, que la population du Périgord ayant constamment été à peu près la même, sa répartition sur le territoire ne devait jamais avoir beaucoup varié et que, par conséquent, la plupart des localités qui subsistent de nos jours, en dehors des bastilles, des châteaux et des bourgs, qui produisirent d'importantes modifications dans les groupes, devaient remonter à une haute antiquité. Mais l'histoire ne prend pas des conjectures pour base, elle ne s'appuie que sur des faits. Mon devoir d'historien m'impose l'obligation de ne parler que des lieux dont les documents authentiques et contemporains font mention ; ceux que j'ai déjà signalés dans le premier livre et ceux qui se sont produits depuis l'avènement de la 2ᵉ race. Voici les localités sur lesquelles nous avons des données historiques antérieures à l'an 1000 :

Agonac, *Agonacum*. Pas d'autres détails que la construction du château par Frotaire ; château qui donna naissance à une agglomération de maisons.

Andrivaux, *Androvallum* (1). Il n'est pas bien certain qu'Andrivaux, aujourd'hui réuni à Chancelade, ait été mentionné avant l'an 1000. Je le place ici sur la foi du *Fragment des évêques de Périgueux* qui, à l'article Geoffroy de Cauze ou Cauzé, évêque en l'an 1137, dit que de son temps, Andrivaux fut donné aux Templiers, parce que les religieuses qui l'avaient anciennement occupé en avaient été expulsées, à cause de leur inconduite.

Auberoche, *Albarocha*, blanche roche. Ce château, construit par Frotaire, est placé sur une roche calcaire, formant une forte éminence, dans la commune du Grand-Change, canton de Savignac-les-Eglises.

Aubeterre, *Albaterra*, blanche terre. Cette localité fut détachée de bonne heure du Périgord, mais elle fit partie de l'évêché de Pé-

---

(1) Je serais tenté de croire qu'on a dû dire Antrivallum, *le vallon de l'antre*.

rigueux jusqu'à la Révolution de 1789. C'était une abbaye de l'ordre de saint Benoît, qu'on dit avoir été fondée par saint Maur, au vii⁰ siècle, et dont l'église avait cela de remarquable qu'elle était taillée dans le roc, avec une fontaine coulant du milieu de la voûte. Aimoin y passa et y coucha en 1004, en se rendant de l'abbaye de Fleury-sur-Loire à La Réole, avec Albon, son abbé.

BANNES, *Banas* ou *Bannas*. Ancienne paroisse, faisant actuellement partie de la commune de Bayac. C'est à Bannes que saint Avit rencontra Secundinus, qui devint son compagnon de solitude dans la forêt de Rouffiac.

BASSILLAC, *Basiliacum*. Commune du canton de St-Pierre-de-Chignac, l'un des cinq châteaux bâtis par Frotaire.

BERGERAC, qu'on écrivait primitivement BRAGERAC, *Brageriacum*, du substantif de basse latinité BRACUEUM, signifiant *bas-fond*, *banc de sable*, *gravier* et par suite *gué*, parce qu'il y avait un gué à côté du pont, en face de la ville. Bergerac finit par se constituer en commune au xiii⁰ siècle, et réunit cinq groupes d'habitations appelés *Bourg de la Madeleine*, *Bourg de la Tête-du-Pont*, *St-Martin*, *Le Château* et *Bragerac*. La première fois qu'il est question de Bergerac, c'est à propos de l'église de St-Martin, donnée à saint Florent de Saumur en 1080 ; mais il est évident que cette église était déjà ancienne et que Bergerac était, dans l'origine, un *ricus* ou *emporium*, auprès duquel s'était formée une villa, qui devint plus tard le château. C'est pour cela que je place Bergerac au rang des localités sur lesquelles nous avons des renseignements antérieurs à l'an 1000.

BRANTOME, *Brantolmum*, et non pas *Brantesmum*. Nous avons vu le couvent de ce nom fondé par Charlemagne et amélioré par Pépin, roi d'Aquitaine. Autour de ce couvent vinrent de bonne heure se grouper des habitations qui constituèrent un *bourg*, point de départ de la petite ville actuelle. Dans le cours de cette histoire, il sera souvent question de Brantôme.

CALABRE d'où CALVIAC, *Calabrum*. On a vu plus haut que le couvent de Calabre dut sa célébrité à saint Sacerdos ; mais que la crainte des Normands avait été cause que les moines délaissèrent l'établissement. Le bourg qui avait commencé à se former autour de l'abbaye ne se dispersa pas entièrement ; et les habitations, qui survécurent à la tourmente normande, finirent par constituer une paroisse formant aujourd'hui la commune de Calviac, canton de Carlux.

Coursac, *Curciacum*. Cette commune, qui fait aujourd'hui partie du canton de St-Astier, n'est connue avant l'an 1000 que parce qu'elle comprend dans son territoire le village de *Mourcing*, où Frotaire fut assassiné par son prévôt.

Craonac, qu'on croit être Crognac, *Craonacum*. C'est, comme on l'a vu, un des cinq châteaux construits par Frotaire ; mais on n'est pas d'accord sur sa position. On croit assez généralement que *Crognac*, commune de St-Astier, est le même que *Craonac*, sans toutefois donner d'autre raison plausible qu'une presque similitude de nom. A mon sens, la position stratégique de Crognac laisse beaucoup à désirer, surtout à côté du Puy-St-Astier, dont il n'est séparé que par un étroit vallon et qui offre des garanties de sécurité bien supérieures à celles qu'on aurait à Crognac. Je ne connais que Corgnac dont le nom approche de Craonac presqu'autant que Crognac : et j'avoue que la position de Corgnac ne vaut pas celle de Crognac. Je ne chercherai donc pas Craonac dans Corgnac ; mais s'il existait, dans le Périgord, un lieu portant un nom approchant et présentant un point de résistance important, je voudrais m'assurer s'il n'y a rien qui permette de se reporter au temps de Frotaire.

Excideuil, qu'on devrait écrire *Exideuil*, parce que la basse latinité a toujours dit *Exidelium*. On croit que ce nom vient du celtique et signifie *bord du canal*. Cette localité, devenue, de nos jours, une petite ville fort animée, était une simple habitation appartenant à saint Yrieix en 577, comme il le dit dans son testament portant cette date. Il n'est plus question d'Excideuil jusqu'au xi⁰ siècle, époque où il devint important par son château.

Gandumas, *Gandomarum*, était autrefois une paroisse faisant aujourd'hui partie du canton d'Excideuil. Saint Yrieix le nomme dans son testament.

Jumilhac-le-Grand, *Gemiliacu*. Il est question pour la première fois de Jumilhac, appelé depuis Jumilhac-le-Grand, dans une lettre de Rurice, évêque de Limoges, au vi⁰ siècle, à Chronope, évêque de Périgueux. Cette localité avait déjà une certaine importance si, comme on le prétend, on y frappait monnaie sous la première race. Quant au nom de *diocèse* que lui donna Rurice, il ne faut pas s'en préoccuper ; à cette époque, ce mot servait tout simplement à désigner ce que nous appelons aujourd'hui paroisse. Nous verrons plus tard un magnifique château construit à Jumilhac.

Lanquais, *Lenicassium*. Cette localité, (canton de Lalinde), est mentionnée dans la vie de saint Front par Raban-Maur. Une certaine tradition y ferait naître Fronton, philosophe, précepteur de Marc-Aurèle. On croit aussi que Lanquais était la patrie de saint Avit, comme il est dit plus haut.

Laroche-Saint-Christophe, *Rocha Sancti-Christophori*. Sur les bords de la Vézère, en face du Moustier, canton de Montignac. C'était un des cinq châteaux construits par Frotaire, transformé plus tard en établissement religieux. De cette grande construction, il ne reste plus que des monceaux de pierres.

Le Bugue, *Albuca*. Le nom de cette petite ville, aujourd'hui chef-lieu de canton, est un exemple frappant de la nécessité où nous sommes d'avoir recours à la forme la plus anciennement authentique des mots pour en expliquer la formation et l'étymologie. Dans mon histoire du Bugue je me suis abstenu de donner l'étymologie de ce nom, parce que je n'avais rien à dire de plausible. Je pensais qu'il pouvait bien se faire qu'Albuca fût un mot d'origine gothique, ou appartenant à quelque autre langue du Nord. Quant à la formation, elle est la conséquence de la dégénérescence du mot.

La première fois qu'il est question du Bugue, c'est dans un acte de 856. Il y est dit que Le Bugue était un chef-lieu de centaine. Il figure ensuite dans l'acte de fondation d'un couvent de Bénédictines, comme il a été rapporté plus haut. On y a découvert des substructions gallo-romaines, ce qui prouve que les Gallo-Romains y avaient formé des établissements. Nous aurons occasion de nous occuper plus d'une fois de cette petite ville.

Le Fleix, *Flexum*, (canton de Laforce), autrefois paroisse importante, remonte au moins à l'occupation romaine, par les nombreuses substructions qu'on y a découvertes. La pierre tumulaire et l'épitaphe de l'évêque Saffaire, qu'on y déterra, il y aura bientôt cinquante ans, prouvent que cette localité avait une certaine renommée au vi° siècle. Nous la verrons plus tard jouer un rôle considérable.

Milhac-d'Auberoche, *Milliacum*. Il est question de cette localité qui est aujourd'hui commune du canton de St-Pierre-de-Chignac, dans un acte de 856, par lequel l'église du lieu est donnée à l'abbaye de Paunat. Milhac, à cette époque, faisait partie de la Centaine du Bugue.

MONTAGRIER, *Montem agrecium*. Le prieur du Vigeois en parle à propos des *bourgeois* de La Souterraine, qui ne voulaient pas payer de redevances aux moines du lieu en 1081. Le prévôt du couvent était de Montagrier. Il est évident que cette localité existait bien longtemps auparavant, et, par conséquent, avant l'an 1000 (1).

MONTIGNAC-LE-COMTE, *Montignacum*. Cette petite ville, qui est aujourd'hui un chef-lieu de canton, est la patrie des fondateurs de l'abbaye du Bugue. Nous la verrons jouer un rôle important sous les comtes de Périgord, qui y possédaient un de leurs plus beaux châteaux. C'est cette résidence qui lui a valu le nom de Montignac-le-Comte.

MUSSIDAN, *Mexidanum*. Nous avons vu Grimoard, évêque d'Angoulême, faire don de Mussidan à Eymeric, son cousin, en 995; sans doute parce que cette petite ville appartenait aux évêques d'Angoulême. Nous verrons plus tard ce chef-lieu de canton, devenu une seigneurie puissante, servir de centre d'action à bien des agitations.

NONTRON. *Netronium*, plus tard *Nontronum*, ce qui semblerait faire croire que *Nontron* est une altération du mot primitif et qu'il aurait fallu dire *Netron*. Cette ville, aujourd'hui chef-lieu d'arrondissement, paraît avoir été, dans l'origine, un vicus gaulois ou ibère, fortifié de très-bonne heure. La première fois qu'il en est question, c'est au VIII° siècle, dans un acte de donation à l'abbaye de Charroux par le comte Roger, qui avait très probablement été comte de Poitiers et non pas de Limoges, comme le pensent les auteurs de l'*Art de vérifier les dates* (2). Dans cet acte Nontron est appelé *Castrum netronence* LE FORT DE NONTRON. Plus tard il devint un château des plus importants dont nous aurons à nous occuper plus d'une fois.

PAUNAT, *Palnatum*. On a vu que cette abbaye, fondée vers la fin du VIII° siècle, fut détruite une première fois par les Normands vers 861, rétablie et redétruite dans le X° siècle et rebâtie encore pour

---

(1) Labbe : nov. bibl. mss. t. 2, p. 318.

(2) T. II, p.

rester à l'état de prévôté. La prévôté de Paunat donna naissance à une paroisse aujourd'hui commune du canton de Saint-Alvère.

Pilmac ou Pillac, *Piliacum*, aujourd'hui dans le département de la Charente, était en 930 un chef-lieu d'archiprêtré du Périgord, dans lequel se trouvait saint Hilaire dont il sera bientôt question.

Saint-Amand-de-Coly, *S. Amandum*. On a vu au chapitre ayant pour titre *Établissement du christianisme en Périgord*, comment fut fondée l'abbaye de Saint-Amand. C'est à cette abbaye que doit son origine l'ancienne paroisse de Saint-Amand, aujourd'hui commune du canton de Montignac, qui se distingue des autres Saint-Amand du département par l'addition à son nom du nom du ruisseau qui l'arrose, appelé *le Coly*.

Saint-Astier, *S. Asterium*. On trouve dans le même chapitre l'origine de *Saint-Astier*, où nous avons vu un couvent de femmes détruit par les Normands. Nous verrons dans cette localité, aujourd'hui petite ville chef-lieu de canton, s'établir une collégiale, comme il a été dit plus haut, qui prendra un grand développement et fera de la localité un centre d'activité dont nous aurons à parler plus d'une fois.

Saint-Avit-Sénieur, *S. Avitum-Seniorem*, *Saint-Avit plus vieux*, c'est-à-dire le plus ancien. On a vu plus haut l'origine de Saint-Avit, qui devint plus tard une collégiale dont nous nous occuperons ailleurs. C'est une commune du canton de Beaumont.

Saint-Cyprien, *S. Cyprianum*. Il a été déjà parlé de l'origine de Saint-Cyprien, qui est aujourd'hui un chef-lieu de canton. Ce fut d'abord, dit-on, une abbaye, mais de très bonne heure elle devint une simple prévôté. Nous aurons plus d'une fois à nous occuper de Saint-Cyprien.

Saint-Hilaire-d'Estissac, *S. Hilarium*. Nous avons vu cette localité, aujourd'hui commune du canton de Villamblard, donnée à saint Cybar d'Angoulême en 930. Il ne sera guère plus question d'elle dans la suite.

Saint-Léon-sur-l'Ille, *Sanctum Leonne*, figure dans la notice des évêques de Périgueux, qui firent don du lieu à saint Astier à la date de 1011-1013 ; mais il existait évidemment avant (1).

Saint-Sulpice-d'Excideuil, *S. Sulpicium*. L'origine de Saint-

---

(1) Rec. des Hist. de Fr. t. LIV, p. 221.

Sulpice a été indiquée ailleurs. L'abbaye de Primuliac s'y transforma en un domaine de l'ordre de Saint-Jean-de-Jérusalem, dont je parlerai plus tard. On appela la paroisse Saint-Sulpice-d'Excideuil, parce qu'elle est près d'Excideuil. C'est aujourd'hui une commune du canton de Lanouaille.

SALIGNAC, *Saliniacum*. Il est question de Salignac, dans la chronique du prieur du Vigeois, à propos des reliques de Saint-Pardoux, qui furent enlevées par un prêtre, et transportées de Sarlat à Arnac au commencement du IIe siècle. L'auteur s'exprime ainsi :
« Un prêtre de Sarlat se chargea de transporter le corps du saint,
» et afin qu'on ne se doutât de rien, il prit un âne avec deux
» bastes (1), mit d'un côté les reliques et de l'autre Gausbert, son
» jeune enfant (2), couvrit le tout d'une toile ; il disait à ceux qu'il
» rencontrait qu'il allait au marché du château de Salignac (3). »

SARLAT, *Sarlatum*. Si je ne me trompe, la création de l'évêché de Sarlat, par le pape Jean XXII, en 1317, donna l'essor aux imaginations sarladaises et les jeta dans un dédale de conjectures et de suppositions sur l'origine de leur ville. De prime abord, ils remontèrent jusqu'à Clovis. Nous lisons dans un mémoire sur parchemin de 1504, à l'occasion d'un procès entre l'évêque de Sarlat et le seigneur de Beynac et de La Roque de Gageac : « Elle
» (l'église de Sarlat) est des plus anciennes esglises de ce présent
» royaulme, car fut fondée et dotée par le roy Clovis, premier roy
» chrestien de France ; c'est tout nothoire et manifeste. » L'assurance avec laquelle on affirmait cette fondation prouve suffisamment combien alors l'opinion publique était convaincue. Cette conviction ne dura cependant pas, et bientôt, au lieu de faire de Pépin et de Charlemagne les restaurateurs de l'église de Clovis comme le dit le mémoire en ces termes : « Item et depuis, pource
» que, après aucun labs de temps, ladicte église *devenit in ruynam*
» (fut ruinée), fut restaurée par le roi Pépin, et deinde (dans la
» suite) pource que, pour les Goz et autres infidèles fut opprimée et
» diminuée en ses droits, le roy Charlemagne en déballant lesdicts

---

(1) La baste est un grand panier dont on se sert pour transporter certaines marchandises.
(2) Ce passage prouve qu'au temps du prieur du Vigeois, le mariage n'était pas interdit aux prêtres.
(3) Labbe : Nov. bibl. mss., t. II, p. 280.

» infidèles, vint en la présente cité de Sarlat, en laquelle il conduict
» ledict sainct Léon, pape tiers, et restaura de rechef ledict
» Charlemagne icelle église ; ipsamque de novo dotavit seu ejus
» dotem augmentavit (et de nouveau la dota ou en augmenta les
» possessions) » ; le chanoine Tarde la résuma comme il suit :
« L'an 763 Pépin revint en Guienne et remit soubs son obéissance
» les villes et pays d'Angoulême, de Périgord, d'Agenais et de
» Quercy, et passant par Sarlat, y trouva petit monastère fort ancien,
» habité par des moines vestus de noir, lequel avoit esté basti dans
» la solitude de ce vallon, couvert de bois, à cause de la commodité
» des fontaines, et voyant que ce lieu estoit devot et que ces
» moines estoient pauvres, n'ayant d'autre moyen pour se nourrir
» et entretenir que les aumônes et le travail de leurs mains, leur
» donna de grosses sommes d'argent, pour se faire bâtir, et des
» revenus, pour leur nourriture et autres nécessités ; c'est pour
» cela que le monastère de Sarlat lui a tousjours donné le titre de
» fondateur. » Et plus loin : « L'an 768, Pépin. . . . . donna au
» monastère de Sarlat, en offrande et en actions de grâces, une
» grande partie du butin et des dépouilles de Gaifer et de son
» armée. » Et enfin : « En 778, Charlemagne. . . . . passant
» par le Périgord, visita le monastère de Sarlat, auquel il donne
» de grosses sommes d'or et d'argent, quantité de grosses pierres
» précieuses de grands prix et plusieurs reliques, entre lesquelles
» estoit une des épines de la couronne de Jésus-Christ et une pièce
» de sa saincte croix, prend l'église et le monastère sous sa protec-
» tion, les met sous le pouvoir de saint Pierre, prince des apostres,
» à la charge que, tous les ans, l'abbé et religieux de ladicte église
» de Sarlat payeront à l'église de Rome un écu d'or de rente
» annuelle et qu'ils prieront Dieu pour lui et diront, tous les ans,
» tel jour qu'il décéderait, qui fut le 28 janvier 814, une messe
» *en haut* avec les solennités requises, pour le salut de son âme et
» de ses parents. Le monastère l'a toujours despuis avoué pour
» fondateur, conjointemens avec Pepin, son père, et la messe,
» despuis la canonisation de se sainct, se célèbre tous les ans pour
» le salut de ses parents. »

Telle était la légende consacrée au temps du chanoine Tarde. Elle s'est à peu près maintenue jusqu'à nos jours ; sauf un incident dont l'érudition du crû a essayé pendant quelque temps de tirer parti, pour démontrer que la capitale du Sarladais remontait au moins au temps de l'occupation romaine. Cet incident se produisit au moyen d'un bâtiment construit dans le cimetière et de diverses statues informes placées dans des niches ménagées au-dessus du portail de la cathédrale. Selon les érudits sarladais, le bâtiment en question aurait été un temple de Diane, et les statues auraient représenté Atlas, Prométhée, Esculape, un malade, Minerve et un groupe provenant de quelque temple de Vénus, etc., etc. On alla même jusqu'à attribuer le tout aux Druides.

Grâce à M. Jouannet (1), les monuments de l'antiquité se sont écroulés d'eux-mêmes. Le temple de Diane est devenu tout simplement une construction religieuse du moyen-âge ; les statues placées au-dessus de l'entrée de la cathédrale, les simples produits très informes du 11e siècle, paraissant destinés à conserver le souvenir de la donation apocryphe du comte Bernard à Odon, abbé de Cluny, dont il a été question ailleurs, et qui déjà était passée à l'état de tradition populaire : mais la fondation de l'abbaye qui donna naissance à Sarlat, quoique mal accueillie par Mabillon dans ses *Annales bénédictines*, et par Etienot, dans son travail destiné à servir aux Bénédictins chargés de refondre le *Gallia christiana* des frères Sainte-Marthe, reste encore attribuée, avec une certaine apparence de certitude, à Pépin-le-Bref. Rien cependant de moins vrai que cette fondation par ce monarque.

L'idée de faire de Waiffre un destructeur d'établissements religieux s'est évanouie devant la saine critique ; celle de faire de Pépin un fondateur d'abbayes n'est pas plus sérieuse. L'abbaye de Sarlat n'existait pas en 818, puisqu'elle ne figure pas dans le recensement fait cette année-là, à l'assemblée générale d'Aix-la-Chapelle. Aurait-elle pu être fondée par Pépin et détruite dans l'espace de temps compris entre l'avènement de ce prince et l'occupation de l'Aquitaine ? Evidemment non, puisqu'il n'était pas le maître du pays. que de plus, pendant les neuf campagnes qu'il fit contre Waifre, il se retirait toujours à l'hiver sans se mettre en possession de ce qu'il avait pris ; et qu'encore, à sa dernière campagne, tout le Périgord, sauf peut-être la partie nord la plus proche du Limousin, appartenait à Waifre. Put-il la fonder après l'assassinat de ce duc ? pas

---

(1) Calendrier administratif du département de la Dordogne.

davantage, parce qu'à peine maître de l'Aquitaine il se retira malade à Angoulême et mourut moins de trois mois après.

Charlemagne put-il fonder l'abbaye de Sarlat et assister à sa destruction ? Non sans doute, car s'il l'eût fondée, elle aurait fait comme celle de Brantôme, au lieu de disparaître elle aurait prospéré: et comme Charlemagne vécut jusqu'en 814, et que, d'un autre côté, il ne se passa rien durant les quatre premières années du règne de Louis-le-Débonnaire de nature à produire des renversements de monastères, il faut nécessairement conclure des faits qui précèdent, que l'abbaye de Sarlat était encore à fonder en 818. Rien ne permet de supposer qu'elle ait été fondée de 818 à 849, époque de trouble et d'agitation dans l'Aquitaine, où les esprits étaient tous tournés à la guerre et aux luttes intestines. En 849, sinon deux ou trois ans plutôt, l'apparition des Normands en Aquitaine fait, dans le Périgord, une diversion aux querelles intestines. Les établissements religieux surtout sont émus et ce qu'ils apprennent de la conduite des Normands, à l'égard des églises et des couvents, les trouble profondément. Ils s'occupent sans retard aucun du moyen de se soustraire à la violence des pirates. Nous avons vu quel parti prit une portion des moines de Paunat.

Placée presque sur les bords de la Dordogne, l'abbaye de Calabre ne dut pas être une des moins inquiétées ; ce qui le prouve, c'est qu'à partir de cette époque, il n'est plus question d'elle. Ne fut-elle point pillée ? Que devint-elle ? Quoique les données que nous possédons soient fort vagues, il suffira cependant de certains rapprochements pour reconnaître qu'elle ne succomba pas ; mais que, pour échapper à la tourmente, elle se déplaça, se retira dans l'intérieur des terres, sur un point caché et couvert, et attendit que les événements lui permissent de reprendre haleine.

Mabillon rapporte que les religieux de Sarlat, voyant le couvent de Calabre presque réduit à la solitude, enlevèrent, *de nuit*, les reliques de saint Sacerdos et de sainte Mondane, sa mère, et les portèrent à Sarlat ; mais il avoue que les anciens monuments de Sarlat se taisent complètement à cet égard. Pourquoi, je le demande, enlever *de nuit*, des reliques dans une solitude ? Qui pouvait s'opposer à cet enlèvement ? C'est une manière de donner à entendre que le couvent de Sarlat et celui de Calabre formaient deux monastères distincts et voilà tout, afin de poser en fait la priorité de Sarlat. Après avoir signalé avec doute la fondation attribuée, par quelques personnes, à Clovis, le *Gallia christiana* ajoute que, selon d'autres, l'église fut « commencée par saint Sardos, Sacerdos ou Sadroc, » évêque de Limoges, et achevée par Pépin et Charlemagne ». Nous voilà un peu plus près de la vérité, quoiqu'elle soit encore entourée des obscurités de la légende. Poursuivons l'examen des données historiques.

A la suite des diverses incursions des Normands dans le Périgord, nous voyons, d'une part, disparaître Calabre de la scène ; et, de l'autre, Sarlat se produire sans bruit ; nous voyons les reliques de saint Sacerdos transportées à Sarlat, on ne dit pas à quelle époque ; mais on est d'accord à affirmer qu'elles y furent portées avec celles de Mondane, sa mère. Il est vrai qu'on pourrait m'objecter que l'église de Sarlat fut sous l'invocation du Sauveur, et qu'elle ne reçut que plus tard son second vocable de *St-Sacerdos* ; mais quoi d'étonnant que cette église ait d'abord été construite sous le nom de St-Sauveur, à l'imitation sans doute de ce qu'avait fait Sacerdos en construisant l'église de Calabre, et qu'ensuite elle ait pris pour second patron saint Sacerdos, fondateur du couvent, régulièrement canonisé ? Rien de plus naturel, en effet, que de procéder de la sorte (1). Alors tout s'explique, et l'origine de Sarlat n'a plus rien d'invraisemblable, puisque l'existence authentique de l'abbaye a pour conséquence obligée la formation d'un *bourg*. Et remarquez bien que l'existence du bourg est très authentiquement constatée par la vie originale de deux troubadours originaires de Sarlat. Dans celle d'Aimeric, on lit : *N. Aimeries de Sarlat si fo de Peiragord d'un ric borc que a nom Sarlat*. Le seigneur Aimeri de Sarlat fut du Périgord, d'un fort BOURG qui a nom SARLAT ; dans celle d'Elias Cairels : *Elias Cairels si fo de Sarlat d'un borc de Peiregorc*. Elias Cairels fut de SARLAT d'un BOURG du Périgord.

Il me reste à parler de la prétendue charte de Charles-le-Gros, en faveur de Sarlat ; et de celle de Bernard, comte de Périgord, sur laquelle je me suis déjà expliqué au chapitre des comtes.

La charte de Charles-le-Gros, qui porterait la date de 886, aurait enrichi Sarlat de plusieurs sommes d'or et d'argent et

---

(1) C'est ainsi que l'Eglise Saint-Sauveur de Limoges prit plus tard le nom de Saint-Martial.

de plusieurs reliques ; elle aurait pris l'abbaye sous la protection impériale, la déclarant libre ; c'est ce qu'avaient déjà fait Clovis, Pépin et Charlemagne ; si bien que, si toutes les faveurs attribuées à ce couvent avaient été réelles, il eût été un des plus riches et des plus libres de France, sinon le plus riche et le plus libre. On a vu ce qu'il fallait penser de tout ce qui était antérieur à 849 ; mais la situation n'étant plus la même en 886, il n'y aurait rien d'impossible à ce qu'une charte eût accordé alors des dons et des privilèges au monastère. Par malheur, indépendamment de ce que jamais Charles-le-Gros ne visita l'Aquitaine, il est avéré qu'en 886 il n'y était pas reconnu.

J'ai expliqué, au chapitre des comtes, les raisons générales qui me font croire fausses deux des trois chartes attribuées à Bernard et relatives à Brantôme et Sarlat ; voyons un peu le texte même de celle qui concerne Sarlat. Le préambule est assez conforme aux chartes de l'époque. Le dispositif laisse bien à désirer dès le début ; mais cependant j'accepterai, sans difficulté, sa manière de procéder pour donner et pour établir les conditions de la donation ; mais quant à tout ce qui a trait à l'abbaye proprement dite, on y lit : *Sint autem ipsi monachi in subjectione regis ad locum salvum faciendum et non ad aliud pensolvendum nisi solas orationes.* » Que d'ailleurs les moines eux-mêmes soient soumis au roi en tant seulement qu'il s'agira de maintenir le lieu sous son autorité, et non pour lui payer d'autre redevance que de simples prières. » Or, je dois l'avouer, il n'est pas facile d'admettre qu'un comte, même à l'époque qui nous occupe, pût avoir le droit, ni même la pensée de faire un pareil acte de souveraineté.

Je me résume, et je dis, qu'à la fin du xe siècle, l'abbaye et le bourg de Sarlat, fondés depuis bientôt cent cinquante ans, étaient en voie de prospérité et de développement, sans qu'il y eût encore entre eux de lutte ouverte, ni même la pensée de l'engager, comme nous verrons qu'elle le fut bien plus tard.

SOURZAC, *Sorziacum*. Nous n'avons rien de positif sur Sourzac, commune du canton de Mussidan, avant le xie siècle ; mais un acte de 1081, qui a trait à l'église de ce lieu (1), constate qu'il y avait

---

(1) Martene. Thez. nov. anecdotorum, t. 1, col. 243.

dès lors une abbaye très ancienne qui nous reporte au moins à la fin du X⁰ siècle. Je reviendrai plus tard sur cet acte important.

TERRASSON, *Terrassonem*. Je n'ai pas à revenir sur la fondation de l'abbaye de Terrasson, qui donna naissance à la petite ville de ce nom, aujourd'hui chef-lieu de canton. Je n'ai pas à revenir non plus sur la destruction et la reconstruction de cette abbaye. Je me dispenserais pareillement de parler de la charte attribuée à Bernard, comte de Périgord, au sujet de ce couvent, si je ne tenais à faire remarquer qu'elle contient aussi le passage que j'ai signalé à l'article Sarlat, et que quelques savants se bornent seulement à dire que le monastère fut rétabli par les comtes de Périgord, sans faire mention de la charte de Bernard. Nous aurons souvent à parler de Terrasson.

THIVIERS, *Tiborium*. L'évêque appelé Renaud, de Thiviers, occupa le siège épiscopal de Périgueux en 1081. Ce surnom de Thiviers prouve qu'alors Thiviers était d'une certaine importance et que, par conséquent, il devait exister depuis assez longtemps et par conséquent antérieurement à l'an 1000.

VILLEFRANCHE-DE-LONPCHAT ou de LONPIAT, et non pas de LONGCHAT, *Villamfrancam de Lopchaco* ou de *Lopiaco*. Cette localité, aujourd'hui chef-lieu de canton, est signalée pour la première fois par l'historien Aimoin, en 1004. Il l'appelle *Villam ad francos*. Elle existait évidemment depuis longtemps en 1004, car tout porte à croire que, lors de la conquête de l'Aquitaine, les Francs y établirent un poste militaire qui devint permanent et prit le nom de *Villa ad Francos*, ville aux Francs. Le point du reste était parfaitement choisi. Villefranche est placée sur un mamelon d'où l'on peut observer au loin les plaines de la Saintonge, du Bordelais et du Périgord. La ville aux Francs se transformera plus tard en bastille qui attirera notre attention plus d'une fois.

Telles sont les données géographiques authentiques que nous possédons sur le Périgord ; mais je n'hésite pas à placer sur la même ligne *Belvès, Cénac* ou *Domme-Vieille, Eymet, La Monzie-St-Martin, Larochebeaucourt, Lavilledieu, Limeuil-le-Vieux, Mareuil, Mialet, Montravel, Montant, Mouleydier, Neuvic, Ribeyrac, St-Aulaye, St-Médard-d'Excideuil, Vélines, Vergn, Vicq, Vieilvic*, et tant d'autres localités non encore mentionnées dans les documents authentiques.

Soit que les noms aient été perdus et leur souvenir effacé, soit que l'histoire n'ait pas conservé leur mémoire ; toujours est-il que la période qui nous occupe n'abonde pas en Périgourdins célèbres. J'aime à croire cependant que nos ancêtres de ces temps reculés n'étaient pas plus mal organisés que les générations plus rapprochées de nous ; et comme nous verrons le Périgord au bas Moyen-Age et dans les temps modernes, fournir son contingent de grands hommes à la France illustre, j'en conclus que, si l'époque gallo-romaine et le haut Moyen-Age sont si pauvres, cela tient à l'indifférence des chroniqueurs, qui ont négligé de conserver la mémoire de leurs contemporains entourée d'une juste renommée.

Depuis l'occupation romaine jusqu'à l'an 1000, en dehors des évêques et des saints plus ou moins distingués, dont il a déjà été question, on peut citer six citoyens remarquables de Vésonne qui travaillèrent à l'embellissement de la ville durant la période gallo-romaine, quatre écrivains qui appartinrent réellement au pays, et trois qui peuvent lui appartenir, mais qui lui sont contestés.

Les citoyens gallo-romains sont : *Secundus Soter*, qui érigea un monument en l'honneur de la déesse Tutèle de Vésonne, dont il nous reste une inscription ; *Bassus*, qui érigea un autel à la déesse Hanna ; *Marc Pompée Libo*, prêtre de l'autel d'Auguste ; *Caius Pompée Sanctus*, fils du précédent, prêtre de l'autel d'Auguste, qui rétablit, de son argent, le temple de la déesse Tutèle ; *Solus Pompée*, qui construisit le péristyle du temple de la déesse Tutèle, entrepris très probablement par son père Aulus Pompée Antiquus ; et enfin *Lucius Marullius Eternus*, duumvir, qui construisit l'aqueduc conduisant les eaux de Grandfont à Périgueux, et dont il reste encore des morceaux importants.

Les écrivains sont : 1° *Antedius le Rhéteur*, qui vécut vers la fin du IV° siècle. On croit qu'il était né à Vésonne, où il enseigna les lettres et la rhétorique. Sidoine Apollinaire parle de lui dans sa lettre à Loup (1), et en fait un grand éloge, en le comparant à Drepaire, orateur célèbre, qui fut l'ami d'Ausonne, et composa un panégyrique du grand Théodose, prononcé devant lui ;

2° *Antedius le Poëte*, fils ou petit-fils du précédent, dont Ausonne fait également mention et qu'il donne pour un poëte distingué. Il vivait dans le v° siècle et fut rhéteur à Périgueux ; ce qui autorise

---

(1) Lettre VIII°, n° 11.

à penser qu'il était fils du précédent. Il ne nous reste rien ni de l'un ni de l'autre ;

3° *Paulin, dit de Périgueux*, pour le distinguer de quelques autres avec lesquels il fut longtemps confondu. Il vivait à la fin du v° siècle et est l'auteur d'une *Vie de saint Martin*, en vers hexamètres. Ce poème, composé de six livres, fut dédié à Perpétuus, évêque de Tours. Il n'est guère que la reproduction délayée de la vie de saint Martin, par Sulpice-Sévère, dont il sera bientôt question. La latinité en est pure et la versification facile ; mais point de poésie. Cet ouvrage fut longtemps attribué à saint Paulin de Nole. François Juret, de Dijon, le publia, pour la première fois, en 1585, d'après Pierre Pithou. Il fait partie de la collection des pères de l'Eglise, t. 6, p. 297.

4° *Aimoin*, religieux de l'abbaye de Fleury-sur-Loire, ordre de St-Benoît, naquit à *Villefranche-de-Lonpchat*. Il vint au monde dans le milieu du x° siècle. Son père est inconnu ; sa mère s'appelait Aunetrude. Elle était parente du seigneur d'Aubeterre. Aimoin fut élevé dans l'abbaye de Fleury et devint l'ami de l'abbé Abbon, qu'il accompagna dans son voyage à La Réole, où cet abbé fut assassiné presque sous ses yeux. Un an après, Aimoin composa une *Vie d'Abbon* qu'il dédia à Hervé, trésorier de l'église de St-Martin de Tours. Il est aussi l'auteur d'un ouvrage des miracles de saint Benoît, qui fut dédié à Gozelin, abbé de Fleury. On lui attribue encore un petit poème sur la fondation de l'abbaye de Fleury ; mais son plus grand travail c'est une histoire intitulée : *De gestis Francorum* (des gestes des Francs), qu'il avait dédiée à Abbon, avant le trop funeste voyage de La Réole. D'après sa préface, il avait eu la pensée de remonter jusqu'à la prétendue origine Troyenne des Francs et de conduire son récit jusqu'à Pepin-le-Bref (752). Soit que le manuscrit ait été en partie perdu, ou que l'auteur n'ait pu terminer son entreprise, ce qui est parvenu jusqu'à nous s'arrête à l'an 653. La suite est l'œuvre de quelque moine de son ordre.

Cette chronique, car, malgré une certaine pureté et une certaine correction de style, la manière seule dont l'auteur raconte les évènements, ne permet pas de lui donner le nom d'histoire ; cette chronique, dis-je, n'est exempte ni d'inexactitude et de contradictions, ni même d'omissions ; néanmoins il est utile de la consulter. Aimoin mourut en 1008.

Les trois personnages qui peuvent être contestés au Périgord sont : Fronton, Sulpice-Sévère et Loup.

Fronton (Marcus Cornelius), philosophe et précepteur des empereurs Marc-Aurèle et Lucius Marcus, fut un célèbre orateur dont Aulu-Gelle et plusieurs autres auteurs louent l'éloquence, la politesse et l'érudition ; mais on n'est pas d'accord sur le pays de sa naissance. Les uns le font Aquitain d'origine ; les autres lui donnent plus spécialement l'Auvergne pour patrie ; ceux-ci le font naître en Périgord, ceux-là se bornent à dire qu'il était Gaulois. Une certaine tradition veut qu'il appartienne au Périgord, et on a d'aussi bonnes raisons pour admettre cette tradition que pour supposer le contraire. Toutefois, comme nous n'avons aucune donnée positive, j'ai cru devoir me borner à faire connaître l'état de la question.

Sulpice-Sévère n'est plus aussi contestable. Les détails que j'ai fournis sur lui au chapitre de l'*Établissement du christianisme en Périgord*, permettent de le proclamer Périgourdin, sans crainte d'éprouver une nouvelle déception. Cet illustre écrivain suivit d'abord la carrière du barreau, mais il s'en dégoûta de bonne heure. Quoique possesseur d'une grande fortune, il voulut aussi quitter le monde pour la vie ecclésiastique. Il s'attacha à saint Martin de Tours, et fut un de ses plus zélés disciples et en écrivit la vie. Il composa aussi un *Abrégé de l'histoire ecclésiastique*. Ces deux ouvrages nous ont été conservés. Nous avons encore de lui deux lettres à sa sœur Claudine. Sulpice-Sévère écrivait avec une clarté, une correction et une vigueur tellement remarquables pour son temps, qu'on l'a comparé à Salluste. La date et le lieu de sa mort ne sont pas exactement connus ; mais on pense qu'il mourut de 410 à 420. Il fut l'ami de Pauliac, évêque de Nole.

Loup est connu par ce qu'en dit Sidoine Apollinaire ; mais le texte de Sidoine est ambigu pour certaines personnes et permet aux uns de croire que ce rhéteur célèbre était né à Périgueux, tandis que d'autres sont persuadés que Sidoine a voulu dire que Loup était né à Agen et s'était marié à Périgueux. Je suis de l'avis de ces derniers, ce qui ne m'empêche pas de dire que Loup appartint autant à Vésonne qu'à Agen. Il professa les lettres et l'éloquence dans les deux villes. Il eut des intérêts également chers dans l'une et l'autre, fut profondément honoré et estimé par les Nitiobriges et les Pétragoriciens. Loup eut la passion des livres et forma une belle bibliothèque toujours ouverte aux savants qui désiraient la consulter. Il était lié avec Sidoine Apollinaire, qui en faisait le plus grand cas. Indépendamment de l'éloquence et des lettres, il aimait aussi à s'occuper de mathématiques, et avait étudié à fond les auteurs les plus célèbres de son temps. Ses œuvres ne sont pas connues, et rien de lui n'est parvenu jusqu'à nous. Il mourut vers la fin du v° siècle.

LIVRE III.

CHAPITRE Ier.

Les XIe et XIIe siècles en Périgord.

Trois évènements, d'une importance capitale, transforment la vie nationale au xie siècle : la construction des châteaux par les seigneurs et le clergé, l'affranchissement des communes, le groupement des habitations autour des châteaux et des monastères.

C'est également pendant le xie siècle que la langue se transforme et que la langue romane devient un idiome littéraire.

Le Périgord fut, de bonne heure, garni de châteaux. Je considère, comme appartenant à la première époque, ceux de *Badefol-d'Ans*, d'*Autefort*, d'*Excideuil*, de *Dussac*, d'*Agonac*, de *Bassillac*, d'*Auberoche*, de *Grignols*, de *Thiviers*, de *Piégut*, de *Frugie*, des *Bernardières*, du *Vieux Bruzac*, du *Vieux Mareuil*, de *Saint-Paul-la-Roche*, de *Ribeyrac*, de *Latourblanche*, de *Bourzac*, de *Grésignac*, de *Vernode*, de *Verteillac*, de *Villamblard*, de *Cause-de-Clérans*, de *Larrue*, de *Monferrand*, de *Biron*, de *Puyguilhem*, de *Carlux*, de *Salignac*, de *Fleurac*, de *Miremont*, de *Belvès*, de *Commarque*, etc.

Les bourgs s'y développèrent en même temps que les châteaux. Il faut placer en première ligne ceux du *Puy-Saint-Front*, de *Brantôme*, de *Saint-Astier*, de *Tourtoirac*, de *Larochebeaucourt*, de *Sourzac*, de *Paunat*, de *Trémolat*, de *Saint-Avit-Sénieur*, d'*Issigeac*, de *Lamonzie-Saint-Martin*, de *Sarlat*, de *Saint-Amand*, de *Coly*, de *Terrasson*, de *Saint-Cyprien*, du *Bugue*, d'*Aubeterre*, etc.

Les villes municipales y furent plus rares, et à part Vésonne, qui avait alors pris le nom vulgaire de *Pierregort*, aucune localité ne jouissait du droit municipal. C'est bien plus tard que s'organisent les deux *villes de commune*, SARLAT et BERGERAC. L'état du Périgord, au point de vue de l'évolution sociale, en voie de s'accomplir, ne différait donc pas du reste la France.

La condition d'homme libre s'était mieux conservée dans le midi que dans le nord ; aussi, ce genre de possession appelé *fief*, se multiplia-t-il bien davantage et bien plus rapidement dans le nord que dans le midi. Dans le midi, beaucoup de propriétés conservèrent l'indépendance de leurs maîtres, et prirent le nom d'*aleu*, c'est-à-dire exempts de vasselage. Le Périgord en avait encore beaucoup au xii° siècle et même au commencement du xiii°. Ils étaient possédés par des seigneurs et par des *bourgeois*, mais le plus ordinairement par les habitants des villes d'origine municipale ; ce qui donnerait à penser que les *alodiaires* étaient les descendants directs des anciens possesseurs. Les aleus disparurent petit à petit, durant l'occupation anglaise, parce qu'ils étaient sujets à tomber *en commise* (1) quand l'alodiaire mourait sans héritier direct, ou quand il avait commis un crime entraînant la peine de mort.

A la fin de la seconde race, on ne distinguait pas encore d'une manière absolue les nobles des hommes libres. Le service militaire était obligatoire pour les uns comme pour les autres.

Au xi° siècle, et peut-être même avant, les serfs devenaient libres, et conséquemment propres à porter les armes, dans certaines circonstances (2). La condition de noble ne paraissait pas si avantageuse qu'on ne s'en départit jamais. Il n'était pas rare de voir des nobles se faire bourgeois (3).

Jusqu'à la fin de la seconde race, la religion n'est qu'un instrument politique de la royauté ou du clergé. Au xi° siècle, la foi se

---

(1) Du latin COMMITTERE, mettre avec, *unir*, *réunir*. Selon le droit féodal, le fief du vassal, mort sans héritier direct, retournait au seigneur ; le fief du vassal félon faisait également retour au seigneur ; c'est là ce qui s'appelait un fief *tombé en commise*. Dans la Guienne, on avait assimilé les aleus aux fiefs, sans doute pour ôter toute entrave à l'action du droit féodal.

(2) Du BUAT, *origines passim*.

(3) Je n'ai pas retrouvé de faits pour le x° siècle ; mais ces changements d'état étaient si communs au xi°, au xii°, au xiii° et au xiv° siècle, que l'usage devait en remonter bien au delà du xi°. En voici quelques exemples : (xi° siècle) voir le polyptique de l'abbé Irmeinon, appendice, t. 3, p. 360, 361, où on explique comment les serfs étaient faits hommes de guerre. (xii° siècle) Arnaud-Daniel de Ribeyrac, troubadour, était gentilhomme, il se fit *jongleur*, c'est-à-dire renonça à sa qualité de gentilhomme. (xiii° siècle) OLIM, parlement de la Pentecôte de 1261, 3° arrêt. (xiv° siècle) OLIM, parlement de 1308, 1er arrêt.

dégage plus pure et plus libre ; l'homme commence à la regarder comme ne relevant que de l'esprit.

Les lois reprennent aussi faveur, et la justice apparaît.

Quoique l'axiome, *nulle terre sans seigneurs*, soit consacré de bonne heure, il est certain qu'il existait alors une foule de *vics publics*, de *villes publiques*, qui n'appartenaient à personne (1).

Le xi° siècle fut donc une des grandes époques de l'humanité ; c'est le réveil de l'an 1000.

Au milieu de cette transformation générale de la société, se produit un grand mouvement intellectuel. Dès la fin du x° siècle, les écoles du Périgord étaient déjà célèbres. Grimoard de Mussidan, évêque d'Angoulême, s'était fait remarquer avant l'an 1000, par ses connaissances, acquises très probablement à cette école. Mais c'est surtout au commencement du xi° siècle qu'elle eut une grande réputation. Nous apprenons par la vie de saint Thibaud, chanoine du Dorat (2), que le vénérable personnage, après avoir fait une partie de ses études dans le Limousin, se rendit à Périgueux, pour s'y perfectionner et qu'il n'en partit qu'après s'être instruit dans les arts libéraux. Il mourut en 1070 ; il avait donc étudié à Périgueux entre 1000 et 1020, c'est-à-dire durant l'épiscopat de Raoul de Scoraille, dont le mérite avait contribué à la prospérité de cette école. Maintenant, si l'on se rappelle que Brantôme avait dépendu de Grimoard, et que Terrasson recevait son écolâtre de Saint-Martial de Limoges, dont l'école avait alors aussi une grande célébrité, peut-être serait-on en droit de penser que l'école de Périgueux n'était pas la seule du Périgord qui jouît d'une juste renommée. Pendant ce siècle, cette province fournit deux abbés à Saint-Martial de Limoges, trois évêques à Périgueux et deux évêques à l'Espagne (3), sans parler d'un certain nombre de personnages moins importants. Il ne faut pas oublier non plus que Giraud, évêque d'Angoulême entre 1101 et 1135, et plus tard légat du Saint-Siège, avait été directeur de l'école de Périgueux et qu'il se rendit recommandable par son grand savoir (4).

---

(1) Voir mon histoire du Bugue, et Ducange aux mots *vicus* et *villa*.
(2) Labbe, nova bibliot. mss. t. 2, p. 583.
(3) Ces deux Périgourdins furent évêques de Zamora, hist. litt. de la Fr. t. 7, p. 56. Voir Roderic Ximenez : Raveane in Hispania gestarum, lib. vi, etc.
(4) Voici quelques détails qui donneront une idée plus précise et plus nette du mouvement. On lit dans l'*Histoire des évêques et comtes d'Angoulême* (Labbe :

Quand le roi Eudes passa en Aquitaine, après ses victoires sur les Normands, pour s'assurer de la fidélité douteuse de certains seigneurs, il eut occasion de visiter le Périgord (1).

« Le roi quitta la ville de Limoges (892) et se rendit à Angou-
» lême, où il régla tout ce qu'il y avait à faire. Peu après, il partit
» pour Périgueux, et il y termina, avec la plus grande équité, les
» différents des nobles ; il s'y occupa surtout, de concert avec les
» grands, des affaires publiques. Pendant que, tout entier à ces soins,
» il comptait rester là quelque temps, Foulques, archevêque de
» Reims, travaillait, en Belgique, à placer Charles sur le trône ».

Eudes meurt en 898, et le roi Charles-le-Simple est reconnu par Robert, frère d'Eudes et duc de France. En 911, Robert bat les Normands sur les bords de la Loire. Son armée était composée de Neustriens, d'Aquitains et de Belges. La présence des Aquitains dans l'armée de Robert, autorise à penser que les périgourdins avaient fourni leur contingent. En 930, les Normands avaient envahi l'Aquitaine, et déjà s'approchaient de Limoges. Le roi Raoul, instruit de cette invasion, marche à leur rencontre et les taille en pièces. Les Aquitains qui faisaient partie de son armée eurent la plus grande part de gloire dans cette rencontre. Il n'est pas douteux que les périgourdins figuraient dans les troupes aquitaniques. Ce même roi, Raoul, passe en Aquitaine en 932, et y reçoit les hommages de tous les grands du pays. Tout porte à croire qu'il dût visiter le Périgord. Vers 944, le roi Louis-d'Outre-Mer passe en Aquitaine, reçoit à Nevers les principaux seigneurs de la contrée ; s'occupe avec eux du gouvernement des provinces, se fait

---

Nova bibl. mss. t. 2, p. 256.): Adhémar, évêque d'Angoulême, eut pour successeur Gérard, Normand d'origine... Il avait dirigé les écoles d'Angoulême, de Périgueux et des châteaux environnants. Il fut nommé à la place d'Adhémar, à cause de sa science et de son honnêteté, sur la demande du peuple et par l'élection du peuple et des honorés... Il acquit de grandes richesses à l'église d'Angoulême, surtout de précieux ornements d'église ; mais parmi ces acquisitions, la plus remarquable fut celle de cent volumes et plus, contenant les écrits de saint Grégoire, de saint Augustin, de saint Ambroise, de saint Hilaire, d'Isidore (de Séville), de saint Cyprien, de saint Grégoire de Nazianze, d'Origène, de saint Jérôme, de Brun, de Bède, de Raban Maure, de Boèce, de Paschase Ratber, une Histoire abrégée et l'Histoire de Jules César, les écrits de Cicéron, etc. — Pour tout ce qui est relatif aux transformations du langage. Voir hist. de la langue romane, Dessalles, broch. mss. 1856.

(1) Richeri historiarum libri quatuor, édit. Guasez, t. 1, p. 32.

remettre leurs pouvoirs, qu'il leur rend immédiatement après en son nom (1) ; et se retire, les laissant parfaitement satisfaits. On ne donne pas les noms des seigneurs ; mais il n'est pas douteux que le comte de Périgord devait figurer dans cette réunion. Après sa réconciliation avec Louis d'Outremer, Hugues-le-Blanc, duc de France, est chargé, par ce monarque, d'assembler une armée en Aquitaine, qu'il conduit en Bourgogne (951) (2). On devait compter des périgourdins dans cette armée.

A son avènement (987), Hugues Capet eut à lutter contre les Aquitains, et éprouva même des échecs assez graves, notamment de la part d'Aldebert, comte de la Marche et du Périgord (990). Vers 998, une guerre étant survenue entre Guillaume-le-Grand, comte de Poitiers, et Boson II, que les historiens qualifient simplement comte de la Marche, mais qui fut réellement comte de Périgord, le roi Robert s'allia vainement à Guillaume pour prendre Bellac ; Boson les contraignit à lever le siège (3).

Jusqu'à nos jours tous les auteurs, en parlant du comte de Périgord, n'ont pas hésité à le regarder comme le comte de toute l'étendue du pays qui portait ce nom. Le moment est arrivé de faire connaître le véritable état des choses.

On a pu remarquer que, dans tout ce qui précède, il n'est aucunement question de la partie du Périgord située sur la rive gauche de la Dordogne. Les comtes sont en lutte avec les vicomtes de Limoges, les comtes d'Angoulême, les comtes de Poitiers, etc., etc. ; mais jamais avec les seigneurs dont les domaines sont à la gauche du fleuve. D'où vient cela ? de ce que la portion du Périgord occupant cette rive gauche n'appartenait pas à ces comtes et que la Dordogne était une barrière, sans doute trop difficile à franchir. Jusqu'à l'arrivée de Wigrin dans le pays, l'Aquitaine avait toujours formé un royaume à part, dans lequel les comtes, comme dans les autres parties des Gaules, exerçaient leurs fonctions, sous l'autorité immédiate des rois. Wigrin, comme on l'a vu, constitué comte de Périgord et d'Angoulême par Charles-le-Chauve, s'empara de force

---

(1) Ibid., ibid. p. 65, 107, 117 et 183. Ce fait est à remarquer, car il prouve qu'encore, à cette époque, les fonctions publiques n'étaient pas devenues tellement héréditaires, que les grands se crussent parfaitement affranchis de la sanction royale.
(2) Ibid. ibid., p. 271.
(3) Labbe nov. bibl. mss. t. 2, p. 174.

de l'Agenais, domaine de sa femme, et fonda l'hérédité de sa famille.

Après lui, ses enfants furent dépossédés de l'Agenais par Ebles, comte de Poitiers, devenu plus tard duc d'Aquitaine (1). D'un autre côté, avant la venue de Wigrin en Aquitaine, Raymond, premier comte héréditaire de Toulouse, s'était emparé du Quercy et l'avait transmis héréditairement à ses descendants (852-864). La situation ainsi faite et étant restée la même jusqu'à la fin du x⁰ siècle, faute de documents contemporains, nous devons nécessairement nous fixer sur ce qui arriva pendant le xi⁰, parce que nous verrons exister à la fin de ce siècle, et durant les xii⁰ et xiii⁰. Or, nous constaterons que Guillaume IV, comte de Toulouse, se qualifiait comte de Périgord et d'Agenais, dès 1000, et que la partie du Périgord « la rive gauche de la Dordogne », limitrophe du Quercy, ainsi que quelques seigneuries de la rive droite, lui rendaient hommage au xiii⁰ siècle. Quant à la partie limitrophe de l'Agenais, elle eut un autre sort.

Dans ma notice sur Bergerac (2), à propos des seigneurs de cette ville, j'ai donné sommairement l'historique de l'origine de ces seigneurs, au sujet desquels je suis en contradiction complète avec l'abbé Lespine dont le système a été adopté par divers auteurs. Je ne crois pas devoir entrer ici dans toutes les explications que comporte un pareil sujet. Je les renvoie à l'appendice (3). Je me bornerai donc à résumer les faits généraux qui justifient mes assertions sur l'état des domaines du comte de Périgord, dans le Périgord même, et l'étendue de sa directe dans la province.

Les seigneurs de Bergerac tirant leur origine de ceux de Blaye, ne relevèrent jamais des comtes de Périgord.

Les privilèges de Bergerac (1322) portaient que la juridiction de cette ville comprenait tout le territoire du nord au midi, entre l'Ille et le Drot ; de l'est à l'ouest entre Lalinde et Le Fleix (4). Telle était donc la seigneurie de Bergerac, que non seulement elle s'étendait à tout le Périgord de la rive gauche de la Dordogne touchant à l'Age-

---

(1) Ebles, fils naturel de Ramnulfe II, ne devint comte de Poitiers qu'en 911. Ce fut très probablement entre 911 et 920 qu'il s'empara de l'Agenais. Il fut fait duc d'Aquitaine en 928.

(2) Voyez l'*Écho de la Dordogne* des 5, 6, 7 et 8 février 1865.

(3) Voyez appendice, à la fin du 2⁰ vol.

(4) Bordeaux, 1780, brochure in-8⁰ de 123 pages.

nais, mais encore à tout le territoire de la rive droite entre l'Ille et la Dordogne ; et comme ces privilèges furent donnés par le seigneur de Bergerac lui-même et approuvés par le roi de France, il n'y a pas à mettre en doute que ces limites ne fussent bien celles qui avaient toujours existé.

Un accord entre Hélie Rudel le jeune et Gaston de Gontaud, seigneur de Biron, portant la date de 1239, s'exprime ainsi : *Eu gastos... conog qu'el castel de Biron devia tener e tol quand al castel aperta d'En Elias Rudel*. Le seigneur Gaston... reconnut qu'il devait tenir du seigneur Hélie Rudel le château de Biron et tout ce qui dépend de ce château (1). L'hommage rendu pour ce même château, en 1283, par Pierre de Gontaud, à Marguerite, dame de Bergerac, porte : *Avoavit et recognovit castrum de Bironio et ejus honorem tenere de Marguerita, domina de Brajayriaco et debere tenere*. Avoua et reconnut tenir de Marguerite, dame de Bergerac, et devoir tenir d'elle le château de Biron et son honneur (ses dépendances) (2). Marguerite de Bergerac s'étant remariée en 1276 avec Alexandre de La Pébrée, le seigneur de Badefol s'empressa de rendre hommage à son nouveau seigneur (3). La terre de Puyguilhem relevait également des seigneurs de Bergerac (4). Durant l'occupation anglaise la situation se modifia souvent, mais on ne trouva nulle part l'intervention du comte.

Nous verrons bientôt les vicomtes de Limoges exercer leur autorité à Excideuil, à Hautefort, à Thenon et sur tout le territoire dépendant de ces localités ; nous verrons aussi Adhémar III, l'un de ses vicomtes, faire la guerre à Hélie IV pour revendiquer ses droits sur le Périgord ; nous verrons même des aliénations faites par les évêques ; c'est qu'en effet les domaines du comte de Périgord étaient fort restreints vers le bas Limousin. Le Périgord ne formait donc plus un tout dès le XI° siècle, et son histoire, au lieu de se dérouler d'ensemble et avec unité, se produira désormais complexe et inverse jusqu'à l'établissement du sénéchal qui reconstituera le faisceau brisé par la féodalité.

Le XI° siècle est une des périodes obscures de notre histoire. Tout

---

(1) Arch. de Pau, *Périgord et Limousin*, liasse 82, n° 13.
(2) Ibid., id., liasse 85, n° 11.
(3) Ibid., id., liasse 492, n° 66.
(4) Bibl. imp. collect. Brequigny, t. 6, Guienne, t. 7.

se concentre sur les comtes et leurs querelles avec les voisins, sur les évêques et le mouvement religieux qui, à partir de l'an 1000, se développe avec une grande activité. Cependant nous apercevons, presque dès le début du siècle, les familles qui plus tard joueront des rôles plus ou moins importants se produire progressivement avec leur individualité caractéristique. Telles sont celles de Las Tours, d'Autefort, de Taillefer, de Barrière, de Commarque, de Mussidan, de Flamine, de Beinac, de Biron, etc., etc. Nous voyons aussi les usages, les mœurs se dessiner. C'est ainsi qu'un prêtre de Sarlat, qui s'était entendu avec Gui de Las Tours, dit *le noir*, pour lui livrer les reliques de saint Pardoux, qu'on disait avoir été portées autrefois dans ce bourg et déposées à côté de celles de saint Sacerdos, après avoir placé ces reliques dans un panier appelé *baste* et son enfant dans un second panier pareil, le tout installé sur un âne, part, disant qu'il va au marché de Salignac (1). Dans le voisinage du Périgord, en Limousin, il se passe une aventure des plus intéressantes : « Guillaume IX, comte de Poitiers, le plus ancien
» des troubadours, se rendit un jour à Limoges. L'usage voulait que
» le vicomte Adhémar III, dit le barbu, fît au duc les honneurs de
» la ville et fournît tout ce qui était nécessaire à lui et à sa suite.
» Le maître d'hôtel de Guillaume ayant eu besoin de poivre, en
» demanda à Constantin de la Gana, maître d'hôtel du vicomte. Le
» poivre était alors très rare et par conséquent d'un grand prix.
» Constantin mena le maître d'hôtel du duc dans un corps de bâti-
» ment où le poivre était entassé par terre comme du gland. *Voilà*,
» dit-il, *du poivre pour les sauces du duc*, et, saisissant une pelle, il
» le lui jeta plutôt qu'il ne le lui présenta. Ce fait fut rapporté au
» duc comme une magnificence qu'il nota dans sa mémoire.

» Quelque temps après, le vicomte Adhémar se trouvant à Poitiers,
» le duc défendit de lui vendre du bois. Les gens du vicomte se
» procurèrent une grande quantité de coquilles de noix, dont ils
» firent un grand feu. Le duc ayant appris cela, loua beaucoup les
» Limougeaux qu'il avait essayé de mettre en défaut, les croyant
» ignorants et grossiers (2). »

L'usage de donner au pauvre se multiplia dans les églises, dans les châteaux et dans les villes (3).

---

(1) Chron. du Prieur du Vigeois. (Labbe nov. bibl. mss. t. 2, p. 280.)
(2) Même chronique, même recueil, t. 2, page 282.
(3) Ibid., ibid., t. 2, p. 286.

Un usage bien plus remarquable que tout ce qui précède, c'est celui qui avait trait aux sépultures, et qui se trouve appliqué tout au long dans une sentence arbitrale de 1093-1094, dont voici la traduction un peu abrégée :

« Amat, archevêque de Bordeaux et légat du Saint-Siége, etc.,
» nous voulons que tous les fidèles présents et à venir sachent
» qu'une controverse au sujet de la sépulture à Saint-Astier, surve-
» nue entre les chanoines de Saint-Étienne et de Saint-Front de
» Périgueux, et ceux de Saint-Astier, en présence de Guillaume
» archevêque d'Auch, de Simon, évêque d'Agen, entourés d'autres
» évêques de Gascogne, de Geoffroi, abbé de Maillezais, d'Audebert,
» abbé de Nanteuil, de Pierre, d'Achelme et d'Ebles, archidiacres,
» d'autres chanoines de Saint-André et de bon nombre de clercs, a
» été jugée dernièrement par le concile que nous avons célébré à
» Bordeaux.

» Renaud de Thiviers, évêque de Périgueux, interrogé, répond :
» Je dirai, dit-il, la vérité, sans mentir ; Gui de Mussidan, malade,
» ayant manifesté en ma présence, celle du doyen Lambert et d'au-
» tres chanoines de Saint-Étienne et de Saint-Front, l'intention
» de se faire enterrer dans le cimetière de Saint-Astier, et nous, lui
» ayant fait observer que cela n'était pas permis, mais que, selon
» la coutume de ses parents, il devait être enterré dans le cimetière
» de Saint-Front, il s'écria : *Ne suis-je pas chrétien ? ne suis-je pas*
» *libre ? certains de mes parents ne sont-ils pas enterrés dans l'un*
» *et certains autres dans l'autre de ces cimetières ?* Sur ce, comme
» nous nous taisions pour ne pas paraître vouloir l'importuner et
» pour ne pas lui être désagréable, il ouvrit la bouche, fit un effort,
» tourna les yeux, tendit les mains vers nous et dit à haute voix :
» *Je suis né ici, j'appartiens à cette paroisse, j'ai payé la dîme à ce*
» *saint, j'ai souvent outragé la localité, j'y ai mis le feu trois ou*
» *quatre fois ; je demande que désormais elle soit protégée et hono-*
» *rée par mes parents ; je veux être placé ici au milieu des sépultures*
» *des pauvres ; je veux être recommandé aux prières des frères con-*
» *sacrés à prier Dieu ici ; je veux que leurs mérites me recomman-*
» *dent, ne pouvant pas me recommander par moi-même ; je désire*
» *que mon corps soit enterré par toi, évêque, mon seigneur et maître ;*
» *je le sollicite de tout mon cœur.* Nous, alors, supportant avec dou-
» ceur ses plaintes bruyantes, après lui avoir donné la bénédiction,

» nous nous retirâmes. Huit jours après, il était mort et fut enterré
» dans le cimetière de St-Astier ; c'est pour cela que les chanoines
» de St-Etienne et de St-Front, qui sont ici avec Nous, se plaignent,
» disant que les nobles de ce château, et tous ceux qui sont de la
» parenté de Gui, sont enterrés à Périgueux, et doivent y être en-
» terrés.

» Sur ce, deux chanoines de St-Astier, Pierre du Caminel et
» Arnaud Gérard, se levèrent et dirent : Il est d'usage, chez nous,
» que tout noble de notre château et tout parent de Gui, s'il le
» veut, soit enterré dans notre cimetière. C'est en effet là qu'est
» enterré Adace, frère de Grimoard et de Raimond, vicomtes ; Rai-
» mond, vicomte ; Itier, viguier ; Bernard, son frère ; Pierre, fils
» de Bernard, qui sont de sa parenté ; et même Arnaud, fils de Guy,
» marié et possédant domaine. D'autres chevaliers encore, tels que
» Guillaume de Gurson, Raimond Ratier de Gurson, Gauthier de
» Gérard, Pierre, son frère, Ebrard Massola, Arnaud et Ebrard, ses
» fils, Elie Agert, Itier Turol et ses fils, et beaucoup d'autres. Nous
» avons cet usage et ce privilège depuis Raoul de Scoraille (1001-1013),
» sous Arnaud de Villebois, Géraud de Salignac et Guillaume de
» Montberon ; au moins pendant l'espace de temps de trente à
» quarante années ».

Les juges donnèrent raison aux chanoines de St-Astier, et le mort resta dans le tombeau qu'il avait choisi (1).

Il ressort de ce document que les grands établissements religieux étaient dotés de singuliers privilèges qui devaient avoir pour cause la question financière, dont ils faisaient usage pour leur plus grand avantage. Il fallait bien, en effet, qu'on y trouvât un bénéfice réel, puisque nous voyons, vers la même époque, le pape Urbain II (1088-1099), rendre libres les sépultures dans les cimetières de St-Martin et de St-James de Bergerac, de telle façon que, ceux qui voulaient s'y faire enterrer, le pouvaient sans difficulté (2) ; et que, d'un autre côté, nous trouvons de simples particuliers, propriétaires de cimetières, comme ceux qui, en donnant l'église de Montravel, donnèrent aussi le cimetière (3).

---

(1) Recueil des hist. de France, t. XIV, p. 771.
(2) Arch. de Maine-et-Loire. Rôle provenant de St-Florent de Saumur et ayant trait aux domaines de cette abbaye en Périgord.
(3) Ibid.

Un autre fait, non moins important, c'est la possession par des laïques d'églises, d'autels, de sanctuaires, de cimetières, etc. En donnant l'église de Montravel aux moines de St-Florent de Saumur, les donateurs leur attribuèrent l'autel et le sanctuaire. Un moine du nom de Guillaume, donna à ce même couvent la chapelle de Montravel ; Seguin de Cugat et Drogon, son frère, donnèrent l'église de Ste-Eulalie (1) ; Alquier, seigneur de Mussidan (2), avec ses frères, donna à ce même couvent l'église de *Sourzac*, jadis une abbaye.

A cette époque, l'enseignement était tout entre les mains du clergé. Un certain Ramulfe, habitué à tenir école, et voulant enseigner malgré les moines de St-Florent, reçut défense d'avoir des élèves, à moins de donner ses leçons à St-Pierre-de-Montravel (3).

Une circonstance, que je crois devoir rapporter ici, c'est la découverte d'un anneau faite à Périgueux dans le xi° siècle, et au sujet duquel les auteurs de l'*Histoire littéraire* (4) s'expriment ainsi :
« Pour avoir ignoré que le titre de pape se donnait anciennement
» aux simples évêques, on crut qu'un anneau, trouvé à Périgueux
» en 1072, au doigt d'un évêque, attestait que c'était le pape Léon
» III qui était venu mourir en France, parce qu'on y lisait ces mots :
» *Papa Leo.* »

Vers 1018, les Normands pénètrent de nouveau en Aquitaine par St-Michel-de-l'Erme. Guillaume V, comte de Poitiers, rassemble une armée, marche à leur rencontre, et recommande aux évêques d'engager les peuples à implorer la protection divine par les jeûnes et les prières. Arnaud de Villebois, évêque de Périgueux, au lieu de se borner à prier, organisa un corps d'armée et alla rejoindre Guillaume. Trop confiant, le comte tomba dans une embuscade et fut battu. Pour se procurer l'argent nécessaire à l'entretien de sa troupe, Arnaud engage l'archiprêtré d'Excideuil à l'évêque de Li-

---

(1) Ste-Eulalie de Montravel, aujourd'hui département de la Gironde. Voir les Arch. de Maine-et-Loire, déjà citées.

(2) Dom Martène ; *Thesaurus novus anecdotorum*, t. 1, col. 242. Cet Alquier ne doit pas être confondu avec Alchier (prononcez Alquier), seigneur de Ribeyrac, qui vivait soixante-dix à quatre-vingts ans avant le seigneur de Mussidan.

(3) Voir les Archives de Maine-et-Loire déjà citées.

(4) Hist. litt. de la France, t. 7, p. 119.

moges, qui le possédait encore à la fin du XII° siècle, faute par l'évêché de Périgueux d'avoir pensé à le racheter (1).

Il y eut disette en 1033, abondance en 1034, et, en 1035, disette et mortalité. Ces alternatives, du reste, se reproduisaient périodiquement ; et quelques années plus tard, vers 1044, la famine et la mortalité firent encore d'affreux ravages : « Un homme rassasié avait à
» peine fait quinze pas, qu'il avait faim de nouveau et désirait
» manger. Encore rassasié, il mourait incontinent. C'est à peine si
» quelques-uns échappaient à la mort (2). »

En 1043, une dame Ama, appelée comtesse de Bordeaux, ou du *pays de Périgord*, donne à l'abbaye de Ste-Croix de Bordeaux, pour le repos de son âme et de celles de ses parents, un héritage placé près de la Dordogne et appelé *Medrius*. Cette Ama pouvait bien être la femme de Guillaume VII, comte de Poitiers, fille d'Aldebert I°, dont on ignore le nom, et que le comte répudia en 1044 (3).

Sous Géraud de Salignac, dit de Gourdon, évêque de 1037 à 1059, fut établie la trève ou paix de Dieu (4).

Jusqu'à présent, je n'ai pas eu occasion de parler de Ribeyrac, dont le château, lieu de refuge, remonte à l'an 1000, bâti par le vicomte Alchier, petit-fils d'un autre vicomte de ce nom, qui, très probablement, vivait dans la première moitié du X° siècle ; mais il n'est pas facile d'assigner une date certaine à cette construction. Des rapprochements seuls nous permettent d'établir approximativement qu'elle eut lieu durant les luttes d'Arnaud Mauzer, fils naturel d'Arnaud Bouration, avec les enfants de Bernard (5).

J'ai dit que le comte de Toulouse prenait le titre de comte de Périgord, en 1060. Il nous reste deux actes : l'un de 1079 ou environ, par lequel, sans s'y qualifier de comte de Périgord, il dispose, en faveur d'une abbaye, de domaines placés dans cette province ; et un autre, du 16 juin 1080, où il se dit comte et duc de Toulouse, d'Albigeois, du Quercy, de Lodève, de *Périgord*, de Carcassonne, d'Agenais et d'Astarac (6). Et plus tard, divers seigneurs des bords

---

(1) Chron. d'Adhémar et fragment des évêques de Périgueux, Labbe, nov. bibl. mss. t. II, p. 117 et 736.
(2) Labbe, nov. bibl. mss. t. II, p. 206.
(3) Gall. Christ., 1re édit., t. I, p. 203.
(4) Not. de Petrag. épiscop.; Rec. des historiens de France, t. XIV, p. 221.
(5) Bibl. imper., fond Gaignières, vol. 560.
(6) Rec. des hist. de Fr. t. II, p° 299 *Ex gestis comitum andegavensium*.

de la Dordogne, sur l'une et l'autre rive, lui rendent hommage et lui prêtent serment de fidélité.

Dans une guerre engagée, en 1043, par Guillaume VII, comte de Poitiers, contre Geoffroy Martel, duc d'Anjou, Guillaume avait sous ses ordres une troupe de périgourdins (1).

L'Aquitaine fut alors ravagée par la *peste du feu*, appelée aussi *feu sacré*, *feu subcutané* et tantôt le *feu Saint-Antoine*, plus habituellement *Épidémie des Ardents*. Cette épidémie, suite d'une grande disette, éclata vers 992. Le patient se sentait dévoré par un grand feu dans tout son corps et succombait, après d'atroces souffrances. Cette maladie reparut en 1020 et en 1094. Chaque fois le Périgord paya sa large part de tribut à cette affreuse contagion, contre laquelle on ne savait employer que la superstition, dont la conséquence était de grands rassemblements qui aggravaient encore le mal (2). Ce fut pendant la dernière épidémie qu'on découvrit, sur les limites du Limousin, au milieu des bois, une poire qu'on appela d'*angoisse* et qui sans doute dut son nom à la commune de ce nom, dans le canton de Lanouaille (3).

Le xi° siècle se termina par une grande secousse : la croisade. Nous n'avons pas la liste de tous les Périgourdins qui figurèrent dans cette expédition ; mais nous savons que Renaud de Thiviers, évêque de Périgueux, en faisait partie (4). Nous savons encore que Galfier de Las Tours fut un des premiers à se croiser, et qu'il fit de tels prodiges de valeur, en Palestine, que la légende s'empara de son nom et raconte de lui qu'un jour, ayant entendu le rugissement d'un lion, il accourut et vit l'animal se débattant étreint dans les nœuds d'un énorme serpent ; s'étant avancé résolûment, il le délivra. En reconnaissance, le lion ne le quitta plus et le suivit comme un lévrier ; lorsqu'il voulut retourner en France, on ne crut pas devoir lui permettre d'emmener ce lion qui, pour ne pas le quitter, se mit à la nage et se noya quand il ne put plus nager (5).

---

(1) *Histoire de Languedoc*, t. ii, pr. col. 204.
(2) Chron. d'Adhémar de Chabannais, et du prieur du Vigeois, Labbe nov. bibl. mss. t. ii, p. 170, 179, 292.
(3) Ibid, p. 292.
(4) Frag. des évêques de Périgueux, ibid, t. ii, p. 736.
(5) Chron. du prieur du Vigeois, ibid, p. 292.

Les troubadours ont chanté ce lion. Nous savons encore qu'Adhémar de Beynac y prit aussi part (1).

En 1081 ou environ, le prévôt de la Souterraine était un bourgeois de Montagrier (2). En 1106, le vicomte de Limoges possédait déjà la seigneurie d'Excideuil, dont il détacha un mas ou manse situé dans la paroisse de Saint-Médard, pour en faire don à l'abbaye d'Uzerche (3).

Vers cette même époque le château de Saint-Paul-Laroche, appartenant à Guillaume, fut assiégé par Boson de Turenne, qui y trouva la mort (4).

Avec le XII° siècle l'horizon historique s'agrandit et la mémoire des événements se circonstancie beaucoup plus.

En 1106, Raimond vicomte de Toulouse fait une donation à l'abbaye de Tulle, dont Ebale, son frère, était abbé, et postérieurement cette donation est approuvée par Archambaud, son autre frère, vicomte de Ribeyrac. Sans doute parce qu'il avait épousé l'héritière de ce vicomte descendante d'Alchier (5).

En 1116, il se tint un plaid à Excideuil, composé de Girard, évêque d'Angoulême, président ; d'Ildebert et Gérard, archidiacres de Limoges ; d'Arnaud Guillaume et de Guillaume de Nanclars, archidiacres de Périgueux ; de Geoffroi, archidiacre d'Agen ; de Pierre, précepteur d'Angoulême ; d'Esdrade, Julien et Raimond, chanoines d'Angoulême ; d'Elie de Gimel et de Ramnulfe de Garait, archiprêtres de Limoges, et de beaucoup d'autres dont on ne dit pas les noms.

L'objet du plaid était une donation d'un bois à l'abbaye d'Uzerche, par Adhémar, vicomte de Comborn, faite en 1000, que ce même Adhémar avait aussi donnée à l'abbaye de Cluny (6).

Comme je l'ai dit, c'est vers cette époque qu'on fait vivre cet Othon de Bergerac, qu'on a regardé à tort comme un seigneur de cette ville et sur lequel on trouvera des explications plus loin.

L'incendie du bourg du Puy-Saint-Front et du Moutier, c'est-à-

---

(1) Polyptique du Bugue, bibl. imp. fond des Cartulaires, n° 79.
(2) Ibid, ibid, p. 312.
(3) Justel, prieur de la m. de Turenne, p. 39.
(4) Chron du pr. du Vigeois. Labbe nov. bibl. mss. t. II, p. 286.
(5) Justel. pr. de la m. de Turenne, p. 30.
(6) Rec. des Hist. de Fr. t. XIV, p. 138.

dire de l'église collégiale de Saint-Front, est le plus grand événement du commencement du xii° siècle dont le souvenir nous ait été conservé. Ce fut une véritable catastrophe pour Périgueux. Le fragment des évêques de cette ville le raconte comme il suit :
« Au temps de l'évêque Guillaume d'Auberoche, le bourg du
» Puy-Saint-Front et le Moutier, avec ses ornements, furent détruits
» par un incendie, dû sans doute *à nos péchés*. Les cloches elles-
» mêmes furent fondues par l'intensité du feu. A cette époque le
» Moutier était couvert en bardeaux (1). » La chronique de Maillezais nous donne la date précise de cet incendie. Elle le place en 1120 ou 1121, et ajoute qu'il y eut beaucoup d'hommes et de femmes qui périrent dans les flammes (2). Ce fut cette même année que l'évêque bénit en personne le cimetière des pauvres, placé au-delà du pont (vieux) (3) et venant jusqu'à la rivière.

Entre les années 1120-1130, la famine se produisit. Ce fut sans doute par suite de ces calamités périodiques que Guillaume de Nauclars, évêque de 1123 à 1139, imagina d'imposer aux habitants de la campagne l'obligation de fournir des aliments, pour le maintien de la *paix* ou *trêve de Dieu* (4).

Vers 1104, Adhémar, vicomte de Limoges, réclamait partie de la terre de Périgord, par droit de consanguinité. De là une longue lutte, entre le comte de Périgord et lui, qui amena une rupture entre le Puy-Saint-Front et la Cité. Un jour que les bourgeois et les citoyens en étaient venus aux mains, un citoyen d'une grande extraction, du nom de Pierre de Périgueux, fut tué par les bourgeois et jeté dans l'Ille. Peu d'instants après un bourgeois appelé Pierre Vivote s'empara du cheval du mort, monta dessus et interpellant les citoyens, d'une voix éclatante, dit : *Malheureux que vous êtes ! qu'est devenu Pierre votre magistrat ?* Instruits de ce qui s'était passé, les citoyens déplorèrent amèrement la perte de cet homme illustre. Plus tard son fils, en ayant trouvé l'occasion, tua Pierre Vivote, meurtrier de son père. La guerre terminée, Pierre de Périgueux le fils fit la paix avec Pierre Vivote fils, et fut

---

(1) Labbe, nov. bibl. mss. t. ii, p. 733.
(2) Ibid, t. ii, p. 219.
(3) Ibid, t. ii, p. 736.
(4) Ibid, t. ii, p. 736 ; ce fut sans doute à la suite de la famine de 1124 ; mais pour donner plus de poids à l'œuvre, il fit intervenir la trêve de Dieu.

parrain d'un de ses enfants ; ce qui n'empêcha pas le bourgeois de garder rancune au citoyen, avec l'intention de saisir la première occasion de se venger. Un jour qu'il conduisait un mulet encloué, ayant fait rencontre de son ennemi, il le pria de lui aider à désenclouer sa bête. Pierre s'étant courbé pour l'aider, Vivote tira vivement de son fourreau un poignard, appelé *miséricorde*, et frappa mortellement son rival. Le crime consommé, il se sauva en Rouergue. Le vicomte Adhémar fit chercher le coupable, le découvrit à Conques, et l'obligea à se battre en duel avec un chevalier de Bergerac appelé Pierre Vilote, qui le vainquit et le fit reconduire à Périgueux, où il fut mutilé et mourut le désespoir dans l'âme (1).

(1) Chronique du Prieur du Vigeois (Labbe nov. bibl. mss. t II, p. 302) ; Gravis orta est guerra inter urbem et Podium-Sancti-Frontonis. Die quadam, dum cives invicem proderent ad præliandum, cominus vir quidam alti sanguinis, Petrus cognomento de Périgors, à burgensibus de Podio peremptus et in fluvium demersus est ; quo facto, quidam Petrus cognomine Vivota, *dives argento et consilio pauper*, equum occisi militis ascendit, ANULUMQUE *digito imponens*, voce præconis civibus exclamat : heu miseri ! quo ivit Petrus, *princeps* vester ? quo cognito, cives incredibili luctu virum illustrem lamentabantur. Quid vexabo lectorem ? Quando tempus sibi vidit suppetere, filius occisi, Petrus nomine, occidit eumdem Petrum Vivota interfectorem patris. Guerra peracta, Petrus de Périgors placitum fecit cum Petro Vivota filio burgensis occisi. *Fecit nempe miles rustico hominicium*, munera dedit, usurper prolem ejus de fonti sacro levavit. Rusticus, dolum in corde, tandiu quousque instigante pacis inimico ad defectum protaxit. Quidam die vocavit servus dominum qui pro pace reformanda, dominus servo hominium fuerat, rogans eum ut pedem muli sui incloati manibus contrectaret ; cum que se libenter ad muli pedes inclinaret, abstracto burgensis gladio qui *misericordia* vocatur crudeliter militi infixit. Patrato scelere, equum ascendens, fugam paravit ; veniens que in territorio rutenensi, caseum ad cibum petit. Mirantibus ceteris, eo quod esset quadragesimæ dies, dixisse referunt : Quantum pejora his patravi ! contristatus ultra modum vicecomes lemovicensis Adhemanus per diversas provincias misit quade usque apud Conques judicatus ac devictus duello quippe conflicta superatus est a milite quodam de Brageyrac qui dictus est cognomento Petrus Vilota. Itaque Petrus Vivota victus est à Petro Vilota. Ductus est traditor apud Petragoras, ac de diem demi in amaritudine animæ spiritum exalavit membris abscissis.

On voit par ce texte que la ville et le bourg formaient deux centres distincts et antipathiques.

Le passage *dives argento et consilio pauper*, prouve qu'on admettait une supériorité marquée, regardée sans doute comme tenant à l'origine, entre les bourgeois et les citoyens, qui vient à l'appui (de ce que j'ai dit dans le premier chapitre. La qualité de *princeps* (prince, chef), donnée à Pierre de Périgueux, corrobore encore mes assertions. L'anneau mis au doigt par

Vers 1145, saint Bernard, venant de Bordeaux, passe à Bergerac, d'où il se rend à Périgueux, et de Périgueux à Sarlat (1).

Alors eut lieu la 3ᵉ croisade (2).

Nous voici arrivés à une de ces grandes époques où la perturbation fut jetée parmi les populations par un événement. Le divorce de Louis VII et d'Eléonore d'Aquitaine entraîna trois cents ans de guerre entre la France et l'Angleterre, l'appauvrissement de l'Aquitaine, qui prendra désormais le nom de *Guienne*, l'avortement d'une brillante période de civilisation qui succombera sous la pression hideuse de l'Inquisition et de luttes intestines sans fin.

Deux mois après la dissolution de son mariage avec Louis-le-Jeune (le 18 mai 1152), la fille de Guillaume X épousa Henri Plantagenet, né le 5 mars 1133, dans la ville du Mans, de Geoffroi Plantagenet, comte d'Anjou, et de Matilde, fille d'Henri Iᵉʳ, roi d'Angleterre. Henri alla ensuite se faire couronner duc à Limoges. L'an d'après, il devint roi d'Angleterre. Cette couronne, jointe aux domaines qu'il possédait en France, de son chef ou de celui de sa femme, le rendit au moins aussi puissant que son suzerain, Louis-le-Jeune.

L'archevêque de Bordeaux étant mort, vers 1157, il y eut des difficultés pour le remplacer. Henri II rencontra parmi les évêques une résistance inattendue. Ce fut en vain qu'il essaya de faire porter leur choix sur Pierre Sochio, maître des écoles de Poitiers. Ils ne tinrent aucun compte de ses démarches. Le siège resta vacant jusqu'en 1159. Ils désignèrent alors pour l'occuper Raimond de Mareuil, évêque de Périgueux. C'est au temps de cette vacance que le *Frag-*

Pierre Vivote constate en outre, qu'au commencement du xiiᵉ siècle, les usages gallo-romains n'étaient pas perdus et que la chevalerie française portait toujours des anneaux comme les chevaliers romains. La qualification de *Rusticus* (paysan, vilain) opposée à celle de *miles*, et celle de *servus* appliquée au bourgeois par opposition à celle de *dominus* ou de *miles* attribuée au citoyen, donnent encore une nouvelle force à mon opinion ; cet usage, du reste, dura longtemps après, car on le trouve consacré dans les Olim (année 1260) t. 1, p. 497. Le duel imposé à Vivote révèle un usage franco passé dans les mœurs du moyen-âge et observé même envers les meurtriers. La mutilation semble être le précurseur de l'usage de rompre vif.

(1) Rec. des Hist. de Fr. t. xv, p. 596, voir plus bas les détails.

(2) On croit assez généralement que Gaston de Gontaud Iᵉʳ, seigneur de Biron, Pons et Adhémar de Beynac, et Philibert-Pouget de Nadaillac, prirent part à cette croisade.

ment des évêques de cette ville place le fait suivant (1) : « Le roi
Henri II eut du trésor de l'église de St-Front une certaine table
d'argent, sur laquelle étaient figurés les douze apôtres ». Serait-ce, poussé par le mécontentement, que ce monarque se serait rendu à Périgueux et se serait fait remettre cet objet de prix, ou bien les chanoines auraient-ils imaginé de le donner au prince pour apaiser sa colère, et peut-être aussi pour vaincre sa résistance à la nomination de Raimond de Mareuil ? C'est ce qu'il n'est pas facile de deviner. Le père Dupuy croit à la colère du roi. Je crois surtout à son avidité.

Henri II prétendait encore au comté de Toulouse, et résolut de prendre par force ce qu'on ne voulait pas lui donner de bonne grâce. Il rassembla une armée et marcha sur Toulouse. Arrivé à Périgueux, il alla camper dans le pré de l'Evêque (2). Il avait avec lui Malcolme, roi d'Ecosse, et une foule considérable de braves chefs. Pendant le séjour, Henri fit chevalier le roi d'Ecosse qui, immédiatement après, donna l'accolade et décerna le baudrier de chevalerie à trente jeunes écuyers (3). A la suite de cette cérémonie, l'armée se mit en route pour Toulouse, dont le siège fut entrepris et abandonné, à la fin de la belle saison. C'est évidemment pendant son séjour à Périgueux, avec son armée, qu'il prit ou se fit donner la table d'argent dont il vient d'être question.

Vers la même époque, le ruisseau qui coule dans Sarlat, déborda si violemment, par suite d'un grand orage, que ses eaux, subitement grossies, se répandirent dans le bourg, pénétrèrent dans le couvent et s'élevèrent jusqu'aux nappes des autels. Les livres, les ornements furent détruits ; un moine et plusieurs personnes se noyèrent. Ce désastre survint trois jours avant la fête de saint Pierre et saint Paul (26 juin) (4).

Excideuil, dont l'existence historique remonte au premier temps de la monarchie, s'était beaucoup développé. Son château, qui appartient incontestablement à la première époque, avait beaucoup contribué à ce développement. Il formait au XII° siècle une agglo-

---

(1) Labbe : nov. bibl. mss. t. II. p. 739.
(2) Chron. du prieur du Vigeois. Labbe, nov. bibl. mss, t. II, p. 314. C'est le pré traversé aujourd'hui par la chaussée du Pont-Neuf.
(3) Ibid., ibid. p. 310.
(4) Chron. du prieur du Vigeois, Labbe, nov. bibl. mss. t. II, p. 315.

mération importante de maisons. Il y avait même des familles d'une certaine célébrité, telle que celle de la grand'mère du chroniqueur Geoffroy, prieur du Vigeois, dont le frère, Raimond de Beunac ou Beynac, était abbé de St-Martial de Limoges, en 1166(1).

Ce château appartenait à Bernard, oncle d'Adhémar V, vicomte de Limoges. Dans une guerre, Bernard ayant été fait prisonnier par ses ennemis, fut retenu en captivité jusqu'à ce qu'il eut consenti à faire l'abandon de ce château à son neveu, qui prétendait avoir le droit d'en jouir, sa vie durant. Peu de temps après, les chevaliers d'Excideuil, indignés de sa tyrannie, rendirent le château à Bernard. De là nouvelle guerre entre l'oncle et le neveu, suivie d'un traité d'amitié cimenté par un serment terrible, prêté avant de quitter Excideuil, en présence d'Elie, frère de Bernard. Le jour même ils partent pour se rendre à Ségur, où Adhémar avait invité les deux frères à souper avec d'autres personnes. C'était aux environs de l'Epiphanie. La nuit, pendant qu'on était encore à table, des hommes armés font irruption dans la salle, s'emparent de tous les assistants, et les deux oncles d'Adhémar sont enfermés dans une prison. Indignés de cette trahison, les parents et amis des prisonniers courent immédiatement aux armes et forment une ligue qui menace d'écraser le vicomte. Par l'entremise d'Aldebert, comte de la Marche, la paix est faite et Excideuil restitué à Bernard, qui fut fait chevalier par Henri II, roi d'Angleterre. Cette paix ne dura pas longtemps. En 1173, Adhémar ayant encore forcé Bernard à se dessaisir d'Excideuil en sa faveur, une quatrième guerre s'en suivit et eut pour conséquence un quatrième traité de paix conclu à Arnac, le jour de l'exaltation de la Croix, même année, sous les auspices de l'évêque de Limoges, des vicomtes de Turenne et de Comborn, du fils du comte d'Angoulême et de beaucoup d'autres de ses amis. Par cette paix, Bernard abandonna définitivement Excideuil à son neveu et reçut en échange le château de Célou, dans la Marche, sans que, toutefois, cela mit fin aux troubles (2).

Vers 1170, le couvent du Bugue se trouvait richement doté et, au milieu des troubles continuels, devait tôt ou tard exciter la convoitise de quelque audacieux baron. Guillaume de Gourdon, seigneur turbulent, dont les troubadours parlent dans leurs poésies, se porta

---

(1) Ibid. t. x, p. 313.
(2) Ibid. t. x, p. 317 et 320.

sur le Bugue, mit le feu à la ville et au couvent et fit périr par les flammes plus de cent personnes; les ornements, les livres, les croix, les vêtements, tout fut brûlé.

Cet acte de sauvagerie sacrilège souleva l'indignation générale. Henri II d'Angleterre, en sa qualité de duc de Guienne, le pape Alexandre III, Jean d'Asside, évêque de Périgueux, l'archevêque de Bordeaux, l'évêque d'Angoulême, Hélie V, comte de Périgord, deux de ses frères et l'abbé de Sarlat, s'en émurent et voulurent une réparation dont l'acte fut dressé à Sarlat, dans le cloître de l'abbaye, en présence de tous ceux que je viens de nommer, moins le pape et le roi (1).

Vers cette même époque, Raimond II, vicomte de Turenne, fut investi de la terre de Salignac, par Raimond V, comte de Toulouse; ce qui prouve que ce comte avait alors des domaines dans la partie du Périgord, située sur la rive droite de la Dordogne (2).

Pour l'intelligence des évènements qui vont suivre, il est indispensable d'entrer dans quelques considérations générales sur la situation des hommes et des choses, au temps où nous sommes arrivés.

Henri II eut d'Éléonore : Henri (1153); Richard Cœur-de-Lion (1157); Geoffroy, duc de Bretagne; et Jean Sans-Terre (1166); il en avait eu trois filles : Mathilde, Jeanne et Marie.

Inquiet sans doute de l'agitation continuelle qui régnait en Guienne, Henri II donna ce duché à Richard (1171).

Henri au Court-Mantel, que les Aquitains appelèrent le *roi-jeune*, s'était montré mécontent de cette faveur et réclamait pour lui au moins un équivalent. Le roi, pour lui donner satisfaction, le fit sacrer roi d'Angleterre l'année suivante, et lui assura le duché de Normandie, les comtés d'Anjou, du Maine et de Touraine; et le fiança dès lors à Marguerite, fille de Louis-le-Jeune.

L'année suivante, à l'instigation de leur mère, Henri, âgé d'environ dix-huit ans, Richard et Geoffroi, firent éclater la conspiration révélée au roi, leur père, par le comte de Toulouse. Les détails sur ce qui se passa, à la suite de cette révélation, ne sont qu'en partie parvenus jusqu'à nous ; mais nous ignorons complétement dans quel but ces princes, revenus à de meilleurs sentiments, et rentrés

---

(1) Hist. du Bugue, p. 21.
(2) Chron. du prieur du Vigeois. Labbe. nov. bibl. mss. t. II, p. 280.

en grâce avec leur père, se joignirent à lui, pour faire le siége du Puy-St-Front. Peu de temps après, en effet, et sous l'épiscopat de Pierre Mimet (avant 1182), nous les voyons tous, avec le roi d'Aragon et Ermengarde, comtesse de Narbonne, assiégeant Saint-Front, sans que nous puissions d'ailleurs savoir quel était le dessein d'Henri, ni même s'il prit le bourg. Je suis porté à croire que ce siège eut pour cause la mauvaise humeur du roi d'Angleterre contre le comte de Périgord, qui, sans doute, avait pris une part très active à la révolte de ses fils ; et, comme le comte avait alors beaucoup d'autorité sur le Puy-St-Front qu'il avait fortifié, Henri jugea à propos de l'attaquer dans ce bourg (1).

Philippe-Auguste montait alors sur le trône (1180), et songeait à tirer parti de la mésintelligence d'Henri II et de ses fils, toujours excités par leur mère ou par les seigneurs contre leur père, toujours jaloux les uns des autres.

Ils vinrent en Guienne (1174 ou 1175), dans l'intention de déposséder Richard de ce duché, afin de le punir de ne vouloir pas reconnaître son frère Henri pour son suzerain. C'était le moment où la langue et la littérature romanes commençaient à être grandement en vogue. Parmi les troubadours, figurait au premier rang Bertrand de Born (2), aussi intrépide guerrier que brillant et vigoureux poète, joignant aux plus belles qualités de nombreux et terribles défauts. C'était, dit un biographe contemporain : « Un châtelain de l'évêché de Périgueux, vicomte d'Autefort, château d'environ 1,000 habitants. Il eut toujours guerre avec ses voisins. Il était bon cavalier, vaillant guerrier, plein de galanterie et excellent troubadour ; prudent, agréable parleur, sachant bien traiter le mal et le bien. Il dominait, à son gré, le roi d'Angleterre et ses fils. Son grand désir était que le père et les enfants, et les enfants entre eux, fussent toujours en guerre, de même que les rois de France et d'Angleterre. Sa conduite lui fut tour à tour avantageuse et fatale. Il appelait *Rassa* le comte de Bretagne, le roi Henri *oui et non* et le roi jeune *Marinier* (3). » Brave, ambitieux, libéral, magnifique, affable, *le Roi-Jeune* se prit tout naturellement de belle passion pour Bertrand qui, de son côté, lui voua une véritable affection. De là des

---

(1) *Fragment des évêques de Périgueux*. Labbe, nov. bibl. mss. t. II, p. 729.
(2) Bertrand de Born devait avoir à cette époque environ de 30 à 40 ans.
(3) Plus tard il donna le nom de *oui et non* à Richard.

relations intimes et une confiance réciproque qui, malgré quelques nuages, ne se démentirent jamais (1).

La guerre éclata bientôt entre Henri et ses frères. Bertrand y trouva l'occasion de donner l'essor à son génie et devint l'homme saillant de la situation, par le rôle important qu'il joua, durant toute la lutte, et depuis lors jusqu'à sa retraite dans un couvent.

Lorsque la guerre fut résolue, Bertrand prit l'initiative du mouvement, et grâce à lui, le Roi-Jeune se trouva bientôt à la tête d'une ligue formidable, dans laquelle étaient entrés, en se liant par serment, Raimond, comte de Toulouse, le comte de Flandre, le comte de Barcelonne, Certulle d'Astarac, le comte de Gascogne, le comte de Dijon, Gaston, vicomte de Bearn et comte de Bigorre, Vézian, vicomte de Lomagne, Bernard d'Armagnac, les seigneurs de Dax et de Mont-de-Marsan, le vicomte de Tartas, Raoul de Mauléon, les seigneurs de Tonnais, de Taillebourg, de Pons et de Lézignan, les vicomtes de Thouars, de Turenne et de Limoges, le comte d'Angoulême, Guillaume de Gourdon, les seigneurs de Ventadour, de Comborn et de Ségur, le comte de Périgord, les seigneurs de Puyguilhem, de Clarens, de Grignols, de Saint-Astier et de Siorac, ces cinq derniers périgourdins, et les bourgeois de Périgueux (2).

Le premier soin de Richard fut de se saisir du produit d'une taxe sur le roulage, établie en faveur de Henri, ne permettant plus qu'on levât aucun droit au nom de son frère. Cet acte de vigueur jeta de l'hésitation parmi les confédérés, que Richard menaçait déjà de sa colère et que le Roi-Jeune ne soutenait pas avec assez de résolution. Pour ranimer leur courage, Bertrand composa le sirvente suivant :

> Puisque Ventadour et Comborn et Ségur
> Et Turenne et Montfort et Gourdon
> Ont fait accord et serment avec Périgord ;
> Et que les bourgeois se ferment tout à l'entour,
> Il m'est bon et beau désormais que je m'entremette,
> D'un sirvente pour les encourager ;
> Que je ne voudrais pas que fut mienne Tolède,
> Pour que je ne pusse y demeurer en sûreté.

---

(1) Raynouard, choix des poésies originales des Troubadours, t. v, biographie de Bertrand de Born.

(2) Ibid., ibid. La chr. du pr. du Vigeois, Labbe, nov, bibl. mss. t. ii, p. 322, ne donne qu'une partie des noms de tous les conjurés.

> A Puiguilhem et Clarens et Grignol,
> Et Saint-Astier moult vous avez grand honneur,
> Et moi aussi, qui veut me le reconnaître,
> Et l'a bien plus grand encore Angoulême.
> Vu que le seigneur charretier qui délaisse sa charrette
> N'a point de deniers ni ne prend sans crainte ;
> C'est pourquoi avec honneur je prise davantage une petite terre
> Que de tenir un empire avec déshonneur.

Dans d'autres vers il critique les *mauvais barons*. Les instincts belliqueux se réveillèrent mais ces hommes de fer étaient d'une versatilité d'enfant. La conduite ferme de Richard, son inflexibilité, sa raideur vis-à-vis de son frère, jetèrent le découragement dans l'esprit du *roi-jeune* qui, plus soucieux de ses plaisirs que des intérêts de ses amis, traita avec Richard et se rendit en Lombardie où il passait son temps dans les tournois, les fêtes et les aventures galantes.

Ce départ inexcusable jeta parmi les confédérés une profonde inquiétude. A l'entrainement, à la turbulence qui avaient présidé à leur coalition, succédèrent le mécontentement et le désir d'apaiser Richard. Bertrand de Born lui-même regrettait vivement ses menées :

> D'un sirvente il ne me faut faire plus long délai,
> Tel désir j'ai de le dire et de le publier,
> Attendu que j'en ai motif si nouvel et si grand,
> A cause du jeune roi qui a terminé sa demande
> A son frère Richard, parce que son père le lui commande,
>   Tant il est contraint !
> Puisque le seigneur Henri ne tient ni ne gouverne terre,
>   Qu'il soit roi des mauvais.

Les partisans du *roi-jeune* avaient tout à redouter de la colère de Richard. Ils avaient voulu un moment suivre les avis de Bertrand et essayèrent de faire bonne contenance ; mais bientôt ils furent effrayés de leur audace et, dans l'espoir de rentrer plus facilement en grâce auprès de lui, ils prirent le parti de se retirer de la ligue avec le moins d'éclat possible. Richard, résolu à compter plus tard avec eux, aimait beaucoup mieux les frapper successivement que d'avoir à les combattre tous ensemble ; en présence de la défection générale et au moment où il prévoyait que l'orage gronderait bientôt sur sa tête, ce guerrier poète ne put s'empêcher de donner cours à son humeur et composa très probablement les deux couplets que voici :

> Un sirvente je fais des mauvais barons,
> Et désormais d'eux vous ne m'entendrez plus parler ;
> Qu'en eux j'ai brisé plus de mille aiguillons.
> Oncques je ne pus en faire courir ou trotter un seul ;
> Au contraire ils se laissent déshériter sans plainte.
> Maudisse les Dieu ! et que pensent-ils donc faire,
> Nos barons ? qu'ainsi qu'un confrère
> Il n'y en a pas un que vous ne puissiez tondre et raser,
> Et, sans travail, ferrer des quatre pieds.

> L'un le seigneur Adhémar, le seigneur Archambeaud et le sei-
> Devraient leur jeunesse mettre en évidence ;   [gneur Gui
> Car jeune seigneur à qui ne plait ni les dépenses,
> Ni les cours ni la guerre ne peut grandir en mérite
> Ni il ne se fait craindre ni aimer ni honorer ;
> Vu que de Londres à la cité d'Aire
> Il n'y en a pas un à qui, en la serre de son père
> On ne fasse tort, sans aucune contestation.

Sûr que la confédération était rompue, Richard, décidé à se venger d'abord de Bertrand, se rendit devant Autefort avec son armée, jurant qu'il ne quitterait le siège qu'après avoir forcé Bertrand à lui remettre ce château et à se rendre à sa merci. Ayant en connaissance de ce serment, et n'espérant de secours de personne, Bertrand rendit le château et vint lui-même se mettre à la discrétion du prince. Cette détermination hardie plut à Richard, qui le reçut bien, lui pardonna, l'embrassa, lui rendit son château, et dès ce moment l'aima d'amitié sincère.

La date du siège d'Autefort n'est pas connue ; mais tout porte à croire que ce château fut rendu à Bertrand en 1182 ; que ce fut à la suite de cette soumission que le second fils d'Henri II se porta sur le Puy-St-Front, avec un petit nombre des siens, et pour se venger d'Hélie Taleyrand, comte de Périgord, se mit en devoir de se rendre maître de ce bourg (1), pendant qu'on essayait, à Grammont, de traiter une paix définitive entre les deux frères, par ordre de leur père ; cependant cette tentative ne réussit pas ; et je serais porté à croire que Richard en fut la cause, en quittant brusquement le siège du Puy-St-Front, pour se porter devant le château d'Excideuil. Cette manœuvre dérangea sans doute les combinaisons proposées, et, conséquemment, ajourna la réconciliation. Il semble, du reste, que le siège d'Excideuil ne fut qu'une démonstration entreprise dans ce

---

(1) Chron. du prieur du Vigeois, Labbe, nov. bibl. mss., t. II, p. 330.

but. En effet, à peine Richard se fût-il emparé des faubourgs que, sans pousser plus loin son attaque, il se répandit dans la campagne, commit beaucoup de dégâts du côté de Corgnac, reprit le chemin de Périgueux avec toute son armée, et alla mettre de nouveau le siège devant le Puy-St-Front, qu'il tint en échec jusqu'à ce que le comte de Périgord lui eut remis la tour qu'il avait fait construire, sur l'emplacement des Arènes, dont il détruisit les murailles et les fortifications, sous les yeux du roi, son père, qui se trouvait avec lui, pendant que son frère, le jeune Henri, partait de St-Yrieix et venait les rejoindre pour cimenter cette paix toujours différée. Dès qu'elle fut conclue, on se rendit à Limoges, où on la ratifia, dans le couvent des Augustins (1).

A toutes les époques, il y eut des mécontents, des ambitieux, des malfaiteurs, qui se mirent en révolte ouverte contre la société, comme les *Bagaudes* et les pillards du x° siècle.

L'avénement d'Etienne au trône d'Angleterre (1135), amena une révolution dans leur condition. Ils se firent *mercenaires*. Ce roi prit ces bandes à sa solde, et s'en trouva bien. Ce qu'avait fait Etienne, Henri crut devoir le faire aussi, et ce fut à l'aide des mercenaires qu'il conquit l'Irlande et tint les grands barons de Guienne en respect. A cette époque, elles portaient tour à tour les noms de *Cotereaux* (porteurs de couteaux) ; de *Brabançons* ; de *Palliars* (Palvarii), parce qu'ils portaient sur la tête un brandon de paille en signe de ralliement ; de *Bascles*, en roman *Basclos* ; de *Routiers*, non pas parce qu'ils couraient les routes, mais parce qu'ils étaient en bandes qu'on appelait *routes*, en roman *rotas*, etc., etc. Elles se faisaient remarquer par leur violence et leur passion pour le pillage.

La première fois qu'il est question de ces bandes, à propos du Périgord, c'est vers 1174. Geoffroy, prieur du Vigeois, nous apprend qu'à la suite de la première guerre d'Henri II contre son fils, *le Roi jeune*, il se trouva tellement épuisé de ressources, que pour payer les *Brabançons* qu'il avait à sa solde, il fut obligé de mettre en gage les ornements de sa couronne (2). On voit ces mêmes Brabançons livrer bataille à l'évêque de Limoges, vers 1177 (3).

---

(1) Chron. du prieur du Vigeois, Labbe, nov. bibl. mss. t. II, p. 319.
(2) Ibid.
(3) Ibid. p. 289, et passim.

On pourrait croire qu'après les sièges d'Excideuil et du Puy-St-Front, Richard avait licencié son armée, et que les routiers à ses ordres, livrés à eux-mêmes, s'étaient très probablement réunis à d'autres routiers, pour se porter sur Pierrebuffière, en Limousin, l'assiéger, et de là aller attaquer Brive ; cependant rien ne permet de faire une pareille supposition. Depuis au moins cinq ans, des bandes libres de tout engagement, s'étaient répandues dans le pays et y portaient l'épouvante et la terreur. En 1177, l'une d'elles, sous la conduite d'un chef appelé le Bar (le baron), avait pris et pillé Ségur ; et peut-être était-ce le même qui avait livré bataille à l'évêque de Limoges. Un peu plus tard, un nommé Raimond, portant le sobriquet de *Brennus*, venu de Gascogne, à la sollicitation d'Adhémar, vicomte de Limoges, avait commis de grands désordres dans le Limousin. Aidé d'un neveu, du nom de Guillaume, vers la même époque et sans doute au moment de la ligue organisée contre Richard, ce vicomte de Limoges avait attiré près de lui, par de grands présents, un certain Sance de Sarannas et Corbaran, avec leurs bandes qui, ayant pénétré dans le Limousin par le pont de Terrasson et Pierrebuffière, sollicités par le vicomte de Turenne et soutenus par le vicomte Adhémar, avaient attaqué Brive.

Rapportés d'une manière assez confuse, par le prieur du Vigeois, ces détails puisent une grande clarté dans la biographie du troubadour Bertrand de Born. Nous avons vu comment la ligue dont je viens de parler s'était dissipée ; mais, pour l'entente de ce qui va suivre, il est nécessaire de traduire ici les paroles mêmes du biographe : « Tous ces barons abandonnèrent Bertrand de Born, se par-
» jurèrent envers lui et firent leur paix avec Richard. Le vicomte
» de Limoges lui-même, qui, plus que personne, s'était lié de ser-
» ment avec lui, le délaissa comme les autres, et traita avec le
» prince, sans lui. Quand Richard sut tout cela, il se porta devant
» Autefort, avec son armée, etc. ». On a vu comment Bertrand se rendit et gagna l'affection de Richard.

Il n'est pas douteux qu'après avoir fait leur paix, les barons durent licencier leurs mercenaires, et il est plus que probable que ceux du vicomte de Limoges, qui, comme nous l'avons vu, étaient à peu près tous gascons, reprirent le chemin du Midi ; mais il faut croire aussi qu'Adhémar et le vicomte de Turenne, qui savaient déjà fort bien de quoi était capable Richard, furent effrayés de la manière dont il se vengerait de Bertrand de Born, et qu'alors, regrettant d'avoir renvoyé leurs bandes, ils se hâtèrent de les rappeler ; que cependant, comme ils ne voulaient pas qu'on pût soupçonner la pensée qui les guidait, ils tracèrent aux routiers une marche détournée pour les ramener auprès d'eux. Voilà comment s'explique leur entrée en Limousin par le pont de Terrasson et pourquoi ils disent qu'une partie de la troupe continuait le siège de Brive, que le reste se mit en route, pénétra dans le Périgord et marcha directement sur Brantôme. Ces *fils des Ténèbres*, comme les appelle le chroniqueur, y arrivèrent le 4 des kalendes de mars (26 février), le samedi avant la Quinquagésime ; envahirent le monastère et tout le bourg, s'en emparèrent et les pillèrent. Non-seulement ils se partagèrent toutes les richesses déposées dans l'église, mais encore ils firent leur proie du bled, du vin et de tout ce qui était destiné à l'alimentation des moines, qui, bientôt, manquant de pain, se dispersèrent, emportant avec eux les précieuses reliques de saint Sicaire ; et, comme ils ne savaient que faire de ces reliques, ils trouvèrent prudent d'aller les déposer dans le château de Bourdeilles. Après avoir assouvi leur rage sur le couvent de Brantôme, les Pailliers parcoururent dans tous les sens le Périgord, la Saintonge et l'Angoumois, se livrant au pillage et à la dévastation.

« Cependant, le seigneur Richard assiège bourgs et châteaux, » s'empare des terres, renverse et brûle les forteresses, etc. (1). »

De son côté, Bertrand de Born, n'ayant plus rien à craindre de la part de Richard, dont l'amitié lui était désormais acquise, se mit à guerroyer avec Adhémar, qui l'avait trahi, et avec le comte de Périgord, à qui Richard avait enlevé le Puy-Saint-Front, sans qu'il eût cherché à s'en venger. Cette guerre lui causa de grands dommages ; mais il fit beaucoup de mal à ses ennemis. Voici les détails qui sont parvenus jusqu'à nous. Je crois devoir les faire précéder de quelques renseignements sur sa famille, parce que nous aurons à nous occuper du frère de Bertrand, appelé Constantin, du fils de Bertrand, de son gendre, du gendre de Constantin et de quelques autres parents.

Le bas Limousin se hérissa de châteaux, pour ainsi dire dès l'origine, et les invasions normandes contribuèrent encore à les y multiplier. Dès l'origine aussi, les familles installées dans ces châteaux

---

(1) Raynouard. Biog. Bertrand de Born. Dans *Choix des poés. des troub.*

s'habituèrent à la vie batailleuse, et bientôt le champ des luttes fut trop étroit ; alors les châteaux éparpillés sur les limites du Périgord et du Quercy se trouvèrent mêlés à ces querelles continuelles, et le plus souvent de la guerre naquirent les alliances. Nous trouvons le château d'Autefort debout au commencement du XI° siècle. Vers 1028, il appartenait à Gui de Las Tours, qui possédait en même temps le château de Terrasson et celui de Las Tours. Ce Gui avait une assez mauvaise tête ; parce qu'un châtelain du Périgord, dont on ne dit pas le nom, et qui possédait un château appelé *Jordona* ou *Jorduna* l'avait comparé, en plaisantant, à un forgeron, il courut sus à ce châtelain et brûla son château. Il s'était franchement rangé du parti du comte de Périgord, dans la guerre soutenue par ce dernier contre le vicomte de Ségur, qui n'était autre qu'un membre de la famille des vicomtes de Limoges, et, pour le seconder plus énergiquement, il construisit le château de Pompadour (1).

Gui mourut à Limoges en combattant et laissa une fille mariée avec Adhémar, comte de Lavon, qui eut pour fils un autre Gui, père de Gérard ; celui-ci eut pour fils Seguin, père lui-même d'un autre Seguin, marié avec Imeline, fille de Bertrand de Born, père aussi d'un fils appelé Bertrand de Born comme lui. De son côté, Constantin de Born épousa l'arrière-petite-fille de Golfier de Las Tours, célèbre surtout par son lion ; de telle sorte que ces familles étaient, pour ainsi dire, comme appartenant à une seule souche (2).

L'histoire se tait sur les circonstances qui se rattachent aux prétentions de Constantin sur le château d'Autefort ; mais il est certain que ce frère de Bertrand fut constamment en guerre avec lui pour ce château. « Bertrand de Born avait un frère appelé Cons-
» tantin de Born. C'était un bon cavalier d'armes ; mais il n'était
» pas homme à beaucoup se préoccuper de *valeur* ni d'*honneur*. Il
» voulut toujours mal à Bertrand de Born et bien à tous ceux qui
» voulaient mal à Bertrand. Une fois il lui enleva le château d'Au-
» tefort, qui leur appartenait *en commun* ; mais le seigneur Bertrand
» le recouvra et chassa Constantin de tout le domaine. Alors Cons-
» tantin alla prier le vicomte de Limoges de le maintenir contre
» son frère, et il le maintint. Le roi Richard le maintint aussi con-

---

(1) Chron. du prieur du Vigeois, Labbe, nov. bibl. mss. t. 2, p. 281.
(2) Les seigneurs de Las Tours, de Terrasson et d'Autefort, les vicomtes de Combora, les Flamenes, etc., étaient tous parents.

» tre Bertrand (1). » Ce passage demande quelques explications qui rendent le récit plus facile à suivre.

Le château était commun aux deux frères, car c'était l'usage de ne pas faire de partage entre les enfants. Les deux frères ne s'aimèrent jamais, le biographe le dit expressément. Constantin ayant usé de violence, en s'emparant du château, Bertrand dut être profondément indigné de sa conduite et conçut sans doute, dès lors, le projet de se débarrasser de lui.

L'attention qu'a le biographe de placer la démarche de Constantin auprès du vicomte de Limoges, qui entreprit de le venger, avant que Richard eût consenti à s'occuper de lui, affirme les données historiques qui paraissent bien classer les événements dans cet ordre. Ces événements cependant laissent le lecteur dans une certaine hésitation ; mais ils doivent disparaître devant la manière de s'exprimer de l'auteur de la vie de Bertrand.

Le premier soin de Bertrand de Born fut de se venger du vicomte de Limoges. Indépendamment de la trahison qu'il avait à lui reprocher, il soutenait Constantin. « Comme je vous l'ai déjà dit,
» Bertrand et son frère Constantin, dit le biographe, eurent tou-
» jours guerre ensemble et furent toujours remplis de mauvais
» vouloir l'un envers l'autre, parce que chacun d'eux voulait être
» seigneur d'Autefort, lorsque, *conformément à la raison*, ils de-
» vaient le jouir en commun. Ce désaccord fut cause que Bertrand,
» ayant pris et enlevé Autefort et chassé Constantin et ses enfants
» de la terre, ce dernier s'en alla vers Adhémar, vicomte de Li-
» moges, vers Élie V (2), comte de Périgord, vers Guillaume Taley-
» rand, seigneur de Montignac, pour les prier de lui venir en aide
» contre son frère Bertrand, qui occupait injustement Autefort, tan-
» dis qu'il lui appartenait bien mieux, et qui ne voulait en aucune
» façon lui en faire part, puisqu'il l'avait cruellement déshérité.
» Ces seigneurs lui donnèrent conseil et assistance contre Bertrand,
» firent longtemps la guerre à ce dernier et à la fin lui enlevèrent
» Autefort. Obligé de se retirer, Bertrand s'éloigna avec sa troupe ;

---

(1) Biographie de Bertrand de Born. C'est ce fait du secours accordé par Richard qui a conduit le prieur du Vigeois dans sa chronique (Labbe. nov. bibl. mss. t. 2, p. 337), à donner à penser à un troisième siège qui n'eut pas lieu, comme je vais l'expliquer.

(2) Les généalogistes donnent à Élie le surnom de *Taleyrand* ; le biographe de Bertrand de Born l'appelle Amblard, sans que j'aie pu savoir pourquoi.

» Toutefois, bientôt après, il se remit à guerroyer, aidé de ses amis
» et de ses parents, afin de rentrer dans le château, mais sans suc-
» cès. Voyant qu'il perdait son temps, il chercha à se réconcilier avec
» son frère. Ils firent une paix solennelle. Malheureusement,
» quand il fut dans Autefort avec toute sa gent, il fit défection à
» son frère, ne lui tint ni serment ni convention, et lui enleva le
» château avec une grande félonie (1). »

Que résulte-t-il de ce passage, assez clair par lui-même, mais qui ne se lie pas suffisamment au projet conçu par Bertrand, après que Richard lui eut rendu le château d'Autefort ? A mon sens, les événements se passèrent en 1182 et peut-être même au commencement de 1183. Pendant que Richard châtiait un à un les confédérés, Bertrand, non-seulement cherchait à se venger des traitres, mais encore, fier de la remise d'Autefort, se débarrassait de son frère. La situation ainsi faite, les adversaires de Bertrand s'étaient mis en campagne, avaient dépossédé Bertrand qui, plus tard, était rentré en possession du château par l'acte de félonie dont parle le biographe, acte dont toutefois Richard ne fit aucun reproche à notre troubadour et sur lequel, comme on va le voir, le vieil Henri se contenta de faire une plaisanterie, ce qui laisserait penser qu'il était bien moins coupable que ne l'indiquent les apparences. Pour comprendre la conduite de Constantin, il suffit du reste de lire les deux pièces, qui commencent, l'une par ce vers :

>   Un sirvente ou mot ne manque,

l'autre par celui-ci :

>   Point de faire sirvente je ne me retarde.

et le couplet suivant :

>   Bien je sais que les mauvais parleurs,
>   Car je veux dire la vérité de leurs supercheries,
>   M'en appelleront patient,
>   Parce que je me laisse forcer et dominer ;
>   Du don que mon frère m'a juré
>   et fait octroi,
>   Il veut retenir l'autre moitié (2).

Une nature comme celle de Bertrand pouvait bien ne pas se maîtriser complètement, en présence de ces mauvais procédés.

---

(1) Raynouard, *Choix des poës. orig. des troub.* t. 3, p. 88.
(2) Bibl. imp. département des mss., nos 5232 et 7225.

Vers les fêtes de Pâques de l'année 1183, le *roi jeune* avait repris les armes contre son père. Henri II, obligé de se mettre en mesure de réduire ce fils rebelle, avant de s'occuper de Constantin et de Bertrand, ne dut, par conséquent, tenir aucun compte de leurs querelles au milieu de ses embarras, parce qu'elles ne pouvaient avoir pour lui qu'un intérêt très secondaire, quoiqu'il eût promis d'interposer son autorité. De son côté, Constantin s'associa à un chef de mercenaires, encore peu connu, Mercader, mais qui devait bientôt acquérir une grande renommée. *Mercader* et lui, avec un certain Raoul de Castelnaud, avaient envahi la vicomté de Comborn et ravagé le pays, s'étaient ensuite répandus sur les frontières du Périgord et du Quercy, où ils avaient largement butiné; et de là, étaient allés assiéger Pompadour, portant la dévastation dans tous les environs, jusqu'au moment où ils avaient appris que les *assermentés d'Auvergne* (1) se disposaient à leur courir sus. A cette nouvelle, ils s'étaient hâtés de se disperser, pour se reformer bientôt après et se livrer à de nouvelles violences, en haine de Seguin, gendre de Bertrand de Born (2).

Cependant le roi jeune, tombé malade, avait été porté à Martel, où il expira, dans sa vingt-huitième année. Cette mort fut, pour Bertrand de Born, une véritable désolation qui lui inspira deux magnifiques complaintes parvenues jusqu'à nous (3). Henri II en fut également très affligé ; mais par le fait, elle eut pour conséquence de rétablir la paix, dans la famille, et permit au vieil Henri de prendre des mesures propres à ramener le calme dans la Guienne. Une de ses premières pensées fut de punir Bertrand de Born de son dévouement au prince défunt, et de lui faire payer cher les conseils qu'il s'était constamment attaché à lui donner, dans le but d'entretenir la discorde parmi les frères et d'encourager l'indocilité du fils vis-à-vis de son père. Comme on le pense bien, ce fut avec une véritable joie que Constantin le vit prendre la résolution d'aller assiéger Autefort, et peut-être se mêla-t-il à la troupe destinée à faire le

---

(1) Les *assermentés d'Auvergne* étaient les membres de la Société fondée par un certain Durand du Puy-en-Velay, qui s'engageaient par serment à combattre tous ceux qui ne respectaient pas la trève de Dieu. (Voyez mon article de l'*Echo de la Dordogne* des nos 22 et 23 juin 1869.)

(2) Chron. du prieur du Vigeois, Labbe nov. bibl. mss. t. 2, p. 341.

(3) Raynouard, *Chron. des poès. orig. des troub.* t. 2, p. 183 et t. 4, p. 49.

siège. L'armée du roi comptait parmi ses chefs le roi d'Aragon et le comte de Poitiers, Richard cœur de lion.

» Le roi Henri, dit le biographe, qui voulait mal à Bertrand
» parce qu'il était l'ami et le conseiller du roi jeune, son fils, qui
» avait eu guerre avec lui, et parce qu'il croyait que ce frère de
» Constantin était la cause de tout ce qui était arrivé, réunit une
» grande armée, avec son autre fils Richard, comte de Poitiers, et alla
» l'assiéger dans Autefort. Son but était de déposséder Bertrand de
» ce château. Pendant qu'il était à battre la place avec ses machines,
» le roi d'Aragon rejoignit l'armée. Lorsque Bertrand le sut, il en
» fut très joyeux, parce qu'il était son ami particulier. Il est même
» vrai de dire que ce prince lui envoya ses messages au château, par
» l'entremise desquels Bertrand lui demanda pain, vin et viande,
» ce qu'il lui fit parvenir en assez grande abondance. Par la même
» occasion, le seigneur d'Autefort le fit instamment prier de faire
» en sorte qu'on déplaçât les machines, parce que là où elles frap-
» paient, le mur était tout rompu. Gagné par les sommes d'argent
» que lui avait données Henri, le roi d'Aragon révéla à ce monar-
» que le secret de Bertrand, et de nouvelles machines furent éta-
» blies sur ce point. Le mur abattu, Bertrand fut pris et mené avec
» toute sa gent au pavillon du roi, qui le reçut fort mal et s'écria :
» *Bertrand ! Bertrand ! vous avez dit que jamais la moitié de votre*
» *sens ne vous fut nécessaire. —* Seigneur, dit Bertrand, il est bien
» vrai que j'ai dit cela et qu'en le disant j'ai bien dit la vérité, —
» sur quoi le roi ajouta : *Je crois bien qu'à présent il vous fait dé-*
» *faut. —* Seigneur, dit Bertrand, il est bien vrai que je l'ai tout
» perdu. — *Et comment, demanda le roi ? —* Seigneur, dit Bertrand,
» le jour que le vaillant roi jeune, votre fils, mourut, je perdis le
» sens, le savoir et la connaissance. Lorsque le roi entendit ce que
» Bertrand lui disait de son fils en pleurant, son cœur fut fortement
» attendri et la douleur lui fit venir les larmes aux yeux, de telle
» sorte qu'il ne put pas s'empêcher de se pâmer. Quand il fut re-
» venu de pamoison, il ajouta en pleurant : *vous avez bien raison*
» *de dire que vous avez perdu le sens en perdant mon fils, car il vous*
» *voulait plus de bien qu'à homme du monde ; aussi, par amour*
» *pour lui, je vous rends votre personne, votre fortune et votre châ-*
» *teau, et je vous accorde de nouveau mon amitié et ma faveur ; de*

» *plus, je vous donne 500 marcs d'argent* (1) *pour le dommage que*
» *vous avez éprouvé*. Après ces paroles, le roi ajouta en plaisantant :
» *Qu'il soit tien, il doit bien t'appartenir en toute équité, si grande*
» *que fut la félonie que tu fis de ton frère*. De son côté, Richard ne
» se montra pas moins généreux et lui rendit toutes ses bonnes
» grâces. Quand les barons, qui tenaient le parti de Constantin, su-
» rent ce qui s'était passé et virent que Bertrand conservait le châ-
» teau, ils furent très mécontents et engagèrent Constantin à récla-
» mer, ce qu'il fit ; mais Bertrand montra au roi la décision qu'il
» avait prise, car il avait eu soin de la faire mettre par écrit, et
» alors le roi rit et plaisanta de la réclamation. Cependant, loin de
» se résigner, Constantin et ses amis se remirent à guerroyer avec
» Bertrand de Born » (2).

Ces détails sont précis ; on ne saurait donc admettre, comme le dit le prieur du Vigeois, que Richard s'empara du château et le remit à Constantin, en punition de la trahison de Bertrand envers son frère (3). On ne trouve nulle part ni la moindre allusion à ce fait, ni un mot de nature à le rappeler.

Pendant les querelles d'Henri II avec ses enfants et de ses enfants entre eux, les bourgeois de Périgueux, dont la plus grande partie était évidemment originaire de la Cité, préparaient leur organisation municipale. Voici les motifs sur lesquels j'appuie cette assertion :

Un procès-verbal du juge mage de la sénéchaussée de Périgord, portant la date du 20 avril 1332, énumère les titres produits par les habitants de Périgueux pour justifier le droit qu'ils avaient de s'administrer municipalement, droit qui leur était contesté par le procureur général du roi, qui les avait fait citer devant le parlement, pour se voir condamnés à y renoncer. Parmi les titres produits, le commissaire délégué en signale une liasse en ces termes : « Ils
» produisirent un grand nombre de lettres très anciennes, parmi
» lesquelles divers contrats passés par la ville de Périgueux avec
» plusieurs personnes, scellés du sceau de la communauté dont la-

---

(1) Il y a le marc d'or et le marc d'argent. Comme poids, c'est une demi livre ; comme valeur, il y eut une variation continuelle, ce qui tenait à l'aloi de l'or et de l'argent.

(2) Raynouard, ch. des poés. orig. des troub. t. 5, p. 76 et suivantes.

(3) Labbe, nov. bibl. mss. t. 2, p. 337.

» dite ville faisait usage au temps passé, sur lequel sceau est gravé
» un sergent d'armes avec bouclier et épée... De ces lettres, il y
» en avait une qui commençait ainsi : *La communauté de la ville
» de Saint-Front-de-Périgueux*, et qui portait la date 1188 de l'in-
» carnation du seigneur » (1).

Il résulte donc de ce procès-verbal qu'en 1188, le Puy-Saint-Front était administré municipalement et avait un sceau dont il se servit pendant une partie du XIIIe siècle, et dont il nous reste un exemplaire assez bien conservé ; mais par le seul fait que la communauté était organisée avec un sceau, il est évident qu'elle existait depuis quelque temps. Ce qui le prouve du reste suffisamment, c'est que les bourgeois entrèrent dans la confédération ménagée par Bertrand de Born, en faveur du roi jeune, contre Richard, et qu'à la suite de la dissolution de cette confédération, la colère de Bertrand contre les bourgeois s'exhala en ces termes :

« A Périgueux, près de la muraille,
De telle sorte que je pourrai lancer avec le mail,
Je viendrai armé sur Bayard ;
Et si je trouve Poitevin piffre,
Il saura de mon glaive comme il taille,
Vu que sur le chef je lui bâtirai un armet
De cervelle broyée avec maillet » (2).

Donc il faut chercher plus haut l'époque où le mouvement municipal dut commencer. Je me sers de l'expression le mouvement municipal, parce qu'il ne fut jamais question de créer une commune à Périgueux, et que cette ville persista toujours à dire que ces privilèges ne lui avaient pas été concédés mais qu'elle les possédait en droit.

La Cité, jadis *Vésonne*, ville municipale, par la volonté de Caracalla, avait sans doute conservé, durant le cours du haut moyen-âge, des *principes* (3) qui évidemment étaient dans les mêmes conditions que les *honorés*, les *principaux*, l'*ordre*, les *chefs* ou toute autre qualification rappelant l'ensemble des membres de l'ancienne curie. Pas de doute à cet égard. Lorsqu'on voit réapparaître à l'horizon historique les habitants de la Cité, ils portent le nom de *damoiseaux*, qualification essentiellement nobiliaire. L'avantage

---

(1) Rec. des titr. de la ville de Périgueux, p. 219.
(2) Raynouard, chron. des poët. orig. des troub., t. 4, p. 142.
(3) Chron. du prieur du Vigeois, Labbe, nov. bibl. mss. t. 2, p. 302.

que le bourg du Puy-Saint-Front acquit sur la Cité, durant le moyen-âge, s'explique surtout dans les privilèges que l'abbaye dut obtenir, comme les autres, du bon vouloir des rois de France ou de ceux d'Aquitaine, pendant que l'Aquitaine eut des rois (1). Une autre circonstance qui milita beaucoup en faveur du bourg, au détriment de la Cité, ce fut la double qualité du chef de l'église du Périgord, *évêque* à la cité et *abbé* à Saint-Front ; pouvant par conséquent protéger d'autant plus efficacement qu'il était le *défenseur* né de la Cité et le *protecteur* obligé du Bourg (2).

L'affaire de Vivote et de Pierre de Périgueux, et la distinction que le prieur du Vigeois établit dans son récit entre ces deux hommes, constate suffisamment, qu'en 1130, le Puy-Saint-Front n'avait encore fait aucune tentative d'émancipation ; mais il est à croire que les violences d'Hélie Rudel (1117-1140), la folle colère de sa mère, à son égard, et les troubles causés par le vicomte de Limoges, leur fournirent une occasion favorable à leur projet d'organisation, ou du moins à leur dessein de s'affranchir d'une tutelle incommode, et qu'ils la saisirent avec empressement ; ce qui le prouve, c'est que Boson, successeur d'Hélie Rudel, vers 1153, fit construire une grande et haute tour sur l'emplacement des anciennes arènes, destinée évidemment à contenir le bourg et la Cité qui, de même que le bourg, avait sans doute eu des velléités de se gouverner elle-même et qui n'ayant pas réussi, vit très-probablement une partie de ses habitants se retirer au Puy-Saint-Front, comme offrant plus de sécurité que la Cité. De là, évidemment, la prétention, de la part de Périgueux (l'ancien bourg du Puy-Saint-Front), d'avoir joui de ses franchises de toute ancienneté. Ce qui me fait croire à ce délaissement de la Cité pour le bourg, c'est que les habitants du bourg, que le prieur du Vigeois appelait *rustici* (vilains), *servi* (serfs), se trouvèrent plus tard avoir des armes et agir en personnes nobles (3).

Voyons maintenant s'il n'est pas possible de fixer approximativement l'époque où le bourg, devenu ville, fut définitivement organisé municipalement.

---

(1) Je parlerai plus loin de ces privilèges, dont j'ai déjà dit quelques mots.

(2) La municipalité organisée selon la loi romaine, avait un fonctionnaire appelé *Défenseur de la Cité*. Le mouvement religieux opéré à partir de Constantin eut pour conséquence d'attribuer ces fonctions aux évêques, qui devinrent les *défenseurs nés* des cités.

(3) Voir plus bas les détails.

Je n'hésite pas à dire que les bourgeois du Puy-Saint-Front, en voyant se dissoudre la ligue formée contre Richard, cherchèrent aussitôt à tirer parti de la situation toute nouvelle qui leur était faite, et entreprirent auprès du comte de Poitiers, des démarches couronnées d'un plein succès. Pour les gagner et dans le but de rendre le comte de Périgord plus perplexe que ne le faisait le revirement qui venait de s'opérer, Richard les autorisa à s'organiser. Afin même de leur aplanir les difficultés que pourrait leur susciter ce seigneur, une fois maître du Puy-Saint-Front, où sans doute il s'était fortifié, le prince se fit remettre par Hélie Taleyrand, fils de Boson, le château des Rolphies, dont la tour, construite par Boson, faisait partie, et, après en avoir détruit les remparts (1182), il fit sa paix avec le comte, laissant les bourgeois arranger leur affaire comme ils l'entendraient. Je maintiens donc que, quoiqu'on ne retrouve pas de maire antérieurement à 1200 (1), ce fait d'un sceau existant en 1188, justifie l'existence d'une caisse communale, d'une prison de ville et de tous les autres accessoires d'une municipalité à la même époque ; et, comme en dehors de la ligue, du siège du Puy-Saint-Front et de la destruction des murs du château du comte, je ne vois pas d'époque où cette organisation eût pu se faire, j'en conclus que le Puy-Saint-Front fut organisé municipalement, en 1182 ou 1183.

En dehors des suites de cette agitation probable qui avait dû se produire au Puy-Saint-Front, pour préparer sa réorganisation municipale et depuis cette réorganisation, Bertrand de Born fut toujours le centre d'activité autour duquel s'agitèrent les principaux événements qui s'accomplirent, en Périgord, jusqu'à la fin du siècle. Ce poète turbulent, ce guerrier infatigable mérite cependant qu'on signale une exception honorable pour lui. Il ne prit jamais part aux troubles causés par les routiers ; du moins il n'est à ma connaissance aucun détail qui permette de l'accuser d'avoir eu des relations avec eux, tandis qu'on trouve dans ses poésies des preuves bien caractéristiques de sa répulsion pour eux :

> Ges no me platz compagna de BASCLOS....
> E mainadier escars deuria hom pendre (2),
> Point ne me plait la compagnie des *Bascles*...
> Et un chef de bande avare on devrait pendre.

---
(1) C'est-à-dire cinq ou six ans avant la rédaction de l'acte scellé du sceau représentant le sergent d'armes.
(2) Raynouard, *Nouv. ch. des poës. orig. des troub.* t. 1, p. 398.

Sur ces entrefaites, la réputation de Mercader était allée jusqu'à Richard, qui s'était attaché ce chef et l'avait lancé sur le Limousin, où il pillait au nom de ce prince. Vers la quadragésime de 1184, il se dirigea brusquement sur Excideuil, s'empara de ses faubourgs et les dévasta (1). Les détails nous manquent sur les années 1185, 1186, 1187, 1188. Nous savons seulement qu'il y eut de grands démêlés entre le roi de France et celui d'Angleterre, au sujet de l'hommage pour le comté de Poitou, et au sujet de la dot de Marguerite, restée sans enfants du roi jeune ; que ces démêlés eurent pour diversion la nouvelle de la prise de Jérusalem par Saladin, qui jeta la désolation parmi les chrétiens d'Occident (1187). Cet événement, toutefois, ne mit aucun terme à la turbulence de Richard. Sous le prétexte de revendiquer les droits de sa mère sur le comté de Toulouse, il déclara la guerre à Raimond et s'empara de plusieurs villes et châteaux, ce qui obligea le roi de France à faire une diversion en Normandie, pour dégager le comte. Dans cet intervalle, Bertrand de Born, ayant appris la trahison du roi d'Aragon envers lui, composa plusieurs sirventes des plus virulents contre ce prince.

Peu de temps après la mort d'Henri II (1189), Philippe-Auguste et Richard-Cœur-de-Lion, ayant fait la paix, partent pour la troisième croisade et se brouillent en route.

Des divers seigneurs du Périgord qui se croisèrent avec ces princes, nous connaissons Pierre de Noailles qui, en partant pour la terre sainte, fit don à l'abbaye d'Uzerche de rentes situées dans la terre de La Bachellerie, paroisse de St-Germain-des-Tavernes (2) ; mais nous savons que ni Bertrand, ni le comte de Périgord, ni le vicomte de Limoges, ne jugèrent à propos de se joindre à eux. Nous avons même de Bertrand une pièce de vers où il explique pourquoi il ne part pas et qui présente un tableau curieux de la situation des affaires :

> Maintenant je sais du mérite qui l'a le plus grand
> De tous ceux qui se levèrent de (bon) matin ;
> Le seigneur Conrad l'a plus complet sans tromperie,
> Vu qu'il se défend là à Sur (Tyr) du Seigneur Saladin
> Et de sa troupe perfide ;
> Que Dieu le secoure, vu que le secours va tardant !
> Seul il aura le mérite, puisque seul il endure la peine.
> . . . .

---

(1) Chron. du prieur du Vigeois. Labbe, nov. bibl. mss. t. 2, p. 342.
(2) Arch. de l'Empire, sect. hist., M. 712.

De vous aider, maintenant apprenez lesquels ;
Le roi Philippe est l'un qui s'en va hésitant ;
Seigneur Conrad je sais deux rois qui diffèrent
Le roi Richard est l'autre et il hésite aussi.
Maintenant que chacun (d'eux) fut dans les chaînes
Du seigneur Saladin, puisqu'ils vont Dieu vaillant,
Vu qu'ils sont croisés et de partir ils ne parlent pas.

Seigneur Conrad, entièrement pour votre amour je chante,
Et point je n'y regarde ami ni ennemi ;
Mais pour cela je le fais que les croisés je vais blâmant
Du passage qu'ils ont ainsi mis en oubli.
. . . .
Seigneur Conrad, le roi Richard vaut tant,
(Que) quoique je ne veuille de lui, grand mal j'en dis,
Vu qu'il passera avec autant de forces cette année
Que faire il pourra, cela j'entends dire à la fin des fins
Et le roi Philippe se met en mer
Avec d'autres rois (de sorte) qu'ils viendront avec de telles for-
Que au-delà du désert nous irons conquérant. [ces.

Moins dévoués à Richard et tout aussi mal disposés pour le voyage en terre sainte, que les rois et que Bertrand de Born, le comte de Périgord, le vicomte de Limoges et bien d'autres s'étaient, comme je l'ai dit, abstenus de partir, sans rien dire, et sans que les chroniqueurs nous aient appris la cause de leur abstention. Fort heureusement, le biographe de Bertrand de Born répare ce silence et nous fournit des détails précieux. Je traduis : « Le roi Richard » se croisa et passa outre-mer et Bertrand demeura, guerroyant » avec Adhémar, vicomte de Limoges, et avec le comte de Périgord » et avec tous les autres barons des environs (1). » Le motif de ces luttes de Bertrand de Born avec ses voisins, c'est encore le biographe qui nous le fait connaître : « Quand le roi Richard fut parti » outre-mer, tous les barons du Limousin et du Périgord se liguè- » rent entre eux, formèrent une grande armée et allèrent aux châ- » teaux et aux bourgs que le seigneur Richard leur avait enlevés, » les assaillirent et se rendirent maîtres de tous ceux qui se défen- » daient et ainsi recouvrèrent la plus grande partie de ce qu'ils » avaient perdu. Lorsque Richard fut revenu, il fut très irrité de » la conduite des barons, et menaça de les déshériter ; mais le vi- » comte de Limoges et le comte de Périgord, soutenus par le roi de » France, ne firent aucun cas de ses menaces, et lui firent dire qu'il » était devenu trop rude et trop orgueilleux et que, malgré lui, ils » le rendraient franc, courtois et modeste et qu'ils le châtieraient

---

(1) Raynouard, nouv. chron. des poés. orig. des troub, t. 1, p. 236.

» par la guerre. Ces nouvelles comblèrent Bertrand de joie, car il
« savait combien le roi était mécontent des insolences des barons et
» combien il regrettait qu'ils lui eussent enlevé les châteaux de
» *Nontron* et d'*Aixe* (1), aussi s'empressa-t-il de composer un sir-
» vente dans le but d'exciter le roi Richard à se mettre en cam-
» pagne (2). »

Pour compléter ces détails, je dois ajouter que nous avons les let
tres par lesquelles Adhémar, vicomte de Limoges, et Gui, son fils, se
rangent au parti du roi de France, à cause des injures que leur a faites
le roi d'Angleterre (3). Les lettres d'Adhémar portent la date de 1190,
mais sont du commencement de 1191. Richard ne rentra dans ses
états qu'en 1194. Les barons de Périgord et de Limousin eurent
donc le temps de reprendre ce dont les avait dépossédés le roi
d'Angleterre, au grand déplaisir de Bertrand, qui avait franchement
gardé la foi jurée à Richard.

A partir de 1194 les renseignements manquent. Nous savons
seulement que, dès le retour de Richard, la guerre se ralluma entre
lui et Philippe et, quoique nous n'ayons aucune donnée certaine
sur ce qui se passait en Périgord, il est à croire que là comme ailleurs, les attaques, les surprises, les défections et les réconciliations
se succédaient avec la rapidité ordinaire.

L'année qui suivit le retour de Richard, Mercader, ce chef de
bande devenu l'homme de confiance, l'ami de Richard, faisait
une donation à l'abbaye de Cadouin dont voici la traduction :

« Qu'il soit connu à tous présents et à venir que moi Mercader,
» serviteur du seigneur Richard, illustre et glorieux roi d'Angle-
» terre, duc de Normandie et de Guienne, comte d'Anjou et de
» Poitiers, comme je combattais aussi fidèlement que vaillamment
» dans les camps du susdit seigneur roi, n'étant jamais en désac-
» cord avec sa volonté et accomplissant avec promptitude ce qu'il
» commandait, par suite de quoi j'étais accueilli et affectionné par
» ce grand roi et commandais à son armée, le noble seigneur

---

(1) Le texte porte *Montron* et *Aspen*, mais il ne peut pas y avoir de doute.
C'étaient le comte de Périgord et le vicomte de Limoges qui menaient la coalition, et c'étaient eux que Richard avait le plus maltraités. Nous verrons
d'ailleurs plus tard ce roi ordonner le siège de Nontron, et nous savons que
le château d'Aixe était très important.

(2) Raynouard, *Chron. des poët. orig. des troub.*, t. 5, p. 96.

(3) *Fœdera, littera et acta publica* (nouv. ed. de Rimer), t. 1, part. 1ʳᵉ, p. 32.

» Adhémar de Beynac étant mort sans héritier direct, ce susdit roi,
» par sa magnificence royale et sa pleine autorité, me fit don à moi
» et aux miens, pour les posséder héréditairement et perpétuelle-
» ment, et me constitua héritier de toute la terre de ce dit seigneur
» et de tout ce qui dépendait de sa juridiction ou de son autorité,
» au moment où il cessa de vivre. De laquelle donation ayant pris
» pleine possession, j'ai ordonné de construire, à l'aide des paysans
» des environs réunis à mes frais, une pêcherie au château de
» Bigaroque, dans le fleuve de Dordogne, pour prendre les poissons ;
» laquelle achevée, par l'inspiration de Dieu, il me plût et je recon-
» nus juste et utile que, tant pour le salut de mon âme et des
» miens que pour celui des âmes dudit seigneur de Beynac et des
» siens pour honorer leur mémoire et obtenir une bonne et sainte
» fin, de donner par une largesse irrévocable, aux vénérables
» frères de la maison de Cadouin, toute la décime de la dite pê-
» cherie, sans qu'il soit permis de différer ce don sous quel prétexte
» que ce soit. Je déclare donc mon ennemi et l'ennemi de Dieu,
» indigne du ciel et de la terre, tout homme qui, dans l'avenir,
» tenterait d'enlever ce droit aux susdits frères, ou qui voudrait
» les frustrer en quelque chose sur cette décime ou qui sus-
» citerait quelque difficulté à leurs agents au sujet des comp-
» tes à régler.... Il nous a plu aussi que toute donation par
» ledit Adhémar de Beynac, pour son salut et celui des siens,
» à ladite maison de Cadouin, où il est enterré, avec sa pro-
» géniture, soit en terres, soit en revenu, soit en eaux, soit en
» bois, soit ratifiée et stable, et que ladite maison possède le tout
» paisiblement, sans aucune contradiction, à perpétuité, et qu'elle
» le conserve irrévocablement, etc..... Donné à Saint-Macaire l'an
» 1194 (v. s) (n. s) 1195 (1). »

Quelle que soit la précaution avec laquelle s'exprime Mercader, et quoiqu'il traite avec le plus grand ménagement la mémoire d'Adhémar et des siens, il n'en est pas moins à peu près certain que ce chef de routiers n'avait pu devenir possesseur de Beynac et de Bigarroque que par la violence. Comme je l'ai fait remarquer plus haut, nous verrons les seigneurs de Beynac relever des comtes de Toulouse, et j'ai déjà conclu des hommages qui nous restent de

---

(1) Bibl. imp., papiers Lespine.

ces seigneurs à ces comtes, que, dès le x° siècle, ils devaient être leurs vassaux ; or, nous avons vu Richard, en 1188, faire la guerre au comte de Toulouse ; je me crois donc en droit de dire que dans cette guerre, le château de Beynac fut de ceux dont ce prince s'empara, lors de son expédition sur Cahors et sur Montauban, et que, durant la campagne, sinon peu de temps après, le seigneur de Beynac étant mort, sans héritier direct, le fils d'Henri II ne trouva rien de mieux, en haine du comte de Toulouse, que de faire don de cette terre à Mercader. Une autre raison milite fortement en faveur de cette idée, c'est que les descendants de Mercader ne conservèrent pas la propriété de ce domaine : qu'après la mort de Richard, il se retrouva des parents d'Adhémar pour la reprendre.

En janvier 1196, Richard et Philippe-Auguste signèrent un traité de paix réglé quelques mois auparavant. L'article XII de ce traité porte que le comte de Périgord rentrera dans la possession de ses domaines tels qu'ils se comportaient, au moment où il prit le parti de se soustraire à l'autorité anglaise.

Peu de temps après, une coalition se forme contre Philippe, par les soins de Richard, et la guerre recommence. Mais il ne paraît pas que la Guienne y prit une grande part. Nous n'avons du moins rien de particulier au Périgord jusqu'en 1199. Vers la fin de 1198, des trèves furent conclues entre les deux rois. Richard, qui était en Normandie, profita de ce répit, pour passer en Guienne. Il avait entendu dire que le vicomte de Limoges avait découvert un trésor à Châlus. S'étant adjoint Mercader, il se porta sur ce château et y mit le siège. Au moment où il observait la place, il fut frappé d'une flèche à l'épaule. La blessure, dit-on, n'était pas mortelle ; mais son intempérance fut cause qu'il mourut douze jours après (1), en avril 1199.

Pendant qu'il était malade devant Châlus, Richard donna l'ordre

---

(1) Un auteur anglais le fait arriver devant Nontron. On s'accorde à dire que ce prince fut blessé et mourut devant Châlus. On varie aussi sur le nom de celui qui lança la flèche. Les uns l'appellent Jean Sobras, les autres Pierre Basile, et enfin d'autres encore Bertrand de Gourdon. On a accepté Bertrand de Gourdon, et je crois qu'on a eu raison. La maison de Gourdon fut cruellement maltraitée par Richard. Bertrand le lui reprocha lorsqu'il fut conduit en sa présence. On conçoit qu'avec de pareils griefs, un homme résolu n'hésite pas à se venger, lorsqu'il en trouve l'occasion.

d'aller assiéger Nontron et *Piégut*, qu'on appelait alors *Montagut* ; mais les assiégeants ayant appris sa mort, se retirèrent, sans avoir mis à exécution le commandement qu'ils avaient reçu (1).

Le plus jeune des enfants de Henri II, appelé Jean-sans-Terre (2), succéda à Richard, au détriment d'Arthur, fils de Geoffroi. Il s'empara de la couronne en corrompant les troupes à la solde de Richard ; il était à Périgueux en 1200, et nous avons des lettres de ce roi datées de cette ville, le 22 août (3). Sa conduite coupable et surtout l'odieux assassinat de son neveu (1203), furent cause que Philippe-Auguste le fit citer devant la Cour des pairs de France, qui le condamna, par contumace, à perdre la tête et ordonna la confiscation de tous les biens qu'il possédait, dans l'étendue du royaume de France. Cet arrêt fut immédiatement mis à exécution, avec une telle vigueur que, quelques années plus tard, il ne lui restait plus qu'une partie de la Guienne, dont en 1204 la reine Éléonore fit hommage au roi de France.

A travers l'obscurité de l'histoire nous voyons apparaître des chefs de bandes appelés Alguais (4). En 1203, l'un d'eux, du nom de Martin, était sénéchal de Gascogne et de Périgord pour le roi Jean (5). Je parlerai ailleurs de ces Alguais, dont le nom semble avoir été synonyme de vaurien, même de leur vivant, et pendant qu'ils jouaient un certain rôle.

---

(1) A une certaine époque et pendant assez longtemps, l'évêque d'Angoulême jouit de certains droits sur Nontron, pour lesquels il prétendait qu'on lui rendît hommage. Il fallait même que ces droits fussent reconnus d'une manière plus ou moins officielle, puisqu'un auteur anglais appelle cette ville un château appartenant à l'évêque d'Angoulême. Piégut est formé de *Puy-agut* (lat. Podium-acutum). Montagut, élévation pointue. *Podium-acutum et Montem-acutum* ont le même sens et par conséquent ne font qu'un ; voilà pourquoi ce même auteur Anglais appelle Piégut Montem-acutum ; en français Montagut.

(2) On a assigné plusieurs causes au sobriquet *sans-terre* donné à Jean. Voici ce que dit Roger de Hovedan. (Rec. des Hist. de Fr., t. 17, p. 304) : Philippe-Auguste, qui semait la discorde entre les frères, fit un jour savoir à Richard que Jean, comte de *Mortain*, s'était donné à lui. Richard, furieux, le crut et ordonna que Jean fût dépouillé de tout ce qu'il possédait deçà et delà la mer ; voilà l'origine du sobriquet : *sans-terre*.

(3) Rotuli cartarum in turre londonensi asservati (1837, in-fol. p. 74).

(4) Raynouard, *Ch. des poés. orig. des troub.* t. IV, p. 174, pièce de Bertrand de Born, commençant par ces mots : *Al dous nou terminis*.

(5) Fœdera, littera et acta publica, t. 1, partie 1re, p. 80. (C'est une nouvelle édition du Rimer Anglais.)

Au moment où Philippe-Auguste avait réuni la cour des pairs pour juger Jean-sans-Terre, celui-ci adressait des lettres aux barons et autres chevaliers de Gascogne et de Périgord, leur enjoignant de se tenir prêts à marcher en armes et chevaux, au premier avis (1).

A la suite du jugement rendu contre Jean par la cour des pairs, le Périgord étant rentré sous l'autorité de la couronne de France, le comte de Périgord et les autorités municipales de Périgueux, se rendirent devant Rouen, en 1204, dans le camp de Philippe, qui assiégeait cette ville, et là ils lui rendirent hommage et lui prêtèrent serment de fidélité exactement dans les mêmes termes et avec le même cérémonial (2).

---

(1) Fœdera, litt. et acta publica (nouv. ed. de Rimer), t. 1, partie 1re, p. 89.

(2) Le sceau qui servit à sceller le serment des représentants de Périgueux n'est pas celui de 1188 et ne pouvait pas l'être. Je dirai ailleurs quel était ce sceau et j'expliquerai les méprises dont il a été la cause ; mais je ne crois pas devoir différer plus longtemps les détails dans lesquels le texte même de l'hommage exige que l'on entre. Voici ce texte :

Excellentissimo domino suo Philippo, dei gracia, francorum regi, *tota communitas ville de Petragoris*, salutem et omnimodam fidelitatem : Notum facimus universis presentibus et futuris quod nos tenemur domino, domino nostro Philippo illustri regi francorum et heredibus suis in perpetuum facere fidelitatem contra omnes homines et feminas qui possunt vivere et mori et tenemur ei et heredibus suis tradere *totam villam de Petragoris integre* ad magnam vim et ad parvam, quocienscunque dominus rex noster Philippus et heredes sui inde nos requisierint. Actum ante Rothomagum, anno domini M. CC. quarto, mense maio. (Arch. de l'Empire, sect. hist. J. 627, n° 2.)

« A son excellent seigneur Philippe, par la grâce de Dieu, roi des Français,
» *toute la communauté de la ville de Périgueux*, salut et en tout entière fidélité :
» Nous faisons savoir à tous présents et à venir que nous sommes tenus à
» perpétuité de faire fidélité au seigneur notre seigneur Philippe, illustre
» roi des Français, et à ses héritiers, contre tous hommes et femmes qui
» peuvent vivre et mourir ; nous sommes aussi tenus de livrer à lui et à ses
» héritiers *toute la ville de Périgueux intégralement*, à grande et à petite force,
» toutes les fois que notre seigneur le roi Philippe et ses héritiers nous en
» auront requis. »

On verra au chapitre des comtes qu'Hélie V et la communauté de Périgueux rendirent hommage et prêtèrent serment le même jour devant cette même ville de Rouen. A cette époque donc la commune et le comte étaient en bonne intelligence. Mais occupons-nous de cette expression : *Tota communitas ville de Petragoris.*

Nous avons vu qu'au commencement du XIIe siècle, la ville et le bourg étaient parfaitement distincts et que leur antagonisme s'était violemment produit, à l'occasion des prétentions du vicomte de Limoges. Cet antagonisme persista par intervalle, puisque nous les retrouverons dans les luttes du XIIIe siècle ; seulement alors la ville s'appela la *Cité*, nom qu'elle a conservé,

De 1204 à 1208, il ne se passa rien de particulier au Périgord dont l'histoire fasse mention.

———

CHAPITRE II

Les Comtes de Périgord.

Nous sommes arrivés à une époque où l'histoire des comtes de Périgord se complique d'incidents qui exigent autant d'attention que d'impartialité. Ces incidents, plutôt indiqués qu'authentiquement établis, ont été interprétés de la manière la plus élastique et, tout en proclamant la vérité, il faut avoir soin de ne pas se heurter à des difficultés qui ne sont pas sérieuses, mais qui touchent à certains amours-propres fortement mis en jeu. Je n'ai, du reste, l'intention de froisser personne ; mais il est bien entendu que je ne veux en aucune façon atténuer la vérité. Si donc je venais à me tromper, on pourra dire, en toute confiance, que ce n'est pas systématiquement mais involontairement, que je me suis fourvoyé.

---

et le bourg continua à porter la dénomination de *bourg du Puy-saint-Front*. Si donc il ne s'était agi que de l'une ou de l'autre des deux localités, la charte n'aurait pas manqué de se servir de l'une des deux dénominations consacrées. L'expression *tota communitas villæ de Petragoris* doit par conséquent signifier l'ensemble des deux centres de population d'accord pour rendre hommage et prêter serment de fidélité. Ce qui contribue à corroborer cette explication, c'est qu'un peu plus bas, nous retrouvons cette autre locution *totam villam de Petragoris*, qui représente la même pensée. Ainsi pas de doute : au moment où on se rendit devant Rouen, les deux points habités ne formaient qu'une seule administration, d'où on peut conclure que, si les premiers efforts pour organiser la commune ne furent pas tentés en commun, que si même, la rivalité qui se reproduisit plus tard avait poussé le bourg du Puy-saint-Front à procéder tout seul à la revendication de l'ancienne organisation municipale de Vésonne, comme un aveu dont je parlerai bientôt nous l'explique assez, la désunion primitive avait disparu devant la situation politique faite par la condamnation de Jean-sans-Terre, et ne se manifesta de nouveau plus tard, qu'à l'aide des manœuvres de celui ou de ceux à qui l'alliance des deux camps déplaisait ou, pour mieux dire, devenait fatale, soit parce qu'elle contrariait leur ambition, soit pour tout autre motif.

Hélie I⁽ʳ⁾ (1031). — La décision de Guillaume-le-Grand, rapportée par Adhémar, ne permet pas de mettre en doute qu'Hélie II, fils de Boson II, fut bien réellement comte de Périgord, et Bernard, fils d'Aldebert I⁽ʳ⁾, comte de la Marche, tandis qu'il aurait dû en être tout autrement si Boson II n'eût pas gouverné le comté avant sa mort.

Nous savons seulement qu'Hélie fit battre monnaie, parce que nous verrons plus tard son fils en guerre avec l'évêque de Périgueux à ce sujet. Le prieur du Vigeois nous apprend encore qu'il soutint une guerre assez vive contre le vicomte de Ségur, dans laquelle il eut pour allié Gui de Las Tours (1), guerre qui se rattachait sans doute aux querelles des vicomtes de Limoges et des comtes de Périgord.

Une pièce de 1060 (2) nous apprend à quelle famille appartenait sa femme Adèle ou Amélie et mieux Aina. Cette charte, par laquelle cette dame fait une fondation dans le couvent d'Uzerche, pour le repos de l'âme de son père et celle de sa mère, porte qu'elle était fille de Gérald, seigneur de Montignac et de Nouic de Grignol (3). Elle dit encore qu'elle était mère d'Aldebert, qui n'était autre qu'Aldebert II. Indépendamment de ce fils qu'Aina donna à Hélie II, elle le rendit aussi père de deux autres enfants appelés l'un Eudes, qui prend le titre de comte, de même que son frère aîné, conformément à l'usage du temps, dans une donation faite par lui à St-Martin de Tulle (4), et qui mourut en 1068 ; l'autre Hélie, comme son père, et dont il ne reste pas de trace.

Un bref de Jean XIX (5) constate qu'Hélie II vivait encore en 1031 ou 1032 ; il était donc âgé de 35 ou 36 ans ; mais, à partir de 1031 ou 1032 il n'est plus question de lui, il est à croire que son fils ne tarda pas à lui succéder.

---

(1) Labbe, nov. bibl. mss. t. 2, p. 281.
(2) Extraite du cartulaire d'Uzerche, par l'abbé Lespine. Les généalogistes ont pris cette dame pour une comtesse de la Marche, et St-Allais : *Précis historique*, etc., n'a cherché dans cet acte qu'un détail sur la famille de Grignol. De plus, pendant qu'il la marie avec Hélie II, à la p. 11, il lui fait épouser Bernard à la p. 13.
(3) C'est donc par elle que la seigneurie de Montignac passa dans la maison des comtes de Périgord, d'où elle ne sortit pas, tant que dura cette maison.
(4) *Art de vérifier les dates*, t. 2, p. 377.
(5) Ibid.

L'âge d'Hélie II, au moment où il devint comte, et les circonstances par où il passa, malgré l'usage si commun alors, de se marier de bonne heure, ne permettent pas de supposer qu'il contracta mariage guère avant vingt-cinq ans. Si donc il lui succéda en 1032 ou 1038, son fils ne pouvait avoir alors beaucoup plus de 10 à 12 ans. Ce fut, par conséquent, sous la tutelle de sa mère, qui vivait encore en 1060, qu'il dut prendre possession de son comté.

ALDEBERT II. — Les généalogistes ont écrit sur ce comte un article assez confus et qui ne permet de suivre le fil des événements qu'avec la plus grande peine.

Aldebert II, appelé CADENARARIUS, idiome vulgaire, *cadenaire* (faiseur de chaines), serait à peine connu, sans la lutte qu'il engagea avec l'évêque Géraud de Gourdon, au sujet de la monnaie que son père avait fait frapper, cette lutte lui ayant assuré une certaine célébrité ; mais les détails précis manquent.

L'*Art de vérifier les dates* a transformé CADENARARIUS en *cadoirac* ou *cadenat* (1). Saint-Allais n'a fait usage que du mot de *cadoirac* (2), et l'un comme l'autre ouvrage ont traduit ce mot par *canuus*, traduction qui, ainsi qu'il est facile de le comprendre, n'a pas de raison d'être. Les deux ouvrages le font succéder à son père sans parler de son âge approximatif, ni de sa mère, dont ils n'ont pas suffisamment déterminé l'individualité.

Saint-Allais dit que : « Le titre qui donnait le droit de battre mon-
» naie aux comtes de Périgord existe en original dans les archives
» de la maison de Talleyrand et porte le sceau de la famille, qui re-
» présente trois lions d'or au champ de gueule. » C'est-à-dire, en bon français, que les comtes de Périgord auraient eu le droit de battre monnaie en vertu d'un privilège qu'ils se seraient concédé eux-mêmes. Ce titre doit être l'objet d'un examen très sérieux, surtout en ce qui concerne la vérification du sceau et des armes, afin de voir s'ils remontent à la date de 1030. En attendant que ce titre ait été livré à la publicité, voyons les données de l'histoire.

Le droit de battre monnaie appartenait, dans l'origine, aux colonies et aux municipes romains ; ce droit se perdit-il tout entier durant l'invasion des barbares? C'est ce qu'on serait tenté de croire, en voyant les rois Goths et Francs en jouir seuls et le faire figurer

---

(1) T. 2, p. 377.
(2) P. 11.

au nombre de leurs meilleures ressources financières. Cependant il serait imprudent d'affirmer que ce privilége disparut complètement, sur tous les points où il avait été exercé. Je croirais plus volontiers qu'il se maintint le plus souvent, mais qu'il fut exercé au profit de l'autorité royale, sous les Goths, durant la première race de nos rois et partie de la seconde, de telle sorte qu'à l'époque où les grands feudataires cherchèrent à s'affranchir de l'autorité royale et à se rendre indépendants, ils trouvèrent tout naturel de s'approprier ce droit, partout où les villes qu'ils occupaient l'avaient conservé. Si donc, dans le principe, Vésonne eût battu monnaie, comme municipe, il n'y aurait eu rien de surprenant que les comtes de Périgord se fussent substitués à son lieu et place et eussent battu monnaie en leur nom. Mais, quoique devenue municipe sous Caracalla, nous savons que Vésonne ne battit jamais monnaie. Il faut donc chercher ailleurs l'origine de prétentions qui, en réalité, n'étaient pas trop malfondées.

Durant le haut moyen-âge, et surtout sous les derniers rois de la deuxième race, le privilége de battre monnaie fut souvent concédé par ces rois à des laïques et à des ecclésiastiques. C'était un moyen d'accroître les ressources de ceux qu'on voulait favoriser, sans diminuer les revenus de la couronne ; mais nous savons aussi qu'en s'appropriant et en rendant héréditaires, dans leurs familles, les dignités et emplois dont ils avaient d'abord joui temporairement, les seigneurs s'emparèrent aussi des priviléges, des ressources que possédaient les villes qu'ils occupaient. Angoulême jouissait du droit de battre monnaie ; Wlgrin se l'attribua ; ce privilége dut se scinder quand la famille se divisa, et que les comtes de Périgord et ceux d'Angoulême purent en faire et en firent librement usage (1).

Dans les cités, les évêques étaient devenus les défenseurs nés des populations. Si donc l'évêque de Périgueux attaqua la monnaie du comte, ce dut être comme défenseur de la Cité et non pas parce qu'il contestait à ce comte le droit de frapper monnaie.

Aldebert II n'avait que 16 à 17 ans, quand Géraud de Gourdon

---

(1) La preuve de cette assertion se tire des monnaies elles-mêmes. Celles d'Angoulême comme celles de Périgueux portent pour légende, d'un côté Lodoicus, et de l'autre Ecclesiam ; mais tandis que l'une et l'autre ont à l'obvers une croix pattée, celle de Périgueux a, au revers, cinq annelets ou jours, à la différence de celle d'Angoulême, qui n'en a que quatre. Voir l'appendice : *des monnaies du Périgord*.

prit possession du siège de Périgueux (1037). Tout porte à croire que les hostilités ne commencèrent qu'en 1044 ou 1045, c'est-à-dire dès que le jeune comte eut atteint sa 21e ou sa 25e année. Mais que s'était-il donc passé entre Géraud de Gourdon et Aldebert II, pour que cette guerre éclatât sous ce prétexte ? et comment, si cette monnaie était réellement défectueuse, l'avait-on librement laissée circuler jusqu'alors ? Il est probable qu'occupé des dangers que suscitaient incessamment aux populations les courses des Normands, l'évêque Arnaud de Villebois n'eut pas le temps de s'élever contre les prétentions d'Hélie II, ou peut-être ne comprit-il pas les inconvénients qui devaient en résulter. Géraud de Gourdon se vit, sans doute, réduit à la nécessité d'étudier la question, peu de temps après son intronisation et s'aperçut bientôt qu'il y avait urgence à mettre fin aux désordres, d'où je conclus que la monnaie *hélienne* fut décriée, comme de mauvais aloi, avant même qu'Aldebert II fût en état de la défendre. Cette attaque contre la mémoire de son père et contre les droits de sa maison, était de nature à profondément l'irriter, et à mesure qu'il sentait son autorité grandir, il dut éprouver de plus en plus le besoin de punir l'évêque de son audace ; c'est ainsi que, irrité, Aldebert engagea cette terrible lutte durant laquelle il se livra à des emportements excessifs et menaça de chaînes ceux qui avaient suivi le parti de Géraud, d'où le surnom de *Cadenararius*. Nous n'avons rien de positif sur cette guerre, au sujet de laquelle les chroniqueurs se bornent à dire que l'évêque, ayant décrié la monnaie que le comte Hélie II avait fait frapper et à cause de cela appelée *Hélienne*, Aldebert II prétendit que cette monnaie était de bon aloi et qu'elle devait avoir cours.

La lutte fut des plus énergiques, et l'évêque agit avec une telle vigueur qu'il fit, pour ainsi dire, disparaître les héliennes, aujourd'hui à peu près introuvables : les deux qu'on prétend avoir échappé à la destruction pourraient bien n'être pas de cette époque (1). Mais pour obtenir ce résultat, il fit, assure-t-on, de très

(1) Frag. de petrag. episcopies ; Labbe, nov. bibl. mss. t. 2, p. 738. S'il fallait en croire Etiennot *(Mélanges religieux,* bibl. imp. n° 557), la querelle d'Aldebert II et de Géraud de Gourdon n'aurait pas eu seulement pour cause la monnaie ; elle aurait encore puisé une nouvelle animation dans des atteintes portées aux privilèges de l'abbaye de St-Front. Il y est dit en effet qu'il s'éleva une grande contestation entre Aldebert et Géraud, au sujet des *immunités de l'abbaye et du droit de frapper monnaie* ; ce qui n'est évidemment qu'un écho de la supposition gratuite avancée par le père Dupuy.

grandes dépenses. On ne parle pas de celles du comte, qui fut battu.

La guerre se prolongea sans doute jusqu'à la mort de Géraud, et en 1069 Aldebert II avait beaucoup de pertes à réparer.

Aina, sa mère, vivait encore (1). Aldebert II devait avoir épousé, depuis plusieurs années, Asceline de Grignols, fille unique du baron de Grignols. C'est Asceline qui porta dans la maison des comtes la terre de Grignols, après la mort de son père.

Elle lui donna, non pas quatre enfants mâles, comme on l'a dit partout, mais deux garçons, Hélie et Aldebert, et une fille, mariée à Guillaume VIII, comte de Poitiers. Hélie succéda immédiatement à son père, sous le nom d'Hélie III ; Aldebert fut comte, après Hélie III, sous le nom d'Aldebert III.

On a prétendu qu'Aldebert II vivait encore en 1104, et qu'il avait associé son fils Hélie III au comté, en 1080 ; c'est une double erreur que les documents les plus authentiques détruisent unanimement. Il était mort en 1080, et son fils fut seul comte de 1080 à 1104.

Hélie III. — Aldebert II, à sa mort, avait une soixantaine d'années. Son fils, Hélie III, avait à peu près vingt-cinq ans (2).

L'histoire se tait de 1080 à 1099, toute préoccupée qu'elle est de la première croisade, que rejoignit plus tard l'évêque de Périgueux. Nous retrouvons, Hélie, seul comte de Périgord en 1099 (3) ; mais à

---

(1) Voir plus haut la donation par elle faite à l'abbaye d'Uzerche.

(2) Quatre chartes, dont deux portent des dates certaines, nous apprennent formellement qu'Hélie III était seul comte de Périgord, en 1080. La première est relative à Brantôme (Bibl. nation. Fonds Leydet, extraits des Mélanges d'Etiennot). Elle commence par ces mots : Ego Hélius, comes Petragoricensium. (Moi, Hélie, comte des Périgourdins). La deuxième concerne l'église de Sourzac et porte la date de 1081. (D. Martène, thés. anecd. t. I, col. 241). Il y est trois fois parlé de lui, en sa qualité de comte, et comme elle contient le récit d'un événement antérieur, il est tout naturel de penser que cet événement remonte à 1080. La troisième résume la donation de l'église de Montcarret au couvent de St-Florent-de-Saumur (Rôle appartenant aux archives de Maine-et-Loire). On y lit que cette donation fut faite, au temps du roi Philippe I*er*, régnant Geoffroy, comte de Poitiers, Hélie (étant) comte de Périgord et Guillaume, évêque. Guillaume (de Montbaron) mourut en février 1081. Cette charte doit donc se rapporter à l'année 1080. La quatrième est une donation, par Hélie lui-même, à l'abbaye de Paunat, de l'église de St-Sylvain, commune de La Monzie-St-Martin, se rapportant à peu près à la même époque. D'où il faut conclure qu'au lieu d'avoir vécu jusqu'en 1104, Aldebert II n'était plus de ce monde en 1080.

(3) Précis hist. etc., p. 15.

partir de ce moment, il n'est plus question de lui. Serait-ce qu'il fût parti pour la croisade ? Pas un chroniqueur, pas un document n'en fait mention. Si donc il ne fit pas le voyage de la Palestine, c'est qu'il dut être retenu par quelque motif sérieux, et je n'en vois pas de plus sérieux que l'âge de ses enfants.

Rien ne permet de fixer l'époque du mariage d'Hélie III ; mais il semble assez probable qu'il dut se marier vers 1080. On donne à sa femme le nom de Brunehilde de Foix, appelée Vasconie, et je n'hésite pas à accepter ce nom, puisqu'il est consigné dans le fragment des évêques de Périgueux (1) ; mais une grave difficulté s'élève à cet égard. De 1038 à 1070, on voit se succéder trois comtes de Foix ; le premier n'eut pas d'enfants, le second eut un fils, le troisième quatre ; mais on ne donne de fille à aucun d'eux. Du mariage d'Hélie III et de Brunehilde naquirent deux garçons, Guillaume Taleyrand et Hélie Rudel. Le premier pouvait avoir, à l'époque du concile de Clermont, de 15 à 18 ans ; le second, de 12 à 15 ans.

Tous les historiens modernes placent la mort d'Hélie III en 1101. Je suis de leur avis ; mais, à partir de ce moment, il n'y a plus moyen de les suivre dans leur récit. Je vais essayer de dégager les faits des rares documents qui nous restent.

ALDEBERT III et GUILLAUME TALEYRAND. — Contrairement aux usages consacrés dans la famille, le fils aîné d'Hélie III ne lui succéda pas comme comte. Hélie III eut pour successeurs immédiats Aldebert son frère (2), que nous appellerons Aldebert III, et son fils aîné Guillaume Taleyrand, comme le prouve suffisamment un acte de 1109 (3). Ils portèrent l'un et l'autre en même temps le titre de *consul* ou *comte*. Cette association aurait lieu d'étonner, si nous ne savions pas, qu'à leur avènement, le vicomte de Limoges éleva des prétentions sur le comté, d'où la guerre que j'ai racontée.

« Sur ces entrefaites, dit le prieur du Vigeois, Adhémar, vicomte
» de Limoges exigea, du comte de Périgord, partie de la terre com-
» tale, par droit de *consanguinité*, ce qui occasionna une longue
» guerre entre ces deux seigneurs » (4). Ces détails succincts ne

---

(1) Labbe, nov. bibl. mss. t. II, p. 738.
(2) Baluze : hist. tutél. p. 877.
(3) Hist. génér. et héraldique des pairs de France. t. 6, art. *Bergerac*, p. 3, note 1.
(4) Labbe, nov. bibl. mss. t. II, p. 302.

sont pas faciles à comprendre. Voici, à mon avis, en quoi consistait ce *droit de consanguinité*. Nous savons que, dès l'origine de la féodalité, les comtes de Limoges possédaient des domaines, dans le Périgord, et y en possédèrent jusqu'au xiv° siècle. Il est à croire que le mariage de Boson II et d'Almodis, eut pour effet immédiat l'occupation par le comte des domaines appartenant au vicomte, et qu'ils restèrent entre les mains de ses descendants, jusqu'au moment où Adhémar se crut assez fort pour les revendiquer. Je ne pense pas qu'il soit possible d'expliquer autrement les prétentions de ce seigneur. Dans tous les cas, je n'hésite pas à regarder cette guerre, qui fut des plus acharnées, comme la cause de l'association de l'oncle et du neveu, pour défendre le comté que le fils d'Hélie III n'aurait peut-être pas bien protégé, à cause de sa jeunesse et de son inexpérience.

Jusqu'en 1115 (1), époque présumée de la mort de Guillaume Taleyrand, Aldebert III, agissant toujours comme comte, fit aux hospitaliers de St-Jean-de-Jérusalem une donation que son second neveu, devenu comte, après sa mort, confirma, par acte rapporté en ces termes : « Item (Hélie) Rudel, comte, après la mort (d'Alde-
» bert) son oncle, confirma le don de Malafaye, etc. » Aldebert III ne vivait plus en 1117. Il eut pour successeur Hélie IV, dit Rudel, son second neveu (2).

On ne connait pas la femme de Guillaume Taleyrand ni celle d'Aldebert III. Guillaume Taleyrand laissa un fils du nom d'Hélie Taleyrand (3), probablement sans postérité, puisqu'il n'est plus question de cette branche après lui. Aldebert eut trois fils : Boson, surnommé de Grignols, que nous allons voir associé à Hélie Rudel, Aldebert, seigneur de Montguilhem, et Raimond, dit de Mareuil, d'abord évêque de Périgueux et ensuite archevêque de Bordeaux.

Hélie IV. — Hélie IV, dit Rudel, prit possession du comté de Périgord en 1117, et le gouverna seul jusqu'après 1135. Il devait avoir à cette époque de 35 à 40 ans. Pendant les treize ou quatorze années de son administration comme seul comte, les renseignements, sur les événements auxquels il prit part, nous manquent complète-

---

(1) D'Achere, *spicilege*, t. XI, p. 314.
(2) *Art de vérifier les dates*, t. II, p. 370 et Gall. Christiana, t. II, col. 1463.
(3) Hist. généal. et héral., etc. t. VI, art. Bergerac, p. 3 et Gall. Christiana, 1re éd. t. III, p. 850.

ment. Il est nommé avec Hélie Taleyrand, son neveu, dans une notice sur l'église de St-Sylvain, commune de Lamonzie-St-Martin, portant la date de 1130 (1).

Le fragment des évêques de Périgueux rapporte qu'au temps de Guillaume de Nauclars, le comte Hélie Rudel, d'accord avec les bourgeois, qui peut-être n'avaient pris les armes qu'à son instigation, se porta sur la maison du *bladage* de St-Front, située dans le cloître, et la brisa (2), ce qui veut tout naturellement dire qu'elle fut pillée. Cet événement n'a pas de date certaine; mais comme il se rapporte au temps de l'épiscopat de Guillaume de Nauclars, il doit être placé entre 1124 et 1139. A mon sens, Hélie Rudel ne dut penser à s'emparer de la maison du bladage qu'après que l'évêque eut décidé que les habitants des campagnes fourniraient des aliments, pour la paix ou trêve de Dieu, et cette décision ne saurait remonter au-delà du concile tenu à Reims en 1131, où la trêve de Dieu fut sanctionnée de nouveau. Il est donc probable que cette maison ne devint l'objet de sa convoitise qu'en 1131 et 1139, parce qu'alors cette maison avait acquis une importance toute particulière, puisqu'en outre des provisions qu'on devait évidemment y déposer, elle était destinée à recevoir les censives, droit de champart, dîmes, etc., etc., acquittés en nature et consacrés à la nourriture des moines.

Cette action souleva une telle indignation contre le comte, que sa mère Brunissende de Foix, s'oublia jusqu'à se déshonorer de la manière la plus scandaleuse, déclarant publiquement, en présence de l'évêque, que ce fils était adultérin et que le comte Hélie III n'était pas son père (3); cette incroyable démarche n'était pas de nature à apaiser la colère des populations. Les chroniqueurs se taisent sur les suites de la conduite inqualifiable de Brunissende de Foix. Ils ne disent rien non plus de la manière dont Hélie IV accueillit la déclaration de sa mère; voyant son autorité compromise, il s'associa son cousin Germain Boson de Grignols, faute de son neveu Élie de Taleyrand, qui sans doute était mort. Il ne pouvait, en effet, mieux faire, n'ayant pas d'enfants; car malgré tout ce qu'on a pu dire sur sa descendance, il est positif que rien ne permet de supposer qu'il ait jamais été

---

(1) Hist. généal. et héral. des pairs de France, t. VI, art. Bergerac, p. 9.
(2) Labbe. nov. bibl. mss. t. 2, p. 738.
(3) Frag. de petrag. épisc : Labbe, nov. bibl. mss. t. II, p. 738.

marié. A quelle époque cette association fut-elle consommée ? c'est ce que je ne saurais dire ; mais certainement elle n'existait pas en 1135, puisque nous voyons Boson, dans un acte de cette année, ne prenant que le titre de comte de Grignols, comme fils de comte et apanagiste de cette terre (1) ; je suis disposé à croire qu'elle était réalisée avant 1139. Dans une charte de 1143, Boson se qualifie à la fois de fils d'Aldebert et de comte de Périgord. Essayons de déterminer l'âge de Boson au moment de son association.

Lorsque Aldebert III mourut (1116-1117), il avait environ 60 ans. Les renseignements parvenus jusqu'à nous, donnent à penser qu'il dut se marier tard. Admettons qu'il ne prit femme que de 35 à 40 ans. Boson, l'ainé de ses fils, avait de 10 à 12 ans au moment de sa mort ; d'où il résulte que Boson avait environ 32 ans au moment de son association.

Dans un acte de 1144, il est qualifié de *consul*, conjointement avec (Hélie) Rudel (2). Ils portaient tous deux le même titre en 1146 ; et ils en jouissaient encore en 1154 ; mais Hélie Rudel meurt après 1155, et Boson gouverne seul (3).

Boson III, dit de Grignols seul. — Boson III s'appela comte de Grignols, parce qu'il était le fils ainé d'Aldebert III, qui, comme fils puiné d'Aldebert II et d'Asceline de Grignols, avait dû prendre lui-même le titre de *comte de Grignols*, après la mort de son grand-père (vers 1100). L'association d'Aldebert III avec son neveu lui avait fait mettre de côté ce titre, qui n'était qu'honorifique, comme celle de son fils Boson avec Hélie Rudel son cousin, lui fit renoncer à ce titre pour celui de comte ou consul de Périgord. C'est une coutume féodale. Lorsque, par la mort d'Hélie Rudel, il fut seul comte, il était très-probablement père de six enfants mâles, que d'après leurs noms (4), je classe ainsi :

---

(1) Précis, hist. etc., p. 16.
(2) Hist. générale et herald. des pairs de France, t. VI, art : *Bergerac*, p. 5.
(3) *Art de vérifier les dates*, t. II, p. 378.
(4) Depuis Hélie II, les noms d'Hélie, d'Aldebert et de Boson, étaient tour à tour donnés au fils ainé et aux puinés ; celui de Guillaume Taleyrand était également adopté depuis quelque temps. Tout porte donc à croire que ceux d'Olivier et de Ramnulfe ne furent employés que les derniers. Quant à l'époque du mariage de Boson, elle ne doit pas être placée bien au-dessus de 1135, date de la charte où il se dit comte de Grignols et dans laquelle figurent sa mère et sa femme. Hélie, son fils ainé, dut donc venir au monde vers 1136 ou 1137, de sorte qu'en 1156 il pouvait avoir de 19 à 20 ans, Aldebert de 17 à 19, et ainsi de suite.

1° Hélie, qui lui succéda ; 2° Aldebert ; 3° Boson, mentionné dans le polyptique du Bugue ; mais ces deux meurent bientôt après, puisqu'il 'en est plus question ; 4° Guillaume Taleyrand, seigneur de Montignac et mari de Maens de Turenne, célèbre par les vers de Bertrand de Born ; 5° Olivier, seigneur de Mauriac, entre Neuvic et Saint-Astier ; 6° Ramnulfe, qui devint abbé de La Faise, près Libourne.

Le nom de la femme de Boson n'est pas connu. Les documents la désignent par le surnom de *Comtorisse* ou *Comtoresse* ; elle était la veuve d'un comtor (1).

Selon Saint-Allais et l'*Art de vérifier les dates*, ce comte défendit vigoureusement, en 1159, la tour construite sur les arènes contre le roi Henri II, d'Angleterre. Cette résistance tirée de l'élection de l'évêché de Périgueux de Raimond de Mareuil, son frère, malgré Henri II, en 1159, et du passage d'Henri II dans cette ville, avec son armée, en 1159, pour aller faire le siège de Toulouse, est un pur effet d'imagination ; car tout se passa en fêtes militaires. J'irai même plus loin et je n'hésite pas à dire que 'a construction de cette tour avait eu plutôt, pour but de fournir au comte le moyen de se prémunir contre des velléités d'affranchissement qui s'étaient déjà produites parmi la population du Puy-Saint-Front, que de la mettre à même d'opposer une résistance quelconque au roi d'Angleterre, comme duc de Guienne. Les événements que nous connaissons et la conduite de Richard en 1182, justifient pleinement mon assertion (2). A partir de ce moment il n'est plus question de Boson III.

Hélie V. — Hélie V succéda à son père en 1166, comme le dit expressément une charte émanée d'Hélie de la Garde, abbé de Chancelade (3). Il est qualifié du surnom de Taleyrand dans une charte d'Adhémar de Beynac en faveur de Cadouin (4), et dans une inscription de 1194, relative à l'église de Saint-Martin-de-Limeuil (5). Bertrand de Born et son biographe font de même (6).

---

(1) Le comtorat était une dignité délaissée de bonne heure, mais fort répandue à cette époque, qui avait sa place entre celle de comte et celle de vicomte.
(2) Voyez le chapitre précédent.
(3) *Gallia christiana*, t. II, col. 1468.
(4) Ibid, col. 1569.
(5) L'estat de l'église du Périgord, t. II, p. 71.
(6) Raynouard ; *Ch. des poés. orig. des troubadours*, t. IV et V passim.

Nous ne savons rien de particulier sur Hélie V, jusqu'à l'épiscopat de Pierre Mimet (1169-1182). Durant cet épiscopat, Henri II d'Angleterre et ses fils assiégèrent le bourg du Puy-Saint-Front, sans qu'il soit possible d'indiquer le but qu'ils se proposaient ; mais très probablement en haine du comte (1).

S'il y a incertitude sur ce point, il n'en est pas de même sur la ligue formée, vers 1180, par le *roi-jeune* contre son frère Richard. Bertrand de Born, l'âme de ces menées, avait gagné le comte comme les autres. De là le siège du bourg du Puy-Saint-Front, à deux reprises, la prise du château des *Rolphies*, dont la tour de Boson III était l'origine, par Richard, qui en détruisit les fortifications et lui accorda la paix, que ce comte ne tarda pas à rompre, poussé par d'autres seigneurs qui avaient des intelligences avec le roi de France, car de lui-même, s'il faut en croire le biographe de Bertrand de Born, il n'était capable de rien, parce qu'il était *flacs e vils e niraillos* (lâche, sans vigueur et indolent) (2). Dans une de ses sirventes, Bertrand de Born, en parlant de lui et de son frère Guillaume Taleyrand, mari de Maens, les appelle *li dix penchenat peiragorzi* (les deux peignés périgourdins) (3).

Je n'ai pas à revenir sur la croisade, ni sur les démêlés du comte avec Bertrand de Born, ni sur sa conduite à l'égard de Richard, ni à rectifier les détails donnés, sur sa façon d'agir durant la captivité de ce monarque, par l'*Art de vérifier les dates*.

Le jugement de la cour des pairs et les dispositions des popula-

---

(1) Les auteurs de l'*Art de vérifier les dates*, et après eux Saint-Allais, placent cet évènement en 1175 et le racontent ainsi : « Gagné par le troubadour » Bertrand de Born, devenu seigneur de Hautefort en Périgord, il (Hélie V) » entra dans la confédération formée par les seigneurs d'Aquitaine contre le » duc Richard, dont les cruautés les avaient soulevés. Henri II d'Angleterre » accourut au secours du duc son fils. Soutenu en même temps des troupes » du roi d'Aragon et de celles de la vicomtesse de Narbonne, Richard vint » mettre le siège devant le Puy-Saint-Front, et *malgré la vive résistance du comte* » *de Périgord*, la place fut emportée vers 1175. »

Ils prétendent avoir emprunté ce récit à D. Bouquet *(rec. des hist. de Fr.* t. xii, p. 392). Ce morceau fourmille d'erreurs ; ce n'est pas Bertrand de Born qui organisa la ligue ; ce n'est pas Richard qui entreprit le siège, c'est Henri II ; ce n'est pas contre Richard qu'on s'était conjuré, mais contre Henri ; ce n'étaient pas les seigneurs de Guienne, ce furent les enfants du roi qui conduisirent la conspiration, etc... Voyez le chapitre précédent.

(2) Raynouard. *Ch. des poës. orig. des troubadours*, t. v, p. 87.

(3) Ibid., t. iv, p. 154.

tions du Périgord amenèrent l'hommage rendu devant Rouen à Philippe-Auguste, avec le serment de fidélité prêté, comme je l'ai dit, dans les mêmes termes, par le comte de Périgord et la ville de Périgueux, et le même jour.

On s'accorde à faire partir Hélie V pour la croisade, en 1205, et à dire qu'il mourut en arrivant à la terre sainte. Sans combattre le fait de ce départ, auquel rien ne s'oppose, pas même son âge avancé, puisqu'il avait environ 70 ans, je ferai observer que la 4ᵐᵉ croisade, qu'il dut rejoindre, s'il se croisa en 1205, ne s'était pas dirigée sur la Palestine, mais sur Constantinople, et que dès lors, il est à croire qu'il ne dut pas mourir en terre sainte, mais à la bataille d'Andrinople.

Hélie V avait épousé Raimonde, fille de Raimond II, vicomte de Turenne, qui le rendit père, dit-on : 1° d'Archamband Iᵉʳ, son successeur ; 2° d'Archamband II, successeur de son frère, mort sans postérité ; 3° d'Hélie Taleyrand, qu'on appelle de Grignols, et qui fut présent à une donation faite par son père à l'abbaye de Chancelade en 1199 (1) ; 4° d'Herman, grand-maître de l'ordre du Temple vers 1230 ou 1233, tué en Orient en 1247 (2).

---

(1) *Gallia christiana*, t. II, p. 1509.

(2) Dans l'intérêt de la vérité, je tiens à expliquer les raisons qui m'ont conduit à coordonner la hiérarchie de ces comtes, comme je l'ai fait.

C'est à partir d'Aldebert II, que je ne puis plus être d'accord avec les généalogistes qui prétendent que ce comte aurait eu quatre fils : Hélie III son successeur, Boson de Grignols, comte en 1139 ou 1140, Aldebert de Montguilhem, que nous verrons figurer dans un acte de 1135, conjointement avec Boson de Grignols, dont il est dit le frère, et Raimond de Mareuil, d'abord évêque de Périgueux et puis archevêque de Bordeaux, plus une fille dont le nom n'est pas connu.

Aldebert II succéda à son père Hélie II vers 1092 ou 1093. Au moment de sa mort, Hélie II, comme je l'ai dit, avait de 35 à 36 ans, et Aldebert de 10 à 12, en admettant ainsi qu'Hélie se maria de 20 à 25 ans.

Supposons maintenant qu'Aldebert se maria le plus tard possible pour sa position, c'est-à-dire de 25 à 30 ans (1041-1049). Si réellement il eut été père d'Hélie III, de Boson de Grignols, d'Aldebert de Montguilhem et de Raimond de Mareuil, il serait arrivé que Boson, au moment de devenir comte (1139-1140), aurait eu environ 90 ans, en partant de l'idée assez probable qu'il dut venir au monde vers 1150, et qu'il en aurait eu de 108 à 109, lorsqu'il bâtit la tour des arènes ; que Raimond de Mareuil, né au plus tard en 1054, aurait été âgé de 88 ans, quand il fut fait évêque de Périgueux et en aurait eu 104 lorsqu'il fut appelé à l'archevêché de Bordeaux, et qu'Aldebert de Montguilhem, dans l'acte de 1135 où il est qualifié frère de Boson de Grignols, aurait également atteint une longévité exceptionnelle. Il est établi plus bas qu'Aldebert II ne vécut pas jusqu'en 1104, comme on l'a prétendu et que l'é-

CHAPITRE III

Mouvement religieux de l'an 1000 à l'an 1208.

Après l'an 1000, le mouvement religieux, en Périgord, suivit l'impulsion générale : voyages au saint sépulcre, fondations de couvents et d'églises. Un nouvel évêque de l'Eglise de Périgord,

---

poque de sa mort se trouve désormais fixée vers 1080 ; d'où il résulte que son fils Hélie III, au moment où il lui succéda, avait environ 32 ans, et était probablement déjà père de deux enfants appelés, selon les généalogistes, le premier Hélie, qui fut plus tard Hélie IV, et le second Guillaume Taleyrand.

On vient de voir que, en dehors d'Hélie III, tout ce qui a trait à la descendance d'Aldebert II ne supporte pas l'examen. Les détails qui vont suivre sont de nature à ne plus laisser de doute. Des deux enfants d'Hélie III ; celui qui lui succéda immédiatement ne s'appelait pas Hélie, mais bien Guillaume Taleyrand ; donc ce n'était pas Hélie, mais Guillaume Taleyrand qui était l'aîné de ces enfants. De plus, Guillaume Taleyrand ne succéda pas seul à Hélie III, il eut pour collègue, dans l'administration du comté, son oncle Aldebert, qui doit s'appeler Aldebert III, puisqu'il n'était évidemment autre que le frère de son père et par conséquent un fils d'Aldebert II, au sujet duquel les auteurs de l'*Art de vérifier les dates* se sont trompés en le prenant pour Aldebert II lui-même, parce qu'une charte rapportée par Baluze (hist. tutél.), que j'ai signalée, le donne comme comte de 1104 et que, pleins qu'ils étaient de l'idée qu'Aldebert II aurait vécu au moins jusqu'en 1116 (ce qui n'était pas impossible puisqu'il n'aurait eu guère plus de 96 ans), ils n'ont pas même soupçonné que cet Aldebert de 1104 pût être autre qu'Aldebert II.

Je n'ai pas à revenir sur cette supposition ; mais il importe de constater que l'héritier naturel d'Hélie III était bien Guillaume Taleyrand et non pas Hélie IV, dit Rudel. Nous n'en avons pas, il est vrai, la preuve matérielle ; mais les documents qui nous restent ne permettent pas de doutes à cet égard. Indépendamment des renseignements consignés au chap. IV du liv. III, nous trouvons donc dans d'Achère (*spicilège*, t. XI, p. 314), au sujet de la fondation de Cadouin, sous la date de 1115, les détails suivants ; *hoc autem prædicta omnia concessit et confirmavit Guillelmus Taleyrandi*, COMES PETRAGORICENSIS. *Testibus Rudelle, fratre suo, Stephano Iterii.* Toutes ces choses susdites, Guillaume Taleyrand, consul pétragoricien (comte de Périgord), les confirma, témoins Rudel, son frère, et Etienne Itier. A la suite : *eadem dona concessit Aldebertus*, COMES PETRAGORICENSIS, *testibus Helia Belino, Geraldo de Salis, Broletto.* Les mêmes dons, Aldebert, COMTE DE PÉRIGORD, les concéda, témoins Hélie Belin, Gérard de Salas, Brouillet. Et enfin en dernier lieu : *Rudellus concessit similiter, eadem die, eisdem testibus* ; Rudel concéda pareillement, le même jour (en présence) des mêmes témoins.

N'est-il pas de toute évidence que l'ordre observé dans ce passage tient à la hiérarchie des personnages ? Le vrai comte était Guillaume Taleyrand ; il est le premier ; le comte associé était Aldebert III, et quoique oncle de Guillaume, il n'est que le second ; Rudel ne se trouva que le troisième, parce que, tout frère qu'il est du comte, il n'est revêtu d'aucune dignité. Il n'y a donc

Raoul de Scoraille (1), originaire de l'Auvergne, commença le siècle le 5 juillet 1001. Il gouverna douze ans et six mois, mourut le 5 janvier 1013, et fut d'abord (2) enterré dans la vieille église de St-Front, non loin d'un autel consacré à saint Thomas, martyr.

---

pas possibilité de mettre en doute que Guillaume Taleyrand était bien réellement l'aîné d'Hélie Rudel.

A l'article d'Aldebert III, j'ai rapporté un acte, de 1116, émanant d'Hélie Rudel, dans lequel Aldebert III est dit oncle de ce seigneur, et comme Hélie Rudel était frère de Guillaume Taleyrand, il faut bien en conclure qu'il était aussi oncle de Guillaume, et par conséquent frère d'Hélie III et fils d'Aldebert II ; d'où le fait désormais constant qu'Aldebert II eut un fils autre que ceux qu'on lui a donnés ; fils qui, pour sûr, était le puîné d'Hélie III, puisqu'Hélie III l'avait précédé dans la dignité de comte. Ceci bien établi, et l'âge des autres enfants attribués à Aldebert II n'étant pas en rapport avec leur naissance supposée et les rôles qu'on leur fait jouer, voyons si, en leur donnant pour père Aldebert III, désormais parfaitement distinct d'Aldebert II, nous ne rentrerons pas dans toutes les conditions, sinon d'une vérité matérielle, du moins d'une certitude morale aussi positive que possible. Il n'y a pas d'ailleurs à nous occuper de la fille d'Aldebert II, au sujet de laquelle il n'y a aucune difficulté.

Aldebert III était plus jeune que son frère (il avait eu de 20 à 25 ans quand son père mourut). J'ai dit qu'elle dut se marier tard et j'ai expliqué les conséquences de son mariage. Je ne reviendrai donc pas sur ses enfants pour parler de leur âge ; mais il importe de bien poser la question qui se rattache à la seigneurie de Grignols et qui n'est pas encore vidée.

Apportées dans la maison des comtes de Périgord par Aina et Asceline, les seigneuries de Montignac et de Grignols devinrent des terres d'apanage, mais la seigneurie de Montignac, sans être constamment restée en la possession des comtes, jusqu'au moment de leur expulsion de France, n'a cependant donné naissance à aucune controverse généalogique, à la différence de celle de Grignols, qui est le point de départ d'une grave difficulté. Je n'ai pas à résoudre ici cette difficulté, par la raison qu'elle se continue bien au-delà du XII° siècle. Je me bornerai donc à établir le fait de la transmission régulière de cet apanage dans la maison des comtes jusqu'au commencement du XIII° siècle.

Nous n'avons pas la preuve matérielle qu'Aldebert III ait porté le titre de seigneur ou comte de Grignols ; mais, par le seul fait que son fils Boson prit ce titre, on peut affirmer sans crainte que le père le portait et qu'il s'en dessaisit pour en revêtir son fils, au moment où il fut associé à Guillaume Taleyrand. Ce qu'avait fait Aldebert III, Boson III ne dut pas manquer de le faire en devenant comte associé du Périgord, et très probablement Hélie V se qualifia comte de Grignols, jusqu'au moment où, devenu comte de Périgord, il transmit l'apanage de Grignols à son fils aîné Hélie VI. Nous verrons plus tard ce que devint cette terre qui, dans le XIII° siècle, cessa de faire partie du domaine des comtes.

(1) Le *Gallia Christiana* et le père Dupuy (*estat de l'Eglise du Périgord*) l'appellent Raoul de Coubé.

(2) Le texte dit *d'abord* ; on verra plus tard pourquoi.

A St-Astier, une ancienne abbaye de filles, ruinée par les Normands, fut rebâtie par l'évêque, qui y établit des chanoines réguliers. Il y consacra tout son zèle et commença l'entreprise avec solennité. A la pose de la première pierre, assistait Raimond II, évêque de Toulouse ; Raoul saisit ce moment pour former une confédération entre les chanoines de St-Front et de St-Cernin de Toulouse (1). Le couvent reconstruit, il y installa les chanoines sous la direction d'un abbé auquel on donne le nom d'Acènes (2), les dota et leur attribua la moitié et plus de la dime de St-Léon-sur-l'Ile, qu'il détacha de la mense de l'évêché, et unit cette paroisse à celle de St-Astier (3).

Une charte de 1159, nouvellement publiée (4) et retrouvée en Angoumois, dit à ce sujet : « L'église de St-Astier (alors ruinée),
» faisait partie du domaine de l'évêque Raoul de Scoraille et était
» placée sur un terrain lui appartenant en propre. Afin que le ser-
» vice de Dieu s'accomplît avec plus de solennité, ce prélat établit,
» dans cette église, un chapitre de chanoines, l'affranchit des droits
» sinédiaux et voulut que ni l'archidiacre ni l'archiprêtre n'eussent
» sur elle aucune autorité. »

Raoul de Scoraille voulut visiter les lieux saints. Il partit avec Guillaume Taillefer, comte d'Angoulême. A leur retour, l'année suivante, ils furent reçus en grande pompe, par les populations de l'Angoumois, de la Saintonge et du Périgord (5). Il fit la translation des reliques de St-Astier (6) et mourut peu de temps après (7).

Son successeur s'appelait Arnaud de Villebois et non pas de Vittabre, comme le dit le père Dupuy et bien d'autres après lui (8). Il

---

(1) Le père Dupuy dit que l'évêque de Toulouse fut convoqué pour la *solennelle consécration*. Le texte porte : *Œdificationi hujus ecclesiæ episcopus Tolosanus interfuit*. Œdification ne veut pas dire construction, car l'évêque de Toulouse ne présidait pas aux travaux ; mais *pose de la première pierre*.

(2) Notes de M. l'abbé Audierne sur *l'estat de l'église du Périgord* du père Dupuy, t. I.

(3) Notice 25. *Réc. des hist. de Fr.* t. XIV, p. 222.

(4) *Bulletin de la Société historique et archéologique du Périgord*, t. I, liv. 2, p. 208.

(5) *Hist. des évêques et comtes d'Angoulême*, Labbe, t. II, p. 258.

(6) *Chron. d'Adhémar de Chabannais*, ibid, ibid, p. 175.

(7) Audierne, notes sur *l'estat de l'église du Périgord* du père Dupuy, t. I.

(8) *Frag. etc.*, Labbe, t. II, p. 738.

était originaire de cette maison de Villebois établie sur les confins du Périgord et de l'Angoumois, érigée plus tard en duché pairie, sous le nom de *La Valette*. Il fut sacré à l'abbaye de Nanteuil-en-Vallée, vers le milieu de l'année 1013, par l'archevêque de Bordeaux, assisté des évêques d'Angoulême et de Saintes (1). Il se rendit à Périgueux, pour prendre possession de son évêché, qu'il gouverna pendant 22 ans, au milieu de troubles et d'agitations continuels. Il n'y avait pas six mois qu'il était évêque qu'il dut se rendre à Poitiers, pour prendre part à la consécration de Gérard, nommé évêque de Limoges, à la place de son oncle Aldoin. De Poitiers, il conduisit le nouveau prélat à Limoges, en compagnie de l'évêque d'Angoulême, et ce furent eux qui l'installèrent. Il revint à Limoges, quelque temps après, pour y purifier l'église de St-Martial, dans laquelle avaient été étouffées cinquante personnes, au milieu d'un grand tumulte, survenu pendant que Gérard était à Rome.

Dans la pensée d'attirer sur les populations périgourdines la miséricorde divine, il institua la Fête des morts, le lendemain de la Toussaint (2).

J'ai raconté plus haut la part qu'il prit, en 1018, au combat de Saint-Michel-en-l'Herm avec Guillaume III, duc d'Aquitaine, et la manière dont il engagea l'archiprêtré d'Excideuil à Antoine, évêque de Limoges (3).

Gérard, évêque de Limoges, étant mort vers 1021, Jordan de Laron, simple prévôt de Saint-Léonard, fut élu évêque, par les soins de Guillaume III, duc d'Aquitaine, et mené à Saint-Jean-d'Angély à la Quadragésime. Ordonné diacre et prêtre le même jour, il fut consacré évêque le dimanche suivant et conduit à Limoges par le fils du duc et l'évêque de Périgueux, qui avait pris part au sacre et qui l'intronisa sur le siège de Saint-Martial (4).

---

(1) *Chron. d'Adhémar*, ibid, ibid, p. 175.

(2) *Frag. des évêques de Périgueux*; ibid, t. II. p. 730.

(3) Ibid, ibid... Je dois faire observer qu'il y a une erreur pour le nom de l'évêque de Limoges. Celui qui occupait alors le siège portait le nom de Gérard.

(4) *Chron. d'Adhémar de Chabannais*, ibid, t. II, p. 180.

Sous son épiscopat, Gui, vicomte de Limoges, Emma, sa femme, à l'instigation de leurs fils Adhémar et Pierre, de Sénégonde, femme d'Adhémar et de Sulpicie, femme de Pierre, pour le repos de leurs âmes et de celles de Gérard et de Rotrilde, père et mère de Gui, d'Adhémar et de Milesende, père et mère d'Emma, donnèrent : « A Dieu et à saint Pierre de Tourtoirac la moitié des églises de » saint Hilaire (1) et l'église de *Troiaigt* (2), etc., en présence de » Richard, abbé, et d'Arnaud, évêque de Périgueux (3). » On est parti de là pour affirmer que Gui fut le fondateur de l'abbaye de Tourtoirac ; cependant quelques auteurs se sont permis d'avancer qu'il n'en fut que le restaurateur (4). Sur ces données et en acceptant, comme on l'a dit, que Richard en fut le premier abbé, en même temps qu'il était abbé d'Uzerche, il n'est guère possible de soutenir que Gui fût le fondateur ou le restaurateur de Tourtoirac. Voici, à mon avis, ce qu'on peut regarder comme très-probable :

Il y avait à Tourtoirac, fondée on ne sait à quelle époque, une abbaye de l'ordre de Saint-Benoit. Elle était pauvre et peu connue. Un abbé Richard, qu'on dit fils de Gui (5) ; mais sans doute avec Arnaud, son évêque, il sollicita et obtint de Gui, qui touchait à la fin de ses jours (6), de lui faire la donation détaillée plus haut. A partir de ce moment, l'abbaye prospéra et acquit une véritable renommée. Je dois dire cependant que le prieur du Vigeois s'exprime ainsi : « On raconte que Gui construisit l'abbaye de Tour- » toirac (7). » Ce qui pourrait faire croire qu'en effet Gui aurait bâti ce monastère, longtemps avant la donation de 1025 ; mais ce que je n'admets pas, parce que les habitudes d'alors étaient telles que, s'il en avait été ainsi, on n'aurait pas manqué de le consigner dans l'acte de donation. Il y a pourtant cela de certain, c'est que le bruit de cette fondation courait au temps de Geoffroi.

---

(1) Il y a dans les environs d'Arnac (Haute-Vienne), deux Saint-Hilaire, l'un appelé Saint-Hilaire-la-Treille, l'autre Saint-Hilaire-Magnajeix ; c'est sans doute de l'un de ces deux Saint-Hilaire dont il s'agit.
(2) Je n'ai rien trouvé approchant de ce mot.
(3) Justel, *Preuves de la maison de Turenne*, p. 32.
(4) Hugues du Tems : Le clergé de France, t. II, p. 604.
(5) Les généalogistes ne parlent pas de ce Richard.
(6) Il mourut quelques mois après.
(7) Labbe nov. bibl. mss. t. II, p. 300.

Vers la même époque un frère de Gui, du nom de Geoffroi, abbé de Saint-Martial, et auquel on avait donné le surnom de Bovem-Curtum (bœuf court ou *petit bœuf*), dut jeter les premiers fondements d'une collégiale qui reçut le nom de Roca-bovis-Curti (*La Roche-du-bœuf-court*) qu'on écrivait au moyen-âge *Larocheboucourt*, qu'on devrait écrire *Larochebœufcourt* et que, par corruption, on écrit *Larochebeaucourt*. Il y a d'assez bonnes raisons, sans preuve formelle cependant, pour attribuer à Geoffroi cette fondation ; mais, quoi qu'il en soit, il est certain que cette collégiale doit remonter au xi° siècle, parce que nous la verrons, dans le xii°, lutter avec une grande persistance, contre une décision de l'évêque de Périgueux.

Vers l'an 1015, une secte qu'on qualifia d'abord du nom de *Manichéens* (1) propagea ses idées en matière de foi dans l'Aquitaine et attira à elle beaucoup de monde. On s'alarma bien vite de voir les populations prêter l'oreille à des prédications basées, disait-on, sur des doctrines émanées d'une femme (2), et les partisans des idées nouvelles furent poursuivis. Le fait suivant prouve que l'hérésie se répandit dans le Périgord. « Dans ce temps-là dix des cha-
» noines de Sainte-Croix-d'Orléans, qui passaient pour plus reli-
» gieux que les autres, furent reconnus des Manichéens, et comme
» ils ne voulaient d'aucune façon revenir à la foi, le roi Robert les
» fit d'abord dégrader, ensuite éliminer de l'église et enfin brûler.
» Ils avaient été déçus par un certain paysan périgourdin qui pré-
» tendait faire des miracles, et portait avec lui de la poudre d'en-
» fant mort. S'il pouvait faire toucher de cette poudre à quelqu'un,
» *il était aussitôt Manichéen*. Ils adoraient le diable qui, sous la
» figure d'un ange, leur portait de l'argent. Ils reniaient le Christ
» et faisaient toutes sortes d'abominations. En public ils affectaient
» d'être chrétiens (3). »

---

(1) Le pape saint Léon disait d'elle : « Le démon, qui régna dans toutes
» les hérésies, a bâti une forteresse et établi son trône dans celle de
» Manès, où il règne, non par une seule sorte d'erreur, mais par toutes les
» impiétés et les folies dont l'esprit humain est capable, car tout ce que les
» payens ont de profane, les juifs d'aveugle et de charnel, les secrets de la
» magie d'illicite et les hérésies de sacrilège, a coulé dans la secte des
» Manichéens, comme dans un cloaque !!! »

(2) *Hist. de Languedoc*, t. II, p. 155.

(3) *Art de vérifier les dates*, t. I, Chronologie des conciles. *Adhémar de Chabannais*. (Labbe, nov. bibl. mss. t. II, p. 160.

Je crois devoir placer ici la lettre de certain moine appelé Héribert, d'autant plus importante qu'elle est comme une sorte de manifeste de l'orthodoxie contre les nouveaux sectaires : « A tous les
» chrétiens... afin qu'ils se prémunissent contre les pseudo-prophè-
» tes qui s'efforcent de pervertir la chrétienté. — Il a surgi, dans le
» pays pétragoricien, un certain nombre d'hérétiques qui préten-
» dent mener une vie apostolique. Ils ne mangent point de chairs,
» ne boivent pas de vin, que très peu pour tous les trois jours ; cent
» fois par jour ils se mettent à genoux (1) et ne reçoivent pas d'ar-
» gent. Leur secte est très perverse et très mystérieuse. Ils ne disent
» pas *gloire au père*, mais *pour la gloire du père, puisque ton règne*
» *et toi vous dominez toutes les créatures dans les siècles des siècles,*
» *amen.* » « Pour eux, l'aumône n'est rien, puisqu'on ne doit pos-
» séder rien de ce qui sert à la faire. La messe est aussi sans valeur,
» à leurs yeux, et ils disent qu'il n'est pas nécessaire de communier,
» puisqu'il ne s'agit que d'un fragment de pain. Si, entraîné par
» quelque séduction, quelqu'un d'eux chante la messe, il ne dit pas
» le canon et ne fait pas la communion ; mais jette l'hostie à côté
» ou derrière l'autel ou dans le missel. Ils n'adorent pas la croix,
» c'est-à-dire la face de Dieu, et ils exigent que ceux qui l'adorent
» disent devant lui : O combien sont malheureux ceux qui t'ado-
» rent, le psalmiste disant : *Les simulacres des gens,* etc. Le nom-
» bre des personnes qui se sont laissé séduire est considérable et
» ne se compose pas seulement de nobles, abandonnant leurs do-
» maines, mais aussi de clercs, de prêtres, de moines et de reli-
» gieux. Quelque rustre qu'il soit, un homme, dès qu'il s'est uni à
» eux, n'a besoin que de huit jours pour être instruit dans les let-
» tres et pour qu'on ne puisse le dépasser ni en paroles ni en exem-
» ples. On ne peut pas les garder en prison, parce que, si on les
» arrête, on a beau les étreindre de liens, le diable les délivre....
» Ils font aussi beaucoup de prodiges. Par exemple, si vous les
» attachez avec de fortes chaines, les fers aux pieds, et que vous les
» mettiez ainsi sous une tonne renversée, avec de bons gardiens,
» le lendemain vous ne les y retrouvez pas, et s'ils y reviennent,
» c'est de leur plein gré. La tonne vide de vin est retrouvée pleine

---

(1) Les auteurs de l'hist. de Languedoc disent *sept fois* ; mais il y a *centiès*, qui signifie cent fois.

» le lendemain. Ils font encore bien d'autres choses merveilleuses.
» Leur chef s'appelle Pons (1). »

Ce fut sur de pareilles accusations, et malgré leurs déclarations et leur langage modéré autant que naturel, que ces pauvres diables furent traqués d'un bout du royaume à l'autre, sans pitié ni merci, ce qui n'aboutit qu'à leur donner de l'importance et à préparer les éléments de cette grande et belle association qu'on appela les *Henriciens*, les *Vaudois*, les *Albigeois*, à qui leurs bonnes mœurs, leur conduite irréprochable et des vertus dignes d'un meilleur sort, ne purent épargner les horreurs de la persécution et les abominations d'une croisade atroce de l'inquisition, monstruosités dont on a, par calcul, fait disparaître les preuves historiques.

L'évêque Arnaud avait dû assister au concile de Poitiers, en 1023, tenu au sujet du rang qu'on devait donner à saint Martial, dans les litanies. On croit aussi qu'il assista à celui de Limoges, pour le même sujet, en 1029, parce que l'année précédente il s'y était trouvé à la dédicace de l'église du saint Sauveur (2). Il était présent à celui de Limoges de 1031, dont j'ai eu à parler plusieurs fois à propos de saint Front (3). Il figurait également dans celui de Poitiers de 1032, qui n'est pas mentionné dans la chronologie des conciles, parce que, sans doute, c'était une réunion mixte dans laquelle cependant se trouvait tout le clergé de la contrée et où l'on prit d'énergiques résolutions au sujet de l'intérêt matériel de l'Eglise (4).

---

(1) Mabillon; *Analecta*, éd. in-fol. p. 483.

(2) Geoffroi, pr. du Vigeois. Labbe nov. bibl. mss. t. II, p. 283. — Brév. chro. Lemov. D. Martenne, thes. anecdotorum, t. III, col. 1402, etc.

(3) C'est dans ce concile qu'on prononça l'incroyable excommunication qu'on va lire, contre les barons du Limousin qui résisteraient à l'évêque. Armés de cierges allumés, l'archevêque de Bourges et les autres évêques présents firent prononcer la sentence suivante : « Maudits seront leurs armes et leurs chevaux, » comme Caïn le fratricide, comme Judas le traître, comme Datan et Abiron » qui furent précipités tout vivants dans l'enfer ; que comme ces lumières s'étei» gnent à vos yeux *(et en même temps ils jetaient les cierges par terre et les éteignaient)* » de même leur joie soit étouffée devant les saints et les anges, si, avant leur » mort, ils ne font satisfaction et amende honorable ou pénitence conformé» ment à la décision de leur évêque. » *(Concilia aliquot in Aquitania celebrata).* Labbe, nov. bibl. mss. t. II, p. 782.

(4) Chron. de Maillezais, ibid, ibid, p. 207.

Seguin, archevêque de Bordeaux, qui avait consacré Arnaud à Nanteuil, étant mort en 1026, on lui donna pour successeur Acius ou Accius, qui ne vécut que très peu de temps. On ne dit pas quel était cet Accius ; mais il pourrait se faire que ce fût le même que celui que l'on donne pour abbé à Saint-Astier. Il serait arrivé alors que Seguin, qui de simple moine avait été fait archevêque, aurait eu pour successeur un abbé de Saint-Astier (1). Le successeur d'Accius fut consacré par ses suffragants en 1027, et en 1028 il y eut un concile à Charroux, convoqué par les soins du comte de Poitiers, où on s'occupa des nouveaux Manichéens (2). Tous les grands de l'Aquitaine y assistèrent, et il est à croire qu'Arnaud n'y faisait pas défaut. Cette même année il se trouva au convoi de Guillaume Taillefer, comte d'Angoulême (3).

A partir de 1032, la vie d'Arnaud paraît moins agitée ; cependant, comme le temps était aux conciles et aux assemblées religieuses, il dut suivre le mouvement, de même que par le passé, et de fait nous le voyons signant des lettres du comte de Poitiers, quelque temps avant sa mort (4). Il mourut en 1034 et fut enterré dans la basilique de Saint-Front (5).

Il eut pour successeur Géraud de Salignac, plus connu sous la dénomination de Géraud de Gourdon, qui devait incontestablement appartenir à la maison de Salignac. Ce prélat gouverna l'église du Périgord 22 ans 4 mois et 21 jours, et se trouva mêlé à une grande agitation suivie d'une lutte des plus énergiques avec le comte Aldebert le *Cadenaire*, au sujet de la monnaie Hélienne. Cette guerre occasionna de telles dépenses à l'évêque qu'il fut obligé d'aliéner le château d'*Agonac* et celui d'*Auberoche*, que nous verrons encore appartenir aux vicomte de Limoges, au xiv° siècle.

C'est durant l'épiscopat de Géraud que l'Aquitaine, émue des troubles, guerres intestines, pillages et dévastations qui régnaient

---

(1) *Chron. d'Adhémar de Chabannais*, ibid, ibid, p. 183.
(2) Cartulaire de Saint-Maixent.
(3) *Hist. des évêques et comtes d'Angoulême*, Labbe, nov. bibl., mss. t. II, p. 235.
(4) Cartulaire de Saint-Jean-d'Angely.
(5) *Frag. des évêques de Périgueux*, Labbe. nov. bibl. mss. t. II, p. 738. Le texte porte qu'il fut enterré *in dicta basilica* ; comme il n'a plus été question d'église depuis le *ectalo monasterio* où fut enterré Raoul de Scoraille, il est évident qu'il s'agissait toujours de la vieille basilique de Saint-Front.

partout, s'occupa d'organiser la *trère ou paix de Dieu*, à l'établissement de laquelle semblerait avoir particulièrement pris part cet évêque. Dans une notice des évêques de Périgueux qui concoururent à la prospérité de Saint-Astier, il est dit à son sujet (1) : « *Celui-là établit la trève de Dieu.* »

En 1047, Aimon de Bourbon, fils d'Archambaud II de Bourbon, était archevêque de Bourges. Pendant une visite pastorale de la province, il consacra la grande église de Saint-Front, commencée par Frotaire vers 980, et à la construction de laquelle on avait par conséquent employé environ 67 ans. On a prétendu, et le père Dupuy (2) assure que la consécration de l'église de la Cité fut faite le même jour ; mais comme il y a plus que de l'incertitude sur la date, il ajoute : *Je ne sais pourtant si elle fut faite la même année et par le même.* C'est qu'en effet on ne peut rien affirmer.

Il était à Limoges en 1052 et concourut à l'élection et à l'intronisation de l'évêque Itier (3). En 1053, Gérard Lestrada, d'une famille noble de Nontron, fut fait abbé du Vigeois, pour réformer le couvent. Gérard mourut abbé de Saint-Martial.

Quoique inadmissible, je ne crois pas devoir omettre un fait, rapporté par M. Audierne et qu'il place en 1044. Le seigneur de Bourdeille aurait fait hommage à Géraud, sans que d'ailleurs il soit dit comment ni pourquoi (4). Géraud mourut le 21 mars 1059, et fut enterré dans la vieille basilique de Saint-Front. Le père Dupuy (5), fait remonter au temps de son épiscopat l'inscription ou table pascale gravée sur le mur latéral du sud de l'église de la Cité, dont la longueur est de 1m74c, et la largeur de 0m58c, et dont les lettres ont de 0m4c de hauteur. Cette table, dont on a beaucoup parlé, était destinée, parait-il, à indiquer la Pâque et à régler l'époque des fêtes ; mais elle est imparfaite et a été délaissée.

A Géraud de Gourdon succéda Guillaume de Montberon (6),

---

(1) Rec. des Hist. de Fr. t. xiv, p. 221.
(2) L'*Estat de l'église du Périgord*, t. ii, p. 12.
(3) Labbe, *Coll. des conciles*, t. ix, p. 1069.
(4) Calendrier de 1835, p. 176. A cette époque l'hommage n'était pas encore une institution régulière.
(5) L'*Estat de l'église du Périgord*, t. ii, p. 12.
(6) Aujourd'hui Montbron, commune du canton de Larochefoucault (Charente).

famille déjà célèbre en Angoumois, qui donna, dans la suite, plusieurs évêques à Angoulême.

A ce moment la simonie était partout ; mais au lieu de tomber dans la corruption, Guillaume mena une conduite exemplaire. L'auteur du *Fragment des évêques de Périgueux*, pour donner une haute idée de ses mérites et de sa sainteté, n'a rien trouvé de mieux que d'en faire un homme implacable qui, par l'influence qu'il exerçait sur Dieu, le rendait implacable comme lui : « Cet évêque, » dit-il, fut un très saint homme, et tout ce qu'il maudissait était » maudit par le Seigneur ; entre autres choses, il maudit un jour » certains moulins établis sur la Nisonne, dans le territoire de » Lavalette, et ces moulins furent désolés (1) ! » Etrange procédé d'équité !!! Le fragment relatif à Saint-Astier (2), est beaucoup mieux inspiré : il raconte les dons et bienfaits dont Guillaume honora Saint-Astier. Il lui donna plusieurs églises parmi lesquelles Saint-Pierre-de-*Neuvic*, et Saint-Pierre-de-*Monesteyrois* ainsi que la chapelle de *Montpaon*, alors située dans la paroisse de Monesteyrol.

Guillaume de Montberon assista au concile de Saint-Maixent (1075), présidé par Goscelin, archevêque de Bordeaux. Il est probable qu'il fit aussi partie de celui de Bordeaux (1079). Il signa la notice de l'abbaye de la Sauve-Majeure (1080) (3).

Les lames de plomb trouvées dans les tombeaux du xi° siècle, dataient de l'épiscopat de Guillaume de Montberon. C'est également à l'épiscopat de cet évêque et à l'année 1077, que se rapporte le travail de Guinamonde au tombeau de Saint-Front. Cette même année, on construisit à *Châtres*, actuellement commune du canton de Terrasson, un monastère de chanoines réguliers, ordre de saint

---

(1) Labbe, nov. bibl. mss. t. II, p. 738. Le père Dupuy (*l'estat de l'église du Périgord*, t. II, p. 15) renchérit encore là-dessus : « Parmi le petit nombre » des bons évesques françois de ce temps, il faut mettre le nostre, puisque » Dieu l'honoroit par plusieurs miracles signalez ; entre autres que sa malé- » diction avoit telle puissance qu'estant fulminée de sa bouche, elle estoit » confirmée visiblement du ciel par la punition, Dieu se rendant exécuteur » de ses anathèmes : *Quidquid maledicebat a domino erat maledictum*, dit le vieux « manuscrit. »

(2) Rec. des Hist. de Fr., t. XIV, p. 222.

(3) *Chron. de Maillezais* ; Labbe. nov. bibl. mss. t. II, p. 212.

Augustin, sous l'invocation de Notre-Dame (1). Cette fondation était la conséquence de la résolution prise par des chanoines d'Avignon qui, voyant les prescriptions sur la vie commune des clercs négligées et dédaignées, malgré les conciles de 1059 et de 1063, avaient institué la congrégation de saint Ruf, avec vœu de pauvreté, et vivaient tous ensemble d'une vie simple et exemplaire. Cela me paraît d'autant plus certain, que nous verrons, quelques années plus tard, le successeur de Guillaume créer un second établissement de chanoines réguliers ; ce qui conduit à penser que ce fut Guillaume lui-même qui fonda celui de Châtres.

Une autre circonstance se rattache à ce mouvement et justifie l'accueil qui lui fut fait, c'est la donation de Saint-Cyprien à Saint-Cernin-de-Toulouse, en 1070. Voici le résumé de cet acte curieux :
« Que les mortels, prêtres et laïques, présents et futurs, apprennent
» que moi, A., prévôt, du siége de Périgueux, quoique indigne,
» m'apercevant que le lien de Saint-Cyprien empirait déplorable-
» ment par ma faute, celle des clercs et des laïques, désirant échap-
» per au terrible jugement de notre rédempteur, disant : *Loin de*
» *moi ouvriers d'iniquité*, je cède ce susdit lien au prévôt et aux
» clercs présents et futurs de l'église de Saint-Cernin-de-Toulouse,
» afin qu'ils vivent régulièrement, *selon les institutions de saint*
» *Augustin*, de saint Grégoire, de saint Gérôme et des autres saints
» pères, etc. (2). » Cette donation fut approuvée par Guillaume de Montberon qui, vers la même époque, donna, de son côté, à l'abbaye d'Uzerche, l'église de St-Médard, près d'Excideuil, appelée *Saint-Médard-de-l'Abbaye* ; ce qui autorise à croire qu'il y avait à Saint-Médard d'Excideuil une ancienne abbaye qui ne devait être autre que l'établissement dont il est question dans le testament de saint Yrieix.

Guillaume de Montberon mourut le 6 février 1081, après un épiscopat de 20 ans 11 mois et 3 jours. Au lieu d'être enterré

---

(1) Dupuy, l'*Estat de l'église du Périgord*, t. i, p. 2 ; Tardes : *Antiquités du Périgord et du Sarladais*, etc.

(2) *Hist. de Languedoc*, t. ii, pr. col. 230. Il est évident que dès lors Saint-Cyprien n'était plus qu'une prévôté. Nous avons vu plus haut qu'au commencement du xi° siècle il s'était formé une confédération entre les chanoines de Saint-Front et ceux de Saint-Cernin-de-Toulouse.

comme ses prédécesseurs dans la vieille église de Saint-Front, il fut rendu à sa famille, ramené à Montberon (Montbron) et enterré dans l'église Saint-Maurice de cette localité (1).

Au chapitre des comtes de Périgord, j'ai rapporté la donation, par Hélie III, à l'abbaye de Paunat, de l'abbaye de Saint-Sylvain, commune de La Monzie-Saint-Martin ; donation remontant environ à 1080 ou 1081 ; mais cet établissement existait alors depuis assez longtemps, car je trouve, dans les mss. de D. Fonteneau, un don à lui fait en 1010 (2). Il devait avoir été construit ou reconstruit après les ravages des Normands. Il avait été primitivement donné à Notre-Dame-de-Saintes ou fondé par les soins de ce couvent. Quoi qu'il en soit, la donation du comte de Périgord à l'abbaye de Paunat, engendra des contestations entre cette abbaye et Notre-Dame-de-Saintes, qui nécessitèrent l'intervention du pape (1146), malgré la restitution de Saint-Sylvain à Notre-Dame, par l'évêque de Périgueux, Guillaume Nauclars (1131), et qui ne se terminèrent qu'en 1148, par l'entremise de l'archevêque de Bordeaux, lequel confirma un concordat entre Saint-Martial-de-Limoges, représentant Paunat, et Notre-Dame-de-Saintes (3).

Il y a encore dans le Périgord un autre La Monzie appelé *La Monzie-Montastruc*, où se trouvait un établissement religieux sur lequel je n'ai pu recueillir aucun renseignement positif.

A ce même chapitre des comtes de Périgord et à la même date, j'ai signalé trois autres chartes, l'une relative à Brantôme, l'autre concernant Sourzac et la troisième ayant trait à Montcarret. La première avait pour objet la réforme du couvent, où la discipline primitive s'était complètement perdue. Par cette charte, Hélie III appela Seguin, abbé de la Chaise-Dieu, à s'occuper de cette réforme.

Nous verrons plus tard que cette réforme, si elle s'opéra, ne dura pas longtemps.

La charte relative à Sourzac contient un historique du don de saint Pierre dudit lieu, aux religieux et au couvent de Saint-Florent-de-Saumur, par Alquier, chevalier de Mussidan, et par son frère, et des tracasseries qui furent suscitées à ce couvent par les moines et

---

(1) *Frag. des évêques de Périgueux*, Labbe, nov. bibl., mss. t. II, p. 732.
(2) Bibl. de Poitiers, t. v, p. 331.
(3) Ibid., p. 471, 412, 415, 479.

l'abbé de Charroux qui, par leurs intrigues, parvinrent à les déposséder de cette église à leur profit.

Lorsque les religieux et le couvent de Saint-Florent se trouvèrent en lutte avec l'abbaye de Charroux, pour Sourzac, ils avaient déjà des établissements importants dans le Périgord, notamment le prieuré de Saint-Martin-de-Bergerac, qui leur appartenait certainement avant 1080, ainsi que l'église de Saint-Jacques, que le pape Urbain II prit sous sa protection, vers la même époque avec ses dépendances, et quelques autres sur lesquels les données historiques qui nous restent ne s'expliquent pas d'une manière assez nette. La charte relative à Montcarret, canton de Vélines, est une donation à eux faite de ce lieu, ou du moins de son église, où ils établirent un prieuré. On leur fit don aussi, vers cette époque, de plusieurs autres églises, les unes aujourd'hui dans le département de la Gironde, les autres dans celui de la Dordogne (1).

Le successeur de Guillaume de Montberon était originaire de Thiviers. Il est connu sous le nom de *Reynald* ou *Rainaud* (Reginaldus et Rainaldus), mot dont la forme moderne me paraît devoir être Renaud (2). Il prit possession de l'évêché en 1081, peu de temps après la mort de Guillaume, et occupa le siège épiscopal 18 ans 4 mois et 21 jours.

Nous n'avons rien de positif sur les premières années de l'épiscopat de Renaud. Nous savons qu'il porta beaucoup d'intérêt à Saint-Astier, à qui il fit don de l'église de Saint-Etienne de *Boussac* (3), de la chapelle de Saint-Barthélemy-de-*Chamillac* (4) et de l'église de Saint-Jean-de-*Ménesplet* (5) ; nous savons aussi que l'abbaye du Bugue, attira son attention, que des dons lui furent faits à son insti-

---

(1) Extrait d'un rôle des Archives de Maine-et-Loire.

(2) Dans le calendrier de 1835, l'abbé Audierne l'appelle Raimond ; *La notice des évêques qui s'intéressèrent à Saint-Astier.* (Rec. des Hist. de Fr., t. XIV, p. 223) l'appelle *Rainaldus de Las Tors.* On ne s'explique pas comment la maison de Las Tours aurait donné naissance à un personnage qui se serait appelé Renaud de *Thiviers.* Il y a évidemment erreur.

(3) C'est l'ancienne paroisse du canton de Verteillac que j'ai signalée plus haut comme pouvant être l'ancienne abbaye de Rociaco.

(4) Je n'ai pas pu découvrir où se trouvait cette chapelle.

(5) Notice des évêques qui s'intéressèrent à St-Astier.

gation (1). Il est le fondateur du prieuré conventuel de chanoines réguliers de saint Augustin, dont j'ai dit un mot plus haut, établi à Saint-Jean-d'Escole (2). On prétend même qu'il le fonda en 1086 (3).

Durant son épiscopat et peut-être par ses soins, s'établit à Aubeterre, alors dépendant de l'évêché de Périgueux, une commanderie de frères servants de l'ordre de saint Antoine, institués pour soigner les *ardents*.

On place vers 1095 l'établissement de l'abbaye de filles de Notre-Dame-de-Fongaufier, de l'ordre de saint-Benoît (Sagelat, canton de Belvès), à qui on donne pour fondatrice une femme du nom d'Euboleire. On prétend que ce couvent fut construit sur une dépendance de l'abbaye de Saint-Géraud-d'Aurillac et que, sans doute, pour ce motif, il s'appela aussi *Saint-Géraud-de-Fongaufier*. Tout cela est très possible ; mais ce qui me paraît exorbitant, c'est que cet établissement se fit du consentement de Géraud, évêque de Cahors, et de celui de Ponce, seigneur de Gourdon, conjointement avec ses fils. Je n'ai jamais pu comprendre ce qu'avait à faire en plein Périgord l'évêque de Cahors, en tant qu'évêque. Quant à Pons ou Ponce de Gourdon, il est certain qu'il avait des domaines en Périgord, comme nous le verrons en parlant de Cadouin ; mais comment pouvait-il intervenir, à propos d'une dépendance de l'abbaye d'Aurillac ? Je soupçonne qu'on a voulu dire que l'évêque de Cahors et le seigneur de Gourdon contribuèrent à cet établissement par des donations.

En 1093, Renaud de Thiviers figura comme témoin, dans une notice portant que le concile de Bordeaux avait rendu aux moines de Fleuri l'église de *Saint-Caprais-de-Ponton* (4). Nous l'avons vu déposer dans la sentence arbitrale rendue par Amat, archevêque de Bordeaux (1093-1094), sur une contestation entre les chanoines de

---

(1) *Polyptique de l'abbaye du Bugue*, bibl. nat. fonds des Cart. n° 78.

(2) On appelle aujourd'hui cette commune, qui est située dans le canton de Thiviers, *Saint-Jean-de-Colle*, ce qui me paraît d'autant plus regrettable que, durant tout le moyen-âge, on disait : *Saint-Johannes-de-Schola* en latin, et en français *Saint-Jean-d'Escolle*.

(3) M. Audierne, dans le calendrier déjà cité.

(4) Il y a en Périgord deux *Saint-Caprais* ou *Capraise* : de Lalinde et d'Eymet ; ni l'un ni l'autre n'ont le surnom de *Pontou*. Il pourrait se faire qu'il s'agit de Pontour, dont l'église aurait eu saint Caprais pour vocable.

Saint-Front et ceux de Saint-Astier. Il est question de lui dans une lettre de ce même archevêque (1098), relative à un différent entre les abbés de Saint-Jean-d'Angely et de Saint-Maxent (1). Le grand événement de l'épiscopat de Renaud c'est, après le concile de Clermont (1095), son départ pour la terre sainte. Il mourut en Syrie.

Il n'est pas bien démontré que Renaud se trouvât alors à Clermont, quand y prêchait Pierre l'Hermite ; mais s'il ne figurait pas dans la réunion de Clermont, il assista, pour sûr, au concile qu'Urbain II alla tenir à Limoges, en quittant la capitale de l'Auvergne, et s'il n'avait pas pris la croix dans cette capitale, il la prit bien certainement dans celle du Limousin. Quant à son départ, ce n'est qu'avec beaucoup de difficulté que j'ai pu le fixer.

Il est positif qu'il n'était pas parti au commencement de 1098, puisqu'il consacra le monastère d'Uzerche dans le mois de janvier de cette année (2). Un acte émanant de lui et daté de Saint-Astier, le 16 des calendes d'août (17 juillet) 1099 (3), prouve qu'il n'avait même pas quitté le Périgord, environ 18 mois après cette consécration ; cependant le *Fragment des évêques de Périgueux* (4) le fait assister et mourir au siège d'Antioche, qui fut prise par les croisés en 1098. Il est vrai que, d'un autre côté, le prieur du Vigeois (5) et la *Notice des évêques de Périgueux qui s'intéressèrent à Saint-Astier* (6) ne le font partir qu'avec le comte de Poitiers, d'où il résulterait qu'il ne quitta le Périgord qu'en 1101 et que par conséquent, il ne put se trouver au siège d'Antioche ; mais il est impossible de concilier cette date avec la durée de l'épiscopat de Guillaume d'Auberoche, son successeur, puisque, s'il n'était parti qu'avec le comte de Poitiers, au lieu de 24 ans qu'on lui attribue, cette durée ne serait guère que de 22 ans. La vérité se trouve entre ces deux époques.

---

(1) Rec. des Hist. de Fr., t. xiv, p. 775.
(2) La chronique du prieur du Vigeois, (Labbe, nov. bibl. mss. t. ii, p. 295) place cette consécration en 1097. Hugues du Tems, (*le clergé de France*, t. ii, p. 585,) prétend que des chartes d'Uzerche la mettent en 1099. On dit aussi qu'il assista à un concile tenu à Bordeaux en 1098.
(3) Saint-Allais, précis Hist. sur les comtes de Périgord, p. 14.
(4) Labbe, nov. bibl. mss. t. ii, p. 738.
(5) Ibid, ibid, p. 297.
(6) Rec. des Hist. de Fr., t. xiv, p. 222.

L'acte du 18 juillet 1099 se rapproche le plus de l'époque probable du départ de Renaud ; cependant sa date, sans s'arrêter à des difficultés d'un autre ordre, ne permettrait pas de tout concilier ; mais il offre encore l'inconvénient de faire double emploi, ce qui autorise par conséquent à douter de son authenticité. Je crois donc devoir préalablement examiner ce document. C'est une donation à l'abbaye de Saint-Astier de l'église de Saint-Pierre-de-Neuvic. Or, cette église Saint-Pierre avait déjà été donnée à cette même abbaye par Guillaume de Montberon, comme on l'a vu plus haut. La donation de Guillaume resta donc sans effet où celle de Renaud avait pour but de la confirmer. Nous n'avons pas la charte de Guillaume ; mais celle de Renaud porte des caractères d'authenticité tellement incontestables que je n'hésite pas à croire à sa véracité, et par conséquent à mettre en fait que la donation de Guillaume de Montberon n'avait pas reçu d'exécution, ou avait besoin d'une confirmation. La rédaction du texte n'autorise à soulever aucune objection sérieuse, et la date fort compliquée est d'une exactitude qui ne laisse rien à désirer. Renaud était donc encore en Périgord le 17 juillet 1099 ; mais rien ne s'oppose à ce qu'il en partît ce jour-là ou le lendemain et à ce qu'il fût arrivé en Palestine, et même devant Antioche, dans les premiers jours de septembre, où il serait mort et aurait été enterré à Saint-Georges-de-Rama, le 6 de ce mois. Les textes rapportés ne contiendraient ainsi que quelques erreurs de détail. Ce n'est pas tout, et pour ne rien livrer aux conjectures, il reste encore à s'assurer si la durée de l'épiscopat de Renaud et celle de l'épiscopat de Guillaume d'Auberoche sont conformes à ce que disent ces textes ; ou dans le cas de quelque différence, si cette différence est acceptable ; comme aussi s'il est permis d'admettre qu'il ait existé un évêque du nom de Raimond ou de Guillaume Gradin, entre Renaud et Guillaume d'Auberoche.

Le *Fragment des évêques de Périgueux* est le seul texte qui donne des dates. Selon lui Renaud n'aurait occupé le siège épiscopal que 17 ans 4 mois et 21 jours, tandis que la donation du 17 juillet 1099 prouve qu'il l'occupa 18 ans, etc. ; mais comme, d'un autre côté, cette même donation ne réduit en aucune façon les années de l'épiscopat de Guillaume d'Auberoche, rien n'empêche d'accepter cette rectification. Quant à l'existence d'un évêque intermédiaire, elle devient impossible par la force des choses (1). Il se présente cependant une autre difficulté, je veux parler de la réforme qu'Adhémar de Saint-Ribier, abbé de Terrasson, introduisit, à cette époque, dans son couvent :

« L'an 1101 de l'incarnation, dit le prieur du Vigeois, Adhémar
» de Saint-Ribier, abbé de Terrasson, qui avait succédé à deux
» abbés du nom de Gérard, l'un (appelé) de *Manzac* et l'autre de
» *Courtallié*, de son propre mouvement, soumit à Adhémar, abbé
» de Saint-Martial-de-Limoges, et à ses successeurs, la direction de
» son monastère, afin d'en corriger les écarts. Le prieur, le sacris-
» tain, le cellerier, l'écolâtre devaient toujours être choisis parmi
» les moines de Saint-Martial. Il prit cette résolution, avec l'appro-
» bation de Raimond, vicomte de Turenne, avec l'encouragement de
» Gui de Las Tours, seigneur du château de Terrasson ; et sa déter-
» mination fut approuvée par Raimond, évêque de Périgueux ;
» mais tout cela fut rendu comme vain par la volonté des moines
» qui, après la mort de Bernard, surnommé *le vicaire*, manquèrent
» de tout, tandis qu'ils étaient riches auparavant (2). »

De ce passage, assez formel en apparence, il résulterait : 1° Qu'en 1101 l'évêque de Périgueux s'appelait Raimond ; 2° que le vicomte de Turenne donna son approbation cette même année ; 3° que conséquemment Guillaume d'Auberoche, proclamé le successeur de Renaud, ne le fut pas, et que par suite, au lieu d'avoir occupé le siège épiscopal 24 ans, comme il a été déjà établi, il ne l'aurait occupé que vingt-deux. Cela est-il admissible !

L'histoire nous apprend que Raimond Ier, vicomte de Turenne, partit pour la Terre-Sainte en 1096, et qu'il n'était de retour qu'en 1103 (3). Il ne pouvait par conséquent pas donner son approbation à la détermination d'Adhémard de Saint-Ribier en 1101 ; donc cette date de 1101 est inadmissible. Mais alors à quelle époque l'abbé de Terrasson aura-t-il agi ? L'abbé de Terrasson dut agir en 1091, année de l'avènement de Raimond Ier, voici pourquoi :

---

(1) Ce qui a fait croire à cet évêque, ce sont les divers noms donnés à Renaud, tels que Raimond, Raoul, etc.

(2) Labbe, nov. bibl. mss., t. II, p. 296, et Justel : preuves de la maison de Turenne, p. 29.

(3) L'*Art de vérifier les dates*, t. II, p. 400.

Les copistes de la chronique du prieur du Vigeois et les imprimeurs ont donné la date en chiffres romains, MCI. Or, je maintiens qu'ils ont omis un X et qu'ils auraient dû écrire MXCI ; de la sorte tout s'explique et la hiérarchie des faits se rétablit telle qu'elle a été donnée plus haut. Dès lors plus d'évêque Raimond dû sans doute à l'initiale R, donnée seule par le manuscrit, plus d'intervention du vicomte de Turenne, pendant son séjour en Palestine, plus d'atteinte portée à la durée de l'épiscopat de Guillaume d'Auberoche.

S'il pouvait s'élever encore quelque doute sur le remplacement immédiat de Renaud par Guillaume d'Auberoche, archidiacre de Périgueux, au moment de sa nomination, il suffirait de lire les deux passages qui ont trait à son avènement pour les dissiper. Voici comment s'explique le fragment : « Guillaume d'Auberoche suivit sur ce siège Renaud de Thiviers (1). » Et la notice : « L'évêque Renaud, d'heureuse mémoire, ayant pris le chemin de toute chair, il eut pour successeur à l'évêché de Périgueux le seigneur Guillaume d'Auberoche, homme d'humeur égale autant que que remarquable par la pureté de ses mœurs (2). » En présence de ces formes affirmatives, il n'est pas possible d'hésiter plus longtemps.

Avant d'aller plus loin, je ne dois pas omettre de dire qu'en 1097 Pannat portait encore le titre d'abbaye (3) ; mais que cette abbaye ne tarda pas à être transformée en prévôté.

En 1100, Guillaume d'Auberoche reçut, comme tous les évêques de France, un bref de Pascal II lui recommandant de rendre des actions de grâces à Dieu pour la prise de Jérusalem. Il enjoignait de faire des efforts pour porter de nouveaux secours à la Palestine et recommandait à tous les chevaliers, surtout à ceux qui s'étaient croisés, de hâter leur départ à moins d'une trop grande pauvreté, sous peine d'être déclarés infâmes. Quant à ceux qui avaient quitté le siège d'Antioche par pusillanimité, ils devaient rester excommuniés s'ils ne donnaient de sûres garanties de retour. On devait au contraire restituer tout ce qui leur appartenait à ceux qui rentreraient après la victoire (4). On pense que cette même

---

(1) Labbe, nov. bibl. mss. t II, p. 738.
(2) Rec. des Hist. de Fr., t. XIV, p. 222.
(3) Bref d'Urbain II.
(4) Rec. des Hist. de Fr., t. XV, p. 20.

année Guillaume d'Auberoche assista au concile de Poitiers, où il fut question de renouveler l'excommunication contre le roi Philippe Ier et Bertrade.

Un acte de Guillaume d'Auberoche portant la date de 1104, ainsi conçu, confirme la donation par Montberon, à l'église d'Uzerche : « Moi Guillaume, au nom de Dieu, évêque de Périgueux, pour le repos de mon âme et de celle de mes parents, j'ai donné à Dieu et à Saint-Pierre-d'Uzerche, à Gaubert, abbé et aux moines y servant Dieu, l'église de Saint-Médard-de-l'Abbaye, que Guillaume, mon prédécesseur, avait donnée (1). » Il renouvela ce don en 1122 en faisant d'autres largesses à cette même abbaye (2).

Vers cette époque, un grand nombre d'ordres religieux se forment : Les *Templiers*, les *Hospitaliers*, *Citeaux*, de *Femmes*, des *Laproseries* (3).

Parmi ces ordres nouveaux, celui de Fontevrault, fondé vers 1100, par Robert d'Arbrissel, ne fut pas un des moins renommés. Il se livra à la prédication, et en 1114, se rendit à Périgueux, et fut admis à prêcher devant Guillaume d'Auberoche et les chanoines de Saint-Front. Ce vertueux personnage charma tellement l'évêque et les chanoines qu'ils lui firent don, *à lui et aux religieuses de Fontevrault* (4), représentées par Pétronille de Chemillé, leur supérieure, par acte en bonne et due forme, du lien de la *Salretat*, dans la forêt de *Cadouin*, avec tout ce qu'ils y possédaient, pour y créer une maison de *Frères et de sœurs de leur ordre* (5) ; Robert d'Arbrissel y établit des religieuses ; mais elles ne s'y maintinrent guère qu'une année. Dans le cours de 1115, le nouvel établissement vit les dons

---

(1) Mélanges religieux, bibl. nation. fonds Leydet (Extrait des mss. de D. Etiennot), n° 557. On trouve dans ces mélanges à la date 1110 : Ego in Dei nomine Guillelmus petragoricensis episcopus, dedi Deo et Santo-Petro Uzerce et Petro abbati, monasterium Excidelii. Moi, au nom de Dieu Guillaume évêque de Périgueux, j'ai donné à Dieu, à Saint-Pierre-d'Uzerche et à Pierre, abbé dudit couvent, le monastère d'Excideuil. Ce monastère était évidemment le même que celui de Saint-Médard.

(2) Ibid.

(3) Ibid. et chron. de Geoffroi, prieur du Vigeois, Labbe nov. bibl. mss. t. II. p. 296.

(4) D'Achery, spicileg. t. XIII, p. 314, et papiers communiqués par M. de Labatut.

(5) Ibid. et extraits de D. Etiennot déjà cités.

se multiplier. Les seigneurs de *Biron*, de *Beynac*, de *Madaillan*, de *Mussidan*, de *Montina*, de *Gourdon*, et beaucoup d'autres leur donnèrent la plus grande partie de ce qu'ils avaient dans la forêt de Cadouin, depuis le *Val Seguin* jusqu'au lieu appelé la fontaine de *La Bessède*, etc. (1). Mais, comme de son côté, un vénérable personnage du nom de Géraud de Sales, ami et collaborateur de Robert d'Arbrissel, avait fait des acquisitions et reçu des dons, dans le même lieu, le premier fondateur trouva plus convenable, conjointement avec Pétronille de Chemillé, de céder tout à Géraud, qui transforma la maison, y établit des moines de l'ordre de Cîteaux, venus de *Pontigny*, et plaça *cette fille de Pontigny* sous l'invocation de *Notre-Dame*. Telle est l'origine de Cadouin, qui continua de recevoir des largesses de tous les grands seigneurs du Périgord et prospéra avec une prodigieuse rapidité (2).

On a prétendu que cette abbaye devait son origine à un des suaires qui servirent à ensevelir le christ, et voici, aussi sommairement que possible, comment on raconte l'histoire de ce linge :
« Un évêque du Puy en Velay, étant en Palestine, avait découvert,
» chez des Juifs, convertis au christianisme, ce précieux linge et se
» l'était fait donner ; mais au moment de repartir pour la France il
» était mort ; toutefois, avant de rendre le dernier soupir, il avait
» confié son trésor à un prêtre attaché à sa personne, qui s'était em-
» barqué l'emportant avec lui. Durant la traversée, ce prêtre, se
» sentant près de sa fin, le remit à un prêtre périgourdin qui, ren-
» tré en France sain et sauf, se rendit dans son pays natal, près de
» Cadouin, et déposa sa relique dans l'église de sa paroisse (3). »
Selon M. Audierne, ce grand évènement se serait accompli en 1112 et non pas en 1115, comme le dit l'auteur de l'histoire de ce suaire (4).

Il n'entre pas dans ma pensée d'aborder ici toutes les questions qui se rattachent à ce récit ; mais je crois devoir me livrer à quelques considérations générales.

---

(1) On a pu remarquer que j'ai eu soin d'écrire en italiques les noms qui figurent dans les actes. On va voir combien il importe de tenir compte de ces noms.
(2) Spicil. déjà cité, etc.
(3) Dupuy, l'*Estat de l'église du Périgord*, t. II, p. 27.
(4) *Annales agricoles de la Dordogne*, année 1840, p. 29.

D'après la donation de Guillaume d'Auberoche et des chanoines, la forêt s'appelait *Cadouin* et le bien donné *la Salvetat*. La Salvetat n'était qu'un domaine de l'abbaye de Saint-Front et point une paroisse. Le *Val-Séguin* était évidemment le vallon qui conduit de La Salvetat au point où est actuellement *Cadouin* et où se trouvait la fontaine appelée *La Besséde*, auprès de laquelle, en fait de construction, il n'y avait qu'un moulin, comme le dit expressément l'acte de donation ; et remarquez bien qu'il ne peut pas y avoir d'erreur ; tous les documents s'expriment de la même manière. Il est donc certain que ni l'église ni le couvent de Cadouin n'existaient en 1112, et que, par conséquent, le saint suaire ne put pas y être apporté à cette époque. Il est tout aussi évident que ni Robert d'Arbrissel, ni Guillaume d'Auberoche, en 1114, ne songèrent à ce linge, qui ne pouvait pas être à Cadouin non encore bâti. Il n'y était pas davantage en 1115 ; mais il est probable qu'il y fut porté peu de temps après, n'importe par qui, n'importe comment. Quant à sa réputation, elle ne se fit pas tout d'abord, comme je l'expliquerai plus tard.

Pendant que l'établissement de Cadouin s'installait sous la forme d'un couvent de femmes, Géraud de Sales s'était détaché de Robert d'Arbrissel et avait fait une excursion sur les confins du Périgord et du Limousin, dans une paroisse appelée *Boisseuil*, dépendant alors de l'évêché de Limoges (actuellement canton d'Autefort) : il y rencontra deux frères de la maison de Las Tours, Géraud et Golfier, possédant héréditairement un désert vulgairement appelé *Dalon*, qu'ils lui donnèrent par un acte résumé comme il suit :

« Voulant pourvoir au bien de nos âmes et de celles de nos parents,
» nous donnons à Dieu, à la Sainte-Vierge et au vénérable père
» Géraud de Sales, en aumône perpétuelle, tout ce que nous avons ou
» pouvons avoir dans le bois de Dalon, et voulons que les moines
» qui y seront établis au service de Dieu ne soient jamais inquiétés
» par personne. Nous leur concédons en outre tout ce qu'ils pour-
» ront acquérir comment que ce soit, dans les domaines relevant
» de nous et dans les nôtres. » Cette donation rencontra quelques difficultés, par suite de certaines réclamations ; mais tout s'aplanit, et l'évêque de Limoges confirma la donation et la fondation de tout point, en présence de l'évêque de Périgueux et de beaucoup d'autres personnes (1).

---

(1) Rec des Hist. de Fr., t. xiv, p. 161, et *Gall. christ.* t. ii, col. 201.

Cette création assurée, Géraud de Sales revint à Cadouin et y fit, avec Robert d'Arbrissel, l'arrangement rapporté plus haut ; Cadouin se développa avec rapidité et on s'occupa de la construction de l'église commencée, selon le chanoine Tarde (1) et le père Dupuy (2), en 1118 ; selon M. l'abbé Audierne et un manuscrit de Cadouin, consulté par lui, en 1119 (3).

Le mouvement religieux était alors d'une activité prodigieuse, en Périgord. Pendant qu'on s'occupait de la fondation de Cadouin et de Dalon, quelques personnes pieuses prirent la résolution de créer un établissement d'hommes et de femmes, dans la forêt de Ligueux (4),

---

(1) *Antiquités du Périgord et du Sarladais.*

(2) *L'Estat de l'Eglise du Périgord*, t. II, p. 29 et 30.

(3) *Annales agricoles*, (année 1840), p. 32. A cette époque on place un miracle, renouvelé de Bède. La petite église dans laquelle était déposé le saint suaire, se serait brûlée, sans qu'il fût endommagé. Les religieux de Cadouin, n'auraient rien trouvé de mieux que de s'emparer de ce trésor et de le garder. Le prêtre voyant ses réclamations inutiles et désespérant d'obtenir justice, se fit moine pour ne pas discontinuer de donner tous ses soins à sa chère relique.

(4) Bibl. nat. fonds Leydet, extraits d'Etiennot n° 557. V. Deloche, société des Antiquaires de France, dissertation sur la forêt royale de *Liguerium*, mentionnée dans le capitulaire de Kiersi, de 877 ; cette forêt ne pouvait être celle de *Trosly-Loire* (Aisne), mais bien celle de *Ligueux* en Périgord. M. de Gourgues combattit ces conclusions dans une brochure de 18 pages. Pour atteindre son but, M. Deloche a fait usage : 1° D'une carte dressée par ses soins. Elle n'a aucune importance dans la question ; 2° D'une tradition légendaire abandonnée ; 3° D'un passage de Réginon ainsi conçu : « Anno 769, Carolus Magnus, *iterum* procedens ad Petrocorium, constituit » basilicam ad fluvium Dronam, etc. » (L'an 769, Charlemagne, pénétrant *de nouveau* en Périgord, construisit une basilique sur le fleuve de Dronne ; et dans ce passage, le mot *iterum* lui apparaissant comme un trait de lumière il s'écrie : « L'année précédente, Charlemagne était en effet venu en » Périgord, et c'est peut-être lors de son premier passage dans la province » qu'il fonda Sainte-Marie-de-Ligueux. » Ce n'est qu'une conjecture.

La charte d'Hélie de Bourdeille et de son fils, portant donation à l'abbaye, pour justifier de l'identité du nom et démontrer que cet Hélie et son fils, pas plus qu'un Itier de la Tour, qui figure aussi dans l'acte, ne furent les fondateurs de cet établissement que la légende signale comme bien plus ancien.

Le fait ne se trouve consigné que dans ce chroniqueur ; mais Adhémar de Chabannais et la chronique de saint Bertin, parlent de l'expédition de Charlemagne, en Aquitaine, cette même année, et lui font fonder le château de Fronsac ; trois textes combinés ensemble nous donnent l'explication de l'*iterum* de Réginon, puisqu'avec cette combinaison nous avons d'abord la fondation de *Fronsac*, qu'on regardait alors et qu'on regarda longtemps

aujourd'hui canton de *Sarignac-les-Eglises*. A la tête de l'entreprise était Géraud, appelé de Ligueux, qu'il ne faut par conséquent pas confondre avec Géraud de Sales. Géraud avait renoncé au monde pour vivre en solitaire et s'était retiré d'abord dans cette forêt, avec d'assez nombreux compagnons des deux sexes, comme lui portés à la vie herémétique. Il ne tarda pas à s'entendre avec Maxime, qui en fut la première abbesse, et ces deux saints personnages, après avoir obtenu d'Hélie de Bourdeilles et d'Ebles, son fils, *tout ce qui était nécessaire à l'établissement d'un couvent* dans la forêt, du consentement de l'évêque de Périgueux, y jetèrent en 1114 ou 1115, les fondements d'une simple abbaye de filles, qu'ils élevèrent et organisèrent avec assez de promptitude, grâce aux libéralités des seigneurs du voisinage, et qu'ils consacrèrent à Notre-Dame, sous la règle de saint Benoît (1).

Ainsi fut fondée *Notre-Dame-de-Fontaines*, (jadis paroisse annexe de la c^{ne} de *Champagne*, c^{ton} de *Verteillac*). Ce monastère, placé dans un pays marécageux, arrosé par le ruisseau la *Nisonne*, fut l'œuvre des seigneurs de La Valette et de La Rochebeaucourt, sous l'incitation de Robert d'Arbrissel, à qui ces seigneurs, quelque temps avant l'an 1120, firent don de divers biens placés près de ce qu'on appelle encore le *Pas de Fontaine*. On y établit d'abord un prieuré de l'ordre de Fontevrault. Les seigneurs de Mareuil, les seigneurs de Bourdeilles et les comtes de Périgord contribuèrent aussi beaucoup à cette création.

L'activité de l'évêque de Périgueux ne fut jamais en défaut. En 1147, l'église destinée à honorer la mémoire du bienheureux saint Avit achevée, il en fit lui-même la consécration, comme le dit l'inscription gravée sur le mur près de l'autel du côté droit :

---

comme placé dans le Périgord, et ensuite celle de *Brantôme* ; il n'y a pas d'autre interprétation possible. Charlemagne n'a pu marcher sur l'Aquitaine l'année précédente, en qualité de chef de l'État, puisque Pépin n'était mort qu'en septembre 768. Enfin la forêt de Ligurium ne pouvait être en Périgord, lequel faisait partie de l'Aquitaine, puisque le cartulaire de Kiersi, dans la partie où Ligurium est indiquée, ne s'applique pas à l'Aquitaine.

(1) Ibid. A propos de la légende, on a prétendu que la donation des seigneurs de Bourdeilles n'étant pas un acte de fondation, il fallait que la fondation remontât plus haut ; mais on aurait dû faire attention que les fondateurs étaient Géraud et Maxime.

L'an 1117, le 6 des calendes de janvier (27 décembre), Guillaume d'Auberoche, évêque de Périgueux, consacra cet autel en l'honneur de saint Jean-Baptiste et de saint Jean-l'Evangéliste (1). L'année suivante, le corps de saint Avit fut transporté dans la nouvelle église, comme nous l'apprend l'inscription composée en souvenir de cet événement : *L'an mille cent et aussi trois fois six* (1118), *le corps de saint Avit est transporté dans la montagne* (2).

Cette même année Guillaume d'Auberoche donne au monastère de la Sauve-Majeure l'église de Sainte-Marie-de-Longchapt et celle de Saint-Jean-de-Lunas, canton de Laforce (3). Comme ses prédécesseurs, ce prélat s'occupa beaucoup de Saint-Astier. En 1121, il lui fit don de la chapelle du château de ce lieu et de celle du fort de *Vernode*, commune de *Douchapt* (près Montagrier). L'année suivante, il lui donna l'église de *Sainte-Marie-de-Segonzac* et celle de *Saint-Pierre-de-Douchapt* ; l'église de *Saint-Sil...* et celle de *Saint-Aquilain*, la chapelle de *Sainte-Marie-de-Frateaux*, celle de *Sainte-Marie-de-Valereuil* (Neuvic), et celle de *Saint-Astier* de.... peut-être *Saint-Martin-l'Astier* (Mussidan)(4).

A la fin du XIme siècle, la collégiale de Larochebeaucourt, sous l'invocation de saint Théodoric ou Thierry, était assez prospère et dépendait de l'église de Périgueux, comme le dit assez une charte de 1121, par laquelle Guillaume d'Auberoche en fit don à Ponce, abbé de Cluny, en présence de plusieurs clercs de l'évêché de Périgueux, parmi lesquels Guillaume de Nauclars, plus tard son successeur, et de plusieurs autres, et du consentement de plusieurs chanoines qui approuvèrent la donation (5) ; ce qui n'empêcha pas de longues contestations entre les moines et les clercs de cette église

---

(1) Dupuy, l'*Estat de l'église du Périgord*, t. II, p. 32. *Anno MCXVIII. Guillelmus episcopus, petragoriciens de alba rupe, in honorem beati Joannis Baptistæ et Saint-Joan-Evang. sexto kalendas januarii hoc altare consecravit.*

(2) Ibid., ibid. *Anno millesimo centeno ter quoque seno, ad montem transfertur corpus Aviti.* Ces renseignements laissent sans doute à désirer ; mais la tradition est constante, et quand les faits sont à peu près d'accord avec elle, il faut l'accepter.

(3) *Gallia christiana*, t. 2, preuves, col. 486.

(4) Not. de petr. épisc. etc., Rec des Hist. de France, t. XIV, p. 222.

(5) *Gallia christiana*, t. II, preuves, col. 486.

(6) *Frag. de petr. episc.*, Labbe, nov. bibl. mss. t. II, p. 738.

qui durèrent près de 40 ans, et sur lesquelles je reviendrai en temps et lieu.

En 1123, comme je l'ai dit au chapitre III, Guillaume d'Auberoche consacra le cimetière des pauvres de Périgueux.

L'année suivante, la dernière de son épiscopat, il fit don à l'abbaye de Saint-Florent-de-Saumur de l'église de *Sainte-Eulalie* de Montravel, sur les bords de la Dordogne (Vélines) (1). Dans la même année il régla et approuva un accord intervenu entre les chanoines de Saint-Étienne de Périgueux et les moines de Saint-Florent, au sujet de l'église de Saint-Martin-de-Bergerac ou plutôt de la perception de certains revenus dépendant de cette église (2). Parmi les chanoines présents à l'arrangement figurent le préchantre

---

(1) Arch. de Maine-et-Loire, livre d'argent de Saint-Florent-de-Saumur, fol. 83, v° et livre rouge, fol. 69, v°.

(2) Nous voici arrivés à une époque pleine de confusion. Pendant que le fragment, etc., fait mourir Guillaume d'Auberoche le 4 des nones d'avril (le 2 avril) 1123, le père Dupuy, et après lui tous les modernes, prolongent son existence jusqu'en 1129. Double erreur.

Selon le fragment, ce prélat occupa le siège épiscopal pendant 24 ans ; or, comme il ne put prendre possession de ce siège tout au plus qu'en octobre ou novembre 1099, il est évident que pour qu'il le tînt pendant 24 ans, il fallait qu'il vécût au moins jusqu'en octobre ou novembre 1123 ; mais, comme il est plus probable qu'au lieu de prendre possession du siège en octobre ou novembre 1099, il ne fut élu évêque qu'en 1100, il est tout naturel de supposer une erreur de la part du fragment, qui n'en serait même pas une, si son auteur avait eu l'habitude de suivre l'usage de faire commencer l'année à Pâques, puisque le 2 avril 1099 se trouverait être le 2 avril 1100.

La date de sa mort ainsi rectifiée ne porte en rien atteinte à la durée de l'épiscopat de Guillaume de Nauclars. Ce qui a décidé le père Dupuy, c'est la charte relative à Chancelade dont voici le résumé : « Géraud de Montlauzun, » premier abbé de Chancelade, Gérard de Bernard, prêtre, premier prieur » dudit lieu, frère Hélie, prêtre qui fut le second abbé, Gérard de Cauze, » prêtre, frère Falquier Archaud, prêtre, frère Gérard, Ramnulphe, » prêtre, frères Hélie Landries, Gérard Guibert et Guillaume Maillesec, tous » les trois laïques, commencèrent à bâtir le monastère de Chancelade et » posèrent la première pierre en 1128, Guillaume d'Auberoche étant évêque. » En présence d'une date aussi précise, il semble en effet qu'il n'y a qu'à s'incliner ; cependant, comme je l'ai dit, je ne saurais l'accepter et voici sur quoi se fonde mon refus.

Chancelade était un couvent de chanoines réguliers de l'ordre de saint Augustin. Ces sortes d'établissements, comme on doit se le rappeler, prirent faveur dans la seconde moitié du XI° siècle, et on a vu que Renaud de Thiviers en construisit un vers la fin de ce siècle, à Saint-Jean-d'Escole. D'un autre côté, le père Dupuy nous apprend que : *Déjà, dès quelques années, plusieurs bons ecclésiastiques s'estoient retirés dans un désert près de Périgueux, où*

et le doyen de saint Étienne, qu'on retrouve dans la charte relative à la construction du couvent de Chancelade.

Cette charte a fait croire à Dupuy que Guillaume d'Auberoche avait vécu jusqu'en 1128 ; c'est une supposition qui jette la perturbation dans la chronologie des évêques de Périgueux, sur lesquels nous avons les données historiques les plus positives (1). L'abbaye de Chancelade (2), doit son origine à un groupe de personnages pieux qui se retirèrent dans la vallée de la Beauronne, auprès d'une fontaine fermée assure-t-on dès lors par une grille en fer, d'où *fons cancellatus* (Chancelade) ; je ne serais pas éloigné de croire que ce mot vient plutôt de *camera cancellata*. Quoi qu'il en soit, il est certain que Chancelade fut, dès l'origine, une abbaye de chanoines réguliers de l'ordre de saint Augustin, encouragée par Guillaume d'Auberoche.

Selon toute probabilité, Guillaume d'Auberoche était mort en avril 1124 ; il fut enterré dans la vieille basilique de Saint-Front (3), environ 4 ans après l'incendie du bourg du Puy-Saint-Front.

Guillaume de Nauclars lui succéda. Il était archidiacre de l'église de Périgueux, au moins depuis 1116 ; c'était toujours le temps des troubles suscités dans l'Eglise par la simonie, les usurpations et les

---

estoit une fontaine, close de grilles de fer, appelée FONS CANCELTATUS (ce qui par parenthèse ne suppose pas du tout un désert). *Ils vivaient là sous la direction de Foucaud, abbé de Cellefroin (en Angoumois), qui s'estoit associé à ces hommes de bien pour vivre hérémitiquement et pauvrement, n'ayant pour église, qu'un petit oratoire basti de terre et de bois en l'honneur de la vierge Marie.* En présence de ces détails on peut dire que ces *quelques années* devaient au moins comprendre l'espace de temps circonscrit entre la fondation de Saint-Jean-d'Escole et l'époque qui nous occupe (plus de 4 ans), et, comme ces sortes d'établissements marchaient toujours vite vers la prospérité, il n'y a pas de raison pour ne pas croire qu'on dut songer à construire ce couvent et son église le plus promptement possible. Je ne pense donc pas de m'écarter de la vérité en disant que l'acte résumé plus haut, au lieu d'être de 1128, doit se rapporter à 1119 ; surtout en le comparant à un autre relatif à Bergerac, de 1121, où figurent plusieurs personnages de celui-ci, avec des qualités bien différentes. Tel est Hélie, simplement qualifié de prêtre dans cette pièce et qui est *doyen* dans l'autre ; et Ramnulphe, également simple prêtre dans la première et qui porte le titre de *préchantre* dans la seconde. Ajoutez à cela que la date de 1128 abrège de quatre ans au moins l'épiscopat de Guillaume de Nauclars, dont le fragment fixe nettement la durée à 14 ans.

(1) Frag. etc., Labbe. nov. bibl. mss. t. II, p. 738.
(2) Dupuy, l'*Estat de l'église du Périgord*, t. II, p. 33 et 34.
(3) *Frag. des évêques, etc.* Labbe, nov. bibl. mss. t. II, p. 738.

antipapes. Mais lui ne donna dans aucun excès. Il n'est pas question de lui avant 1130, où nous le voyons non-seulement résister aux sollicitations de Gérard, évêque d'Angoulême et légat du Saint-Siège, qui avait pris le parti de l'antipape Anaclet, mais encore faire des démarches lui-même, auprès de l'archevêque de Bourges, qu'il traite de primat d'Aquitaine, dans le but de le féliciter d'avoir pris le parti d'Innocent et de lui exprimer le regret qu'il n'ait pas écrit aux évêques qui sont de ce parti, pour les encourager à rester fermes (1). En 1131 il rendit Saint-Silvain à Notre-Dame-de-Saintes, comme on l'a vu plus haut.

Au commencement de l'épiscopat de Guillaume de Nauclars, l'évêque de Cahors (1125) fit don à l'abbé de Sarlat de l'église de Calviac (2).

Guillaume de Nauclars fut le premier qui établit le scrutin pour les saints ordres (3), ce qui donne à penser qu'avant lui ils étaient conférés par acclamation, et introduisit l'usage, parmi les habitants de la campagne, de fournir des aliments pour la paix ou trêve de Dieu. Il lutta avec Hélie Rudel.

Anaclet et Innocent se disputaient toujours le Saint-Siège, et Guillaume de Nauclars tenait toujours pour Innocent. Il avait été soutenu dans sa détermination par une lettre de saint Bernard, adressée à la fois aux évêques de Poitiers, de Saintes et de Périgueux (4). Contraint de s'éloigner de Rome, Innocent vint en France, assembla des conciles où Anaclet fut anathématisé, puis revint en Italie, où un grand concile réuni à Pise, s'il faut en croire la vie de saint Bernard (5), car les actes en sont perdus, condamna encore Anaclet. Il paraît que Guillaume de Nauclars assistait à ce concile. Mal lui en prit, car l'empereur Conrad, partisan décidé d'Anaclet, fit assaillir par ses soldats les pères du concile, qui furent assez malmenés et dont les uns furent arrêtés et détenus prisonniers, les autres battus, quelques-uns blessés et tous obligés de se disperser, abandonnant leurs bagages. Dans le récit assez animé que

---

(1) Rec. des Hist. de Fr., t. xiv, p. 260.
(2) Gall. Christ. t. ii, col. 129 et 130.
(3) Fragment etc., Labbe, nov. bibl. mss. t. ii, p. 738.
(4) Dupuy, l'Estat de l'église du Périgord, t. ii, p. 36.
(5) Vitæ sancti Bernardi, lib. 2, cap. 2.

Pierre de Cluny fait de ces violences, il parle de l'évêque de Périgueux, qui ne fut pas plus épargné que les autres (1).

En 1130, l'évêque de Périgueux confirma la donation de l'église de Montpeyroux aux religieux de St-Florent de Saumur.

Guillaume de Nauclars s'occupa spécialement de Chancelade, et, à mesure que ce couvent gagnait en prospérité, cet évêque s'attachait davantage à l'entourer de ses faveurs. A deux reprises différentes, il y consacra deux autels, et souvent il choisit ce lieu pour y conférer les ordres (3).

En 1135, Boson de Grignols, comme nous l'avons vu, du consentement de sa mère et de sa femme, fit don à l'abbaye de Cadouin de tout ce qu'elle pourrait acquérir dans les domaines de sa dépendance. Pareil don fut fait par Aldebert de Montguilbem, son frère (4). Adhémar de Beynac, seigneur dudit Beynac, Meynard de Beynac et Pons de Beynac, son frère, cette même année, firent aussi différents dons à cette abbaye, entre les mains de l'abbé Gérald ou Géraud (5).

C'est sous l'épiscopat de Guillaume de Nauclars que s'accomplit le mariage de Louis-le-Jeune avec Éléonore de Guienne (1137). A peine ce mariage était-il fait, que Louis VI, par une ordonnance datée de Paris (1137), renonça au droit d'hommage et d'investiture sur l'archevêque, les évêques et abbés de la Guienne, leur concéda la liberté des élections, suivant les canons, fit l'abandon à leurs successeurs, pour leur usage personnel, des biens de l'archevêque, des évêques et abbés décédés, et voulut qu'ils eussent la jouissance des immeubles et priviléges y attachés et les anciens usages. Cette ordonnance fut approuvée et ratifiée par Louis-le-Jeune, plus tard roi sous le nom de Louis VII, en sa qualité de duc de Guienne, par une autre ordonnance datée de Bordeaux, même année (6). Ces ordonnances sont la meilleure preuve que, jusqu'alors, les investitures,

---

(1) Bib. 3, épist. 27.

(2) Arch. de Maine-et-Loire, livre Rouge, fol. 69 recto. Selon le livre d'argent, fol. 84 recto, cette confirmation serait de 1113, et alors elle aurait été faite par Guillaume d'Auberoche, et non par Guillaume de Nauclars.

(3) Dupuis, l'Estat de l'église du Périgord, t. II, p. 40.

(4) S. Allais, Précis histor. sur les comtes de Périgord, p. 16.

(5) Papiers communiqués.

(6) Rec. des ord. des r. de Fr., t. I, p. 7.

les droits de régale, etc., avaient appartenu incontestablement aux ducs de Guienne.

Vers cette époque, le corps de saint Sacerdos fut porté de l'église de Calviac à Sarlat, où il fut déposé dans l'église depuis appelée du *Saint-Sauveur* ou de *St-Sacerdos* (St-Sadrot) (1) ; ce prétendu transfert tient à la légende ayant pour point de départ l'érection de Sarlat en évêché. Nous avons vu que ces reliques furent enlevées *de nuit*, au moment où, pour échapper au pillage des Normands, les religieux désertaient *Calabre* (Calviac), pour se retirer dans le vallon où s'éleva Sarlat. Et quoique, en réalité, les *Annales bénédictines* n'affirment pas complètement cet enlèvement contemporain du départ des moines, j'aime encore mieux le récit de Mabillon, résultat des plus sérieuses recherches et conforme aux bonnes traditions historiques, que celui de Tardes, qui n'a d'autre raison d'être que la légende et le besoin de justifier cette légende ; d'autant plus que le prieur du Vigeois, comme je l'ai rapporté précédemment, raconte que, de son temps, il était admis qu'anciennement on avait apporté à *Sarlat, et déposé, à côté des reliques de saint Salvador, celles de saint Pardoux.*

Guillaume de Nauclars mourut le 29 septembre 1138 et fut enterré dans la basilique de St-Front (2).

Guillaume de Nauclars eut pour successeur Geoffroi de Cauze ou Cauzé, qu'on dit d'origine périgourdine, dont la famille occupait alors un certain rang dans le monde. C'est durant son épiscopat que fut fondée l'abbaye d'Aillac, canton de Carlux, qui devint bientôt un prieuré dépendant de l'abbaye de Cadouin. On place sa fondation en 1140, sinon plus tôt. Etiennot même, signale l'abbé et les moines de Cadouin comme ses véritables fondateurs ; ce qui n'aurait rien d'impossible (3).

Cette même année, Geoffroi de Cauze confirma à l'abbaye de St-Florent d'Angers le don des églises de Montravel et de Montpeyroux (4).

---

(1) Tardes, Antiquités du Périgord et du Sarladais.
(2) Labbe, nov. bibl. mss. t. 2, p. 733.
(3) Bibl. nat. coll. mss. de D. Etiennot, n° 557.
(4) Arch. de Maine-et-Loire, liv. d'argent de St-Florent-de-Saumur, fol 83, verso, et liv. rouge fol. 69 verso.

C'est à peu près vers la même époque, ou bien peu de temps après, et toujours sous l'épiscopat de Geoffroi de Cauze, que les Templiers formèrent leur premier établissement en Périgord, pour lequel cet évêque leur fit don de l'église d'*Andrivaux*, où avaient résidé primitivement des religieuses, comme je l'ai dit ailleurs. Selon le père Dupuy, c'est lui qui consacra Hélie second abbé de Chancelade, auquel le même auteur attribue la construction d'une église appelée *Delandie* (1), où le prélat dit la première messe ; mais l'abbé Hugues du Temps prétend qu'Hélie, qu'il appelle de La Garde, ne fut élu abbé qu'en 1146 (2). Dupuy assure encore que ce fut par les soins de Geoffroi de Cauze que *Merlande* (3) fut uni à l'abbaye de Chancelade.

Cet évêque gouverna l'église de Périgord deux ans huit mois et onze jours, et mourut le 29 août (le 4 des kalendes de septembre) 1142. Il fut enterré dans l'ancienne basilique de St-Front (4).

Raimond *de Mareuil* (5), fils d'Aldebert III, succéda à Geoffroi de Cauze. Il prit possession du siège très peu de jours après la mort de ce dernier, gouverna l'église du Périgord dix-sept ans et fut ensuite appelé au siège archiépiscopal de Bordeaux, en 1159.

Il témoigna de son intérêt pour l'abbaye de Chancelade. Nous avons des lettres de Boson III, comte de Périgord, portant la date de 1143, par lesquelles, sans doute à son instigation, il donne aux religieux de cette abbaye tout ce qu'ils pourront acquérir de tous

---

(1) Ibid.

(2) *Le clergé de France*, t. 2, p. 609.

(3) Dupuy, *l'Estat de l'église du Périgord*, t. 2, p. 46. Ce pourrait bien être la même église que Delandie.

(4) Fragment, etc., Labbe, nov. bibl. mss. t. 2, p. 739. M. l'abbé Audierne (Calendrier de la Dordogne 1835), dit : « Il mourut non pas en 1142, comme » il est marqué dans les catalogues ordinaires, mais en 1143 ou 1144, le 28 » août, après avoir tenu le siège 4 ans 8 mois et onze jours ». Je ne sais pas où M. l'abbé Audierne a puisé ce renseignement, qui contredit le fragment en tout point.

(5) Je ne puis pas m'expliquer la note que les religieux de Chancelade avaient placée en marge d'un exemplaire de la *nova bibliotheca manuscriptorum* du père Labbe, t. II, article *Raimond de Mareuil*, et qui est ainsi conçue : DE GRANOLIO, *fratre Bosonis* DE GRANOLIO, *comites ut patet ex cartulario abbatice nostre de cancellata*. Peut-être a-t-il voulu dire que c'est par erreur et par suite d'une fausse lecture qu'on l'a appelé *de Marolio* au lieu *de Granolio*.

ceux qui possèdent féodalement des terres du comté (1). En 1144, il octroya à l'abbaye de Saint-Astier des lettres de confirmation de ses possessions et privilèges (2). Vers 1146 ou 1147, il fit lui-même don à l'abbaye de Chancelade des églises de *Saint-Martial-d'Artensec*, de *Saint-Sererin* ou *Saint-Seruin*, de *Blois* et de *Saint-Vincent*.

Il consacra la petite église qui existe encore hors de l'abbaye, célébra la première messe en son église de *Marnac* et bénit le cimetière (3). Il lui fit aussi cadeau d'un morceau de la vraie croix qu'il avait reçu, cette même année, de Faucher, patriarche de Jérusalem, comme le disait expressément l'inscription gravée sur la croix servant de reliquaire : *Ce sont les reliques qu'envoya Faucher, patriarche de Jérusalem, à Raimond, évêque de Périgueux* (4).

Les contestations entre les clercs de Larochebeaucourt et les moines de Cluny avaient acquis des proportions telles, qu'en 1148 le pape Eugène III écrivit à ce prélat de les contraindre par excommunication, à *livrer leur église* à ces moines, s'ils ne voulaient pas les en mettre volontairement en possession (5). Il s'exprimait de la sorte, parce qu'après avoir donné mission aux évêques d'Angoulême et de Limoges de terminer canoniquement la controverse existant entre ces moines et ces clercs, ces deux évêques n'avaient pu aboutir qu'à constater que les moines avaient produit des témoins confirmant la vérité de leurs assertions.

Raimond assista au concile de Bordeaux en 1149 (6).

En 1150, il s'accomplit à Terrasson un acte de discipline à rappeler. Le couvent s'était placé sous la direction de celui de Saint-Martial de Limoges. L'abbé de Terrasson appelé Bernard et surnommé *le vicaire*, eut une contestation avec Albéric, abbé de Saint-Martial. Pour le punir, *comme le voulait la justice*, dit le prieur du Vigeois, Albéric le condamna à vivre en simple moine, sans pouvoir

---

(1) *Précis historique sur les comtes de Périgord*, p. 17.

(2) Audierne : *Notice hist sur les évêques de Périgueux* ; calendrier de la Dordogne, année 1835, p. 178.

(3) Dupuy : *Estat de l'église du Périgord*, t. II, p. 46.

(4) Ibid.

(5) Rec. des Hist. de Fr., t. xv, p. 441.

(6) Audierne, *Notice* précitée.

sortir du cloître, jusqu'à ce qu'il en serait autrement ordonné (1).

Cette même année, Raimond de Mareuil prit part à un arrangement entre l'abbaye de Fontevrault et celle de la Couronne, ménagé par les soins de l'archevêque de Bordeaux.

Il assistait en 1152 à l'assemblée de Beaugency, où fut résolu le divorce du roi Louis-le-Jeune et Éléonore d'Aquitaine (2).

En 1153, le pape Eugène III donna une bulle en faveur de l'abbaye de Sarlat, contenant des privilèges et lui accordant le droit de nommer des vicaires perpétuels (des curés), dans les paroisses dont les noms y sont insérés. Cette bulle fut adressée à Raimond de Salignac, alors abbé (3).

L'année suivante, Adrien IV confirma tous les privilèges de l'évêché de Périgueux (4).

Gilbert de La Porée, évêque de Poitiers, mourut en 1154, et l'évêque de Périgueux assista à son enterrement (5).

C'est cette même année que fut fondée l'abbaye de Bourchaud, fille de celle de Peyrouse, qui la dota richement, quoique fondée depuis très peu de temps, comme on va le voir plus bas (6).

---

(1) Labbe, nov. bibl. mss. t. II, p. 306.

(2) Dupuy, *Estat de l'église du Périgord*, t. II, p. 48.

(3) Tardes : *Antiquités du Périgord et du Sarladais*. Voici les noms d'un certain nombre de celles de ces paroisses qui font partie du Périgord : *Marquay ? Campagnac, Saint-Léon-sur-Vézère, Montignac, Saint-Rabier, Sern* (aujourd'hui Labachellerie), *Sainte-Mondane, Marcillac, Calviac, Carlux, Symeirols, Prats-de-Carlux, La Trape, Siorac, Belcès, La Chapelle-Casteluaud, Carves, Doissat, Sales-de-Belcès, Orliac, Saint-Vincent-le-Paluel, Saint-Avit-Rivière, Capdrot, Lavaur, Larallade, Saint-Sernin-de-l'Herme, Gaujac, Pomport ? Eyrenville ? Puiguillem, Saussignac, Thonac Boisse ? Montazeau ? Monestier, Saint-Julien-d'Eymet, Rouquette, Saint-Sulpice-d'Eymet ? Saint-Michel-des-Landes ? Saint-Sernin-de-Gabanelles, Saint-Sernin, Sainte-Croix, Saint-Pardoux, Sainte-Eulalie, Monts, Montaguel, Sainte-Foi*, et quelques autres dont l'orthographe est tellement altérée qu'il est impossible de les reconnaître. Ajoutez à cela que tous ceux qui sont suivis d'un point d'interrogation sont douteux.

(4) Dupuy : *Estat de l'église du Périgord*, t. II, p. 54.

(5) On lit dans le Rec. des hist. de Fr., t. XVI, p. 379, qu'Hélie, évêque de Périgueux, assista à l'enterrement de Gilbert de La Porée. C'est une erreur, il est évident que ce ne pouvait être que Raimond de Mareuil.

(6) Bibl. nat., mss. de D. Estiennot, n° 557.

Raimond de Mareuil consacra, dit-on, l'église de Cadouin en 1154 (1).

Vers 1153, un certain Bernard d'Auberoche qui, après avoir gouverné l'abbaye d'Uzerche pendant 14 ans, était devenu moine de St-Martial de Limoges, fut fait prévôt de Paunat (2).

Durant l'épiscopat de Raimond de Mareuil, saint Bernard visita le Périgord (3). Je serais même tenté de croire qu'il y était au moment du départ de Louis-le-Jeune pour la croisade (1147). Il séjourna quelque temps à Sarlat, où il prêcha contre les Pétroburgiens, en présence de Geoffroi, légat apostolique (4). C'est pendant ce séjour que fut décidée la construction de l'abbaye de Peyrouse (5), dont la construction fut mise sous la protection de ce saint personnage, qui l'affilia à *Clairvaux*, sous le nom de Ste-Marie-de-Peyrouse, et en dirigea en quelque sorte les travaux, très probablement par l'entremise d'un certain Alquier, homme fort instruit, qui s'était attaché à lui, se retira ensuite à Clairvaux et écrivit plus tard des lettres afin d'engager les Périgourdins à quitter le monde pour vivre dans la retraite (6).

---

(1) Audierne ; not. hist. déjà citée. Il est certain que si l'église ne fut pas consacrée en 1154, le monastère et les cloîtres furent construits entre 1152 et 1174. Nous avons un hommage de Guillaume, abbé de Cadouin, portant la date de 1272 (Reg. de la bibl. de Wolfenbuttel, fol. 49 r°) ainsi conçu : « Il » reconnut et dit que les fondateurs de l'abbaye de Cadouin étaient les » seigneurs de Beynac et de Biron et le roi d'Angleterre qui existait alors ; » lequel roi fit *bâtir le monastère et les cloîtres*. » Or le premier roi d'Angleterre qui fut duc de Guienne, n'est autre que Henri II, duc de 1152 à 1174, époque où il se démit de ce duché en faveur de son fils Richard, appelé depuis *Cœur de lion*.

(2) Chron. de Geoffroi, prieur du Vigeois ; Labbe, nov. bibl. mss. t. 2, p. 387.

(3) Rec. des hist. de Fr., t. 15, p. 598.

(4) Tarde : *Antiquités du Périgord et du Sarladais*.

(5) Dupuy : *Estat de l'église du Périgord*, t. 2, p. 52.

(6) Ibid. ibib. Geoffroi, d'abord moine et ensuite abbé de Clairvaux, a écrit une vie de saint Bernard, dans laquelle il dit que ce saint personnage, en partant de Clairvaux pour aller prêcher contre les hérétiques dans le Toulousin, passa par Poitiers, Bordeaux, Bergerac, Périgueux, Sarlat et Cahors ; ce qui autorise à penser que l'hérésie avait envahi plus ou moins tout le Périgord. Je dois faire observer, du reste, que ce ne fut qu'à son retour qu'il prêcha à Sarlat ; car, dit Geoffroi, il rentra à Clairvaux par le chemin qu'il avait suivi en partant. Tardes dit expressément qu'il prêcha en arrivant de Cahors.

Vers 1155 ou 1156, une contestation s'éleva entre le doyen de l'église de Périgueux et les moines de St-Florent de Saumur, au sujet d'une chapelle située à Bergerac. Par une bulle, le pape Adrien IV confia le soin de juger l'affaire en dernier ressort, aux évêques du Mans et d'Angoulême. Le jugement n'est pas connu (1).

Raimond de Mareuil, en 1157, fit don à l'abbaye de St-Martial de Limoges de l'abbaye de *St-Martial d'Albarède* (2) (près d'Excideuil).

Quand Raimond de Mareuil fut il nommé archevêque de Bordeaux ? Selon le *Gallia christiana*, en 1158, et selon le père Dupuy, en 1159. La charte, dont j'ai parlé à l'article de Raoul de Scoraille (3), démontre que le fragment, etc. (4), est exact dans la date qu'il donne de la mort de Geoffroi de Cauze et que, s'il y a erreur dans la date assignée à la mort de Raimond de Mareuil, c'est une faute de copiste (5). Cette charte, portant le renouvellement des priviléges accordés à Saint-Astier, par Raoul de Scoraille, de la coutume où était cette collégiale de voir l'ordination de ses clercs suivre immédiatement celle des clercs de Saint-Front, sans l'entremise de l'archidiacre ni de l'archiprêtre, mais seulement sur la présentation de l'abbé, du maître du cœur, ou de tout autre dignitaire ; de la faculté qu'elle avait de recevoir le saint crême ou huile des malades, non de l'archidiacre ou de l'archiprêtre, mais de l'évêque même, déclarant en outre que, comme elle dépend uniquement de l'évêché, lors même que, par suite des désordres des seigneurs des environs, il serait lancé une sentence d'interdit sur la contrée, cette abbaye n'y serait aucunement soumise, à moins que les malfaiteurs n'en sortissent pour accomplir leurs méfaits ou s'y

---

(1) Chron. de G. P. du Vigeois ; Labbe nov. bibl. mss. t. 2, p. 314. Bibl. nat., fonds Gaignières, vol. 186.

(2) Arch. de Maine-et-Loire, liv. d'argent de St-Florent de Saumur, fol. 13, verso.

(3) Labbe, nov. bibl. mss., t. II, p. 739.

(4) Voyez plus haut. p.

(5) La charte de 1259, est datée comme il suit : Anno ab incarnatione Domini M° C° L° VIIII° ; le fragment, de son côté, porte qu'il mourut l'an du Seigneur millesimo centesimo LVIII°, le 10 des calendes de janvier (le 23 décembre). Cet usage de dater en chiffres romains laissait aux erreurs un plus large champ que les chiffres arabes.

retirassent après les avoir commis ; cette charte, dis-je, porte la date de 1159 (1), et par là établit formellement qu'il ne put être nommé archevêque avant cette époque. Il résulte de cette donnée positive que le successeur de Raimond de Mareuil fut Jean d'Asside ; il était maître des écoles de l'église de Poitiers (2). Il y eut une vacance entre la nomination de Raimond à l'archevêché de Bordeaux et l'avènement de Jean d'Asside, soit qu'on s'en rapporte au *Fragment, etc.*, soit qu'on s'en tienne à l'épitaphe de l'évêque, telle que la donne Dupuy, si l'on doit admettre la manière de compter de celle-ci (3).

La lutte engagée entre les clercs de Larochebeaucourt et les moines de Cluny était terminée en 1159. Les clercs avaient chassé les moines. Le pape Adrien IV chargea Guillaume, évêque du Mans, d'examiner et de juger l'affaire. Il rendit une sentence par laquelle il adjugeait cette église aux moines de Cluny et condamnait les clercs à les en laisser jouir en paix (4).

En 1163, le pape Alexandre III tint un concile à Tours, où on s'occupa des Manichéens (5). On assure que tous les évêques d'Aquitaine assistèrent à cette assemblée. L'évêque de Périgueux se sentit vivement stimulé par les canons de ce concile, car il ne tarda pas à accomplir un acte d'une bien rude vigueur contre ces malheureux.

Nous n'avons pas la date précise de l'expédition de Jean d'Asside ; mais ce fut en 1164 ou 1165 qu'il organisa une troupe d'hommes armés, se mit à leur tête, se porta sur le château de Gavaudun, en Agenais, où se tenaient quelques familles de ces sectaires, que le chroniqueur qualifie *charitablement* du nom de RAPISEURS, *causant de toute part beaucoup de maux aux personnes religieuses,* assiégea

---

(1) Et donnerait à penser que le siège de Bordeaux, au lieu d'avoir été occupé par Raimond, immédiatement après la mort du titulaire qu'il remplaça, resta vacant, par suite de la résistance d'Henri Plantagenet, jusqu'en 1159, époque à laquelle Raimond aurait été proclamé archevêque, pour ne jouir de l'épiscopat que quelques mois.

(2) Labbe, nov. bibl. mss. t. II, p. 739.

(3) Dupuy, etc., p. 56.

(4) Rec. des Hist. de Fr.

(5) Dupuy, etc., p. 57.

ce château, s'en empara, le démantela et sans doute fit un très mauvais parti à ceux qui l'habitaient (1).

En 1166, il prit part à la consécration de l'église de Grammont, bénite par les archevêques de Bourges et de Bordeaux, assistés de plusieurs autres prélats (2).

Cette même année, il se trouva à l'assemblée du Mans, dans laquelle Henri II d'Angleterre déclara qu'il serait fait une collecte, pendant cinq ans, dans tous ses domaines, pour la défense de la terre et de l'église d'Orient.

A diverses époques, il fut le bienfaiteur des abbayes de Chancelade, de St-Astier, d'Uzerche, de la Sauve, de St-Cybar, etc.

Selon le Fragment, etc., Jean d'Asside serait mort le 2 mai 1169, et n'aurait administré le diocèse que huit ans. C'est une erreur matérielle assez importante, puisqu'en prenant pour point de départ la charte de 1159, il y aurait eu près de dix ans que le siège de Périgueux avait cessé d'être occupé par Raimond de Mareuil. L'épitaphe de cet évêque, au contraire, ainsi conçue : *L'an de l'incarnation du Seigneur* (1160), *le deuxième jour de mai, mourut le seigneur Jean, évêque de cette église. Il occupa son évêché neuf ans moins sept jours* (3), réduit l'erreur à quelques mois seulement, qui pourraient bien n'être que le résultat d'une vacance entre la nomination de Raimond à Bordeaux et l'élection de Jean d'Asside. De la sorte, tout s'expliquerait naturellement, et le Fragment lui-même ne contiendrait qu'une erreur de copiste qui aurait mis *octo* pour *anno*. Sa mort fut la cause de grandes querelles entre les clercs de la Cité et ceux du Puy-St-Front, parce que ceux de la Cité enlevèrent violemment son corps et l'enterrèrent à la Cité. Ces querelles se prolongèrent pendant toute une année et occasionnèrent des procès et de grandes dépenses (4).

Jean d'Asside eut pour successeur Pierre Mimet, parent de Pierre-

---

(1) Fragment, etc., Labbe, nov. bibl. mss., t. 2, p. 739.
(2) Chron. du prieur du Vigeois ; ibid. ibid., p. 317.
(3) ANNO AB INCARNATIONE DOMINI, MCLX NONO SECUNDO DIE MAII, OBIIT DOMINUS JOHANNES HUJUS ECCLESIÆ EPISCOPUS, SEDIT AUTEM IN EPISCOPATU NOVEM ANNOS SEPTEM DIEBUS MINUS. Cette épitaphe avait été mal lue par le père Dupuy, quant à la date qu'il rapporte ainsi : MCLDX ; elle a été rectifiée par l'abbé Audierne, dans ses notes sur *l'Estat de l'église du Périgord*, éd. de 1841.
(4) Fragment, etc., p. 739.

de-Blois (1), et archidiacre de l'église de Périgueux. En 1170, il fut l'un des évêques chargés, par le roi Henri II d'Angleterre, d'accompagner sa fille Eléonore en Espagne, où elle allait épouser Alphonse IX (2).

A son retour, il assista à la dédicace de l'église de St-Amand-de-Boisse (3) (6 novembre 1170). Dans le cours de 1171, il consacra un autel à Chancelade, en présence de l'abbé Gérard. L'année suivante, il en consacra un autre à St-Alvère (4). En 1173, il bénit l'abbé de St-Martial de Limoges, et fit l'enlèvement des corps des évêques de Périgueux, ses prédécesseurs, enterrés dans la vieille église de St-Front, pour les transporter dans la grande basilique : « Cet évêque
» leva les corps des évêques, ses prédécesseurs, du chapitre de St-
» Front et les plaça, avec grande pompe et révérence, dans l'église,
» où il consacra un autel en l'honneur de sainte Catherine (5) ». Le prieur du Vigeois dit : « Le samedi suivant, Pierre, évêque de Pé-
» rigueux, ordonna des prêtres dans la ville, et, durant cette ordi-
» nation, en présence de l'archevêque élu de Bordeaux, il retira du
» chapitre les corps des évêques, au nombre de neuf, et, le jour
» suivant, il les plaça dans des caveaux à part, dans la basilique de
» St-Front, devant l'autel de saint Barthélemy (6). »

Cette exhumation, faite avec toute la solennité possible, ne toucha pas les clercs de la cité, car non-seulement Jean d'Asside y resta, mais encore Pierre Mimet y fut enterré, comme on va le voir.

Vers 1175 une contestation s'éleva entre l'archidiacre de Blaye, l'archidiacre d'outre-Dordogne et le prieur de Montcarret, au sujet du droit de présentation pour la nomination du chapelain de

---

(1) Lettre 34e de Pierre de Blois.
(2) Dupuy, etc., t. 2, p. 60.
(3) Dupuy, etc., t. 2, p. 63. Je crois qu'il faut lire *St-Amand-de-Boixe*, en Angoumois, dont l'église fut dédiée à cette époque.
(4) Ibid. ibid.
(5) Labbe, nov. bibl. mss. t. 2, p. 739.
(6) Ibid., p. 319. La date de l'exhumation est fixée par la présence de l'archevêque de Bordeaux, Guillaume-le-Templier, élu au mois de mars 1173 ; le reste est incertain. Rien ne prouve qu'il plaça ces corps dans des cercueils en pierre (Dupuy, t. II. p. 63), ni que ces corps furent transportés de la Cité à St-Front, comme l'affirme aussi M. l'abbé Audierne (Calendrier de 1835), d'après, dit-il, un renseignement fourni par M. de Mourcin qui, en réalité, a imprimé tout le contraire.

Capitourlan, département de la Gironde. L'archevêque de Bordeaux reconnut que ce droit a... ... au prieur de Montcarret (1).

Dans le traité par lequel ... VII et Henri II d'Angleterre (1177) formèrent alliance et s'engagèrent à faire le voyage de la Terre-Sainte, on voit figurer Pierre Mimet, parmi les trois évêques, choisis par Henri en même temps que trois barons, qui devaient juger et résoudre toutes les difficultés qui surviendraient entre les deux rois, conjointement avec trois évêques et trois barons choisis par Louis (2).

Ce prélat fit différents dons à l'abbaye de Chancelade en 1178 (3) ; mais à partir de cette époque, il n'est plus question de lui. Le *Fragment, etc.*, nous apprend qu'il mourut le 3 des ides d'avril (11 avril 1182), après avoir gouverné le diocèse 12 ans 5 mois 22 jours, et qu'il fut enterré dans l'église Saint-Étienne de la Cité (4). Il eut pour successeur non pas Adhémar de La Tour, comme on l'a généralement cru, mais Raimond de Pons, fils de Pons Ier, sire de Pons. On ne connaît de cet évêque qu'une démarche par lui faite, auprès de Philippe-Auguste en 1187, l'année même où il cessa d'administrer le diocèse.

Philippe-Auguste, à la suite de divers pourparlers, s'était mis en campagne contre le roi d'Angleterre, Henri II et Richard son fils ; il assiégeait Châteauroux. Raimond et les chapitres de Saint-Étienne et de Saint-Front se rendirent auprès du roi de France, lui prêtèrent serment de fidélité conformément à sa volonté, et en reçurent la promesse qu'il donnerait la paix à l'évêché et un gouverneur au

---

(1) Arch. de Maine-et-Loire, Livre rouge, de Saint-Florent-de-Saumur, fol. 43 v°.

(2) Rec. des Hist. de Fr., t. XVI, p. 164.

(3) Dupuy, déjà cité, t. II, p. 63 ; Audierne, déjà cité, Calendrier de 1835, p. 180.

(4) Labbe, nov. bibl. mss. t. II, p. 739. On lui attribue l'épitaphe qui se voit encore dans l'église de la Cité, au côté gauche du chœur et qui est ainsi conçue : Præsul erat Petrus, jacet hic in pulvere pulvis.
Sit cœlum requies
Sit tibi vita Deus.

Pierre était évêque, poussière il est ici couché dans la poussière. Que le ciel soit pour toi le repos, et Dieu la vie.

pays (1). A partir de ce moment, il n'est plus question de lui, parce que, selon une sorte de tradition, il aurait été nommé cardinal; mais rien n'est moins démontré.

Quoi qu'il en soit, il cessa dès lors d'être évêque et eut pour successeur Adhémar de La Tour, d'abord chanoine de Saint-André-de-Bordeaux, et envoyé à Périgueux en 1170, en qualité d'archidiacre (2); mais une bulle d'Urbain III, portant la date du 22 septembre 1187, nous apprend qu'à son avènement, il dut être violemment troublé dans ses droits et privilèges d'évêque, et que ne pouvant, de sa propre autorité, maintenir ces droits et privilèges, il avait eu recours à la puissance papale, pour surmonter toutes les résistances : « Vénérable frère en Jésus-Christ, lui écrit le pape,
» faisant droit à tes justes réclamations et à l'exemple de nos prédéces-
» seurs, nous prenons sous notre protection et sous celle de saint
» Pierre, l'église de Périgueux que tu gouvernes, et nous voulons
» que toi et tes successeurs vous conserviez, sous votre autorité, tous
» les domaines dont cette église jouit et jouira canoniquement, soit
» par dons des papes, des rois et des princes, soit par offrande des
» fidèles ou de toute autre manière ; parmi lesquels nous citerons
» expressément *l'église Saint-Avit-Senieur, l'église de Saint-Jean-
» d'Escole, l'église de Saint-Cyprien, l'église de Plazac, l'église de
» Peyrac*, avec leurs dépendances, les fiefs relevant de l'évêque de
» Périgueux, possédés par le vicomte de Limoges, le sire de Gour-
» don, ceux de *Saint-Astier*, d'*Agonac*, de la *Roche-Saint-Chris-
» tophe*, d'*Auberoche*, de *Bourdeilles*, et tous autres fiefs, tenus dans
» le diocèse de Périgueux, avec un moulin et autres revenus. Nous
» interdisons en outre aux clercs de rendre sujettes au cens les
» églises dépendantes de l'évêché, qui leur ont été concédées à vie ;
» aux moines, aux chanoines et aux autres clercs de changer ou
» d'établir des chapelains sans ta permission, dans les églises dépen-
» dant de l'évêché, à moins qu'ils n'y soient autorisés par les
» papes ou par la coutume ; aux chanoines de Saint-Étienne, de

---

(1) Arch. nationales J. 292, n° 1. La situation était difficile, si, comme j'ai tâché de l'expliquer, les bourgeois du Puy-Saint-Front depuis 1182 avaient essayé de s'organiser en commune et surtout s'ils y étaient parvenus, malgré l'évêque et son clergé ; mais avec l'assentiment tacite des princes anglais.

(2) Audierne et Dupuy, déjà cités.

» créer des chanoines ou des clercs, toucher au trésor ou de le dimi-
» nuer, ou d'aliéner les biens de l'église, sans ta permission ; aux clercs
» de Saint-Étienne et aux clercs de Saint-Front de te désobéir ou de
» te manquer de respect ou de ne pas garder intacte ta justice. Nous
» voulons pareillement que ce qui aura été établi par toi, du con-
» sentement de tous, ou de la meilleure partie des membres des
» chapitres des deux églises, soit ferme et stable ; que personne ne
» soit assez osé pour posséder héréditairement les cimetières et
» bénéfices ecclésiastiques. Pour la paix et le repos de l'église en
» Périgord, nous défendons à tout laïque de loger dans les maisons
» destinées à l'évêque et aux clercs, en dehors des règles canoni-
» ques, comme aussi nous ne voulons pas qu'il soit permis à ceux
» qui y ont des logements de les donner, de les vendre ou d'en
» faire l'abandon à d'autres qu'à l'église, ou du moins à un clerc
» et seulement encore après en avoir reçu l'autorisation de l'évêque.
» Comme quelques moines s'efforcent d'usurper les droits des
» évêques, nous défendons à ceux du Périgord de tenir des cha-
» pellenies et de remplir l'office de prêtres chapelains ou de
» jouir de leurs bénéfices ; ordonnant expressément que les prêtres
» chapelains conservent tous leurs droits. En vertu de notre autorité,
» nous interdisons aux clercs et aux moines de recevoir les excom-
» muniés dans les églises, ou de célébrer les offices devant eux, ne
» voulant pas qu'ils soient absous sans satisfaction, s'ils ont de quoi,
» ni qu'ils soient enterrés, s'ils sont morts sans s'être repentis. Les
» églises paroissiales du diocèse, dépendant de l'évêque, ne pourront
» être pourvues de prêtres chapelains, sans l'autorisation dudit
» évêque. Nous interdisons toute vente, obligation ou aliénation de
» la part des prêtres chapelains dépendant de l'évêque, sous peine
» de nullité. Conformément aux sacrés canons, nous intimons aux
» évêques et archevêques la défense de tenir des assemblées dans
» le diocèse de Périgueux, sans la permission de l'évêque, de s'y
» occuper des affaires ecclésiastiques, de conférer, engager, vendre,
» donner ou aliéner, à une église ou à un particulier, les posses-
» sions de l'évêché ou tout autre objet ou terre tenue en fief de
» l'évêque. Nous te confirmons et à tes successeurs la quatrième
» partie de la dîme, conformément à l'usage, etc. (1). »

---

(1) Dupuy, déjà cité.

Le reste est sans importance pour notre sujet ; mais ce résumé montre combien la perturbation était profonde et combien ce clergé, auquel on prodigue si souvent les éloges, était peu digne d'admiration.

Le père Dupuy parle d'une bulle du 29 mai 1188, par laquelle Clément III concéda plusieurs priviléges à l'abbaye de Ligueux (1). Le bullaire romain constate qu'il y avait, en 1191, un établissement de l'ordre des Hospitaliers du Saint-Esprit, destiné à recevoir les pèlerins et les malades.

En 1189, Adhémar de La Tour, avec trois archevêques, cinq autres évêques et une foule d'abbés, assista au transfert des reliques de saint Étienne, nouvellement canonisé et fondateur du prieuré de Grammont (2). Il donna, en 1191, l'église de *Siorac* à l'abbaye de la Sauve et dédia l'église de *St-Martin-de-Limeuil*, le 30 janvier 1194. L'inscription commémorative de cette dédicace, placée d'abord dans l'église de St-Martin, a été transférée dans celle de Ste-Catherine ; elle est ainsi conçue : *L'an de l'incarnation du Seigneur 1194, indict 12, concurrent 5, epacte 26, 3 des kalendes de février (30 janvier) le jour de dimanche, lune 4. Cette église et cet autel furent dédiés, par le seigneur Adhémar, évêque de Périgueux, en l'honneur de la Sainte-Trinité, de la Ste-Vierge et de saint Martin, évêque confesseur, de saint Paul, apôtre, et de saint Thomas, archevêque, martyrs, de sainte Catherine, vierge et martyre, et de tous les saints de Dieu. Hébrard de Villars étant diacre de cette église, Célestin, pape présidant à la sainte Église romaine ; Philippe, roi des Français commandant ; Richard, roi d'Angleterre, tenant le duché de Guienne ; Hélie Taleyrand, comte de Périgord ; Hélie, résidant dans la métropole bordelaise* (3).

---

(1) Ibid. p. 69.
(2) Chron. de Grammont, Labbe, nov. mss. t. II, p. 276.
(3) Anno ab incarnatione domini millesimo centesimo nonagesimo quarto, indictione duodecimo, concurrente quinto, epacto XXVI, tertio kalend februarii, die dominica, luna quarto, dedicata est hæc ecclesia et altare, a domino Ademaro petrachoriensi episcopo, in honorum S. Trinitatis et S. Mariæ virginis, et S. Martini episcopi et confessoris et B. Pauli apostoli et B. Thomæ archiepiscopi et martyris et S. Catharinæ et dominum sanctorum Dei. Hebrardo de Villars hujus ecclesiæ diacono existento, Celestino, papa, sanctæ romanæ ecclesiæ presidente, Philippo rege Francorum, imperante, Richardo, rege Angliæ ducatum Aquitaniæ tenent, Elia Taleyrando, Petrachoriorum comita, in metropolica Burdigalensi Elia residente. — Dupuy, déjà cité.

On parle d'une lettre qu'il aurait reçue de Célestin III, en 1196 ; mais on assure qu'il dut donner sa démission en 1197, et l'on a dit et répété qu'il mourut cette année-là, se fondant, pour cette assertion, sur une bulle d'Innocent III, relative à Cadouin et à la date de 1198, constatant qu'il était mort ; tandis que le *Gallia Christiana* le fait vivre, comme évêque de Périgueux, au moins jusqu'en 1201, et prétend qu'il fut nommé arbitre à cette époque avec l'archevêque de Bordeaux, dans le différend survenu entre l'abbaye de Pontigny et celle de Cadouin (1). Qu'il fût mort ou non, la meilleure preuve qu'il n'était plus évêque de Périgueux en 1198, c'est que, si les lettres d'Innocent III à l'évêque de Périgueux, pendant l'année 1198 (2), ne donnent pas le nom de cet évêque, il en est une qui ne permet pas d'admettre que cet évêque ne fût pas nouvellement élu à cette époque (3).

Le successeur d'Adhémar de La Tour fut Raimond de Castelnaud, qu'on prétend originaire d'une noble et ancienne famille du Périgord. On assure qu'il fut sacré en 1197 (4). En décembre 1198, il reçut, comme je viens de le dire, une lettre d'Innocent III, l'autorisant à réaliser sans appel, conjointement avec la majorité du chapitre, toutes les réformes qu'il avait entrepris de faire à St-Etienne et à St-Front.

Vers 1207, la discipline de l'abbaye de Cadouin s'était profondément relâchée et de graves désordres s'en étaient suivis ; Innocent

---

(1) Je traiterai cette affaire quand je m'occuperai de l'évêché de Sarlat.

(2) On a dit que le successeur d'Adhémar de La Tour fut sacré en 1197 ou 1198. J'admets cette dernière date. Il ne me répugne même pas qu'il fût sacré au mois de décembre de cette année, comme on l'a avancé. Ce sacre concorderait avec la date de la lettre d'Innocent, dont je vais m'occuper.

(3) Cette lettre porte la date des ides de décembre (13 décembre) ; elle est ainsi conçue : « Vénérable frère en Jésus-Christ, nous donnons volontiers notre
» assentiment à tes justes sollicitations, et nous voulons que, dans l'église de
» St-Etienne, où tu as été revêtu des fonctions de l'administration pontificale
» dans l'église de St-Front, que tu gères en qualité d'abbé, d'accord avec la
» majeure partie du chapitre, tu puisses prendre des décisions et statuer sur
» la réformation de l'ordre et sur les autres constitutions ecclésiastiques,
» selon qu'il sera utile à ces mêmes églises, et que tu puisses corriger ce
» qu'il y aura à corriger, sans qu'on puisse faire appel, etc. ». (Epistolarum Innocentii III, etc., libri undecim, t. 1, p. 263.)

Il est incontestable que cette lettre ne pouvait s'adresser qu'à un nouvel élu.

(4) Hugues du Tempz, Clergé de France, t. II, p. 588.

III écrivit à l'évêque de Poitiers et à Raimond, évêque de Périgueux, ainsi qu'à Arnaud, archidiacre de la même église, leur donnant mission de se rendre à Cadouin, pour rétablir l'ordre dans l'abbaye et ramener le couvent à la règle de Citeaux (1).

Il ne sut pas longtemps conserver l'affection que lui avait témoignée Innocent III ; car, par une lettre adressée à l'archevêque de Tours, la dixième année de son pontificat (1208), il dit que, depuis longtemps on lui reprochait *beaucoup de graves et énormes choses* (2). Ce qui pourrait se rattacher à ses rapports avec Jean-sans-Terre, qui l'avait pris pour l'un des membres de son conseil (3) ; et de fait, la lettre porte que non-seulement il ne s'occupait pas du soin de son diocèse, mais encore qu'il l'exposait à de nombreux dangers ; ce qui semblerait dire qu'il avait quitté son diocèse, sans doute pour accompagner le roi Jean. Quoi qu'il en soit, il est certain qu'il persista dans la mauvaise voie qu'il avait suivie, qu'il ne voulut pas se démettre de son épiscopat, après en avoir demandé et obtenu l'autorisation ; qu'il refusa longtemps de se rendre à Rome, pour se justifier ; que, réduit à partir, il se mit en route et, sous le prétexte d'une maladie, revint à Périgueux où, malgré un arrêt de suspension, il disposait à son gré des bénéfices et des biens appartenant à l'évêché. Il fut déposé en 1209 ou 1210 ; on lui attribue cependant diverses donations à l'abbaye de Cadouin, notamment le don d'une église près du pont de la Cité de Périgueux, appelée Notre-Dame de la Daurade (4).

En 1203, Innocent III écrivit une lettre au chantre et au chapitre de St-Front, au sujet d'une prébende en faveur de G. de St-Sulpice, sous-diacre (5).

Il est question de l'abbé de Peyrouse et du prieur de St-Jean-d'Escole, dans une lettre de ce même Innocent III à l'évêque et au chapitre de Limoges, écrite en 1207 ; mais les noms de cet abbé et de ce prieur ne sont pas mentionnés dans la lettre (6).

---

(1) *Epistolarum Innocentii*, etc., t. II, p. 102.
(2) Rotuli cartarum in turri Londonensi asservati, in-fol., 1837, p. 75, 198 et 199.
(3) Chron. de Geoffroi, prieur du Vigeois. Labbe, nov. bibl. mss. t. II, p. 323.
(4) Audierne, déjà cité. Calendrier de 1836, p. 211.
(5) Laporte Du Theil, *Lettres d'Innocent III*, t. I, p. 208.
(6) Laporte Du Theil, *Lettres d'Innocent III*, t. II, p. 1062.

Le xiiᵉ siècle fut une époque remarquable au point de vue religieux. Des transformations, des innovations se produisirent, et des troubles en furent la conséquence. Les moines portaient des tonsures au lieu de couronnes, d'élégants souliers, des capuces closes pour des frocs, des bottes en place de gamaches, des frocs avec chapeaux au lieu de capuches, des chapeaux de chameau et d'autres entourés de peau à l'instar des scapulaires ; ils garnissaient leurs lits de draps irréguliers (bariolés) ; tous s'adonnaient énormément à manger de la viande (1). De là tant de désordres, dit le prieur du Vigeois, qui affligeaient l'humanité ; c'est ainsi que les abbayes se dépossédaient entre elles, que les évêques commettaient toutes sortes d'exactions, que les grands, qui jadis s'occupaient de construire des églises, cherchaient alors à les détruire ; c'est ainsi que des rivalités intraitables se produisaient partout et qu'on vit, par exemple, à Tourtoirac, quatre religieux appelés *Hélie*, *Arnaud*, *Geoffroi* et *Foucaud*, prendre en même temps le titre d'*abbé*.

La doctrine des Albigeois eut de nombreux adhérents en Périgord. Nous avons vu le moine Héribert s'élever violemment contre les hérétiques de cette région (2). Il suffit de ces mots placés à la fin de sa lettre : *Leur chef s'appelle Pons*, pour acquérir la certitude que ce chef n'était autre que l'évêque dissident donné à la province de Périgord. Depuis lors jusqu'à la croisade, il n'est plus question des sectaires périgourdins. Il n'en est même pas parlé durant les quatre premières années de cette croisade ; mais, en 1212, Simon de Montfort, pendant le siège de Penne d'Agenais, ayant appris ou feint de croire que les hérétiques, établis au château de Biron, exerçaient une grande influence dans le pays par l'entremise de Martin d'Algais, qui y commandait, prit la résolution d'aller les y assaillir (3). Primitivement chef de Cotereaux (1202), puis sénéchal de Gascogne, pour le roi d'Angleterre (1203), comme je l'ai déjà dit, Martin d'Algais était marié avec une fille d'Henri de Gontaut, seigneur de Biron, Aina ou Raimonde. Il s'était emparé du château, s'était fait Albigeois et courait, disait-on, le Périgord et la

---

(1) Chron. du prieur du Vigeois, Labbe nov. bibl. mss. t. ıı, p. 329.

(2) Voir La nobla Leyczon dans Raynouard, *Choix des poésies des troubadours*, t. ıı, p. 170.

(3) *Pierre Vaux Cernai*, ch. 63 ; *Guillaume de Tudela*, poème sur la guerre contre les Albigeois.

Saintonge. Selon la chronique de GUILLAUME DE TUDELA, Martin d'Algais avait d'abord suivi le parti des croisés, jusqu'en 1211, et l'avait ensuite quitté, sans qu'on sache pourquoi. On comprend alors l'empressement de Simon de Montfort à marcher sur Biron et les accusations dirigées contre l'ancien chef des aventuriers du roi d'Angleterre. Le bourg fut pris d'emblée et Martin d'Algais réduit à se retirer dans le château avec la garnison ; quoique bien persuadé que toute résistance était impossible, il voulut cependant essayer de traiter, mais inutilement : Simon ne consentit à rien qu'au préalable on ne lui eût livré Martin d'Algais ; ce qui ayant été fait, il permit à la garnison du château de se retirer la vie sauve, fit confesser son prisonnier, ordonna de le promener dans le camp à la queue d'un cheval, puis le fit pendre et donna le gouvernement du château à Arnaud de Montaigu (1).

Cette expédition paraît aussi avoir été destinée à réprimer, dans la contrée, les velléités de résistance qui se manifestaient partout. En effet, Savari Mauléon, allant au secours de Raimond, en 1211, avec deux mille Basques, au lieu de marcher directement vers Toulouse, vint passer à Bergerac et y coucha, parce qu'il avait la conviction de trouver plus de sympathie en Périgord que partout ailleurs (2) ; divers chefs de bandes périgourdins s'étaient mis au service du comte de Toulouse et se recommandaient par leur mérite (3). Toutes les fois, enfin, qu'on construisait une bastille dans les environs durant le cours du XIIIe siècle, on avait soin d'introduire dans les privilèges cette expression : *Les consuls seront* CATHOLIQUES ; d'où il est permis de conclure qu'au moment de la croisade, les Vaudois ou Albigeois abondaient dans le pays. Nous allons voir du reste que Biron n'était pas le seul château possédé par des Albigeois.

---

(1) Bertrand de Born a dit, dans un sirvente : En oc e no vol guerra, mais que no fai negus dels Algais. RAYNOUARD. *Ch. des poés. orig. des troub.*, t. IV, p. 174.
Le seigneur oui et non (Richard Cœur-de-Lion) veut plus la guerre que ne fait aucun des Algais. — De sorte qu'il y aurait eu plusieurs Algais, dont Martin se serait rendu le plus célèbre, et peut-être aurait vécu le plus longtemps. On prétend qu'ils étaient quatre frères, d'abord routiers tous les quatre.
(2) Guillaume de Tudela, déjà cité.
(3) Ibid.

De 1212 à 1214, Simon de Montfort, très occupé ailleurs, ne vint pas en Périgord ; mais, dans le cours de 1214, et après la prise de Casseneuil, en Agenais, il prit la résolution d'attaquer, dans notre province, divers châteaux, sous le prétexte qu'ils étaient occupés par les ennemis de la foi, mais en réalité parce qu'il voulait s'en emparer, comme dépendances des domaines du comté de Toulouse, qu'il jouissait déjà en grande partie. Il se dirigea donc sur le Périgord, assaillit d'abord le château de Dome, non pas celui du Mont-de-Dome, comme on pourrait le croire à tort, puisqu'il n'existait pas encore ; mais celui de Dome-Vieille ou Dome-Basse, appelé aujourd'hui *Cénac*. La place était abandonnée ; et quoique ce fût un noble et très fort château sur la Dordogne, dans un lieu délicieux, le comte y pénétra sans coup férir. Il fit démolir et abattre la tour très élevée et très belle, fortifiée presque jusqu'à son sommet (1).

Plus haut était le château de *Montfort*. Assailli par l'évêque de Carcassonne avec une partie des croisés, il fut pris sans résistance ; car, soit qu'effrayé par la réputation qui précédait partout les hommes du Nord, comme l'avance Pierre de Vaux-Cernay, soit pour tout autre motif qui ne nous est pas connu, Bernard de Cosnac, seigneur de ce château, s'était éloigné avec Hélis de Turenne, sa femme ; et, par cet éloignement, avait échappé au supplice que leur aurait attiré une réputation noircie par d'odieuses calomnies, et surtout à cause de leur fidélité au comte de Toulouse, leur suzerain. Le château fut démoli, les biens confisqués et donnés à Raimond IV, vicomte de Turenne, beau-frère de Bernard, qui en fit hommage au comte de Montfort, à Dome, cette même année 1214, au mois de septembre, en ces termes : « Bernard de Cosnac et Hélis, sa femme, à
» cause de graves et énormes délits envers Dieu, notre sainte mère
» l'église et *monseigneur Simon, vicomte de Montfort*, commis dans
» plusieurs circonstances, avaient justement perdu tous leurs biens,
» meubles et immeubles, qui étaient devenus la propriété dudit
» comte de Montfort, par la volonté du siège apostolique. A notre
» demande et sur nos instances, ce comte a consenti à nous donner
» ces biens, par suite de quoi nous lui faisons hommage et serment
» de fidélité entre ses mains, avec promesse de le servir fidèlement
» conformément à ce qui a été convenu entre nous ; nous engageant,

---

(1) Pierre de Vaux Cernai, ch. 63.

» en outre, à satisfaire aux demandes de ceux qui se plaindront de
» Bernard de Cosnac et d'Hélis, tous les ans, jusqu'à concurrence
» des revenus de leurs biens, conformément à ce qui aura été dé-
» cidé par Ramnulphe (Raoul) de Las Tours, évêque de Périgueux,
» et Constantin, abbé de Cadouin. Nous promettons aussi de faire
» tous nos efforts pour amener Bernard de Cosnac à se soumettre
» au seigneur comte et à lui être fidèle ; et, si ledit Bernard refu-
» sait et s'obstinait à rester insoumis, nous le repousserons de nos
» possessions comme un ennemi, et, de bonne foi, l'assaillirons,
» nous engageant à détruire son château d'Aillac et tout ce qui aura
» appartenu audit Bernard et à Hélis (1). »

Cette expédition terminée, on se porta sur Castelnaud, au-dessous de Dome, dont on s'empara avec la même facilité ; il était abandonné également ; mais on ne le détruisit pas, Montfort ayant pensé qu'il fallait l'occuper militairement (2).

Le quatrième château à soumettre était Beynac ; selon Pierre de Vaux-Cernay, le seigneur de Beynac était un monstre non moins odieux que Bernard de Cosnac ; mais selon les probabilités, le plus

---

(1) Arch. nat., Reg. des chartes, côté XXX, 1re partie, pièce 10.

(2) Pierre de Vaux-Cernay, ch. 63. Je crois devoir placer ici une enquête de 1258 qui en dit plus que tous les commentaires possibles. Elle a précisément trait à la prise de ce château par Simon de Montfort et aux suites de cette prise (Olim. t. 1, p. 33).
Une enquête ayant été faite par le sénéchal de Périgord entre l'abbé de Cadouin et Aymeric de Castelnaud, sur la réclamation de cet abbé, qui prétendait que, dans le temps, Simon de Montfort avait donné en aumône perpétuelle, à son abbaye, après la prise de Castelnaud, vingt-cinq livres périgourdines ; et Amauri, fils de Simon, cent sols et la dime du poisson de 12 pêcheries de ce château ; lesquelles 25 livres ainsi que les 100 sols devaient être perçus par ledit abbé, au nom de son abbaye, tous les ans, sur ladite pêcherie ou sur les autres revenus du château, si la pêcherie ne suffisait pas à les acquitter ; cette enquête ayant également eu pour objet de savoir si ledit Castelnaud fut pris et détruit pour cause d'hérésie ou pour tout autre motif, attendu qu'Aymeric disait que Montfort prit son château par force et injustement et que cette aumône ne fut jamais faite à Cadouin ni ne devait lui être payée. Plusieurs témoins ayant dit que le comte de Montfort, il y a 40 ans passés, prit deux fois le château à cause des hérétiques qui y habitaient, le perdit ensuite par trahison ; que plus tard, l'archevêque de Bordeaux réunit une grande multitude d'hommes armés et de croisés, se porta sur ce château, à cause de ces mêmes hérétiques, le prit et le fit abattre ; comme d'ailleurs les moines de Cadouin n'ont pas prouvé qu'ils aient jamais été mis en possession par les lettres des comtes donateurs, qui firent cette donation il y a 44 ans, ces religieux ne doivent pas être entendus.

grand reproche à lui faire c'était de représenter une famille pieuse, victime de son dévouement aux comtes de Toulouse. En raison de sa loyauté, il fut durement traité et on lui imposa de réparer des violences qu'il n'avait même pas pu commettre et qui ne pouvaient guère avoir pour b e que les prétentions de l'abbé de Sarlat, sur lesquelles je reviendrai plus tard. Les fortifications du château furent démolies, malgré les réclamations de ce seigneur, basées, au premier chef, sur ce que son château était alors le seul de la contrée qui tint le parti des rois de France contre les Anglais ; mais pour Simon de Montfort les intérêts du roi étaient secondaires (1).

Cette exécution produisit un effet décisif. Le pays devint calme. En effet, quatre châteaux désemparés ou occupés militairement, toute la vallée de la Dordogne voisine du Quercy était incapable de résistance. Les autres points fortifiés trouvaient prudent de faire leur soumission, comme cela eut lieu pour *Laroque de Gageac*, dont les habitants rendirent hommage à Simon de Montfort, dans le château de Dome, en même temps que le vicomte de Turenne, par l'entremise de l'abbé et du couvent de Sarlat ; nous possédons les lettres originales écrites par cet abbé à ce sujet :

« Nous, Hélie, abbé de Sarlat, et tout le couvent dudit lieu, faisons
» savoir que nous avons promis à Simon de Montfort que tous les
» chevaliers et autres habitants de Laroque de Gageac ne causeront
» aucun dommage d'ores en avant à lui ni aux siens ; mais qu'ils lui
» seront toujours dévoués et fidèles, comme ils en ont fait le ser-
» ment (2).

A partir de ce moment, il n'est plus question des Albigeois du Périgord ; mais ce silence ne saurait être un effet du hasard. Certains actes, en effet, semblent se rapporter à cette lutte désastreuse, notamment des lettres d'Hélie Rudel, seigneur de Bergerac, au sujet du château de Mouleydier, canton de Lalinde : « Moi, Hélie Rudel,
» je déclare que le comte de Montfort m'a donné à garder le château
» de Mouleydier, et que je suis tenu de le lui rendre à lui ou à son
» mandataire, que je me suis obligé et astreint à le faire, et que, si
» je ne remplissais pas mon engagement, sur sa demande, ma terre
» tomberait en commise au profit dudit comte. Fait à Toulouse, le

---

(1) Pierre de Vaux-Cernay, déjà cité.
(2) Arch. nation. Reg. du tr. des ch., cote XXX, p. 36.

» 6 juin 1215 » (1). Ne dirait-on pas que le comte de Montfort avait fait une excursion dans le Bergeracois, soit en quittant la haute Dordogne, soit l'année suivante ; cela paraît même d'autant plus probable, qu'en 1219, le roi d'Angleterre redoutait les dispositions des croisés à l'égard de ses possessions en Guienne (2), et que nous verrons, en 1221, le clergé du Périgord se plaindre de la persistance de l'hérésie dans le diocèse.

LES COMTES DE PÉRIGORD. — Nous sommes du reste à une époque où les documents, toujours rares et vagues, rendent constamment difficile la tâche de l'historien par leur laconisme et leur obscurité. Nous avons vu qu'on assure que le comte de Périgord se croisa en 1205 ; mais j'ai eu soin de faire remarquer qu'on parle avec beaucoup trop d'assurance de ce voyage, puisqu'on fait formellement mourir ce comte en Terre-Sainte, tandis qu'il est bien plus probable qu'il rejoignit la croisade de 1203, qui s'était dirigée sur Constantinople, où elle avait fondé l'empire latin. Les données que nous possédons sur son successeur sont encore plus incertaines, car sérieusement nous n'avons de lui que l'hommage qu'il rendit à Philippe-Auguste, conjointement avec Bertrand de Born fils, en 1212, c'est-à-dire sept ans après qu'il eût succédé à son père (3), et une donation à l'abbaye de Chancelade, en 1214, au moment où il était atteint de la maladie qui l'emporta (4).

ARCHAMBAUD Ier. — Il n'est pas douteux que lorsqu'il prit possession de son comté, Archambaud Ier dut rendre hommage et prêter serment de fidélité à son suzerain, alors le roi d'Angleterre. Il est donc probable qu'en 1205, après que Jean-sans-Terre eût débarqué à La Rochelle, Archambaud Ier se rendit auprès de ce prince, le reconnut pour son suzerain, et se tint ensuite tranquille dans ses domaines, évitant de participer à la lutte qui allait éclater à propos des Albigeois. Ce comte, en effet, ne figure nulle part, d'aucune façon, depuis 1205 jusqu'en 1212, tandis qu'au contraire l'évêque de Périgueux avait pris fait et cause pour les croisés et comptait parmi les conseillers de Simon de Montfort, lorsque ce

---

(1) Ibid., ibid., p. 32.
(2) Fœdera, litteræ et acta publica. Nouv. Rimer, t. I, part. I, p. 153.
(3) Arch. nation. reg. de Philippe-Auguste.
(4) *Gallia christiana*, t. II, col. 1473.

comte rédigea son *statut* pour les terres de l'Albigeois (1).

BERTRAND DE BORN, LE FILS. — Les lettres qui constatent qu'Archambaud Ier rendit hommage au roi Philippe-Auguste ont quelque chose d'insolite dans la forme, et donnent à penser qu'elles eurent pour cause un événement de nature à changer subitement les dispositions des vassaux de Jean-sans-Terre à son égard. En voici la traduction : « Sachent tous présents et à venir qu'Archambaud,
» comte de Périgord, et Bertrand de Born, seigneur d'Autefort,
» nous firent hommage de tout le comté de Périgord et de ses
» dépendances et feront de même à nos héritiers ; d'un autre côté,
» nous leurs accordons que nous et nos héritiers nous conserverons
» directement sous notre main le comté et la forteresse d'Autefort.
« Fait à Nemours l'an du Seigneur 1212, au mois de novembre. »

S'il ne s'était agi que de l'hommage pour le comté du Périgord, il est évident que Bertrand de Born n'aurait pas eu besoin d'intervenir ; mais ce nom de Bertrand de Born avait toujours un grand prestige. Le fils était poéte, comme son père, et comme lui il exerçait une certaine influence sur les affaires de son temps. Bertrand de Born fils, qui avait été fait chevalier en 1193, au Puy-en-Velay, avec son frère Itier, s'était posé comme l'adversaire de Philippe ; mais l'assassinat d'Arthur et la lâche conduite de Jean l'indignèrent et, quand il vit le roi de France résolu à faire une descente en Angleterre, d'accord avec le comte de Périgord, il fit une démarche auprès de ce monarque, se réconcilia avec lui et lui prêta, conjointement avec ce comte, le serment que les lettres ci-dessus relatent en étalant avec complaisance le nom de ce troubadour (2). Indigné de cette défection et de celle de beaucoup d'autres seigneurs de Guienne, parmi lesquels figurait le vicomte de Limoges qui fit le siège de Thiviers cette même année (3), Jean avait chargé Savari de Mauléon, sur lequel il pouvait compter, de punir les traîtres, et Savari avait parfaitement réussi dans l'entre-

---

(1) Rotuli cartarum in turri Londonensi asservati, in-fol., p. 75, 198, 199.

(2) Une pièce de lui (Raynouard : *Ch. des poés. orig. des troub.*, t. IV, p. 199) le donne fort bien à entendre, et l'hommage le constate. Il est à remarquer d'ailleurs que les lettres de 1212 portent que le roi de France s'engage à garder sous sa main le comté de Périgord. — Nous aurons à revenir sur ce point.

(3) Mss. de l'abbé Nadaud, t. I, p. 112. (Séminaire de Limoges.)

prise qui lui avait été confiée. Nous avons des lettres du roi d'Angleterre du 31 mars 1214, ne laissant pas de doute à cet égard. En voici la teneur : « Le roi aux barons, aux chevaliers, et à tous
» les hommes probres et libres du comté de Périgord, salut; sachez
» que nous avons rendu à Archambaud, fils d'Hélie V, comte de
» Périgord, ce comté et toutes ses dépendances, comme son
» droit et son héritage, et nous en avons reçu son hommage, sauf
» notre droit et celui de nos héritiers et le service qu'il doit nous
» en faire ; c'est pour cela que nous vous mandons que vous soyez
» attentifs et soumis envers ledit Archambaud, en toutes choses,
» comme à votre seigneur, etc. A La Souterraine, le 31 mars
» 1214 (1). »

ARCHAMBAUD II. — Archambaud Ier mourut en novembre 1214, sans postérité, disent les généalogistes ; mais, selon les plus grandes probabilités, laissant un fils du même nom que lui, dont la mère n'est pas connue.

Il eut pour successeur Archambaud II, qui, s'il était son frère, comme le disent les généalogistes, avait de 48 à 52 ans, au moment où il prit possession du comté ; et, comme il se croisa vingt-quatre ans après, au moment où il partit pour la Terre-Sainte, il devait être âgé de 72 à 76 ans, tandis que s'il n'était que le fils de son prédécesseur, il ne dépassait pas la cinquantaine.

Nous ne voyons pas qu'Archambaud II ait prêté serment de fidélité et rendu hommage à son suzerain quel qu'il fût ; mais il n'est pas douteux qu'il dut s'acquitter de ce devoir, auprès de Jean-sans-Terre, qui possédait encore le Périgord au moment où il succéda à Archambaud Ier.

Par suite de l'esprit de confusion systématiquement adopté par les généalogistes, et par conséquent sans tenir compte de l'état du Périgord au commencement du XIIIe siècle, on n'a pas manqué de faire jouer un rôle à ce comte dans la croisade contre les Albigeois, à laquelle il ne prit aucune part ; en conséquence les auteurs de *l'Art de vérifier les dates* et les généalogistes après eux, ont eu soin de nous apprendre que : « Simon de Montfort, le fléau des Albi-
» geois, poursuivit ces hérétiques jusqu'en Périgord et força, l'an
» 1214, quatre châteaux où ils s'étaient retranchés. — L'asile

---

(1) Rotuli litterarum patentium in turri Londonensi asservati, in-fol. p. 112.

» donné à ces malheureux prouve la tolérance du comte de Péri-
» gord. Elle aurait pu lui être funeste, si sa conduite envers
» Simon de Montfort et sa prudence n'avaient détourné l'orage qui
» menaçait son pays et qui ravagea les provinces méridionales. » Il
n'y a pas un mot de vrai dans tout cela. La partie du Périgord
ravagée par Simon de Montfort relevait, comme je l'ai dit, du
comte de Toulouse ; le nom du comte de Périgord ne figure
nulle part, et, au moment de l'expédition des croisés comme durant
toute l'année 1204, moins le mois de décembre, le comté était
administré par Archambaud Ier. Or la prise des châteaux avait eu
lieu en septembre.

On rapporte qu'Archambaud II eut des démêlés avec le chapitre
de Saint-Front, au sujet de certains droits de juridiction prétendus
par lui, on ne dit pas sur quoi. On ajoute que la contestation fut
portée à la cour de Louis VIII, sans rien préciser ; que le roi
nomma des commissaires qui condamnèrent le comte ; mais que,
par lettres du 22 mai 1226, ce monarque ordonna plus tard une
révision. Il n'y a rien d'impossible dans tout cela, puisque nous
verrons plus tard se juger une contestation de la même nature ;
mais il est à regretter qu'on n'ait pas produit les lettres de
Louis VIII.

A une époque qui n'est pas spécifiée, ce même comte vendit un
péage à l'église de Saint-Astier, pour le prix de mille sols
bordelais (1).

C'est également Archambaud II qui fit la concession de tout ce
qui lui appartenait dans le château de la Châtellenie de Grignols, à
Boson de Grignols, qu'on dit s'appeler Boson Taleyrand, et qu'on
prétend être son neveu, à des conditions sur lesquelles il faudra
revenir (2).

Du temps de ce comte, il y avait à Périgueux quatre personnages,
dont on ne dit pas l'origine, mais qui sans doute étaient ses parents
ou ses amis dévoués. Par une charte de 1226, il leur reconnut des
droits et privilèges, jouis d'ancienneté par leurs ancêtres, sur la
viguerie de Périgueux (3) ; ces personnages appelés Emenon, Itier,

---

(1) SAINT-ALLAIS : *Précis hist. sur les comtes de Périgord*, p. 22.

(2) Ibid., p. 22.

(3) Arch. de Pau, 3me inventaire préparatoire, liasse 501, n° 47.

Hélie et Pierre, jouèrent dans la suite, ainsi que leurs descendants, un certain rôle à Périgueux.

Archambaud II partit pour la Terre-Sainte à la fin de 1238 ou au commencement de 1239 (1). Le nom de sa femme n'est pas connu. Il eut pour successeur son fils, Hélie VI, qui prit possession du comté au moment même du départ de son père. Il fut aussi père d'une fille appelée Raimonde, religieuse au couvent de Ligueux.

Hélie VI. — La vie d'Hélie VI, surnommé Taleyrand, comme Hélie V, est tellement mêlée à l'histoire de la ville de Périgueux, qu'il serait inutile d'en parler ici, s'il ne se rattachait à cette période quelques événements sur lesquels il est bon d'appeler la lumière.

Nous verrons qu'au début, Hélie sembla vouloir vivre en bonne intelligence avec le Puy-Saint-Front, mais que l'accord ne dura pas longtemps, et que ce seigneur, finit par susciter à cette ville, les plus graves embarras, auxquels elle n'échappa que grâce à la justice de Louis IX.

En 1211, il s'était élevé une contestation entre lui et l'église de Saint-Astier ; l'évêque de Périgueux et Raimond de Sauzet, chevalier, pris pour arbitres, réglèrent le différend (2). L'évêque seul, en 1243, fut pris pour arbitre entre le comte et le chapitre de Saint-Étienne, dans un autre différend, sur lequel je reviendrai plus bas (3).

Hélie VI fut marié deux fois : 1° Avec Brunissende, qui mourut sans enfants ; 2° Avec Gaillarde ; cette seconde femme le rendit père d'Archambaud III qui suit, et de deux filles : Almodis et Marguerite.

Il est probable qu'Hélie VI était déjà malade en 1248, au moment du départ de saint Louis pour la croisade ; mais nous ne savons pas l'époque de sa mort. Pour sûr, il n'était plus de ce monde en 1251, comme nous l'apprend une quittance donnée par Marguerite, femme de noble homme Boson de Grignols, alors *au service de*

---

(1) Des lettres d'Hélie VI, du mois de décembre 1239, insérées dans le *Précis historique sur les comtes de Périgord*, p. 22, cité plus haut, le prouvent assez.

(2) *Précis hist. sur les comtes de Périgord*, p. 23.

(3) Ibid., p. 24.

Dieu, dans les pays d'outremer, et Boson Damoisel, leurs fils, à Gaillarde, comtesse de Périgord, et à Archambaud, son fils.

La mort de la reine Blanche, mère de saint Louis (décembre 1252), chargée de la régence du royaume, avait ouvert la porte aux intrigues et aux sollicitations des Anglais. Six mois après, le comte de Périgord acceptait du roi d'Angleterre et recevait en fief 300 livres bordelaises, à prendre annuellement, en deux pactes, l'un à Pâques, l'autre à la Saint-Michel, tout le temps qu'il demeurerait *à la foi et au service* de ce monarque. Ainsi détaché de la France, le comte de Périgord ne devait plus se trouver mêlé aux affaires que comme partisan de l'Angleterre, qui ne pouvait pas l'employer utilement dans les négociations ou dans les démarches délicates. On comprend, dès lors, qu'il ne soit plus question de lui, jusqu'au moment où sa position deviendra plus nette.

Nous avons vu l'*universalité* (tota communitas) de Périgueux (1)

---

(1) Le moment est venu de parler du sceau appendu à cet hommage :

Ce sceau porte une aigle éployée dans le champ et pour légende : *Sigillum majoris confratriæ petragoricensis*. Il n'a pas de contre-sceau. À propos de ce sceau on a dit tantôt que Vésone, dans la haute antiquité, avait pris l'aigle éployée pour emblème, tantôt que cet emblème lui venait de sa qualité de municipe romain ; que, par conséquent, ce sceau rappelait le municipe, et que la légende indiquait une *confédération particulière des trois ordres de la Cité pour la défense de leur liberté commune*. Ce ne sont là que des conjectures sans fondement et complètement en opposition avec les habitudes du moyen-âge. Dans le moyen-âge, au moment où le mouvement communal se produisait, une des premières mesures prises par les parties intéressées fut d'établir comme règle générale et absolue, que toute commune aurait un *maire*, un *consulat ou un échevinage*, une *maison commune*, une *caisse ou bourse*, une *cloche*, une *prison* et un *sceau* gardé dans un coffret, par trois consuls, ayant chacun une clef différente (Rec. des ord. des r. de France, t. XII, p. 528. Voir aussi la charte de Grealou de 1293, publiée par Champollion Figeac, en 1839, brochure in-8º), tantôt par un garde spécial (Chart. de la commune de Montpellier), d'où l'obligation étroite, l'usage absolu de ne pas déplacer le sceau de la commune. Ce sceau n'était donc pas celui de la ville de Périgueux, et par suite, il n'y a pas à hésiter pour la traduction de la légende ci-dessus qui signifie : *Sceau du maire de la confrairie pétragoricienne*. Si du reste on éprouvait quelque scrupule à accepter cette traduction, voici un moyen sûr de les lever. Dans le *Recueil des titres etc.*, *relatifs à la ville de Périgueux*, on a imprimé, p. 51, un *compromis entre le comte de Périgord, le chapitre, les chevaliers, les citoyens de Périgueux (la Cité), le maire, les consuls et bourgeois du Puy-Saint-Front*, qui se termine ainsi : « Nous, Hélie, comte, pour nous et pour nos partisans,
» nous, doyen et chapitre, pour nous, en commun et individuellement, avons
» apposé nos sceaux aux présentes lettres, etc. ; nous, chevaliers et citoyens,

faire hommage, devant Rouen, à Philippe-Auguste, en même temps et dans les mêmes termes que le comte de Périgord. Il est évident que ce double hommage était la conséquence de la lutte entre le comte et la commune, organisée par l'union des deux centres de populations. Cela ne pouvait convenir au comte. Il s'efforçait de troubler cette union. En 1217, la rupture était complète et, pour ne pas en venir aux mains, les deux adversaires furent obligés d'avoir recours à l'intervention de l'évêque, qui, avec deux fondés de pouvoir pour la Cité et deux pour le Puy-Saint-Front, dut régler le différend en dernier ressort. Il est vrai que rien ne nous explique nettement que ce furent les intrigues de ce comte qui engendrèrent la mésintelligence ; mais un jugement de Louis de 1217 le dit assez, et d'ailleurs nous le verrons plus tard se mêler à la querelle qui dura environ un demi-siècle, avec des intermittences plus ou moins longues, pour qu'il n'y ait pas invraisemblance à avancer que, dès lors, il ne devait pas y être étranger. Voici le résumé de la décision de l'évêque assisté de quatre fondés de pouvoir :

« Raoul, par la grâce de Dieu, évêque de Périgueux, etc., comme
» une controverse, sur diverses questions, existait entre la Cité et le
» bourg du Puy-St-Front, les habitants des deux lieux s'engagèrent
» avec serment, par un compromis, à inviolablement observer ce

---

» de Périgueux (de la Cité), *parce que nous n'avions pas de sceau authentique,*
» nous avons prié l'évêque de Périgueux et le chapitre susnommé de sceller
» de leurs sceaux ces lettres pour nous ; et nous, maire, consuls et communauté du Puy-Saint-Front, nous avons attaché nos sceaux aux présentes
» lettres. »

Il résulte formellement de ce texte, que la Cité n'avait pas de sceau, que, par conséquent, l'aigle n'appartenait pas à la Cité ; que le maire et les consuls en avaient et que la communauté du Puy-Saint-Front avait aussi le sien, qui ne devait pas sortir de la ville ; mais quel était ce sceau ? c'est évidemment le même que celui qui est encore appendu à *l'acte de foi et hommage de 1223*, dont il sera bientôt question ; le même dont le Puy-Saint-Front faisait usage dès 1188 (Rec. des titres etc., déjà cité, p. 219) ; donc l'aigle du sceau des lettres de l'hommage rendu devant Rouen ne pouvait constituer que les armes du maire. Quant à l'expression : TOTA COMMUNITAS VILLE DE PETRAGORIS, que j'ai traduite par l'*universalité de Périgueux*, elle ne répond pas même, comme je l'avais d'abord cru, à l'idée de la réunion des deux centres de population, d'accord pour rendre hommage au roi, par la raison que la charte par laquelle, en 1217, l'évêque de Périgueux, conjointement avec deux fondés de pouvoir du Puy-Saint-Front et deux de la Cité, règle les différends survenus entre ces deux centres de population, dit expressément que le Puy-Saint-Front seul avait prêté des serments au roi de France.

» que nous déciderions, après une délibération, conjointement avec
» L., chanoine, et R. d'Arena, chevalier, fondés de procuration par
» la Cité ; Guillaume Albert et B. Blanquet, par le Puy-St-Front ;
» c'est pour cela que nous, de leur avis et de celui de plusieurs
» autres hommes prudents, avons décidé que toutes les récrimina-
» tions qui pouvaient exister entre eux, depuis les temps passés,
» seraient oubliées, sauf les seigneuries et les héritages des sei-
» gneurs, les serments des bourgeois du Puy-St-Front au roi de
» France, et ceux des citoyens de Périgueux (de la Cité) aux
» seigneurs terriens. Nous ordonnons aussi que personne ne soit
» obligé de fournir de gage que le propre débiteur ou le fidéjusseur.
» Quiconque aura commis un meurtre, fait des blessures, volé ou
» pillé dans une des villes, ne sera pas reçu dans l'autre, sauf l'im-
» munité de l'église. On peut aller d'une ville dans l'autre, en toute
» sécurité et, s'il est nécessaire, on donnera des saufs-conduits. Si
» quelqu'un est arrêté entre les deux villes, en allant ou en reve-
» nant, il sera réclamé par l'une et par l'autre. Les fournisseurs de
» subsistances et autres objets destinés aux deux villes, circuleront
» également en toute sécurité, à moins qu'ils ne soient des fidé-
» jusseurs ou des débiteurs ; et, s'ils sont volés, on réclamera pour
» eux de bonne foi, des deux côtés. S'il surgit quelque incertitude,
» soit sur une dette, soit sur autre chose, à cause de dénégation,
» personne ne devra fournir gage ; mais la question sera vidée par
» quatre arbitres, dans le délai de vingt jours, et celui qui aura
» tort, condamné à une amende pécuniaire, à la volonté des arbi-
» tres. Il est bien entendu que tout droit sur la dette ou sur le nan-
» tissement est réservé à chacun dans l'une et l'autre ville, sauf,
» toutefois, l'autorité ecclésiastique. Les quatre arbitres seront
» choisis par moitié dans les deux villes. Ils jureront de procéder
» loyalement et en dehors de toute influence. S'il y en a un ou
» deux d'absents, ils seront remplacés, conformément à l'ordre
» établi. Ces experts seront renouvelés tous les ans, etc. (1). »

Cet arrangement nous révèle que la lutte entre les deux centres de population ne s'était ralentie, un moment, que pour se ranimer avec une nouvelle intensité ; et l'hommage au roi par le Puy-St-

---

(1) Original conservé dans les archives de la ville de Périgueux et reproduit par la litho-typographie.

Front, tandis que la Cité avait prêté serment aux seigneurs terriens, prouve encore mieux que le comte de Périgord n'était pas étranger à ces querelles, dont il espérait tirer parti.

Les anglais en Guienne. Guerre, désordres. Périgueux, Sarlat ; mouvements divers. — Cependant le roi Jean-sans-Terre était mort (1216), et Henri III, son fils et successeur, qui avait rapidement rallié à lui toute la nation anglaise, retrouvait aussi de vives sympathies dans la Guienne, dont une très faible partie continuait à se montrer dévouée au roi de France. Nous avons, en effet, des lettres d'Henri III, concernant la garde du Poitou et de la Gascogne, confiée à Guillaume de Genève, archevêque de Bordeaux, en 1217(1) ; et quoique dans ces lettres, il ne soit pas question du Périgord, comme nous en avons d'autres, pour cette même garde, confiée à Philippe de Uletot, en 1220, qui sont adressées aux barons et aux prud'hommes du Périgord (2), il faut croire que celles de 1217 durent aussi être envoyées aux barons du Périgord, d'autant que la situation n'avait pas changé de 1217 à 1220.

Louis VIII en Guienne. — Pendant que les bonnes dispositions des habitants de la Guienne pour le nouveau roi d'Angleterre se fortifiaient, le fils du roi de France, chassé de la Grande-Bretagne, n'avait trouvé rien de mieux à faire que d'aller guerroyer contre les Albigeois. Il était au siège de Marmande, en 1219, avec une belle armée et contribua beaucoup à la prise de cette ville, d'où il se rendit devant Toulouse, en commença le siège et l'abandonna bientôt après.

On a fait bien des conjectures sur cette expédition. Il semble, cependant, que le but du prince était de se populariser dans ces contrées, pour arriver, d'une part, à prendre le lieu et place d'Amauri, fils de Simon de Montfort, qui lui avait succédé dans tous ses droits ; et, de l'autre, à paralyser la réaction qui avait lieu dans la Guienne et la Gascogne, en faveur d'Henri III d'Angleterre. Quoi qu'il en soit, il est certain que, dans le Périgord, il se produisit en sa faveur une sympathie que nous allons voir se formuler en actes publics.

Mouvement municipal en Périgord. — J'ai raconté le mouvement municipal de Périgueux et fait connaître l'hommage prêté par cette

---

(1) Fœdera, litteræ et acta publica (nouv. Rimer) t. 1, p. 1, p. 146.
(2) Ibid., ibid. p. 173.

ville en 1204. Il semble que, vers cette époque, sinon durant l'agitation de la fin du xiie siècle et les luttes entre Richard Cœur-de-Lion et Philippe-Auguste, le bourg de Sarlat, ayant acquis de l'importance, avait éprouvé des velléités d'émancipation. Rien de bien positif sur les dates des premières tentatives, ni sur l'époque précise où il essaya de s'organiser ; mais un document de 1260, existant autrefois aux archives de la ville de Sarlat, constatait qu'avant la transaction de 1199, que je n'ai pas retrouvée, il avait essayé de constituer un consulat, d'avoir une maison de ville, un sceau, etc.; et nous le voyons, à l'avènement de Louis VIII, se produire comme ville de commune, rendre hommage et prêter serment de fidélité à ce monarque, dans les mêmes termes que le Puy-St-Front et, comme cette ville, sceller d'un sceau à lui propre, les lettres contenant cet hommage et ce serment qui sont identiques, et où l'on substitua seulement aux mots : le maire et l'universalité du Puy-St-Front de Périgueux, ceux-ci : la communauté de la ville de Sarlat.

« A leur excellent et très honoré seigneur, et par dessus tout digne d'affection, Louis, par la grâce de Dieu, illustre roi des Français, le maire et l'universalité du Puy-St-Front de Périgueux (ou la communauté de la ville de Sarlat), salut en celui qui donne le salut aux rois, prosternés à vos pieds avec dévouement. Sache votre excellente domination que nous avons juré fidélité à vous et à vos héritiers, en présence de vos envoyés, maître Pierre de Rapicènes, votre clerc ; et de Jean, votre écuyer, et que nous maintiendrons, de tout notre pouvoir vos droits, votre honneur, votre vie et votre corps, contre tous hommes et femmes qui peuvent vivre et mourir, comme aussi que nous garderons votre ville, à savoir : le Puy-St-Front (ou votre ville à savoir, Sarlat) et ne la rendrons à personne qu'à vous spécialement, et qu'aussi nous vous la conserverons contre tous hommes et femmes qui peuvent vivre et mourir, etc. (1). »

Viennent ensuite, pour le Puy-St-Front, les noms du maire, des consuls et d'un bon nombre d'autres habitants qui prêtèrent serment sur l'évangile ; et, pour Sarlat, ceux des consuls et de beaucoup d'autres habitants qui firent de même, avec promesse, de la part du maire et consuls du Puy-St-Front et des consuls de Sarlat, de faire jurer ceux qui n'étaient pas présents.

---

(1) Arch. nation., J. 627, n° 6.

Incontestablement ces lettres, qui portent la date du mois de septembre 1223, prouvent, d'une manière formelle, que le nouveau roi ou ses agents avaient encouragé cette démarche, en haine des Anglais qui, de leur côté, faisaient tous leurs efforts pour rétablir leur autorité dans la Guienne. Si l'on pouvait en douter, le sceau appendu aux lettres de Sarlat est de nature à dissiper toute incertitude. Il porte dans le champ une fleur de lys, et pour exergue : *c'est le seiaux as bourgeis de Sarlat*. Cette fleur de lys et cette exergue en vieux français, employée dans un pays où on parlait le roman méridional, indiquent suffisamment leur origine.

LOUIS VIII REVIENT EN GUIENNE. — Cependant le mouvement de retour vers la France se produisait avec lenteur, en Périgord, et la domination anglaise semblait chaque jour s'y consolider. Le nouveau roi de France qui, d'ailleurs, avait à se plaindre de la conduite d'Henri III, se mit en campagne l'année suivante (1224), chassa les Anglais de tout le Poitou, de la Saintonge et de l'Aunis, contraignit Savari de Mauléon, leur partisan le plus dévoué et le plus compromis, à se retirer dans La Rochelle, avec un corps d'armée qu'il commandait pour eux ; alla l'y assiéger et se rendit maître de la ville, après un siège en règle. Ce succès eut un résultat immense. A la nouvelle de la prise de ce port de mer, le Limousin, une grande partie du Périgord et bien d'autres portions de la Guienne, jusqu'à la Garonne, s'empressèrent de faire leur soumission.

Cet échec émut profondément le roi d'Angleterre, qui arma, et sous les ordres de son frère, Richard, comte de Cornouaille, dirigea sur Bordeaux trois cents navires. Ces troupes s'emparèrent de Saint-Macaire, le pillèrent et allèrent mettre le siège devant la Réole. En apprenant l'arrivée des Anglais sur le continent, Louis VIII ordonne au maréchal Jean-Clément d'Argentan de se diriger sur cette place avec des forces suffisantes. Les Anglais vont à lui ; mais les deux armées sont arrêtées par la Dordogne, aux environs de Limeuil, et s'observent pendant quelque temps. A la fin, reconnaissant qu'il ne pouvait franchir le fleuve qui, sans doute, avait été grossi par les pluies, Jean-Clément attaque Limeuil, occupé par les amis des Anglais, s'en empare (1) ; se porte ensuite sur Bergerac, se rend maître de la ville et de tous les domaines d'Hélie Rudel, seigneur du lieu.

---

(1) Gesta Ludovici octavi (Rec. des hist. de France, t. XVII, p. 308.)

Les insulaires dans l'impuissance se retirent et reprennent le chemin de l'Angleterre (1).

Hélie Rudel se vit dans la nécessité de rendre hommage à Louis et de lui prêter serment de fidélité. Mais, parce qu'il ne le faisait que contraint et forcé, ainsi que le prouve assez une déclaration par lui faite, peu de temps après (2), avant de se décider, il voulut avoir l'autorisation d'Amauri de Montfort, dont il relevait depuis l'expédition des croisés dans la contrée (3) (1212) ; d'où il résulte que le fils de Simon de Montfort avait déjà pris le parti d'abandonner ses droits au roi de France.

DÉMARCHE DU CLERGÉ DU PÉRIGORD AUPRÈS DE LOUIS VIII. — La guerre contre les Albigeois, la confiscation de la Guienne, l'insubordination des seigneurs, tour à tour Anglais ou Français, tout avait jeté le désordre et la confusion en Périgord. Après que Louis VIII se fût rendu maître du pays, Raoul des Tours, évêque de Périgueux, les chapitres de St-Étienne et de St-Front, les abbés de Brantôme, de Terrasson, de St-Amand, de Châtres, de Chancelade, de Peyrouse, de Cadouin, de Bouschaud, de St-Astier, d'Aubeterre et tous les autres prélats du diocèse, d'un commun accord, adressèrent à ce prince des lettres dont voici la teneur : « Selon la tradition antique
» et les anciens écrits qui en font foi, nous savons positivement que
» vos prédécesseurs, les seigneurs rois de France, avaient, dans
» leur domaine, l'évêché de Périgueux et que, de plein droit, ils se
» l'étaient tellement approprié à leur usage, qu'ils envoyaient, de
» par eux, des sénéchaux ou prévôts pour gouverner cet évêché ;
» lesquels mourant, ils leur en substituaient d'autres à leur choix.
» Dans ce temps-là, à cause de l'aménité des lieux, de l'abondance
» des fruits et de l'excellence des eaux, cet évêché était appelé le
» *verger de la France.*

» Par suite, la malice des hommes grandissant et tout ce qui vient
» d'être dit étant tombé en désuétude, le seigneur Raimond, de
» bonne mémoire, alors évêque, et lesdits chapitres se rendirent

---

(1) Gesta Ludovici octavi (Rec. des hist. de France, t. XVII, p. 308).

(2) Du Tillet, Recueil des traités entre les rois de France et d'Angleterre, p. 109. Cette déclaration est sans date ; mais elle se rapporte évidemment au retour des Anglais en Guienne, qui eut lieu bientôt après (1224).

(3) Arch. nation., J. 318, n° 28.

» *solennellement* à Châteauroux, auprès de votre père, d'heureuse
» mémoire, et, après lui avoir fait serment de fidélité, conformé-
» ment à sa volonté, ils en reçurent la promesse qu'il donnerait la
» paix à l'évêché et un gouverneur tel que la liberté de l'église et
» tout le diocèse pourraient être défendus et sagement gouvernés.

» Comme cependant les barons et chevaliers, ainsi que les autres
» hommes pervers, se déchainent plus que jamais contre l'église de
» Dieu et le peuple, et, ce qui est plus grave encore, comme la plus
» grande partie de ce diocèse est infectée par la contagion de la
» perversité hérétique, et qu'il n'y a personne qui s'oppose aux
» dangers encourus par les âmes ou par les corps, il est arrivé que
» les églises qui étaient dans l'usage d'avoir leur immunité et de
» prêter secours aux opprimés, actuellement fortifiées par les
» hommes méchants, sont devenues des cavernes de voleurs, au
» moyen desquelles se commettent les homicides, les incendies et
» toutes les actions honteuses et détestables à dire ; tous et un cha-
» cun, avec gémissements et larmes, nous implorons la sérénité
» royale, comme unique refuge, pour que, vous remémorant in-
» cessamment la promesse paternelle et tout ce qui est énoncé plus
» haut, vous daigniez compatir à nos calamités et à nos détresses,
» nous envoyant, de votre part, un gouverneur ou un sénéchal tel
» qu'il protège les bons, prenne soin de comprimer la malice des
» pervers, conserve intacts les droits de l'église et soit un mur pour
» la maison du Seigneur, afin de réintégrer la foi catholique et les
» coutumes royales. Toutefois, comme nous ne pouvons pas pleine-
» ment vous exprimer toutes nos misères, nous supplions votre su-
» blimité royale d'ajouter entièrement foi à l'abbé de Cadouin et
» aux porteurs de ces présentes, chanoines de l'un et l'autre cha-
» pitre, hommes parfaitement intelligents et discrets sur tout ce
» qu'ils prendront soin de vous expliquer, au sujet des faits sus
» énoncés, au nom de nous tous (1). »

Cette pièce est de la plus haute importance et nous révèle plusieurs faits qui ne sont consignés que là. Je dois faire remarquer ici que l'hérésie, sur laquelle nous avons si peu de renseignements, est signalée comme répandue encore dans presque tout le diocèse ; ce qui prouve, mieux que tous les raisonnements du monde, que la

---

(1) Arch. nationales, J. 202, n° 1.

croisade était devenue de prime-abord une question de haine et de vengeance, de la part du clergé contre le comte de Toulouse, et une question de conquête de la part de Simon de Montfort.

La ville de Périgueux. — La ville de Périgueux cependant poursuivait le but qu'elle s'était proposé, en revendiquant ses droits municipaux. A l'avènement de Saint-Louis, les habitants du Puy-Saint-Front ne manquèrent pas de lui prêter serment et de lui rendre hommage de fidélité. Cette démarche leur valut des lettres *reversales*, par lesquelles ce roi s'engageait à garder cette ville pour lui et ses héritiers, à perpétuité, et à ne jamais la détacher de la couronne (1). C'était un pas de plus dans l'indépendance municipale ; mais c'était en même temps un défi de plus au comte de Périgord, qui ramassa le gant avec empressement et riposta par des lettres signalées plus haut, dont voici le résumé : « Archambaud, » comte de Périgord, à Emenon, Itier, Hélie et Pierre de Périgueux, » etc., nous voulons qu'on sache que vos ancêtres eurent et que » vous avez en fief la viguerie des gens venant au Puy-Saint-Front » et cinq deniers par chaque trousse ; que vous avez aussi cinq » deniers sur la taille qui nous est due dans cette ville, et sur » toutes les redevances que nous y percevons selon la coutume ; » que vous avez pareillement cinq sols et un denier sur tous les » gages que nous recevons, montant à soixante sols ; que vous avez » cinq sols et un denier par soixante sols sur tous les biens des » assassins que nous jugeons..., que vous tenez en fief de nous les » crieurs publics de la Cité et du Puy-Saint-Front, ce qui vous » donne le droit d'en désigner un à la Cité et l'autre au Puy-Saint-» Front (2). » Le reste a trait à des privilèges en dehors de la ville et de la Cité.

L'hommage et le serment de fidélité du maire et des consuls du Puy-Saint-Front sont du premier mois de l'avènement de Louis IX (1226) ; les lettres d'Archambaud II doivent être du commencement de l'année 1227.

Querelles de la ville et du comte. — Si nous savions exactement en quoi consistaient les droits du consulat et ceux du comte, nous n'aurions pas de peine à discerner les manœuvres des deux

---

(1) Rec. de titres pour la ville de Périgueux, p. 21.
(2) Arch. de Pau ; 3me inv. préparatoire, P. et L. liasse 501, n° 47.

adversaires et nous reconnaîtrions facilement leurs intentions réciproques ; mais rien de net ne se dégage des rares documents contradictoires qui nous ont été conservés. La lutte existe, elle se produit sous toutes les formes ; mais, ni d'un côté ni de l'autre, on ne veut livrer une bataille décisive. Essayons pourtant de résumer les faits : mais pour bien en connaître la portée il faut avoir recours à des actes postérieurs à l'époque qui nous occupe.

Il n'est pas douteux que la lutte entre le comte et la ville remontait au moins à l'hommage fait à Richard Cœur-de-Lion, à Rouen. Si le comte ne réclama pas devant Rouen, c'est que le moment n'était pas favorable, et que, s'il ne réclama pas plus tard, c'est qu'il partit pour la croisade, l'année suivante. La guerre des Albigeois, la conduite d'Archambaud Ier qui, au lieu de rendre hommage à Philippe-Auguste, en succédant à son père, ne s'acquitta de ce devoir qu'en 1212, au moment où Jean-sans-Terre perdait sa puissance en Guienne, ne permirent pas à l'héritier d'Hélie V de formuler sa plainte, d'autant qu'aussitôt qu'il le put, il rentra dans le parti des Anglais et mourut bientôt après.

Son successeur, Archambaud II, essaya bien, ce semble, de souffler la discorde entre le bourg et la Cité, mais sans succès, comme le prouvent les lettres d'arbitrage de l'évêque, de 1217. Il ne se trouva jamais du reste bien en position de combattre avec avantage les prétentions des bourgeois du Puy-Saint-Front, surtout lorsqu'ils rendirent hommage à Louis VIII. Rien ne prouve d'ailleurs que ce comte ait rendu hommage à ce monarque, en même temps que ses adversaires ; et si, l'année suivante, le maréchal Jean-Clément d'Argentan se dirigea, avec son armée, vers les bords de la Dordogne, ce fut moins parce que le haut Périgord s'était montré dévoué à la couronne de France, que parce que le bas Périgord était occupé militairement par les Anglais. Tout porte à croire cependant qu'Archambaud, après l'heureuse campagne de 1224, se montra mieux disposé en faveur de la France, puisqu'un démêlé qu'il aurait eu avec le chapitre de Saint-Front, fut porté à la c... Louis VIII.

L'hommage ... Saint-Front à Louis IX, eut également lieu sans qu'Archam... rendît le sien ; mais il est tout naturel de penser que ce comte profita de la minorité de Louis IX pour protester contre les prétentions du consulat. Les lettres qu'il donna à

Emenon, Itier, Hélie et Pierre de Périgueux, sont une attaque détournée contre ses adversaires ; mais leur rédaction et le soin de ne donner le lieu ni la date, sont la preuve qu'il ne pouvait guère mieux faire. La position respective ainsi connue, voyons les ressources des deux adversaires et leur tactique.

Les hommages de 1204 plaçaient la ville et le comte dans un parfait état d'égalité vis-à-vis de la couronne de France. L'hommage du Puy-Saint-Front, rendu à Louis VIII en 1223, est beaucoup plus explicite. Les habitants de la ville s'engagent à défendre, envers et contre tous, les droits, l'honneur, la vie et le corps du roi, qu'ils tiennent ladite ville en son nom, la lui garderont et ne la rendront à homme qui vive, sans son ordre, par conséquent, sans en excepter le comte de Périgord, dont il n'est même pas question. De son côté, le roi les retient comme siens. L'hommage de 1226 ne nous est pas parvenu ; mais, les lettres reversales de Louis IX, adressées à tous ses *amis et fidèles*, leur recommandent très expressément de traiter les bourgeois comme ses *fidèles*, et leur annoncent que le Puy-Saint-Front est irrévocablement uni à la couronne. Il était difficile d'attendre plus longtemps, si l'on voulait combattre l'esprit d'indépendance des bourgeois.

Pour que l'affranchissement de la ville fût complet, il ne suffisait pas qu'elle eût son organisation municipale et les privilèges qui s'y rattachaient ; il fallait encore que son administration intérieure ne dépendît que d'elle ; il fallait qu'elle fît sa police elle-même, que la justice civile et criminelle lui appartînt ; en un mot que sous l'autorité immédiate du roi, elle fût sa propre maîtresse et ne reconnût à personne le droit de s'immiscer dans ses affaires. Or tel n'était pas son cas.

Au moment où ils se constituèrent municipalement, les bourgeois, selon toute apparence, jouissaient du droit d'entretenir leurs murailles et la voie publique, de protéger et de défendre au besoin tous ceux qui appartenaient à la commune, de surveiller les poids et mesures, de faire ou faire faire les criées publiques, de lever une armée, quand les circonstances le commanderaient, d'établir des impôts pour les besoins de la communauté et de rendre la justice à la réserve des privilèges inhérents à la hiérarchie féodale. Les vers de Bertrand de Born, rapportés plus haut, la sentence arbitrale de l'évêque Raoul de Las Tours (1217), un traité entre le

Puy-Saint-Front et le seigneur de Bergerac (1133) (1), un autre avec la vicomtesse de Limoges et son fils (1237) (2), un troisième avec Aimeri, damoisel de Ribeyrac (1241) (3), le jugement de Saint-Louis de 1247, dont il sera question plus bas, ne laissent pas de doute à cet égard. Il s'élèvera pourtant des contestations, comme nous le verrons plus tard.

Au temps où les comtes de Périgord s'établirent définitivement à Périgueux, ils durent nécessairement s'y fixer avec tous les droits et prérogatives inhérents à leur dignité. C'est sans doute à cette époque qu'ils faisaient remonter leurs prétentions sur le Puy-Saint-Front. Mais à côté d'eux existaient le chapitre de Saint-Front et sa collégiale, que les rois avaient comblés de privilèges et qui devaient tout naturellement se trouver souvent en opposition avec ces prétentions. Et de fait nous les verrons bientôt en désaccord.

L'abbé et le chapitre du Puy-Saint-Front. — Au milieu de cette rivalité, les bourgeois avaient grandi, en revendiquant les institutions municipales. Ils avaient donné à leur corporation, ou avaient fait revivre pour elle, les droits et immunités dont ils jouissaient en 1227, au moment où Archambaud II accordait à Emenon et à ses trois frères la charte analysée plus haut. Les déclarations du comte durent les émouvoir, et soit qu'ils craignissent de se voir troublés dans la jouissance de leurs droits, soit qu'ils reconnussent qu'on pouvait les leur contester, tout porte à croire qu'ils traitèrent alors avec le comte et qu'ils s'engagèrent à lui payer, tous les ans, à la Noël, une redevance de 20 livres (4), à la condition d'exercer, sans contradiction, la faculté de faire justice de l'*homicide*, du *rapt de femme*, de l'*adultère*, du *vol*, des *blessures*, des *fausses balances*, des *fausses marques*, des *faux poids*, des *fausses aunes*, des *fausses coudées*, des *fausses mesures de vin*, *d'huile*, etc.

Une pièce de 1230, portant que les consuls du Puy-Saint-Front, annoncent à Helri, évêque de Saintes, qu'ils ne peuvent se rendre auprès de lui le jour désigné, pour l'affaire du célérier de Saint-Front, à cause de la guerre (5), donnerait à penser que le traité

---

(1) Rec. de titres, etc., p. 23.
(2) Ibid., p. 30.
(3) Ibid., p. 46.
(4) Ce traité n'a pas été retrouvé ; mais il est rappelé dans plusieurs actes.
(5) Bibl. nat. coll. Lespine, cart. de la ville de Périgueux.

dont il vient d'être parlé, aurait soulevé des difficultés entre la municipalité et le chapitre de Saint-Front, au sujet des droits de la cour du célérier qui lui appartenait ; mais le défaut de documents ne permet pas d'éclaircir ce fait d'une manière satisfaisante. Telle était à peu près la situation au commencement du règne de Saint-Louis. Elle se maintint jusqu'à l'avénement d'Hélie Taleyrand, sixième du nom (1238-1239).

Quelque temps après avoir pris possession de son comté (décembre 1239), Hélie Taleyrand avait l'air si bien disposé pour les bourgeois du Puy-Saint-Front, que la municipalité n'hésita pas à lui faire l'avance de 60 livres dans lesquelles elle devait rentrer, au moyen des 20 livres de rente annuelle dont elle lui était redevable (1). En août 1240, la ville et la Cité contractèrent une alliance et, par un traité longuement motivé, s'engagèrent à ne former qu'une seule et même ville, administrée par une seule et même municipalité (2).

Les années 1242 et 1243 se passèrent sans agitation ni secousse ; seulement vers la fin de 1243, il se produisit deux incidents signalés plus haut, et dont un pouvait avoir des conséquences fâcheuses. Le comte de Périgord réclamait des droits et prérogatives sur l'église et le chapitre de la Cité, qui les repoussait. Un compromis entre les mains de l'évêque aplanit toutes les difficultés, et il fut démontré que l'église et le chapitre n'avaient rien à démêler avec le comte (3).

---

(1) Précis hist. etc., p. 22.
(2) Rec. de titres, etc., p. 33.
(3) Précis hist. etc., p. 24. Tout en déclarant le comte de Périgord non recevable dans ses prétentions sur le chapitre de la Cité et sur les hommes de ce chapitre, pour rétablir un accord durable entre les deux parties adverses, l'évêque ordonne que le comte percevra un droit fixe sur les hommes de l'église qui se trouveront dans des conditions expliquées par l'acte, que le comte fera justice des hommes de l'église qui auront tué leur semblable, dans l'étendue du comté, conformément aux lois ou à la coutume, et qu'il percevra 40 sols sur les biens meubles du meurtrier. Quant aux autres 40 sols que lui réclamait l'église : 20 qu'on disait avoir été légués pour honorer la mémoire d'Archambaud, 10 pour Taleyrand et 10 pour les jardins près de la Rolphie, il statue que 20 sols seront remis au comte et que ce seigneur assignera les autres 20 sols à l'église, sur des lieux convenables, laquelle, en échange, célébrera un anniversaire pour ledit comte et sa famille, le jour où l'on croit que mourut Archambaud, outre-mer. Le droit fixe en rétribution accordé au comte, se percevra sur les bourgs et sur la juridition de *Souillas* et de *Vergn*, sur les paroisses de *La Chapelle* et de *Mensignac*, sur la juridic-

Quelques incertitudes au sujet du *commun de la paix* perçu à Périgueux, furent cause que, vers la même époque (1), on consulta l'évêque et la municipalité, qui déclarèrent que cette redevance y était due au roi d'ancienneté (2).

En 1245 une sorte d'antagonisme éclata entre la municipalité d'une part, l'évêque, comme abbé, et le chapitre de Saint-Front, d'autre part, au sujet de certains droits, prérogatives, cens et redevances jouis, semble-t-il, par l'abbé et le chapitre, et que la municipalité tentait déjà de s'approprier. Nous avons deux documents de cette année relatifs à l'origine de cette lutte. Le premier, émanant de la municipalité, a pour but de rappeler au roi Louis IX que le Puy-Saint-Front est dans l'usage de prêter serment « aux rois de
» France, à leur avènement, avec engagement de leur livrer la ville
» à grande et à petite force, quand ils le requerront et de les suivre,
» en armes, dans tout le diocèse, pour maintenir ou reprendre leurs
» droits ; que lui, de son côté, est engagé, de même que ses
» prédécesseurs, à protéger ladite ville et à ne point la retirer de
» ses mains ; c'est pourquoi, pour lui prouver son affection, elle
» s'engage à lui donner à perpétuité douze deniers par feu, payables
» à la Saint-Jean, sous le nom de *commun*, qui seront perçus dans la
» ville et dans les faubourgs, le priant, en échange, de garder et
» défendre ses habitants et leurs domaines et de lui conserver
» intacts ses *coutumes*, sa *communauté*, son *consulat*, son *sceau*,
» ses *statuts établis*, sa *juridiction*, son *administration* et ses *liber-*
» *tés*, tels qu'elle les a jouis depuis Philippe-Auguste (3).

Le second se résume comme il suit : « P. évêque de Périgueux
» et abbé de Saint-Front, le chapitre et l'église dudit Saint-Front,
» après avoir fait remarquer que ladite église a toujours été très-
» dévouée à la couronne, déclarent que, dans le but de donner plus
» de facilité au roi pour protéger leurs personnes et leurs propriétés
» et conserver la paix dans le diocèse, lui concèdent ainsi qu'à ses

---

tion de Périgueux, avec quelques restrictions stipulées dans l'acte. Le comte fera approuver cette paix par le sénéchal de Périgord et par le roi de France, etc.

(1) Au commencement de 1244.
(2) Bibl. nat. mss. cote 8408, fol. 311, p. 27 et 28.
(3) Arch. nationales. J. 421, nº 3.

» héritiers, à perpétuité, la *moitié de la justice temporelle qu'ils ont*
» *dans la ville, la moitié des rentes, des gages, des produits du*
» *marché, du péage, du poids du bled et de la farine, la moitié des*
» *terrains vagues pour construire des halles et des maisons bour-*
» *geoises,* sauf une rente de 50 sols fondée pour l'anniversaire du
» roi Philippe-Auguste (1). »

Nous verrons bientôt quel but se proposaient les uns et les autres.

Cependant une lutte à main armée s'engageait entre le maire, les consuls et le Puy-Saint-Front, d'une part, le comte, le chapitre et les citoyens de la Cité, de l'autre ; ce qui prouve suffisamment qu'Hélie VI avait singulièrement modifié ses dispositions envers le Puy-Saint-Front et repris celles de ses ancêtres. Une trêve suspendit cette lutte, en 1246 (2); mais cette trêve ayant été rompue par le fait du comte, la guerre atteignit bientôt un tel degré d'intensité que le sénéchal Pons-de-Ville, au mois d'août, crut devoir prendre des mesures pour rétablir la paix (3). Sa démarche faillit lui devenir fatale. En effet, les habitants de la Cité l'accueillirent à coups de flèches, tandis que le maire et les consuls du Puy-Saint-Front se montrèrent de prime-abord prêts à lui obéir. L'attitude de la Cité effraya sans doute le comte, car au mois de novembre suivant il était à Paris et s'amendait en présence du roi, s'engageant à lui être fidèle, à le servir loyalement, à garder la paix avec les habitants du Puy-Saint-Front, à ne leur faire aucun mal ni permettre qu'on leur en fît, à relâcher les prisonniers, et à s'en rapporter à ce qui serait décidé, de ses griefs et de ses plaintes, par les envoyés du roi, à la suite de l'enquête dont ce prince les avait chargés, pendant que de leur côté le maire et les fondés de pouvoir du Puy-Saint-Front prenaient les mêmes engagements (4). Ce premier pas vers un arrangement devenu indispensable, eut pour conséquence un compromis, dans les mains des envoyés, entre le comte, le chapitre, les chevaliers, les citoyens de la Cité et divers bourgeois du Puy-Saint-Front, d'une part, le maire, les consuls et la communauté dudit Puy-Saint-Front, de l'autre, pour le règlement définitif de

---

(1) Arch. nationales. J. 295, n° 109.
(2) Cela résulte des documents.
(3) Rec. des titres, etc., p. 48.
(4) Arch. nationales. J. 292, n° 3.

toutes leurs querelles (1), à la suite duquel le comte donna son fils comme ôtage, son château des Rolphies et ses autres biens comme garantie de l'exécution de son engagement (2). Il fit même plus, il fournit pour pleiges les divers habitants du Puy-Saint-Front qui avaient suivi son parti (3). Le doyen et le chapitre de la Cité nommèrent un fondé de pouvoir (4). Tel était l'état de la question entre les parties au mois de novembre 1246 (5).

Dans le courant du mois de septembre, les envoyés du roi, après avoir recueilli tous les renseignements propres à éclairer l'affaire,

---

(1) Arch. nat., n° 4.
(2) Ibid., ibid., n° 3.
(3) Ibid., ibid., n° 5.
(4) Ibid., ibid., n° 6.
(5) Les détails qui précèdent sont parfaitement explicites et nous font connaître tout ce qui s'était fait, jusqu'au mois de novembre 1246, époque à laquelle, à la suite du compromis, il avait été convenu qu'une enquête serait faite ; cependant s'il fallait s'en rapporter aux généalogistes de la maison de Périgord, Pons-de-Ville, que nous avons vu faire un procès-verbal à l'occasion des injures par lui reçues, ne se serait pas contenté de ce procès-verbal et en aurait dressé un autre quelques jours après (le premier était du 18 août), beaucoup plus circonstancié, contenant des détails qui ne sont que là et donnant des noms dont il n'est plus question ensuite. Il est vrai que l'original n'a jamais été produit et que, malgré les passages produits par Prunis et reproduits par les généalogistes. il suffit du moindre rapprochement pour comprendre tout ce qu'il y a de peu probable en faveur de l'existence de cette pièce. Nous savons d'abord, qu'au 18 août, l'exaspération était telle qu'on lira des flèches sur Pons-de-Ville, et le 25, selon ce même Pons-de-Ville, les bourgeois auraient été assez rassurés pour s'aventurer, sans précaution, hors de leurs murs. Nous savons que la querelle existait entre le bourg d'une part, le comte, la Cité et quelques ouvriers du bourg de l'autre, qu'il s'agissait des privilèges et franchises du bourg et du traité de paix et d'alliance conclu en 1240, entre le bourg et la Cité, et nous voyons d'une part un Gui d'Estissac, venu du Bergeracois, pour aider les bourgeois et les trahir ensuite, et, de l'autre, Boson de Grignols et Itier de Périgueux, *cousins germains paternels* du comte, G. de Malemort, du bas Limousin ; Ar. de Beauville, de l'Agenais ou de l'extrémité midi du Périgord ; Amalvin de Vaines, des environs de Bordeaux, et quelques autres se trouver là tout exprès, sur l'avis de Gui d'Estissac, pour mettre en déroute les bourgeois, livrer les prisonniers aux mains du comte et des habitants de la Cité, qui en firent périr DEUX CENTS ET VINGT FEMMES, *dont quelques-unes d'enceintes*. Tout cela n'est pas admissible et ne convient à l'époque, ni par le fond ni par la forme. Je ne parle pas de ce qu'il n'est question de cette pièce nulle part que dans les papiers Prunis et dans Lagrange-Chancel, qui a brodé sur le tout ; mais je dois en outre faire observer que, dès le moment qu'il fût ordonné, en novembre, de faire une enquête, c'est qu'il n'y en avait pas encore eu de faite. J'ajoute, de plus, que c'est sur cette enquête que la sentence arbitrale fut rendue.

se réunirent à Vincennes et prononcèrent la sentence arbitrale dont voici la teneur : « 1° Tous les revenus, tous les droits que le comte
» avait au Puy-Saint-Front, avant la guerre, seront placés sous la
» main du roi, tout le temps que vivra le comte, ou du moins tout le
» temps qu'il plaira à ce monarque qui, pendant trois ans, en fera la
» répartition entre les veuves et les orphelins des morts de la ville,
» et à leurs héritiers ; 2° Silence éternel est imposé au comte sur
» mesurage du bled, le commandement de l'armée de la ville, sur
» la suppression du consulat, sur les publications à son de trompe
» ou autrement, qu'il voulait être faites en son nom, au Puy-Saint-
» Front, et sur la démolition de ses maisons dans ladite ville ; toutes
» choses sur lesquelles il était en contestation avec les bourgeois ;
» 3° Le comte restituera les rançons de certains habitants du Puy ;
» 4° Le roi tiendra sous sa main le château des Rolphies tant qu'il
» lui plaira. Tout cela fut ainsi décidé pour punir le comte, cause
» de tant de morts, de violations de trèves et de dommages de toutes
» sortes, occasionnés aux bourgeois, et surtout pour lui faire payer
» une amende de 2,000 marcs d'argent, qu'il avait encourue, pour la
» trève rompue, il y avait eu un an avant la Saint-Jean ; 5° L'union
» de la ville et de la Cité est maintenue ; 6° Pendant quatre ans,
» le maire et les consuls seront nommés par le roi, qui pourra
» les prendre même en dehors de la ville et de la Cité ; 7° Les
» habitants de la Cité, à l'exception des chanoines et des clercs,
» payeront 40 livres d'amende qui seront distribuées aux veuves et
» aux orphelins des morts de la ville ; 8° Ils achèteront en outre 20
» sols de rente perpétuelle à distribuer aux chanoines, prêtres et
» clercs de Saint-Front qui concourront à la célébration de l'anni-
» versaire des morts du Puy-Saint-Front ; 9° Les bourgeois du
» Puy-Saint-Front feront faire un vase d'argent doré, du poids de
» sept marcs, pour poser l'hostie sacrée sur l'hôtel Saint-Étienne
» de la Cité, à cause des pierres que leurs machines lancèrent
» contre cette église ; 10° Ni le comte, ni ceux de la Cité, ni ceux
» du Puy-Saint-Front ne recevront aucune indemnité à l'occasion
» de la guerre ; 11° Les hommes qui suivirent le parti du comte
» rentreront dans les immeubles qu'ils possédaient, en dehors de la
» ville ; ceux qu'ils avaient dans la ville seront vendus et le prix
» distribué aux héritiers des morts ; de plus, ces hommes devront

» résider dans les biens possédés par eux, à demi-lieue de l'une et
» de l'autre ville ; 12° Le viguier rentrera dans sa viguerie telle
» qu'elle était avant la guerre, avec tous les droits y attenants, et les
» revenus de cette viguerie lui seront rendus, depuis que Pierre de
» Fayac, chevalier, alla à Périgueux, jusqu'à ce jour ; sur les démo-
» litions de maisons, l'abattage des bois, les injures, les dommages
» provenant du viguier ou de son frère ou des bourgeois du Puy-
» Saint-Front, il est imposé un éternel silence aux uns et aux
» autres (1). »

Le comte de Périgord promet de se croiser. — Hélie Taleyrand était évidemment le plus maltraité par cette sentence, ce qui autorise à penser qu'il était le plus coupable ; cependant il se montra, comme les autres, parfaitement résigné à son sort. Il fit même plus ; quelque temps après, il alla visiter le roi à Crespy-en-Valois (Oise), (avril 1248). Le comte rendit hommage à son suzerain (2), et prit l'engagement de faire le voyage d'outre-mer, avec le comte d'Artois, frère de Louis (3). Cette détermination lui valut toutes les bonnes grâces du monarque, qui, sur le champ, lui accorda des lettres portant qu'en raison de ce que le comte lui avait juré fidélité et fait la promesse de se croiser, il lui restituerait, après trois ans, les domaines et droits confisqués, à la suite de la guerre contre les bourgeois du Puy-Saint-Front, et dont le revenu, pendant ces trois ans, devait être distribué aux veuves et aux orphelins de ceux qui avaient été tués (4).

Le silence qui règne sur les suites de cette sentence et de l'engagement pris par Hélie VI, donne à penser, d'une part, que la paix se rétablit complètement entre ce seigneur et le Puy-Saint-Front, mais que, de l'autre, il ne remplit pas son engagement, puisqu'on ne le voit point figurer dans l'armée des croisés, et que, dès qu'il est de nouveau question du comte, c'est son fils mineur qui l'a remplacé (1251).

---

(1) Rec. des titres, etc., p. 56.
(2) Ibid., ibid., n° 7.
(3) Bibl. nat. mss. 8408, fol. 197, v°, p. 122.
(4) Ibid., ibid., p. 120.

La paix ne fut pas aussi solide entre la ville et la Cité. Une lutte sourde subsista entre elles, jusqu'en 1251. A cette époque, les deux adversaires prirent le parti de s'en rapporter à deux arbitres, l'évêque de Périgueux, pour la Cité, et le maire du Puy-Saint-Front, pour la ville, qui décidèrent que l'union des deux centres resterait indissoluble, que la communauté serait administrée par un maire et des consuls, élus conformément aux règles de 1240 ; que les luttes et les querelles, s'il en surgissait de nouvelles, au lieu d'être vidées par les armes, seraient du ressort du maire et des consuls, qui statueraient sur les torts et les dommages, et que, s'il y avait résistance, fraude, ou tout autre abus, le maire et l'évêque jugeraient en dernier ressort ; qu'il n'y aurait de nantissement que pour le cens ou toute autre redevance provenant de la terre ; qu'il se ferait une nouvelle clôture entre la ville et la Cité ; que pendant dix ans les habitants de cette clôture seraient exempts de queste et de taille ; que les étrangers ne pourraient habiter que dans cette clôture ; que le terrain nécessaire pour la construction de cette clôture serait estimé loyalement et payé après la Saint-Jean ; que pour le droit d'oblée de la terre, on payerait en argent dix livres sans plus ; qu'on ne se reprocherait pas les dommages mutuellement causés ; qu'on ne se vanterait ni s'accuserait de ces dommages ; qu'on ne se menacerait pas ; que, si quelqu'un transgressait ces injonctions, il en serait puni pécuniairement ; que toutes haines, rancunes, injures, etc., seraient oubliées pour l'amour de Jésus-Christ, mort pour nous ; que les habitants de la Cité qui avaient causé des maux nombreux, se rendraient processionnellement, en chemise et braies et sans chaussure, au couvent des frères pêcheurs, et que là, à genoux et les mains jointes, ils demanderaient miséricorde aux bourgeois, qui céderaient à leurs prières faites très distinctement (1).

La ville et la Cité vécurent dès lors en bonne intelligence, sans que rien vint jeter de nouveaux troubles entre elles, jusqu'à la paix de 1259, ni même longtemps après. Quant au comte de Périgord, d'autres soins attirèrent son attention, sans compter que la leçon donnée à son père dut lui faire comprendre qu'il fallait savoir se tenir en garde contre des entraînements irréfléchis.

---

(1) Rec. des titres, etc., p. 62.

Les Anglais en Guienne. — Cependant les événements marchaient en Guienne, et dès avant la mort de Louis VIII, les Anglais avaient essayé d'y reprendre quelques bonnes positions. Nous n'avons rien de bien positif sur les progrès qu'ils avaient pu y faire ; mais nous savons qu'en 1225, une grande partie de la contrée était rentrée sous la domination anglaise, sauf le seigneur de Bergerac, d'où il faut conclure que la déclaration de ce seigneur, signalée plus haut, ne doit se rapporter qu'à l'année 1226. A l'avènement de Louis IX, il y eut une trêve d'un an (1227) entre la France et l'Angleterre. Pour les questions relatives au Périgord, des commissaires devaient se réunir à Castillon (1). En 1228, le roi d'Angleterre ordonna que la monnaie frappée en Guienne et Gascogne, serait faite de l'aloi et du poids de la monnaie tournoise (2) ; ce qui autorise à penser qu'il était en voie de progrès dans le pays ; mais en 1229, les seigneurs d'une partie de la Guienne, ayant fait hommage à Louis IX, l'anglais dut attendre des circonstances plus propices ; il les crut venues en 1221. Comment interpréter autrement la guerre survenue entre le sire de Bergerac et les bourgeois du Puy-Saint-Front, à la suite de laquelle fut conclue la trêve de quatre mois, entre ce seigneur et ces bourgeois, rapportée plus haut, ce qui semble cependant prouver d'une manière certaine que la tentative n'avait pas répondu à l'attente.

Les droits du comte de Toulouse en Périgord. — En 1232 se produisit un fait constatant ce que j'ai dit au sujet des domaines possédés en Périgord par le comte de Toulouse. Le vicomte de Turenne lui fait hommage de la seigneurie de *Salignac* ; avec la déclaration que lui ni ses ancêtres ne tinrent jamais ce fief que des comtes de Toulouse (3).

Six ans plus tard, Gaillard, seigneur de Beynac, rendit hommage à ce même comte, du château et de la seigneurie de Beynac (4), et, en 1240, Mainard de Beynac, frère de Gaillard, en faisait autant pour

---

(1) Arch. nationales, J 628, n° 12.
(2) *Fœdera, litteræ et acta publica* (nouv. Rimer), t. 1, part. 1re, p. 192.
(3) Arch. nationales, J. 314, n°s 73 et 102. On se rappelle que le comte de Toulouse avait autrefois fait don de cette terre au vicomte de Turenne.
(4) Ibid. J. 309, n° 15.

la moitié de ce château, de sa châtellenie et de tous ses autres biens, comme ne les tenant que de lui (1).

Les miracles. — A toutes les époques, les miracles jouèrent un grand rôle dans la vie des peuples, et le clergé sut toujours en tirer le meilleur parti possible, au point de vue de son influence. En voici un qu'on place en 1233, et dont on a eu bien soin de conserver le souvenir par écrit. J'ai vu et copié l'inscription de ma main ; mais je crois devoir d'abord rapporter ici ce qu'en a dit le père Dupuy. Je donnerai ensuite mon appréciation :

« Il ne faut obmettre, en ce lieu, cette divine et tout extraordinai-
» rement prodigieuse punition qui arriva l'année suivante (1233), à
» ce blasphémateur et mépriseur sacrilège de la sainte croix, au
» bourg de St-Léon, près de la Vézère, en Périgord. L'inscription
» sur la pierre nous fait foy comme B. Bori, serviteur domestique
» de la Peyronnie, en despitant la sainte croix, qui est hors le bourg
» lança un dard qu'il avait en la main contre le sainct crucifix,
» dont soudain le sang rejaillit, pour accuser l'impiété de ce nou-
» veau déicide, qui, soudain tomba roide mort sur la place, ayant
» son visage tourné derrier devant. J'ay vu le sépulcre de ce sa-
» crilège qui n'est guère loing du piédestal de ceste croix de pierre
» près duquel, il y a quelques années, on trouva l'inscription sui-
» vante qu'on a de nouveau gravé sur la porte de l'oratoire : L'AN
» DE GRACIA 1223 ET LO 6 DE NOVEMBRE, GAI ET MALVAT B. BONI, SERVITOR
» DE LA PEYRONIE, EN JURAN DIEU, SE COUROUSAN CONTRA LA ✝ DE
» L'HOSPITAL, GÉTET DART QUE SANNET ET LO VISAGE TORNET DAVAN DARE
» ET MORI ET AQUO EN PRÉSENCE DE TEUL. SALONARI ET JEAN SAULETI, ET
» FO FAC AQUI MIRACLE ET SIGNA B. FILIOU. Sans doute, ajoute Dupuy,
» le blasphémateur devait être Albigeois (2) ».

J'ai donné l'inscription telle que je l'ai copiée. Elle diffère un peu du texte transcrit par Dupuy ; mais peu importe, je ne veux pas discuter sur la contexture des mots. Cette inscription ne peut remonter au-delà du XVIe siècle ; les caractères appartiennent à cette époque ; mais selon Dupuy ce ne serait qu'une copie. Les mots *servitor, Peyronie, Dieu, courousan, sannet, visage, présence,* etc.,

---

(1) Ibid., J. 314, n° 75. Voir l'appendice relatif à Beynac.
(2) *Estat de l'église du Périgord*, t. II, p. 82.

accusent encore plus fortement la date que je lui donne. Quant au miracle, on n'a jamais été difficile pour croire à ces sortes de choses ; j'en atteste tous ceux qu'on fait de nos jours.

SARLAT. — Nous avons vu Sarlat, organisé municipalement, rendre hommage à Louis VIII. Nous avons vu aussi qu'avant d'arriver à se constituer en commune, ce bourg avait eu à soutenir des luttes avec le couvent jusqu'en 1199 ; il fallut en venir à une transaction (1). Cette transaction avait même été suivie d'un autre arrangement au sujet des dimes sur le jardinage. L'abbé et le couvent devaient une rente annuelle de 10 livres à l'évêque de Périgueux ; les habitants de Sarlat furent affranchis des dimes sur le jardinage, moyennant 175 livres qu'ils donnèrent à cet évêque (2). A la suite de l'hommage de 1223, la mésintelligence se renouvela plus violente que jamais. Nous n'avons pas de détails bien précis sur les péripéties de la querelle de 1223 à 1250 ; mais nous savons que, vers 1240 et sous l'abbé Géraud Des Vaux (1238-1259), qui avait prêté serment de fidélité à saint Louis, en prenant possession de l'abbaye (3), la lutte était devenue si vive, à l'occasion du Consulat, dont l'abbé repoussait l'établissement comme illégal, tandis que, de leur côté, les Sarladais le maintenaient, et avec lui le droit de maison commune, d'archives, de sceau, de police, de prison, etc., que, dans le but de concilier les deux parties, le pape leur délégua pour commissaire l'abbé de Tourtoirac. Cet abbé essaya vainement de les rapprocher (4). Une question de police acheva de porter à son comble l'irritation commune. Un individu, du nom de Gralet, commit un vol en plein marché. L'abbé le fit arrêter et mettre en prison. Les consuls le réclamèrent, et, sur le refus de l'abbé, ils se portèrent en armes sur le monastère, s'emparèrent du coupable, le firent fouetter en public et le chassèrent de la ville (5). Informé de la conduite des consuls, saint Louis donna ordre à son sénéchal de Périgord de prendre en

---

(1) Cette transaction n'existe plus ; mais elle est rappelée dans un acte de 1260, conservé à la bibl. nat., supl. fr. n° 1310, fol. 29.

(2) Tardes : *Antiquités du Périgord et du Sarladais.*

(3) Arch. nat., reg. du tr. des ch., côté XXXI, part. des abbés, p. 35.

(4) Tardes : *Antiquités, etc.*

(5) Audierne : *Précis historique sur la ville de Sarlat* (Calendrier du département de la Dordogne, année 1837, p. 152).

main l'affaire, à la place de l'abbé de Tourtoirac, qui s'était retiré. Ce sénéchal se rendit à Sarlat, mais sans plus de succès (1).

Sur ces entrefaites, et pendant qu'un chanoine d'Agen, par ordre du pape, s'occupait d'une plainte des consuls contre le couvent (2), Géraud des Vaux étant mort, fut remplacé par Jean de Pellevèsi, mort peu de temps après et remplacé lui-même par Hélie Magnonat, fils d'un consul de la ville ; Magnonat dut sa nomination à une portion des moines, amis des consuls, soutenus par les consuls eux-mêmes. Cette nomination fit diversion à la plainte portée par eux, mais envenima plus encore les troubles déjà existants. De là de nouvelles intrigues, suivies d'un revirement dans les esprits des moines qui entreprirent une troisième élection, et portèrent leurs voix sur Bernard, devenu de la sorte compétiteur d'Hélie Magnonat, soutenu par les bourgeois, les consuls et quelques moines (1250) (3). Les tiraillements et les violences durèrent jusqu'en 1234. A cette époque, Bernard fut excommunié (4), Hélie Magnonat condamné à renoncer à l'administration de l'abbaye, par l'évêque de Périgueux, sur l'avis du légat (5), et une nouvelle élection porta sur le siège abbatial Géraud d'Aubusson, considéré comme l'élu vraiment canonique par l'évêque de Périgueux, confirmé comme tel et recommandé à saint Louis, afin que ce monarque, après en avoir reçu le serment, l'investit des biens temporels relevant de la couronne de France (6).

Ni la vigueur des déterminations prises par l'autorité ecclésiastique, ni la solennité des démarches faites auprès de l'autorité civile, ne mirent fin à tous ces débats. Les deux compétiteurs de Géraud d'Aubusson et leurs partisans ne trouvèrent rien de mieux que de l'accuser d'avoir obtenu l'abbaye au moyen d'un sceau faux. L'affaire fut portée devant le parlement qui reconnut la fausseté de l'accusation et proclama l'innocence de Géraud (7), sans couper court à la lutte, encore très vive en 1260, entre les trois compétiteurs.

---

(1) Il y a quelques différences entre les détails fournis par Tardes et ceux que donne l'abbé Audierne.
(2) Audierne, ouvrage déjà cité.
(3) Arch. nationales, J. 316.
(4) Ibid. Ibid.
(5) Olim., t. 1, p. 18.
(6) Tardes, ouvrage déjà cité.
(7) Audierne, ouvrage déjà cité.

BERGERAC. — Les efforts de la ville de Bergerac pour se constituer en commune, ne remontent pas aussi loin que ceux de Sarlat et ne demandèrent ni autant de résolution, ni autant de persévérance.

En reprenant le cours des événements, je crois devoir faire observer ici que la résistance aux sollicitations des Anglais, en 1225, de la part d'Hélie Rudel, pouvait bien avoir pour cause quelque embarras intérieur qu'il redoutait de voir s'augmenter, sous l'influence des insulaires. Quoi qu'il en fût, après être rentré sous la domination d'Henri III, il n'eut aucun démêlé avec ses sujets, et toutes ses préoccupations se bornèrent à la guerre que son fils et lui eurent à soutenir contre le Puy-St-Front (1233), guerre dont nous ne connaissons ni la cause ni les résultats, quoique tout porte à croire, comme je l'ai dit, qu'il suivait dans cette occurrence le parti des Anglais. En 1239, il y eut un accord entre lui, ou plutôt entre son fils, et Gaston de Gontaud, seigneur de Biron, par lequel le dit Gaston reconnut tenir de lui le château de Biron et ses dépendances (1).

Cependant le comte de la Marche s'était révolté contre le roi de France, et Alphonse, comte de Poitiers, son seigneur immédiat, avait appelé le roi d'Angleterre à son secours. Celui-ci, débarqué à Royan le 12 mai 1242, avait écrit le 25 de ce mois à divers seigneurs de Périgord, de se trouver à Pons, en Saintonge, le jeudi après la Pentecôte (12 juin). Voici les noms de ces seigneurs et, pour la plupart, les ordres qu'ils reçurent : Hélie Rudel le père ou le vieux ; il devait amener avec lui dix chevaliers ; Hélie Rudel le fils ou le jeune, et avec lui cinq chevaliers ; Pierre Raimon de Chalais, et avec lui cinq chevaliers ; Raimond, seigneur de Mussidan ; Guillaume de Montravel ; Gaston de Gontaud, et avec lui cinq chevaliers ; Ebles de Puyguilhem, et avec lui trois chevaliers ; Bertrand de Puyguilhem, et avec lui trois chevaliers ; Geoffroi de Lalinde (2). Il n'est pas douteux que ces seigneurs obéirent à Henri III, et assistèrent à la bataille de Taillebourg, avec le contingent demandé, puisqu'après cette bataille, nous voyons Hélie Rudel figurer au nombre de ceux de la contrée qui s'engagèrent à faire rapporter un traité conclu entre le roi d'Angleterre et le comte de Toulouse, le 28 août suivant. Du reste, la perte de la bataille de Taillebourg n'avait d'abord

---

(1) Arch. de Pau, 2e inven. prepar., P. et L., liasse 88, n° 13.
(2) *Fœdera, littera et acta publica* (nouv. Rimer), t. 1, part. 1re, p. 244.

en rien changé la position des Anglais en Périgord, puisque, le 24 septembre, Henri III envoyait le capitaine Longuépée, et ordonnait à Hubert, fils de Mathieu, à Hubert Héose et à tous ceux des leurs qui étaient dans le pays, pour les affaires de sa couronne, d'obéir audit Longuépée, en tout et pour tout (1). Mais, l'année suivante, Louis ayant poursuivi sa conquête jusqu'à Blaye, Henri III sollicita et obtint du roi de France une trêve de cinq ans, qui fut conclue à Bordeaux, le 7 avril, et dont Hélie Rudel et Renaud de Pons furent les garants et conservateurs, pour le roi de France, avec beaucoup d'autres seigneurs (2) ; ce qui constate que le seigneur de Bergerac était de nouveau redevenu Français. Nous le voyons cependant, cette même année, obtenir du roi d'Angleterre, pour la ville de Bergerac, des lettres enjoignant aux maire et jurats de Bordeaux, de suspendre le péage qu'ils percevaient sur cette ville (3).

L'influence de l'Angleterre était telle, dans le pays, qu'en juillet, après la trêve, Pons d'Agonac, Pierre de la Tour, Eymery de la Brande et Hélie de Bourdeilles, tous seigneurs du Périgord, déclarèrent être venus à la foi et au service du roi d'Angleterre et lui rendirent hommage, pour les bénéfices qu'il leur avait accordés, pendant qu'il était à Saintes (l'année d'avant, à la suite de la bataille de Taillebourg), et *qu'il pourrait leur accorder dans la suite, assurant qu'ils lui seraient fidèles pendant la trêve comme pendant la guerre et qu'ils ne quitteraient jamais son service* (4).

La trêve conclue à Bordeaux, le 7 avril 1243, expirait le 7 avril 1248. Louis IX partit pour sa première croisade, le 12 juin de cette année, sans que cette trêve eut été autrement renouvelée que par une prorogation, jusqu'au 6 septembre suivant ; mais il est probable que la question avait été agitée et réglée, puisque, par le fait, la paix ne fut point troublée jusqu'en 1253.

En 1251, Hélie Rudel II et sa femme Géralde, demandèrent à Simon de Montfort, comte de Leicester, lieutenant du roi d'Angleterre en Gascogne, d'investir, au nom de ce roi, leur fils aîné, Hélie Rudel, troisième du nom, après la mort de son père, de toute la

---

(1) Bibl. nat. coll. Brequigny, t. x, Guienne, t. 1.
(2) Hist. généal. et héraldique des pairs de France, t. IV. article Pons.
(3) Bibl. nat. coll. Brequigny. Vascon. Rol. claus. an 27.
(4) *Fœdera, littera*, etc., t. 1, part. 1er, p. 253.

terre à eux appartenant, avec cette réserve, cependant, que sa femme et lui jouiront, leur vie durant, de leurs domaines respectifs. Ils voulaient que Simon reçût le serment de ce fils et fît agréer son hommage au roi, envers qui ils répondaient de sa fidélité ; de plus ils avaient fait jurer aux chevaliers et aux bourgeois de Bergerac et Gensac que, si leur fils se parjurait, ils le combattraient à outrance, jusqu'à ce qu'il se fût amendé.

Nous ne connaissons ni les causes ni les suites de cette démarche. Nous savons seulement qu'Alix de Turenne, sœur du vicomte de ce nom, et femme d'Hélie Rudel III, avait cessé de vivre peu de temps après un arrangement entre elle et son mari, d'une part, et l'héritier du vicomte de l'autre, au sujet de la portion du vicomté qui revenait à cette dame ; et que ce fut, sans doute, à la suite de cet arrangement et de cette mort, qu'Hélie Rudel II et sa femme firent la démarche que je viens de signaler, et qui réussit parfaitement, puisque Hélie Rudel II étant mort, vers la fin de 1251 ou au commencement de 1252, il n'y eut, de la part du roi d'Angleterre ni de ses agents, rien qui permit de croire que ce prince n'était pas satisfait de la conduite du nouveau seigneur de Bergerac. Il semble aussi que le mariage en secondes noces que ce seigneur contracta, probablement dans le courant de 1252, avec Roge, dont on ne connait ni la famille, ni le lieu de naissance, mais qui devait être originaire de quelque province voisine des Pyrénées, ne changea rien à la situation. Il n'en fut pas de même de celui de Renaud III, sire de Pons, chevalier seigneur de *Montignac, Limeuil, Cendrieux, etc.*, avec Marguerite, fille d'Hélie Rudel III, célébré vers la même époque (1), quoiqu'un peu plus tard, selon toute apparence, puisque ce mariage fut, en réalité, le point de départ de l'agitation à la suite de laquelle Bergerac se trouva organisé en commune.

Henri III était décidé à partir pour la Terre-Sainte, lorsque des troubles éclatèrent en Gascogne. La rentrée de Simon de Montfort en Angleterre en fut le signal (1253). Les désordres qui s'y commettaient, joints à d'autres causes, sans doute, décidèrent le monar-

---

(1) Hist. généal. et héraldique des pairs de Fr. t. IV, art. Pons.

que anglais à renoncer à son voyage d'outre-mer, pour se rendre en Guienne. Il était à Bordeaux ou dans les environs, au commencement de juin, et se trouvait devant Bergerac, vers le 15 de ce même mois, avec une armée (1).

Le but de cette expédition n'est pas bien déterminé par les actes qui nous restent ; mais la mésintelligence signalée, dans des lettres du mois suivant, comme existant entre lui, d'une part, Marguerite, fille d'Hélie Rudel III, et Renaud de Pons, son mari, de l'autre (2), donnerait à penser que cette mésintelligence prenait sa source dans un refus, de la part de Marguerite et de Renaud, d'*ester à droit à sa cour*, et qu'elle était le point de départ des hostilités, durant lesquelles il n'est pas question d'Hélie Rudel III ; d'où on pourrait conclure qu'Hélie Rudel III n'avait pas voulu ou n'avait pas pu prendre part à l'affaire, cause de la citation de Marguerite et de son mari. Quoi qu'il en soit et quel que fût le sujet de cette citation, il est certain que de prime-abord, les chevaliers et les bourgeois de Bergerac y jouèrent un rôle important, et que, dès 1254, la ville se trouva posséder un maire, des consuls, et tout ce qui constituait une municipalité (3). Il faut même dire que, suivant des actes conservés dans les archives de la tour de Londres, et dont il sera question plus bas, la ville de Bergerac avait un maire dès 1253, sans doute en vertu d'une concession du roi d'Angleterre, concession qu'auraient d'abord rejeté Marguerite et son mari ; d'où la citation à laquelle ils auraient refusé d'obtempérer. Voici le résumé des actes qui nous restent : Le 12 juin 1253, le roi d'Angleterre prie le maire, les jurats et les hommes de la commune de Bordeaux de l'accompagner, en armes, jusqu'à Bergerac, à cause des grandes et difficiles affaires qu'il a à y expédier. Le 15 du même mois, ce monarque déclare qu'Olivier Prévôt, Guillaume Raimond de St-Dizier, Hélie de Nesson (Nexon) et son frère Gérard, Gaillard de La Force, Hélie Prévôt, son fils, et grand nombre d'autres ont quitté Bergerac pour venir à son service, et qu'il doit réparer les dépenses et les pertes que leur a causé cette démarche. Le 28, dans son camp devant Bergerac, il donne à Gaston de Gontaud, seigneur de Biron et vassal d'Hélie Rudel,

---

(1) Bibl. nat. coll. Brequigny, arch. de la tour de Londres.

(2) C'est ce qui résulte de l'ensemble des documents.

(3) Bibl. nat. coll. Brequigny, t. x, Guienne t.

60 livres bordelaises, en fief, à prendre tous les ans, à la saint Michel, pour son entretien au service de la couronne d'Angleterre. Le 3 juillet suivant, dans ce même camp, *il confie* à ce même Gaston de Gontaud, jusqu'à ce qu'il en eût décidé autrement, la garde *du bourg de Bergerac* avec les terres adjacentes sur la rive de la Dordogne, à l'exception du château de *Montcuq*. Il était encore dans son camp devant Bergerac, le 11 juillet. Il s'en était éloigné le 23, jour où il donna mission à Gaston de Gontaud d'aller devers les chevaliers et bourgeois de Bergerac pour traiter de la paix entre eux et lui, leur promettant de ratifier tous les arrangements pris avec eux par ledit Gaston ; et afin de donner plus de poids aux démarches de son envoyé, il écrivit de Bordeaux, le 26, aux habitants de Bergerac, qu'il leur envoyait non-seulement Gaston de Gontaud, mais même Arnaud de Miremont et Allanraud de Varret, pour leur parler de sa part. Il fit plus encore, et le même jour, de la même ville, il écrivit au maire de Bergerac, à Olivier Prévôt, aux chevaliers, bourgeois et autres prud'hommes de ladite ville, de venir à son service, comme ils pouvaient et devaient le faire, puisque Renaud de Pons et Marguerite, sa femme, avaient dédaigné d'ester à droit dans sa cour, quoiqu'il fût leur suzerain ; ajoutant que, s'ils venaient, il était tout disposé à leur accorder des libertés, des privilèges et des avantages, etc. Enfin des lettres, écrites également de Bordeaux, le 6 septembre, portent qu'il envoya diverses personnes pour traiter avec Geoffroi de Pons, de la trève et de ses infractions (1).

Ce qui ressort de ces documents, c'est, d'une part, que le roi d'Angleterre, en 1253, s'était porté sur Bergerac avec une armée, que les troubles devaient avoir pour cause des essais de commune tentés par la ville, que ces essais étaient soutenus par ce roi et combattus par Renaud et sa femme, sans l'intervention de Hélie Rudel III ; d'autre part, que Renaud de Pons et sa femme avaient refusé d'obtempérer aux ordres d'Henri III ; qu'ils avaient un parti dans la ville qui en avait chassé les partisans du roi ; que, sur cela, le roi s'était emparé du bourg, c'est-à-dire d'un des quartiers de la ville et des terres adjacentes et en avaient confié la garde à Gaston de Gontaud, chargé en même temps de négocier avec les chevaliers, bour-

---

(1) Bibl. nat. coll. Brequigny, t. x, Guienne.

geois et autres habitants de Bergerac ; ce qui sans doute avait obligé Renaud de Pons et sa femme à accepter une organisation communale en dehors de l'influence anglaise ; en troisième lieu, que le roi, peu satisfait de la résistance qu'il rencontrait partout, s'était retiré de devant Bergerac et avait entamé des négociations avec les amis de Renaud et de sa femme, leur promettant des libertés, des franchises s'ils se décidaient à prendre son parti.

L'année 1254 nous fournit d'abord des lettres du 26 avril, par lesquelles Henri III promet à Hélie Rudel III, de lui rendre Castelmoron qu'il lui a prêté (1). Le 30 du même mois, ce même Hélie Rudel fait son testament dont voici les principales dispositions : « J'institue Marguerite ma fille unique, héritière
» de tous mes biens... Je veux qu'il soit remis à Roge, ma femme,
» 5,000 sols Morlaas, montant de sa dot, et autres 5,000 sols pris sur
» ma fortune, et, jusqu'à final paiement de ces deux sommes, je
» veux qu'elle jouisse du péage de Bergerac, à moins qu'à ma
» prière, mes hommes de Bergerac se chargent de les lui payer....
» Je veux que, sur les revenus de ma terre, si mes biens meubles ne
» peuvent y suffire, il soit prélevé 30,000 sols de monnaie courante,
» pour la construction du pont de Bergerac, parce que mon père
» avait résolu dans sa pensée, de le faire ainsi (2). »

Le 10 mai suivant, Hélie Rudel III était mort, comme nous l'apprend l'arrangement conclu, ce jour-là, entre Henri III et les principaux habitants de Gensac (3). Donc, jusqu'au dernier moment, Hélie Rudel III ne cessa d'être bien avec les habitants de Bergerac, auxquels son testament fait une recommandation qui prouve qu'il comptait sur eux ; ajoutez à cela que l'article relatif au pont démontre qu'il leur avait conservé toute son affection.

Cette mort modifia la situation de Renaud de Pons et de Marguerite. Ils se trouvaient désormais seuls, en face du roi d'Angleterre peu satisfait de leur conduite, et quoique le retour de Louis IX en France fût annoncé, et ses droits sur la Guienne bien connus, ce qu'ils avaient de mieux à faire, c'était de viser à un accommodement avec Henri III ; c'est ce qu'ils firent, en effet,

---

(1) Bibl. nat. coll. Brequigny, t. x, Guienne.
(2) Ibid., Ibid.
(3) Ibid., ibid.

comme nous l'apprennent des lettres écrites au nom de 40 habitants de Bergerac, parmi lesquels dix chevaliers et le maire. Par ces lettres ils déclarent avoir juré la trêve conclue entre le roi d'Angleterre, d'une part, Renaud de Pons et Marguerite, de l'autre, et la sûreté du *bourg de la tête du pont* et de ceux qui en ont la garde au nom du roi Henri (1).

Malgré la solennité de cet engagement, Renaud et sa femme tardaient à prendre une détermination, puisque, le 12 juin, Henri III écrivait au maire, à la commune et au comptable de Bourg, aux prud'hommes de Rioms, de Langon et de Saint-Macaire, au maire et aux jurats de Bazas et de Saint-Émilion, aux chevaliers et aux prud'hommes de Buguelon, de se rendre à Bergerac, la veille de la Saint-Jean, sur le tard (2), ce qui évidemment voulait dire qu'il y avait une expédition à faire. Cette expédition dut sans doute avoir lieu, et quoique nous n'en connaissions pas la suite, il est à croire cependant qu'elle avait pour but une démonstration contre Renaud et sa femme et qu'elle eut pour conséquence l'arrestation de Renaud, prisonnier à partir de ce moment, sans qu'un changement quelconque intervînt dans les dispositions des deux époux, puisque, le 2 août suivant, Henri III mandait à Marguerite : « Le second jour après
» l'assomption de la vierge (17 août), vous aurez à comparaître
» devant nous, n'importe où nous serons en Gascogne, pour y faire
» envers nous et recevoir des autres ce que de droit, de raison,
» tant sur les défauts des jours à vous et à nous assignés, que sur
» les questions contre vous proposées pour le fief de Bergerac et
» autres choses (3). » Il est constant cependant qu'une trêve avait été conclue entre Renaud et Gaston de Gontaud, agissant pour le roi d'Angleterre, avec diverses clauses ; mais tout porte à croire aussi que le mari de Marguerite dut faire des démarches auprès de Louis IX, rentré en France depuis peu de temps, et qui, par le fait, avait les droit les plus positifs sur Bergerac. Ce qui le prouve d'une manière certaine, ce sont des lettres de ce roi, portant la date du vendredi après la fête de sainte Luce (18 décembre) 1254, par esquelles il enjoint au sénéchal de Périgord de recommander aux

---

(1) Bibl. nat. coll. Brequigny, t. x, Guienne.
(2) Arch. de Pau, Berg. et Mont. L. 98, n° 12.
(3) Biblioth. nat. coll. Brequig., t. x. Guienne, t. x.

partisans de Renaud de Pons et de Marguerite, qui défendent Bergerac contre les Anglais, de se conduire vigoureusement, par la raison surtout que Renaud est en prison, et de signifier aux Anglais, s'ils sont devant la place, d'avoir à se retirer, jusqu'à ce que les conservateurs des trèves aient décidé si Bergerac relève du roi de France ou du roi d'Angleterre. En même temps, il veillera à ce qu'on ne porte pas de vivres aux camps des assiégeants (1). Il semble que ces lettres eurent pour conséquence d'activer les négociations engagées entre les agents du roi d'Angleterre et la commune de Bergerac, qui, de son côté, devait presser Renaud de Pons et sa femme d'en finir. Par lettres du 16 janvier 1255, le maire, les chevaliers et toute la communauté promettent à Henri III et à son fils Edouard que, si Renaud de Pons et Marguerite ne se sont pas présentés à Pâques devant la cour, ils reconnaîtront les princes anglais pour leurs seigneurs, etc. (2) ; et comme le 25 mars suivant, Marguerite écrivit au fils d'Henri qu'elle ne pouvait se rendre à la cour, au jour qui lui avait été assigné, parce qu'elle était en couches, mais qu'elle envoyait son fondé de pouvoir, pour procéder à son lieu et place (3), il faut en conclure que le but du monarque anglais avait été atteint. A partir de ce moment, les détails manquent et il n'est plus question de Renaud de Pons, de Marguerite, ni de la commune de Bergerac, jusqu'après le traité de paix conclu en 1259, entre saint Louis et le roi d'Angleterre.

Nous trouvons qu'en 1256 Gui, vicomte de Limoges, fit hommage au doyen de Saint-Yrieix, du château et de la châtellenie de Ségur, etc., et de la tierce partie des rentes, maisons, ville et bourg de Saint-Thomas-d'Excideuil, pour lequel il devait un étendard de soie blanche à trois lions rouges ; — en place duquel on mit plus tard celui du vicomte avec ses armes. Ce document prouve qu'en 1256, comme au temps de Saint-Yrieix, Excideuil relevait toujours de l'abbaye dont saint Yrieix avait été le doyen et qui prit plus tard le nom de ce saint (4).

---

(1) Arch. nationales, J. 318, n° 28.
(2) Bibl. nat. coll. Bréquigny, t. x, Guienne 2.
(3) Ibid., ibid.
(4) Bibl. nat. pap. Lespine, cart. des villes closes.

RAOUL DE LAS TOURS, ÉVÊQUE. — A Raimond de Castelnaud, dépossédé, comme nous l'avons vu, par le pape Innocent III, succéda Raoul de Las Tours. Il prit possession du siége épiscopal vers 1210, malgré les efforts combinés de toute la parenté de Raimond de Castelnaud, qui fit les démarches les plus actives pour empêcher sa consécration (1). Raoul, qu'on appelle aussi Ramnulphe de Las Tours, avait d'abord été chanoine de Saint-Yrieix et de Saint-Etienne-de-Limoges. Un de ses premiers soins fut de s'occuper de l'hérésie Albigeoise. Nous l'avons vu faire partie du conseil de Simon de Montfort, tandis que Raimond de Castelnaud se tenait auprès du roi Jean-sans-Terre. Il écrivit même, conjointement avec l'archevêque de Bordeaux et l'évêque de Bazas, au pape Innocent III, au sujet des résultats de la campagne de Montfort, en Agenais et en Périgord, des lettres où l'ardeur des sentiments religieux va jusqu'à l'injustice envers le comte de Toulouse (2). Nous avons vu qu'en 1217 il fut choisi pour expert entre le Puy-Saint-Front et la Cité. Cette même année il partit pour la Terre-Sainte et n'en revint qu'en 1219. A son retour il consacra le prieuré de Lafaye, dans le voisinage de Ribeyrac, fondé par cinq frères de ce nom (3).

Les *franciscains* ou *frères mineurs* commençaient à faire parler d'eux. On a prétendu qu'il s'affilia à leur ordre. Dans tous les cas, il s'appliqua beaucoup à le propager, et pendant qu'en 1220, il posait la première pierre de leur couvent, à Périgueux, il s'occupait de l'établissement des filles de Sainte-Claire, qui était également une création de Saint-François-d'Assise, et les installait dans les bâtiments de l'hôpital Saint-Jacques, au bord de l'Ille, donnés par le chapitre Saint-Etienne de la Cité, à la charge, par ces religieuses, qu'à chaque muance d'abbesse, elles placeraient, sur l'autel de saint Étienne, un cierge allumé d'une livre, qu'elles payeraient une rente annuelle d'un marbotère d'or valant vingt sols, et de deux livres d'encens (4).

Nous l'avons vu, conjointement avec les abbés et prélats du

---

(1) Audierne, notes sur l'*Estat de l'église du Périgord*, du père Dupuy, dans l'éd. par le procédé litho-typographique.
(2) Dupuy, l'*Estat de l'église du Périgord*, t. II, p. 76.
(3) Audierne, notes déjà citées.
(4) Dupuy, l'*Estat*, etc.

Périgord, demander à Louis VIII l'envoi d'un sénéchal pour mettre un terme aux maux qui désolaient cette province. A partir de ce moment, il n'est plus question de lui ; nous savons seulement qu'il devint infirme, et que, se voyant incapable d'administrer son diocèse, il donna sa démission, acceptée en 1232.

C'est sous son épiscopat (1229) que, par une ordonnance, saint Louis, voulut que les églises du Languedoc, dont le Périgord faisait alors partie, jouissent des priviléges de l'Eglise gallicane ; et, par cette même ordonnance, il décida que les hérétiques seraient poursuivis à outrance (1).

PIERRE DE SAINT-ASTIER, ÉVÊQUE. — Il eut pour successeur Pierre de St-Astier, de la famille des seigneurs de Lisle, fort ancienne et fort honorable maison, qui a toujours joué un grand rôle dans le Périgord, et a rendu de véritables services au pays. C'est dans le courant de 1233, que Pierre de St-Astier prit possession de son siège (2). Nous ne savons rien des huit premières années de son épiscopat. Il fut un des commissaires nommés en 1235, pour régler une affaire relative à l'élection de l'évêque de Poitiers (3).

En 1241, il introduisit les frères prêcheurs à Périgueux, entre la ville et la Cité, dans l'ancienne abbaye de St-Martin, qui appartenait aux religieuses de St-Jean-d'Escole, et qu'on disait être le même lieu où saint Euparque (saint Cybar) avait placé son couvent (4). Cette même année, il prit part au traité de paix entre Aimery de Ribeyrac et les habitants du Puy-St-Front. Nous l'avons vu répondre au roi, au sujet du *commun de la paix*, en 1243 ; en 1245, agissant comme abbé, conjointement avec le chapitre de St-Front, lui faire l'abandon des droits qu'ils avaient sur la ville ; et, en 1251, rendre une sentence arbitrale entre la Cité et le Puy-St-Front.

Les religieux de St-François s'établirent à Sarlat, en 1260. Gaillard de Beynac, baron dudit lieu, fit bâtir leur église. Le cloître fut l'œuvre du seigneur de Fages, près St-Cyprien. Les habitants de Sarlat firent le reste (5).

---

(1) Rec des ordon. des r. de Fr., t. 1, p. 50.
(2) Dupuy, déjà cité.
(3) Audierne (Calendrier de la Dordogne), année 1836.
(4) Dupuy : l'Estat de l'église, etc. t. 1, p. 84.
(5) Tardes : Antiquités du Périgord et du Sarladais.

Cette même année, les frères prêcheurs fondèrent une maison à Bergerac, par les soins de Bernard de Porchères. Un bourgeois de la localité, du nom d'Hélie Brunet, leur acheta un terrain pour construire, et fit bâtir le dortoir ; un autre, du nom de Géraud Roger, fit faire le cloître. L'an 1262, douze religieux s'y rendirent, envoyés par le chapitre tenu à Avignon. Guillaume de St-Astier, parent de l'évêque de Périgueux, en fut le premier supérieur ou abbé (1).

C'est Pierre de St-Astier qui, en 1261, fit l'ouverture du prétendu tombeau de St-Front, comme je l'ai raconté au chapitre de l'*établissement du christianisme en Périgord*, et qui en retira les deux fameuses lames, l'une de plomb l'autre de cuivre, sur lesquelles je me suis également expliqué.

Almoïde, abbesse de Ligueux, en 1263, voulant faire une quête dans la Saintonge, pour la réparation de son monastère, et voulant porter avec elle une relique, conservée dans son couvent, Pierre de St-Astier lui donna des lettres adressées à l'évêque de Saintes, dans lesquelles il affirmait qu'Almoïde était une vertueuse abbesse, que cette relique était regardée comme le bras de saint Simon, que, selon les gens les plus dignes de foi, ce bras avait été apporté de Constantinople. Il finissait en priant son collègue de patroner l'abbesse auprès de son clergé (2).

En 1265, Geoffroi de Maumont donna à l'abbaye de Peyrouse tout ce qui lui venait de sa mère (3).

Pierre de St-Astier donna sa démission d'évêque en 1266, à cause de ses infirmités ; se retira dans le couvent des frères prêcheurs de Limoges, et y mourut en 1273 (4).

Cet évêque s'occupa avec soin de ramener la paix dans le couvent de Sarlat, depuis longtemps troublée par les tiraillements de l'ambition cléricale. Le plus violent des compétiteurs était Hélie Magnonat ; Pierre de St-Astier l'exclut et investit à sa place Géraud d'Aubusson (5), élu canoniquement et qui pourtant eut à subir l'instruction judiciaire dont j'ai parlé plus haut.

---

(1) Tardes : *Antiquités*, etc.
(2) Courcelles, hist. généal. et héraldique des pairs de Fr., t. IV, article Pons, p. 12.
(3) Bibl. nat. coll. de D. Estiennot, l. 359.
(4) Hugues du Tempe : *Le clergé de Fr.*, t. II, p. 569.
(5) Audierne : *Précis hist. sur la ville de Sarlat* (Calendrier du département de la Dordogne 1837.)

L'élection canonique de Géraud d'Aubusson ne ramena cependant pas la tranquillité dans le couvent ; ce qui le prouve, de la manière la plus déplorable, c'est qu'en 1263, l'abbé, pendant qu'il célébrait l'office divin, fut frappé à mort d'une flèche lancée par un moine ; cet affreux assassinat produisit un grand désordre, au milieu duquel plusieurs religieux furent arrêtés (1).

C'est sous l'épiscopat de Pierre de St-Astier que fut fondé le couvent des Cordeliers d'Excideuil, par Gui VI, vicomte de Limoges (2).

Au milieu de l'agitation communale, du mouvement religieux, de la guerre avec les Anglais, la marche de la société vers une organisation plus stable se dessine chaque jour davantage ; cependant on la voit à chaque pas hésiter, et parfois même se tenir dans une sorte d'immobilité.

A mesure que les communes s'organisaient, les maires, pénétrés de leur mission, s'occupaient sérieusement du maintien de l'ordre ; et, quel que fût le perturbateur, ils lui appliquaient les règlements. Le clergé jouissait de beaucoup de privilèges, parmi lesquels un des plus importants était celui de n'être jugé que par des juges spéciaux. Les clercs alors menaient assez mauvaise vie, et il n'était pas rare de les surprendre en flagrant délit et en flagrant crime. Arrêtés sur le champ et condamnés sans ménagement, ils suscitaient des embarras aux communes, faisaient naître des conflits qui, presque toujours, se dénouaient au détriment des communes. Philippe-Auguste y avisa. (Rec. ordon. t. ii, p. 294).

On n'a pas oublié que Castelnaud fut assiégé et pris par les croisés. Au moment du siège, les seigneurs de Castelnaud étaient alliés à la maison de Lautrec, par Hugues Ermengaud de Lautrec, marié vers 1209, à Castellane de Castelnaud, fille d'Aimery, seigneur dudit lieu. Les Lautrec avaient suivi le parti des comtes de Toulouse, dont ils étaient parents. Aimery, en sa qualité de vassal de ce comte, en avait fait autant. Nous retrouvons Aimery encore de ce monde, en 1240, toujours dévoué au comte de Toulouse, mais réduit à s'humilier devant l'autorité de saint Louis, dont les progrès dans le Midi

---

(1) Bibl. nat. Coll. de D. Estiennot, t. 557.

(2) On ne donne pas la date précise ; mais il est dit expressément que la pancarte de ces cordeliers indiquait comme fondateur Gui VI, vicomte de Limoges. Bibl. nat., papiers Lespine, cart. des villes closes.

obligèrent les seigneurs à se soumettre. Au mois de juillet, Aymery se rendit à Compiègne, en compagnie de l'évêque de Périgueux, demanda grâce au roi, jura de le servir, de ne point chercher à nuire, par lui ou par ses fils, ni au château de Castelnaud, placé sous la main du roi, ni aux terres qui en dépendaient, ni à la garnison, et promit de faire prêter le même serment à ses fils ; à la suite de quoi, le roi, le remit en possession des terres en dehors du château et de la paroisse et lui assigna 50 livres tournois de revenu annuel, à recevoir en deux pactes, tout le temps qu'il n'en déciderait pas autrement (1).

Vers 1200, Renaud de Pons, deuxième du nom, épousa Marguerite, qu'on croit fille unique et héritière de Guillaume Taleyrand et de Maens, et qui lui porta en dot *Montignac-le-Comte* et ses dépendances. On a pensé qu'il prit en même temps, le titre de seigneur de *Limeuil* et de *Cendrieux* ; mais j'ai prouvé ailleurs que ce n'était pas possible et que ces deux terres lui vinrent plus tard et très probablement des Anglais. Il est même à croire qu'il ne les posséda que vers 1224-1226, et qu'il en fut dépossédé avant ou peu de temps après la bataille de Taillebourg. Vers cette époque, il avait cédé à son fils le château de Montignac et ses dépendances ainsi que celui de Limeuil, quoique peut-être il ne le possédât pas en ce moment, et que, pour sûr, son fils n'en jouit pas en 1242. Au moment où saint Louis fit son frère Alphonse chevalier, il lui donna le comté de Poitiers, l'Auvergne et d'autres terres qui ne sont pas spécifiées, mais parmi lesquelles figurait une partie du Périgord ; sans cela il serait impossible d'expliquer les détails qui vont suivre.

Nous avons vu que la seigneurie de Montignac avait été portée dans la maison des comtes de Périgord, par Eina. Il semblait donc tout naturel qu'en épousant Marguerite, Renaud devint le vassal des comtes. Il n'en fut rien cependant et, en 1227, il rendit hommage à Louis IX et lui prêta serment de fidélité, *pour son château de Montignac* (2). De son côté, son fils Geoffroi IV, en 1242, après la bataille de Taillebourg et dans le camp de Marcillac, près Blaye, rendit hommage, *pour ce même château et ses dépendances*, à Alphonse, comte de Poitiers, etc., et lui prêta serment de fidélité, s'engageant

---

(1) Arch. nat., J. 630, n° 12.
(2) Hist. généal. et héraldique des pairs de Fr., t. IV, art. Pons.

à remplir le même devoir pour son château de Limeuil, aussitôt qu'il en serait rentré en possession (1). Comment expliquer la situation faite au seigneur de Montignac et de Limeuil autrement que par ce qui a été dit plus haut ? Du reste, cette maison de Pons grandissait incessamment dans le Périgord, et le fils de Geoffroi, seigneur de Bergerac et vicomte en partie de Turenne, comme nous l'avons vu, par son mariage avec Marguerite, fille d'Hélie Rudel, possédait *Terrasson, Charagnac, Grèzes, Payzac-sur-Vézère, Jayac, Nadaillac, Lafeuillade, Ladournac, etc.*, et prétendait avoir le droit d'y prélever le commun de la paix ; ce qui lui fut contesté en 1257, devant le parlement, qui le débouta de ses prétentions (2).

Il semble que la hiérarchie féodale n'était pas tellement bien établie, vers le milieu du XIII° siècle, que chaque possesseur terrien se trouvât exactement inféodé à un seigneur immédiat, l'ayant reçu pour son homme et agissant envers lui comme envers un vassal, reconnaissant parfaitement sa suzeraineté. On serait même tenté de croire que ce n'était qu'à leur corps défendant que les anciens alodiaires se soumettaient à cette hiérarchie. Sans cela comment expliquer un acte de 1243, dont voici la teneur :

« Pierre de Gontaud a pardonné à Arnaud de Clarens et à Gaston,
» son père, le tort qu'ils lui avaient causé ; et Arnaud a délaissé à
» Pierre de Gontaud la seigneurie du château de *Badefol*, de la
» paroisse de *St-Vincent* et du lieu de Badefol. De plus, Arnaud
» s'est fait l'homme de Pierre pour le domaine de *St-Front*, qu'il
» doit lui livrer, content ou non, ainsi que toute autre forteresse
» qu'il pourrait posséder, toutes fois qu'il en sera requis par ledit
» Pierre ou par les siens. Pour cela, il doit donner à chaque muance
» de seigneur, un jeune autour ou vingt sols d'acapte. De son côté,
» Pierre de Gontaud doit protéger Arnaud et le défendre comme sa
» propre chose, etc. » Et cet autre, de 1253 : « Il y avait dis-
» corde entre Pierre de Gontaud et Guillaume de St-Alvère, con-
» jointement avec ses frères. Ces derniers, le jour de Ste-Marie-
» Madeleine, se rendirent à Badefol et demandèrent la paix à Pierre
» qui la leur accorda. Pour le tort qu'ils lui avaient causé, ils lui
» abandonnèrent un fief avec ses dépendances, qui relevait d'eux ;

---

(1) Arch. nat., J. 190, n° 16.
(2) Olim., t. I, p. 14.

» de plus, Guillaume de St-Alvère se fit son homme ». Et enfin, ce troisième, de la même année : « Hélie Fayard s'est fait homme de
» Pierre de Gontaud, et s'est lié, lui et les siens, audit Pierre et aux
» siens de sa pleine volonté (1) ».

Hélie Flamenc, seigneur de Brusac, (canton de Lanouaille), était homme-lige d'Eymery, vicomte de Rochechouart, pour une partie de la seigneurie de Brusac, en 1256 ; Eymery se fit l'homme-lige du roi, pour cette partie de seigneurie, et prêta hommage avec l'approbation d'Hélie (2).

En 1258, Hugues IV, duc de Bourgogne, par des lettres datées de Montbar, après l'Ascension (1258), s'engagea à remettre à Simon de Montfort, comte de Leycester, le château de Bourdeilles, le mardi après la Pentecôte, ou tout autre jour qui conviendrait à ce comte (3). Ces lettres semblent dire qu'Hugues IV, père de Marguerite, femme de Gui VI, vicomte de Limoges, que nous verrons bientôt envahir les domaines du seigneur de Bourdeilles, avait fait la guerre en Périgord, et s'y était rendu maître du château de Bourdeilles ; que plus tard, d'accord avec Simon de Montfort, comte de Leycester, alors en lutte avec le roi d'Angleterre, il avait traité avec ce comte pour lui livrer ce château, qui lui donnait pied en Périgord.

Je me borne à ces détails qui ne sont pas sans intérêt, me réservant d'entrer plus tard dans des considérations plus générales.

---

(1) Arch. nat., K. 1234.
(2) Arch. nat. J. 562, n° 27.
(3) Bibl. nat., coll. Estiennot, n° 557.

APPENDICES

Des archiprêtrés du Périgord.

(V. Livre Ier, chapitre I.)

On sait qu'à l'époque des croisades, le clergé se montra très empressé à fournir des subsides. Plus tard, il offrit de nouveau, de lui-même, des décimes pour réchauffer l'ardeur des croisés. Son zèle se ralentit cependant ; mais les gouvernements surent si bien tirer parti de sa position, qu'ils parvinrent à obtenir de lui le renouvellement des décimes qu'il avait jadis si libéralement accordés, de son propre mouvement ; mais à la fin, le clergé devint au contraire chicaneur et récalcitrant. Cependant, comme les gouvernements lâchent difficilement ce qu'ils ont une fois saisi, il arriva que les chefs de l'Etat réclamèrent, et finirent par avoir ce qu'ils demandaient. Les subventions devenues par là à peu près obligatoires pour le clergé, il fallut nécessairement en régulariser la perception, et dès lors les archiprêtrés formèrent des circonscriptions territoriales, dans lesquelles des agents royaux allaient recueillir les sommes imposées (1). D'un autre côté, les états provinciaux, établissant des subsides, eurent recours à cette division territoriale pour la répartition de ces subsides ; témoin ce qui arriva en 1400 pour l'archiprêtré de Nontron (2) ; et, dans ce cas, il ne s'agissait pas seulement des ecclésiastiques ; le subside s'appliquait à tous les taillables et se répartissait d'abord par paroisses et ensuite par têtes. Les évêques eux-mêmes, qui, dans certains

---

(1) J'ai retrouvé un registre dans un état déplorable, mais au moyen duquel on peut regarder comme suffisamment constaté ce que j'avance ici. En effet, j'y vois un receveur du roi prélevant des deniers sur les ecclésiastiques des paroisses du Périgord.

(2) Voyez mon rapport à M. le préfet du département de la Dordogne, sur l'ancien comté du Périgord, p. 49.

cas, avaient le droit de prélever une *aide*, paraissent également avoir fait usage des archiprêtrés pour la répartition et la perception de cet impôt extraordinaire.

Les archiprêtrés eurent donc trois destinations distinctes, l'une toute morale et religieuse : la direction des prêtres et l'éducation du peuple ; l'autre judiciaire : la surveillance et la poursuite des criminels ; la troisième administrative et financière : la répartition et le prélèvement de certains impôts.

Je n'oserais pas préciser le temps où le Périgord fut définitivement organisé en archiprêtrés ; encore moins à quelle époque ces archiprêtrés reçurent les noms qu'ils portaient dans les derniers temps, quoique plusieurs de ces noms soient très bien connus antérieurement au douzième siècle (1) ; mais pour sûr, c'est une erreur du chanoine Tarde d'avoir prétendu, dans sa *chronique*, que le premier soin du premier évêque de Sarlat, en 1317, fut de diviser son évêché en sept archiprêtrés. Ces archiprêtrés devaient nécessairement subsister bien avant la nomination de Raimond de Roquecorn, et il est à regretter que M. Audierne, dans son *Précis historique sur la ville de Sarlat et ses évêques* (2), au lieu d'accepter l'opinion du chanoine Tarde, n'ait pas redressé sa méprise, en faisant remarquer que, par cela seul que l'organisation des archiprêtrés avait été généralement complétée dans le x° siècle, elle devait nécessairement s'être appliquée à tout le Périgord, puisqu'on en retrouvait quelques-uns dont l'existence était de beaucoup antérieure à 1317, d'autant qu'antérieurement à cette époque, le Périgord ne formait qu'un évêché. Mais il y a plus ; si l'on veut bien se donner la peine de comparer la bulle qui fixa les limites de l'évêché de Sarlat avec la prétendue organisation faite par Raimond de Roquecorn, on reconnaîtra sans peine que la circonscription de l'archiprêtré d'*Audrix* repousse complètement la supposition de Tarde. En effet, selon la bulle, la Vézère, jusqu'à son embouchure, devait servir de limite aux deux diocèses, et, selon l'état réel des choses, l'archiprêtré d'Audrix comprenait dans sa circonscription non-seulement Mon-

---

(1) Tels sont l'archiprêtré du Bugue, dont il est parlé dans un acte du x° siècle, et l'archiprêtré de la Quinte, dont le titulaire est témoin dans un acte du xi° siècle.

(2) Voyez le *Calendrier du département de la Dordogne*, pour l'année 1857.

tignac, mais encore les paroisses de Bars et de Thenon, qui font actuellement partie du canton de ce nom et se trouvent fort loin de la Vézère, sur sa rive droite. Il n'y a donc pas de raison pour ne pas admettre une division ancienne, tandis que les faits ne permettent pas d'accepter celle qu'on voudrait avoir été faite au commencement du xiv° siècle. Par conséquent, dans le principe, le Périgord ne formant qu'un évêché, réunissait nécessairement tous les archiprêtrés de la province, qui étaient au nombre de vingt-deux, non compris l'archiprêtré de Nontron, dont je parlerai à part. Mais, plus tard, le pays ayant été divisé en deux évêchés : l'évêché de Périgueux et l'évêché de Sarlat, celui de Périgueux comprit quinze archiprêtrés, et celui de Sarlat les sept autres. Les archiprêtrés du diocèse de Périgueux s'appelaient : 1° l'archiprêtré de la Quinte (1) ; 2° l'archiprêtré de Saint-Méard ; 3° l'archiprêtré du Bugue ; 4° l'archiprêtré de Saint-Marcel ; 5° l'archiprêtré de Villamblard ; 6° l'archiprêtré de Vélines ; 7° l'archiprêtré de Vanxens ; 8° l'archiprêtré de Chanteyrac ; 9° l'archiprêtré de Pilhac ; 10° l'archiprêtré de Peyrac ; 11° l'archiprêtré de Goutz ; 12° l'archiprêtré du Vieux-Mareuil ; 13° l'archiprêtré de Valeuilh ; 14° l'archiprêtré de Champagnac ; 15° l'archiprêtré de Thiviers.

Les archiprêtrés du diocèse de Sarlat étaient : 1° l'archiprêtré de Saint-André ; 2° l'archiprêtré de Daglan ; 3° l'archiprêtré de Paleyrac ; 4° l'archiprêtré d'Audrix ; 5° l'archiprêtré de Capdrot ; 6° l'archiprêtré de Bouniagues ; 7° l'archiprêtré de Flaujac.

Dans le diocèse de Périgueux, l'archiprêtré de la Quinte, c'est-à-dire de la *banlieue de Périgueux*, comprenait trente-huit paroisses, plus la ville et la Cité de Périgueux, en tout trente-trois communes d'aujourd'hui, qui sont : *Périgueux, Champcevinel, Chancelade et Andrivaux, Coulounieix, Marsac, Château-l'Évêque, Trélissac, St-Pierre-de-Chignac, Atur, Bassillac, Boulazac, St-Crépin, Elyac, St-Laurent-du-Manoire, Ste-Marie-de-Chignac, Marsaneix, Saint-Pierre-ès-Liens, Notre-Dame-de-Sanilhac, Coursac, Lachapelle-Gonaguet et Merlande, Montrem, Razac-sur-Lisle, Antonne, Cornille, Trigonant, Breuilh, Chalagnac, Creyssensac, St-Paul-de-Serre, Église-Neuve, Grun, Lacropte et Pissot*. Pour retrouver les

---

(1) Il y a plusieurs villes dont la banlieue s'est appelée Quinte ; telles Bourges, Poitiers, Angers, etc., etc.

trente-huit paroisses, je dois faire observer que *Andrivaux* a été réuni à *Chancelade*, *Preyssac-d'Agonac* à *Château-l'Évêque*, *Merlande* à *Lachapelle-Gonaguet* ; que *Beauronne-de-Chancelade* n'existe plus, et que *Château-Miscier* forme une commune avec *Salons*, qui appartenait à l'archiprêtré de Saint-Marcel.

L'archiprêtré de Saint-Méard, ou mieux Saint-Médard, réunissait soixante-deux paroisses, formant aujourd'hui cinquante-six communes, qui sont : *St-Médard, Excideuil, Anlhiac, Clermont-d'Excideuil, Génis, St-Germain-des-Prés, St-Martial-d'Albarède, St-Martin-Laroche, St-Pantaly-d'Excideuil, Preyssac-d'Excideuil, Saint-Raphaël, Hautefort* et *Lanouaillette, Badefol-d'Ans, Boisseuil, Charreix, Eychourgnac, Cubas, Ste-Eulalie-d'Ans, Granges, Lachapelle-St-Jean, St-Martial-Laborie, Naillac, St-Pardoux-d'Ans, Le Temple-Laguyon, Tourtoirac, Beauregard, Châtres, Labachellerie, Lavilledieu, St-Lazare, Pérignac, St-Rabier, Villac, Ajac, Azerac, Brouchaud, Fossemagne, Gabillou, Laboissière-d'Ans, Limeyrac, Montagnac-d'Auberoche, St-Orse, Le Change, Coulaures, Cubjac, Escoire, Blis-et-Born, St-Antoine-d'Auberoche, Mayac, St-Pantaly-d'Ans, St-Vincent-d'Excideuil, St-Privat, Lanouaille, Angoisse, Dussac* et *Sarlande*. Les six paroisses qui ne comptent plus comme communes, sont *Lanouaillette*, réunie à *Hautefort*, et *Born* à *Blis* ; *Le Temple-de-l'Eau, Bersac, Gandumas* et *Montbayol*, qui n'existent plus.

L'archiprêtré du Bugue était composé de dix-neuf paroisses qui constituaient encore tout récemment dix-sept communes, dont voici les noms : *Le Bugue, Limeuil, Paunat, St-Avit-de-Vialard, Campagne, St-Ciry, Manaurie, Journiac, Savignac, Fleurac, Mauzens-Miremont, St-Cernin-de-Reillac, Mortemar, Ladouze, Sengeyrac* et *Millac-d'Auberoche. Mortemar* et *St-Félix-de-Reillac* ne font plus aujourd'hui qu'une commune ; les deux paroisses en plus provenaient de ce que *Le Bugue* en formait deux : la paroisse de *Saint-Marcel*, qui n'existe plus, et la paroisse de *St-Sulpice*, et que *Limeuil* comptait également deux paroisses : celle de *St-Martin*, supprimée, et celle de *St-Pierre*, qui s'étend aujourd'hui à toute la commune.

L'archiprêtré de Saint-Marcel avait dans sa circonscription quarante-une paroisses, réparties aujourd'hui en trente-cinq communes, savoir : *St-Marcel, Lalinde, Baneuil, St-Capraise-de-Lalinde, Cause-de-Clérans, St-Félix, Liorac, Mauzac* et *St-Maime-de-Rozens, Pressignac, Vicq, Ste-Alvère, Ste-Foy-de-Longas, Grand-Castang, St-Laurent-du-Bâton, Pezul, Trémolat, Creysse, Lamonzie-Montastruc, Mouleydier* et *St-Cybard, St-Sauveur, St-Georges-de-Montclar, St-Martin-des-Combes, Clermont-de-Beauregard, Saint-Maurice, Veru, St-Amand-de-Veru, Bourrou, Cendrieux, Fouleix, St-Maisme-de-Pereyrol, St-Michel-de-Villadeix, Salon* et *Château-Miscier* et *Veyrines*. En ajoutant à ces trente-trois communes les paroisses de *St-Sulpice-de-Lalinde*, de *Ste-Colombe*, de *Drayaux*, de *Magnac* et de *St-Jean-de-Vergn*. qui n'existent plus, celle de *Saint-Mayme-de-Rozens*, jointe à *Mauzac*, et celle de *St-Cybard*, jointe à *Mouleydier*, on a les quarante anciennes paroisses; car il ne faut pas parler de *Château-Miscier*, qui, comme je l'ai dit plus haut, faisait partie de l'archiprêtré de la Quinte.

L'archiprêtré de VILLAMBLARD avait également dans son ressort quarante paroisses et la ville de Bergerac, ne faisant plus pareillement aujourd'hui que trente-trois communes : *Villamblard, Beauregard* et *Bassac, Beleymas, Bourgnac, Campsegret, Douville, Église-Neuve-d'Issac, St-Hilaire-d'Estissac, Issac, St-Jean-d'Estissac, St-Jean-d'Eyrault, St-Julien-de-Crempse, Laveissière, Maurens, Montagnac-la-Crempse, Bergerac, Lembratz, Queyssac, Bosset, St-Georges-de-Blancaneis, Ginestet, Les Lèches, Lunas, Mussidan, St-Front-de-Pardoux, Sourzac, Neuvic, St-Severin-d'Estissac, Vallereuil, Grignols, Jaure, St-Léon-sur-l'Isle* et *Manzac*. Pour retrouver les quarante anciennes paroisses, je ferai observer que *Bassac* a été réuni à *Beauregard*, et que *Tres-Seurs, Bruc-de-Grignol* ou *St-Front-de-Bruc, St-Mametz, Campaynac, Ste-Foy-des-Vignes, St-Martin-de-Bergerac* et *St-Georges-de-Mussidan* n'existent plus.

Dans l'archiprêtré de VÉLINES, on comptait trente-trois paroisses réduites à trente-deux communes : *Vélines, Ste-Aulaye, St-Avit-de-Fumadières, St-Avit-Tizac, Bonneville, Le Breuil, Le Canet, Fougueyrolles, Lamothe-Montravel, La Roquette, St-Michel* et *Bonnefare, Moncarret, Montazeau, Nastringues, Ponchat, St-Seurin-de-Pratz, St-Vivien, Villefranche-de-Lopchac, Carsac, St-Geraud-de-Cors, St-Martin-de-Gurçon, Minzac, Montreyroux, St-Rémy, La Force, Le Fleix, Fraisse, St-Géry, Montfaucon, St Pierre-d'Eyrault* et *Prigonrieu*. La trente-troisième paroisse était *Bonnefare*, réunie à *St-Michel*.

L'archiprêtré d'AVANCENS et non pas de VANXENS, se divisait en trente-huit paroisses, formant aujourd'hui trente-huit communes. *Avancens, Ribeyrac, Petit-Bersac, Bourg-du-Bosc, Chassagnes, Siorac, St-Sulpice-de-Romagnac, St-Aulaye, Cumont, Festalemps, La Gemaye, Larochechalais, Lesparon, St Michel-de-l'Ecluse, Saint-Michel-de-Rivière* (Gironde), *Parcoul, Pont-Eyrault, St-Privat, Puymangou, Servanches, St-Vincent-Jalmoustier, Montpaon, Saint-Barthélemy, Eychourgnac, Eygurande, Gardedeuil, St-Martin-d'Artensec, Menesplet, Montignac-sur-Vauclaire, Le Pizou, Saint-Sauveur-de-Lalande, Beaupouyet, St-Martin-l'Astier, St-Laurent-des-Hommes, St-Médard, St-Michel-de-Double, St-André-de-Double* et *St-Vincent-de-Connezac*.

L'archiprêtré de CHANTEYRAC. — Seize paroisses faisaient partie de cet archiprêtré ; elles sont réduites actuellement à quatorze communes : *Chanteyrac, St-Aquilin, St-Jean-d'Ataux, Beauronne* et *Faye, Douzillac, St-Germain-de-Salembre, St-Médard-de-Dronne, St-Pardoux-de-Dronne, Douchapt, Segonzac, Tocane, St-Etienne, St-Louis* et *St-Astier*. Les deux anciennes paroisses en plus étaient *Faye*, réunie à *Beauronne*, et *Boisset* qui n'existe plus.

L'archiprêtré de PILLAC réunissait les paroisses qui suivent : *Pillac, Palluau, Aubeterre, Miran, Cheneaux, Bazac, St-Quentin, La Menescle, St-Christophe, Rouffiac, Les Essarts, Bonnes, Aurivalle, Courlac, Bellon, St-Martial, St-Romain, La Prade, Nabinaux, Bars, St-Severin, Juniac, Montignac-le-Coq, Salles, Vaux*, et *Saint-Amand-de-Montmoreau*.

L'archiprêtré de PEYRAT comprenait : *Le Peyrat, Lavalette, Garde, St-Cybart, Blanzaguei, Ronsenac, Edon* et *Gurac*.

Ces deux archiprêtrés dépendaient en grande partie de l'Angoumois, au moment de la Révolution ; ils sont actuellement compris dans le département de la Charente.

L'archiprêtré de GOUTS était formé de vingt-six paroisses, constituant aujourd'hui vingt-cinq communes : *Gouts, Beaussac, Argentines, Les Graulges, Larochebeaucourt, Combiers* (Charente), *Fontaines, Verteillac, Auriac, Bertrix, Bouteilles, Burée, Champagne,*

Cherval, La Chapelle-Grésignac, Lusignac, St-Martial-de-Viveyrols, St-Paul-de-Lisonne, Nanteuil, St-Sébastien, Vendoire, Allemans, Comberanche, Villetoureix et Epeluche. La vingt-sixième paroisse était *Bourzac*, qui n'existe plus.

On comptait dans l'archiprêtré du VIEUX-MAREUIL dix-huit paroisses, réduites aujourd'hui à quinze communes, qui sont : *Le Vieux-Mareuil, Mareuil-St-Pardoux-et-St-Priest, Ste-Croix, St-Félix, Champeau* et *La Chapelle-Pommier, La Dosse, Léguillac-de-Cercles, Monsec, Puy-Renier, St-Sulpice-de-Mareuil, Coutures, Bourg-des-Maisons, Cercles, La Chapelle-Montabourlet, Rossignols* et *Latour-blanche*. *St-Pardoux-de-Mareuil, St-Priest-de-Mareuil* réunies à *Mareuil, La Chapelle-Pommier* réunie à *Champeau*, font, avec les quinze communes, les dix-huit anciennes paroisses.

La circonscription de l'archiprêtré de VALEUILH s'étendait à vingt-quatre paroisses, réduites aujourd'hui à vingt communes : *Valeuilh, Brantôme, Biras, Bourdeilles, Bussac, St-Julien, Lisle, Puy-de-Fourches, Sencenac, Annesse* et *Beaulieu, Léguillac-de-Lauche, Mensignac, Montagrier, St-Apre, Brassac, Celles, Le Chapdeuil* et *St-Just, Creyssac, Douchapt, Paussac* et *St-Vivien*, et *Boulonneis* et *Belaygue*. Les quatre paroisses en plus étaient : *Beaulieu, St-Just, St-Vivien* et *Belaygue*.

De l'archiprêtré de CHAMPAGNAC dépendaient vingt-six paroisses, ne formant plus actuellement que vingt-trois communes : *Champagnac, St-Angel, Cantillac, Condat, La Chapelle-Faucher* et *Jumillac-de-Colle, La Chapelle-Montmoreau, St-Pancrace, Quinsac, Villars, St-Front-de-Champniers, St-Jean-de-Colle, Lempzours, St-Martin-de-Fressengeas, St-Pierre-de-Colle, St-Romain* et *Saint-Clément, Vaunac, St-Pardoux-la-Rivière, St-Front-la-Rivière, Romains, St-Saud, Millac-de-Nontron, St-Crépin* et *Eyvirac*. Les trois autres paroisses étaient : *Jumillac-de-Colle, St-Clément* et *Chalusset* qui n'existent plus.

L'archiprêtré de THIVIERS réunissait vingt-une paroisses, constituant encore à présent vingt-une communes : *Thiviers, Corgnac, Eyzerac, Nanteuilh, Jumilhac-le-Grand, Chalais, St-Pierre-de-Frugie, St-Jory-de-Chalais, Ste-Marie-de-Frugie, St-Paul-Laroche, St-Priest-les-Fougères, Nanthiat, Sarrazac, St-Sulpice d'Excideuil,*

St-Front-d'Alemps, St-Jory-Lablouz, Savignac-les-Eglises, Négrondes, Sarliac, Sorges et *Agonac.*

Dans le diocèse de Sarlat, l'archiprêtré de Saint-André comprenait quarante-huit paroisses, réparties aujourd'hui en quarante-deux communes : *St-André* et *Allas-l'Evêque, Sarlat, Beynac* et *Cazenac, La Canada, La Roque-de-Gajac, Marcillac* et *St-Quentin, Marquay, Ste-Nathalène, Proissans, Tamniés, Vezac, St-Vincent-le-Paluel, Vitrac, Aillac, Carsac, St-Cyprien, Bezenac, Castel, Meyrals, Sireuil, Tursac, St-Vincent-de-Cosse, St-Amand-de-Coly, Aubas, La Chapelle-Aubareil, Peyzac, Serjac, Vallajoux, Salignac, Archignac, St-Crépin* et *Carlusset, St-Geniez, Jayac, Nadaillac, Terrasson, Coly, Condac-sur-Vézère, Lacassagne, Ladornac* et *Pazayac.* Les six paroisses qui complétaient le chiffre de quarante-huit, étaient *Allas-l'Evêque* réunie à *St-André, Cazenac* réunie à *Beynac, St-Quentin* réunie à *Marcillac, Carlusset* réunie à *St-Crépin,* et *Beau-Repos* qui n'existe plus.

L'archiprêtré de Daglan se composait de dix-huit paroisses, réduites à seize communes, qui sont : *Daglan, Dome, St-Aubin-de-Nabirat, Bouzic, Castelnaud, Cenac* et *St-Julien-de-Castelnaud, St-Cybranet, Florimont* et *Gaumiez, Graulejac, La Chapelle-Peuchaud,* appelée aujourd'hui *La Chapelle-Castelnaud, St-Laurent-de-Castelnaud, St-Martial-de-Nabirat, St-Pompon, Veyrines* et *Champagnac-lez-Quercy.* Les deux paroisses en plus étaient *Gaumiez* réunie à *Florimont,* et *St-Julien-de-Castelnaud* réunie à *Cenac.*

Dans l'archiprêtré de Paleyrac on comptait vingt-six paroisses, ne formant aujourd'hui que vingt-deux communes : *Paleyrac, Cussac, Cabans, Urval, Belvès, St-Amand-de-Belvès, Carvès, Chadech, Doissat, Fongalop, Ste-Foi-de-Belvès, St-Germain, Grives, Larzac, Montplaisant, St-Pardoux* et *Vielvic, Sagelat, Salles-de-Belvès, Siorac, Allas-de-Berbiguières, Berbiguières* et *Marnac.* Les quatre paroisses qui ne comptent plus sont : *Vielvic* réunie à *Saint-Pardoux, Fongaufier* fondue depuis longtemps avec *Siorac, Feyrac* réunie à *Castelnaud,* dans l'archiprêtré de Daglan, et *Bigaroque* réunie au *Coux,* dans l'archiprêtré d'Audrix.

L'archiprêtré de Capdrot avait dans sa circonscription cinquante-cinq paroisses, comprises aujourd'hui dans quarante-quatre communes : *Capdrot, Montpazier, Biron, St-Cassien, Gaujac, Lavalade, Lolme, St-Marcori, Marsalès, St-Romain, Soulaures, Vern-de-Biron, Beaumont, St-Avit-Sénieur, Bayac, Bourniquel, Ste-Croix Labouquerie, Montferrand, Monsac, Naussannes, Nojals* et *Clottes, Rampieux, Ste-Sabine, Cadouin, Ales, St-Avit-Rivière, Badefol, Bouillac, Cales, Molières, Pontours, Couse* et *St-Front, Ville-Franche, Besse, St-Cernin-de-l'Herm, St-Etienne-des-Landes, Fontenille* et *Aigueparses, Latrape, Lavaur, Loubejac, Mazeyrolles, Orliac* et *Prat-de-Beltès*. Les onze paroisses qui ne figurent plus sont : *Clottes* réunie à *Nojals*, *St-Front* réunie à *Couse*, *Aiguesparses* réunie à *Fontenille* et *Bertis-de-Biron, St-Cernin-de-Biron, Notre-Dame-de-Biron, Le Bel, St-Germain, Le Pic, St-Vincent* et *Crissac*, dont les noms ont complétement disparu de l'annuaire départemental.

L'archiprêtré de BOUNIAGUES, et mieux BOUNAIGUES, avait dans son ressort *Bouniagues, Issigeac, St-Aubin-de-Lanquais, Bardon, Boisse, St-Certin-de-Labarde, Colombier, Conne-de-la-Barde, Eyreuville, Falgueyrat, Faurilles, Cavar, Cadelech, St-Amand-de-Boisse*, trois paroisses qui n'existent plus, *Faux, St-Léons*, appelé jadis de *Cugnac* ou de *Roquépine, Mondaçon, Montmadalès, Montmarvès, Montsaguel, Montaud, St-Pardoux, Pouzols*, actuellement réunie à *St-Cernin-de-la-Barde, Ste-Radegonde, St-Capraise-d'Eymet, Ribagnac, Cours-de-Piles, St-Germain, Mons*, actuellement réunie à *St-Germain, St-Nexans, Born-de-Champs, St-Agne, Lanquais, Varennes, Verdon, Pontromieu*, qui n'existe plus ; toutes les paroisses situées sur la rive droite du Drot depuis *St-Cernin-de-Biron*, qui n'existe plus comme paroisse, jusqu'à *Gassas*, celles de *Ferransac, St-Martin, St-Front, Castillonnez, Cahusac, St-Martin-de-Cahusac, Agassas, La Landusse* et *Douzain*, sur la rive gauche ; lesquelles paroisses de la rive droite et de la rive gauche ne font pas partie du département de la Dordogne.

L'archiprêtré de FLAUGEAC réunissait quarante-six paroisses, ne constituant plus aujourd'hui que trente-cinq communes : *Flaugeac, Cunège, Gageat* et *Rouillac, Gardonne, La Monzie-St-Martin, Mescoulés, St-Avit-de-Moiron* (Gironde), *Monbos, Monbazillac, Monestier, Pomport, Peguilhem, Rouffignac, Saussignac, Rozac, Sigoulès, Thenac, St-Laurent-des-Tignes, Eymet, St-Aubin-de-Cahuzac* et

Cadelech, Cogulot, Ste-Eulalie, Fonroque, Ste-Innocence, St-Julien-d'Eymet, Razac-d'Eymet, Rouquette, Sadillac, Serres et *Montguyar, Singlerac, St-Sulpice-d'Eymet, St-Macaire, St-Nazaire, Quezaguet* et *Agnac* (ces quatre dernières communes dans le Lot-et-Garonne); les onze autres paroisses étaient *Rouillac* réunie à *Gageac, St-Jean* ou *St-Martin-de-Gardonne*, qui n'en font plus qu'une sous le nom de *Gardonne*; *Cadelech* réunie à *St-Aubin-de-Cahuzac, Montguyar* réunie à *Serres, Gabanelles, St-Cernin-de-Gabanelles, Montcuq, Monteil, St-Mayme* et *La Bastille-de-Peguilhem*, qui n'existent plus.

L'archiprêtré d'Audrix était à cheval sur la Vézère (1) et se composait de seize paroisses, formant aujourd'hui quinze communes: *Audrix, Le Coux, Mouzens, Tayac, Campagne, Montignac, Auriac, Fanlac, Les Farges, St-Léon, Plazac, Rouffignac, Thonac, Thenon,* et *Bars*. La seizième paroisse était *Lussas*, actuellement réunie à *St-Cyprien*, qui faisait partie de l'archiprêtré de St-André.

Tels étaient les archiprêtrés du Périgord dans ces derniers temps. Non pas que je prétende avoir reproduit avec la dernière exactitude les noms de toutes les paroisses comprises dans leur circonscription respective; mais je pense en avoir dit assez pour donner une idée à peu près juste de leur forme et de leur étendue. Actuellement, qu'il me soit permis d'entrer dans quelques considérations à cet égard.

La première réflexion qui vient naturellement à l'esprit, en voyant l'étrangeté de cette division territoriale et l'incohérence qui règne entre ses diverses parties, c'est de se demander quelle a pu être la pensée qui a présidé à cette répartition, et, franchement, plus on y réfléchit plus on éprouve d'embarras à se faire une réponse satisfaisante. Dans cet état de choses, on ne trouvera peut-être pas sans utilité que je fasse ici quelques rapprochements de faits qui, sans résoudre complètement la difficulté, ne laisseront pas que de contribuer à l'éclaircir un peu.

En comparant les données historiques que j'ai pu recueillir avec la dernière disposition des lieux, j'ai constaté que les archiprêtrés

---

(1) Il est à remarquer que les deux évêchés s'attribuaient cet archiprêtré. Dupuy le place dans le diocèse de Périgueux, Tarde dans celui de Sarlat.

du Périgord, dans l'origine, n'étaient pas exactement les mêmes que ceux du XVIIIᵉ siècle. Ainsi, par exemple, on trouve dans un acte de 1241, qu'il existait alors un archiprêtré de *Biras*, dont il ne reste plus actuellement aucune trace.

D'un autre côté, deux actes, l'un du IXᵉ, l'autre du Xᵉ siècle, nous apprennent, le premier, qu'il existait dès lors une centaine, appelée la *Centaine du Bugue*, qui comprenait dans son étendue *Millac-d'Auberoche*; le second, que l'*archiprêtré du Bugue* était déjà constitué en 964; et comme nous avons vu que plus tard l'archiprêtré du Bugue avait *Millac-d'Auberoche* dans sa circonscription, nous devons en conclure que l'archiprêtré du Bugue et la centaine de ce nom avaient les mêmes limites.

En troisième lieu, nous lisons dans la chronique d'Adhémar de Chabannais, qu'en 930 on donna à *St-Cybard* d'Angoulême l'église de *St-Hilaire*, située en Périgord, IN VICARIA PILLIACENCE, qu'on a traduit jusqu'ici par LA VIGUERIE DE PILES; mais que je n'hésite pas à croire devoir signifier la *Viguerie de Pilhac*, et comme, d'après Adrien de Valois, Du Cange et autres savants à cette époque, les centaines et les vigueries étaient à peu près la même chose, je serai tenté d'en conclure que l'archiprêtré de *Pilhac* aurait fort bien pu être calqué sur la viguerie du même nom. Dès lors, de tout ce qui précède, il résulterait, à mon sens, qu'il n'y aurait pas trop d'invraisemblance à supposer que primitivement les archiprêtrés furent généralement établis dans l'étendue respective des centaines ou des vigueries; mais que plus tard, par des motifs dont nous ne pouvons plus nous rendre compte, ils subirent différentes modifications au moyen desquelles ils devinrent ce que nous voyons qu'ils étaient au moment de la Révolution.

L'archiprêtré de Nontron dépendait autrefois de l'évêché de Limoges, quoique situé dans la province ou sénéchaussée de Périgord.

Son étendue était fort considérable : il comprenait *Nontron, Abjat, Auginiac, Le Bourdeix, Connezac, Saint-Estèphe, Haute-Faye, Javerlhac* et *La Chapelle-Saint-Robert* qui ne font plus qu'une commune, *Lussas* et *Nontronneau* qui sont également réunies en une seule commune, *Saint-Martial-de-La-Valette, Saint-Martin-le-Peint, Savignac-de-Nontron, Teyjac, Bussière-Badil,*

St-Barthélemy, anciennement surnommé de *Pluviers* ; *Busserolles, Etouars, Pluviers, Reillac* et *Champniers* actuellement réunies en une commune ; *Soudat, Varaignes, Firbeix* et *Mialet* ou *Millaguet*.

Indépendamment de ces vingt-six paroisses qui constituent vingt-trois communes, toutes actuellement situées dans le département de la Dordogne, il renfermait aussi les paroisses de *Boubou* (Charente), *Bussière-Galant, Champagnac, Champsac, Chenevières, Charonnat, Cussat, Gajoubet, Dournazac, Gorre, La Chapelle-Montbrandeix, Les Salles-de-Lavauguyon, Maraval* et *St-Mathieu*, en tout quatorze paroisses, dont treize sont encore pour la plupart des communes du département de la Haute-Vienne. De sorte que l'archiprêtré de Nontron avait dans sa dépendance quarante paroisses formant actuellement des communes pour la majeure partie.

II

Limites du Périgord au Nord.

(Voir Livre Ier, Chapitre Ier).

On a cité un passage de la vie de saint Vaast, écrite, dit-on, avant 667, qui est ainsi conçu : Aquitania montem habet qui æqualibus pene spatiis Petragoricam et Lemovicam civitates dirimit : Mons illa magna est et suâ quantitate multum terræ occupans, longe lateque, altitudine fere nubes penetrans si graves sint. Super cacumen ejus, antiquis et preteritis ætatibus incertum an civitas an castrum situm fuit, cujus enormitatem et munitissimam magnificentiam ruinarum indices et moles dirutæ satis demonstrant quanta fuerit res ipsa. Nomen montis et tunc et nunc *Leucus* est ; ex nomine montis castrum illud etiam nomen sortitum est ; sed et populos regionis illius *Leuci* sunt dicti, maxima pars Aquitaniæ usque in oceanum. Testes sunt perpetua fama et plures scripturæ jam hodie quod illa omnia ita nuncupantur. De Leucis ergo B. Vedastus oriundus fuit, nobilibus haud procul dubio natalibus (1).

« L'Aquitaine a une montagne qui sépare par des espaces à peu
» près égaux la cité de Périgueux de la cité de Limoges. Cette
» montagne occupe, par son volume, un espace considérable de terre
» en long et en large, s'élevant presque dans les nuages s'ils sont
» pesants (c'est-à-dire lorsqu'ils courent bas). Au temps passé, ou
» anciennement, une cité ou un castrum (fort), on ne sait lequel
» des deux, existait à son sommet. Les ruines éparses et les masses
» de débris qu'on y voit démontrent son étendue, la magnificence
» de ses fortifications et son importance. Le nom de cette montagne,
» jadis comme aujourd'hui, est *Leucus*, et le fort reçut pareille-
» ment son nom du nom de la montagne. Quant aux peuples
» de cette contrée qui forme *la plus grande partie de l'Aqui-*
» *taine jusqu'à l'Océan*, on les appela *Leuques*. Les preuves de ce
» que j'avance se tirent de la tradition et de plusieurs écrits con-
» temporains. C'est parmi les Leuques que saint Waast vit le jour,
» et nul doute qu'il ne fût d'une illustre origine. »

Ce texte laisse à désirer sous tous les rapports ; mais comme nous avons la preuve positive que plus de cent ans avant sa rédaction le diocèse de Limoges s'étendait de quinze à vingt kilomètres au-delà de Châlus, qu'on a donné pour la cité ou le castrum des Leuques, dans la direction du Périgord, il ne saurait être mis en doute que, lors de l'occupation romaine, il n'y avait point de peuple entre le Périgord et les Lemovices. La preuve dont je viens de parler, c'est la lettre de Rurice, évêque de Limoges, à Chronope, évêque de Périgueux, écrite vers 530, et par laquelle il lui annonce qu'il a envoyé à Jumillac le prêtre dont il lui avait parlé. Cette lettre est conçue de telle façon qu'elle permet de croire que Jumillac, qui, dès l'origine, fut incorporé à l'archiprêtré de Thiviers, se trouvait pour ainsi dire indécis entre les deux diocèses, car il n'est pas douteux que, si l'évêque de Limoges n'avait pas eu quelque ménagement à garder vis-à-vis de Chronope, il ne se serait pas donné la peine d'écrire ce modèle de circonlocutions mystiques pour justifier sa détermination. Quoi qu'il en soit, la démarche de Rurice

---

(1) Duchêne : Coll. des hist. des Gaules, t. 1.

prouve suffisamment que si le Limousin ne comprenait pas Jumillac, il y touchait. Je n'ai donc rien à changer à ce que j'ai dit des limites du Périgord de ce côté du Limousin.

Dans l'introduction, dont il a fait précéder son édition du cartulaire de Beaulieu, M. Deloche donne arbitrairement du côté du Périgord des limites au Limousin dont il a fait la description. A son avis ce territoire n'est pas entièrement représenté par l'ancien diocèse de Limoges ; et dès lors, pour lui substituer ses anciennes limites sous l'occupation romaine et sous les rois mérovingiens, il lui attribue une bonne portion du Périgord qu'il distrait du diocèse de Périgueux. La ligne de démarcation qu'il a tracée part de Dalon, vers Thiviers, qu'il laisse un peu au sud de la frontière, se dirige sur Saint-Angel, passe au sud de Saint-Martial-de-Valette, de Lussas, de Beaussac, touche à la Nisonne, passe à l'ouest de Saint-Robert et franchit le Bandiat au moment d'entrer dans l'Angoumois.

Les raisons qui ont déterminé M. Deloche a procéder de la sorte sont : 1° Le calcul des distances par les itinéraires anciens entre Vésonne et Limoges ; 2° L'inscription d'un triens attribué à Jumillac et la lettre de Rurice ; 3° L'inégalité des contingents fournis par les Lemovices et les Petragoriciens lors du soulèvement des Gaules contre César, sous l'influence de Vercengétorix.

Sans traiter à fond ces raisons, qui ne sont même pas plausibles, j'en dirai pourtant quelques mots, pour passer rapidement au fait principal, qui est celui d'une impossibilité matérielle pour le tracé de cette ligne.

On a constaté que les distances sont marquées de chiffres différents dans les itinéraires, ce qui tient à des fautes de copistes ou à des erreurs matérielles ; mais admettons les chiffres fournis par M. Renier, dans la dernière édition qu'il a donnée des itinéraires et pour laquelle il a confronté tous les manuscrits connus (1). Nous avons 18 de Vésonne à *Fines* et 28 d'Augusioritum au même *Fines*. S'il est vrai que ce chiffre 18 représente des lieues gauloises, et que ces lieues soient de 1,134 toises, soit 2,268 mètres, au lieu de 46 lieues gauloises de Vésonne à Limoges, nous n'en avons que 40 et 56 m. puisqu'il n'y a que 92 kilomètres de Périgueux à Limoges. Si au

---

(1) Annuaire de la Société des Antiquaires de 1860.

contraire nous prenons le chiffre 21 pour les deux distances adopté par quelques éditeurs, la différence est moins grande ; mais elle existe toujours. Elle existe sur les chiffres itinéraires, tant qu'on n'est pas fixé sur le *fines*, et comme le *fines* n'est pas à Thiviers, où M. Deloche a cru le retrouver, ni dans son voisinage, cet érudit procède sans aucune certitude, en cherchant à régler les limites à l'aide des itinéraires.

L'inscription du triens de Jumillac-le-Grand ne prouve qu'une chose, c'est que ce triens est l'œuvre d'un monétaire de Limoges ; mais comme il ne pouvait pas en être autrement, puisqu'il n'y avait pas de monétaire à Vésonne, il est évident qu'on ne peut rien conclure de ce triens, à l'endroit des limites des deux pays. La lettre de Rurice, au contraire, est toute en faveur du Périgord, car elle prouve que cet évêque n'était pas sûr d'être dans son droit, d'où nous pouvons tirer cette conclusion que, si Jumillac-le-Grand n'était pas en Périgord, il était sur la limite ; or Jumillac est à près de 20 kilomètres au-delà de Thiviers dans la direction de Limoges.

L'inégalité des contingents des Lemovices et des Petragoriciens ; n'a pas besoin de se justifier aux dépens du Périgord ; l'étendue du pays des Lemovices, telle qu'elle se trouve déterminée par les données historiques, explique assez cette inégalité. Trois départements ont été formés de l'ancien territoire des Lemovices, la *Creuse*, la *Haute-Vienne* et la *Corrèze*, un seul du territoire des Pétragoriciens la *Dordogne*. La population de la Creuse, de la Haute-Vienne et de la Corrèze forme encore aujourd'hui à peu près le double de celle de la Dordogne. Il n'est donc pas besoin de prendre une portion du Périgord pour obtenir les 10,000 hommes du contingent des Lemovices constituant juste le double de celui des Petragoriciens. Cela prouve qu'il est inutile de s'arrêter plus longtemps aux raisons qui ont poussé M. Deloche à tracer la ligne qui lui a paru nécessaire pour justifier ses suppositions ; mais cette ligne en elle-même mérite-t-elle une attention plus sérieuse ? On va en juger.

De l'ancienne abbaye de Dalon, qu'on a toujours regardée comme appartenant au Limousin, la ligne droite qui va passer au-dessus du nord de Thiviers, détache du Périgord des communes qui en firent certainement toujours partie, puisqu'elles appartenaient aux archiprêtrés de Saint-Médard et de Thiviers ; ce qui est plus grave, elle attribue au Limousin la plus grande partie de Saint-Médard, canton de l'archiprêtré de ce nom ; or cela est contraire à toutes les données historiques connues. De Thiviers sa direction sur Saint-Angel jette encore dans le Limousin un certain nombre d'autres communes, parmi lesquelles Saint-Pardoux-la-Rivière, dont le couvent, fondé longtemps avant la réunion de Nontron et d'une partie de son archiprêtré au Périgord, fut toujours considéré comme appartenant au diocèse de Périgueux ; de Saint-Angel à Saint-Martial-de-Valette, elle forme un crochet à angle presque droit vers le nord qui a d'autant moins sa raison d'être qu'elle redescend immédiatement vers le midi, au moyen d'un angle à peu près pareil, pour aller passer au sud de Lussas et non pas Lussac, où elle pouvait se rendre directement de Saint-Angel. Il en est de même de Lussas à Beaussac pour gagner La Chapelle-Saint-Robert aux portes de l'Angoumois. Comme on le voit, cette ligne essentiellement capricieuse ne peut être que le résultat d'une fantaisie qui ne saurait nous arrêter davantage et devant laquelle les limites du Périgord, telles que je les ai indiquées, ne doivent subir aucune modification.

Un certain nombre d'historiens modernes place Excideuil dans le Limousin et s'est appuyé, pour cela, sur la chronique du prieur du Vigeois, qui n'a rien de catégorique, et sur la vie du troubadour Géraud de Borneil, qui dit formellement que ce poète *était du Limousin de la contrée d'Excideuil, fort bourg appartenant au vicomte de Limoges ;* mais ici il y a une erreur de fait fondée sur une vérité de circonstance. La vérité de circonstance c'est que réellement, durant une partie du moyen-âge, Excideuil appartint au vicomte de Limoges ; mais l'erreur de fait résulte de ce qu'ils n'ont pas connu le fragment sur les évêques de Périgueux qui, à l'article Arnaud de Vittabre ou plutôt de Villebois, s'exprime ainsi : « De son temps, les Normands abordèrent de nouveau les côtes
» d'Aquitaine, à St-Michel-de-l'Herme, avec l'intention de désoler
» le pays. Guillaume, comte de Poitiers, les combattit et en exter-
» mina la plus grande partie. Arnaud de Villebois prit part à cette
» guerre ; mais comme il n'avait pas de quoi payer ses troupes de
» leurs peines, il reçut d'Antoyne ou, comme on lit dans un autre
» manuscrit, d'Antoine, évêque de Limoges, une somme d'argent
» sur l'archiprêtré d'Excideuil, ce qui jusqu'à ce jour, par la

» négligence de l'église de Périgueux, est resté dans l'oubli et se
» trouve perdu. »

On a relevé encore cette expression : *Briva curretia in pago petragorico* : Brive-la-Corrèze dans le PAYS PÉTRAGORICIEN ; ce qui serait la preuve que Brive aurait été en Périgord ; mais aucun des manuscrits de Grégoire de Tours ne contient *in pago petragorico*, et les derniers éditeurs de ce père de notre histoire n'en ont pas même fait mention ; ces mots *in pago petragorico* sont donc une addition faite par quelque moderne plus ou moins ignorant, qui aura voulu suivre les errements de certaines traditions que nous retrouvons amplifiées dans ce texte : « Hœc autem provincia (le bas limousin) dilatata est et pars quædam petragoricensis, quæ ad Tullum usque protendebatur ei adjuncta ; urbis quippe Brevia, quæ tunc temporis pretragoricencium finibus claudebatur Lemovicino fuit attributa. » Mais cette province fut agrandie et une certaine portion du Périgord, qui s'étendait jusqu'à Tulle, lui fut adjointe ; car la ville de Brive, qui alors était enclose dans les limites du Périgord, fut attribuée au Limousin.

Du côté du Quercy l'empiétement a été pour le Périgord. Les *Annales bénédictines* et les *Vies de quelques saints appartenant à l'Aquitaine*, placent dans le Périgord Genouillac, arrondissement de Figeac (Lot), qui en est éloigné de plus de vingt kilomètres, comme on peut s'en assurer en lisant la bulle de Jean XXII, à laquelle je me suis attaché pour fixer nos limites de ce côté ; nous n'avons donc pas plus à nous occuper de cette inexactitude que des autres.

Dans l'Agenais, le Bordelais, la Saintonge et l'Angoumois, rien de particulier en dehors des explications que j'ai données. Il n'existe pas, que je sache, de texte qui ait fourni prise à la controverse. Nous pouvons donc passer aux Pouillés ou prétendus tels, dont j'ai déjà parlé dans une note, mais sur lesquels il est bon de s'expliquer pour n'avoir plus à y revenir.

Ces Pouillés, comme je l'ai dit, sont au nombre de trois. Leur titre général est : ARCHIPRESBYTERATUS DIOCESIS PETRAGORICENSIS UNUS POST ALIUM EXTRACTI EX QUODAM REGISTRO IN PARGAMNO SCRIPTO. *Archiprêtrés du diocèse de Périgueux, l'un après l'autre extraits d'un certain registre écrit en parchemin.*

Le premier comprend dix-sept archiprêtrés, le second vingt, et le troisième seize. Dans les trois, l'ordre des archiprêtrés est différent et les noms souvent ne sont pas les mêmes, chacun d'eux diffère aussi pour le nombre des paroisses et la manière dont elles sont classées. Leurs circonscriptions ne sont pas arrêtées et souvent on trouve des paroisses transportées d'un archiprêtré à un autre. Le premier et le troisième ont omis, l'un cinq, l'autre six des archiprêtrés qui faisaient partie du diocèse de Sarlat. Tout cela conduit à se demander quelle est la confiance qu'on doit leur accorder. Mais ce qui excite encore plus la défiance, c'est la manière dont le deuxième et le troisième parlent des archidiaconés, car le premier n'en fait pas mention. Le deuxième en porte le nombre à sept, sans dire leurs noms; le troisième n'en signale que cinq, qu'il appelle : Le *Majeur*, la *Double*, *Bergerac*, *Sarlat*, et *outre Dordogne*. Enfin ce qui achève de porter à croire que ce ne sont pas des nomenclatures ou des états dressés en dehors de l'action de l'église, c'est ce qui a trait à l'archiprêtré du Bugue et à celui d'Audrix, dans le deuxième et le troisième. Dans le deuxième, l'archiprêtré du Bugue est appelé de Limeuil, et dans le troisième est appelé d'Audrix ; mais, chose singulière, sous ce nom d'Audrix on ne donna que les paroisses faisant réellement partie de l'archiprêtré du Bugue, plus une appartenant à l'archiprêtré de Saint-Marcel, tandis qu'il n'y est pas question de celles comprises dans l'archiprêtré d'Audrix. Ce qui du reste achève de fixer sur ces documents, c'est que le dernier, qui porte la date certaine de 1382, a pour sous-titre : *Recette faite par P. Des Mortiers, collecteur des deniers de Clément VII.*

Par ces motifs, je ne m'arrêterai pas davantage à ces prétendus Pouillés, et revenant à mon sujet, je dirai que du côté de la Saintonge et de l'Angoumois, ils ne changent rien à ce que j'ai avancé, car si, par hasard, il y a une ou deux communes signalées en plus dans l'un, elles ne le sont pas dans l'autre, et qu'en fait il ne pourrait y avoir que de très petites modifications de détail ; j'ai encore moins à m'en occuper du côté de l'Agenais, puisqu'ils ont négligé la partie du Périgord qui le touche.

Un passage de la vie de saint Front par Raban-Maur contient une expression, cause d'une fausse interprétation qu'il importe de rectifier, quoiqu'elle ne change en rien les limites indiquées; on y lit : *Natale fronti episcopi et confessoris*, TERMINIBUS URBIS PETROCORICÆ, *in loco qui dicetur Lenicasio felicem luminis sumpsit exordium*. Saint Front évêque et confesseur, vint heureusement au monde en un lieu appelé Lanquais, dans le *territoire de la ville de Périgueux ;* au lieu de ce mot *territoire*, que j'ai employé dans la traduction de ce passage (1), on a cru pouvoir se servir de celui de *confins*, et on en aurait volontiers induit que la cité des Petragoriciens ne s'étendait pas au-delà de la Dordogne. Le mot *terminibus* ne peut pas faire équivoque. Au temps de Grégoire de Tours, *termen* ou *terminus* se prenait déjà dans le sens de *territoire* : quùm portitores ad locum quemdam Limovicini TERMINI pervenissent (2) ; lorsque les messagers furent parvenus à un certain lieu du *territoire* limousin. Il n'est donc pas possible de traduire *terminibus* par confins, et partant point de doute sur nos limites.

Je ne parlerai pas ici des lettres du duc d'Anjou que M. de Taillefer a si malheureusement citées dans ses *Antiquités de Vésone*, ni des lettres des jurats d'Aire et de Dax dont il sera question plus bas.

A l'époque du rétablissement du parlement de Toulouse (1444), si le Périgord fut compris dans les limites de ce parlement jusqu'à la Dordogne, cela ne saurait infirmer en rien ce qui a été dit sur les limites du Périgord. La circonscription du parlement de Toulouse fut réglée sur la circonscription du duché qui s'étendait jusqu'à la Dordogne, comme je l'expliquerai plus tard.

L'expédition de Jean d'Assise, évêque de Périgueux, et non pas de Pierre Mimet, comme on l'a imprimé à tort, contre le château de Gavaudun, occupé par des brigands, qui n'étaient autres que de pauvres Albigeois (1156-1169), ne prouve rien en faveur de l'extension des limites du Périgord du côté de l'Agenais. Le passage est trop formel pour laisser des doutes ; Hic episcopus castrum Gavaudunum, AGENNENSIS DIOCESIS, obsedit : cet évêque assiégea le château de Gavaudun, *diocèse d'Agen*.

Au temps de l'occupation anglaise, les rois de France créaient des lieutenants *entre Loire et Dordogne*, de *Languedoc au-delà de la Dordogne*, etc ; ce qui semblerait dire qu'il y avait une distinction entre la partie du Périgord de la rive droite de la Dordogne et la

---

(1) Liv. 1ᵉʳ chap. 4.
(2) *De Gloriâ confessorum*, c. II.

partie de la rive gauche ; mais presque en même temps ils avaient des lieutenants des *parties du Languedoc et de la Saintonge*, des *pays et duché de Guienne*, des *pays de Gascogne et duché de Guienne*, etc. ; si bien qu'en examinant ces diverses attributions on reconnaît qu'elles étaient tout simplement dictées par l'état des choses ; il n'y a donc pas à s'en préoccuper au point de vue des limites du Périgord.

III

Établissement du christianisme (1).

(Voir livre 1er, chapitre III).

Dans le congrès archéologique tenu à Cambrai en 1858, on posa cette question : *Quel fut le premier établissement du christianisme dans la Gaule-Belgique et comment eut-il à lutter contre le polythéisme romain et contre la religion nationale* (religion des Germains)? M. Wilbert, président de la Société d'émulation de cette ville, traita cette question en présence d'un certain nombre d'ecclésiastiques qui ne firent aucune objection au travail que je vais analyser (2).

M. Wilbert résume l'état de l'Eglise jusqu'au IVe siècle, constate que les premiers apôtres de la Gaule-Belgique appartenaient tous au troisième, et nous apprend qu'ils n'aboutirent qu'à livrer leurs corps aux bourreaux *qui rendaient la liberté à leurs âmes*. Après quelques réflexions sur le polythéisme, qui complètent son résumé, il s'exprime ainsi : « On se » méprendrait gravement si l'on croyait trouver, dans la Gaule-Bel- » gique, avant le VIe siècle, des traces de l'établissement définitif du » christianisme. Dans l'édition qu'il a donnée de la *Chronique d'Arras*

---

(1) Voir aussi *Écho de Vésone*, du 19 novembre 1864.
(2) Congrès archéologique de France ; séances générales tenues à Périgueux et à Cambrai. 1 vol. in-8°, p. 303.

» *et de Cambrai*, écrite dans la première moitié du xi° siècle par Bal-
» deric, à la prière de l'évêque Gérard, dont il a été près de quarante
» ans le chapelain et le secrétaire, M. le docteur Le Glay fait remar-
» quer, chap. V, à la note, qu'après avoir compulsé les archives des
» deux églises et lu les annalistes et les historiens des premiers siè-
» cles, Balderic est contraint d'avouer qu'il n'est resté aucune trace de
» ceux de leurs pasteurs qui ont précédé saint Vaast. On ne peut
» donc rien conclure de cette observation faite par Colvener, dans
» une édition de la même chronique, qu'il a lu, dans un manuscrit
» du monastère d'Henin-Lietard, que Siagrus a été envoyé à Cam-
» brai comme évêque par le pape Évariste, vers l'an 96 (1) ; ni de
» cette autre observation que Colvener emprunte à Chrétien Mas-
» seuw, qu'il y a eu à Arras, vers l'an 390, un évêque nommé
» Diogène, qui était originaire de la Grèce, si ce n'est que les
» prédécesseurs de saint Vaast étaient évêques des Norviens et des
» Atrébates et qu'ils n'avaient pas de poste fixe. » Il entre ensuite
dans des considérations générales sur l'état religieux du pays, sur les
tentatives faites à plusieurs reprises pour convertir les populations,
sur le peu de succès obtenu jusqu'au v° siècle, époque de la venue
de saint Vaast, sur la résistance longue autant qu'énergique que le
polythéisme opposa à la religion du Christ et sur la circonstance es-
sentielle qu'il n'y a pas de traces d'un établissement sérieux du
christianisme, avant le vi° siècle.

J'ai résumé autant que possible ce travail remarquable qui respire
la franchise d'un bout à l'autre ; mais ce que je viens de dire suffit
pour bien faire comprendre que les efforts tentés, dans la Gaule-
Belgique, avant la venue de saint Vaast, ne remontent pas au-delà
du iii° siècle ; que ces efforts furent infructueux et que ce ne fut
qu'au v° et au vi° siècles que le christianisme put définitivement
s'établir dans cette contrée.

En présence de ce fait capital, que doit-on penser de ces récits si
affirmatifs dans lesquels on déclare formellement qu'en général les
provinces de la Gaule se convertirent de bonne heure, qu'il y en
eut même un certain nombre qui reçurent des missionnaires dès le
premier siècle, parmi lesquelles il faut placer le Périgord, et que

---

(1) Remarquez qu'Évariste ne fut pape qu'en l'année 100.

ces missionnaires réussirent auprès de ces populations au-delà de tout ce qu'on pouvait espérer ?

Les Gallo-Romains avaient contracté l'habitude d'honorer la mémoire des morts. Le christianisme ne leur interdit pas cette pratique, et les tombeaux des chrétiens furent comme les autres, ornés d'inscriptions. Il n'est pas rare même de retrouver des cimetières où les tombeaux païens et les sépultures chrétiennes étaient pour ainsi dire confondus, comme à Luxeuil (1), (Haute-Loire), ou de recueillir sur un même point, des inscriptions païennes et des inscriptions chrétiennes comme à Aix-les-Bains (2), en Savoie. Il est vrai qu'en général les plus anciennes ne sont que du IV° siècle ; mais elles sont assez communes. Comment se fait-il que le Périgord, à qui Dieu aurait fait la grâce, selon la légende qu'on se plaît à invoquer, d'envoyer un des soixante-douze disciples pour y répandre largement la lumière de la religion du Christ ; comment se fait-il, dis-je, que le Périgord ne possède rien de semblable, et que les deux seules inscriptions qui nous restent l'une relative à une certaine Victoria (musée n° 299) ; l'autre concernant l'évêque Saffaire (musée n° 361), appartiennent, celle de Saffaire, tout au plus à la fin du VI° siècle, et celle de Victoria à cette même époque, si elle n'est pas plus récente ? Encore est-il bon de faire remarquer qu'on a des doutes sur celle de Saffaire. En vérité, c'est à ne pas y croire, et, en présence de cette pénurie d'inscriptions chrétiennes, on est obligé, malgré soi, d'en revenir à cette idée que le Périgord ne fut pas mieux traité que les autres provinces, et que l'apôtre qu'on lui donne pourrait bien n'avoir vécu qu'après saint Martial, et plus probablement après saint Martin, le premier, de l'avis de tous les hommes sérieux, qui fit réellement et résolûment la guerre au polythéisme dans la Gaule.

N'est-il pas curieux qu'en présence des traditions invoquées avec persistance par certains historiens, nous soyons réduits à reconnaître qu'entre la mission si heureuse de saint Front et nos saints, dont l'existence ne peut être mise en doute, il s'est passé plus de 400 ans, sans que le pays ait produit un personnage assez recommandable par ses vertus chrétiennes pour être sanctifié ? Voyons

---

(1) Mémoires de la Société des Antiquaires de France, t. XXVI.
(2) Ibid.

maintenant ce qui se passait au moyen-âge. En dehors du martyrologe de Gelone, qui ne parle pas de saint Front, depuis le VI° siècle, jusqu'à l'apparition des martyrologes qui le mentionnent, rien de certain, comme je l'ai déjà dit ailleurs, sur ce saint apôtre de la province ; depuis ces martyrologes, c'est-à-dire depuis le IX° siècle jusqu'au XIII° siècle, des controverses, des incertitudes, des tentatives infructueuses de tout expliquer, de tout concilier. Du reste, durant cet intervalle, aucun fait matériel, et en dehors du travail de Guinamonde, dont j'ai parlé, qu'on mentionne sans explication, et dont il ne reste pas la moindre trace, aucune sculpture, aucune inscription, aucune dédicace, voire même aucune allusion historique formelle. C'est une pénurie incompréhensible.

Au XIII° siècle, cependant, nous trouvons une inscription sous forme de dédicace, placée au couvent des frères mineurs, et constituant aujourd'hui le n° 375 du musée, dont voici la traduction : *L'an du Seigneur 1260, Hélie* (Pelet), *évêque de Périgueux, consacra le grand autel en l'honneur de saint Front, l'apôtre, bienheureux protecteur* (des frères mineurs) *et du bienheureux François, fondateur* (de ces frères) *et de la bienheureuse Agnès, vierge et martyre* (1). Mais je ne dois pas oublier de faire remarquer que cette dédicace fut faite huit ans après la cérémonie accomplie par l'évêque, Pierre de Saint-Astier, qui aboutit à la découverte des deux fameuses lames de plomb et de cuivre, si formelles dans les détails qu'elles fournirent. Il n'y avait donc rien d'étonnant qu'on se prît de belle passion pour l'apôtre du Périgord, à la suite de la découverte de ces lames, quoique le moindre examen eût suffi pour ne pas croire à ces détails.

Mais pendant qu'on honorait de la sorte cet apôtre, n'est-il pas curieux de voir les évêques de Périgueux rester fidèles aux traditions de leur Église et continuer à considérer saint Étienne comme leur véritable patron ? C'est pourtant ce qui se passait presqu'en même temps, ainsi que le constate la description du sceau de Raymond d'Auberoche, appendu à une pièce de 1233. Voici cette description (2) : « Le sceau était oblong,

---

(1) Le père Dupuy avait lu cette dédicace avec une variante qui n'a aucune importance pour mon sujet. (Voyez *l'Estat de l'Église du Périgord*, t. II, p. 94.)

(2) Bibl. nat., collect. Bréquigny, t. XVIII. Guienne, t. IX.

» en cire verte et pendant. On y voyait une image d'évêque,
» revêtu de ses habits épiscopaux, avec son bâton pastoral, bénis-
» sant de la main droite. De chaque côté de l'image se trouvait une
» croix avec ses deux bras, et autour on lisait : « S. (Sceau) de
» Raymond, par la grâce de Dieu, évêque de Périgueux. Au dos de
» ce sceau était un petit contre-sceau rond, sur lequel était l'image
» du BIENHEUREUX SAINT ETIENNE, en habit de diacre, à genoux,
» presque couvert des pierres lancées contre lui ; autour de ce
» contre-sceau, on lisait : Seigneur, ne leur imposez pas ce péché. »
Que conclure de cette double circonstance, sinon que, malgré tout,
les évêques de Périgueux, au XIIIe siècle encore, au lieu de ne
s'occuper comme aujourd'hui que de l'apostolat de saint Front,
voyaient toujours dans saint Étienne le patron de l'Eglise du
Périgord et l'honoraient sans avoir autrement égard à l'apôtre que
les couvents se contentaient d'appeler leur protecteur. Ces détails,
on le voit, sont caractéristiques et concourent tous puissamment à
justifier mes assertions primitives.

Faut-il maintenant nous occuper spécialement de saint Front et
expliquer comment le vertueux reclus de la fin du IVe ou du Ve siècle,
acquit si rapidement une renommée si justement méritée ?
Mabillon nous en fournit le moyen.

Le testament de saint Yrieix a été imprimé par ce savant bénédictin, dans sa collection intitulée *Vetera analecta* (vieux débris) ;
on le lit à la page 208 de l'édition in-folio. Dans ce testament se
trouve ce passage : « Que les moines d'Attane (Saint-Yrieix) possè-
» dent sous ta sauvegarde, de dame Martine, l'oratoire que nous
» possédons dans le domaine de Godomar, appelé vulgairement
» Excideuil et qui est placé sous l'invocation de *saint Médard*. »
Or, à l'époque où ce testament fut écrit, il y avait à peine vingt-
cinq ans que saint Médard était mort, ce qui a inspiré à Mabillon la
réflexion suivante : *Il y a de quoi s'émerveiller en voyant des oratoires et des églises déjà érigés en l'honneur de saint Médard, à
peine mort depuis vingt-cinq ans.* Peut-on s'étonner, après cela, que
quoique mort à peine depuis cent ans, saint Front, rendu célèbre
par ses vertus, ait inspiré à un évêque de Périgueux l'idée de construire une église en sa faveur, et que cette église et les mérites de
celui dont elle rappelait la mémoire vénérée aient fini par donner

le change à la tradition et par faire du premier saint du Périgord, le patron, l'apôtre de la province ? Pour mon compte, je n'en suis nullement surpris ; mais ce qui m'étonne et me confond, c'est, en présence de difficultés insurmontables, qu'on persiste à soutenir l'idée d'un apostolat impossible et d'évolutions religieuses qui, ne reposant sur rien, ne peuvent ajouter rien à l'éclat de la religion.

Je pourrais encore signaler une circonstance qui, sans être spéciale au Périgord, rentre tellement dans les idées émises par M. Beugnot, sur l'attachement des populations gauloises à leurs vieilles croyances, qu'elle devient une forte présomption parfaitement propre à corroborer tout ce qui précède.

A Lectoure, ville de la troisième Aquitaine, on a retrouvé, il y a déjà longtemps, une inscription rappelant un taurobole (sacrifice de taureau) fait pour la santé de l'empereur Gordien-le-Jeune, en 241. Cette inscription ainsi conçue :

> Pro salvte imp. Antonini Gordiani Pii
> Fel. Aug. totivsque domus divinæ proq.
> Statv civit. Loctor. Tavrepolivm fecit
> Ordo Lact. D. N. Gordiano II et Pompei
> Ano coss. vi id dec. curantibus M.
> Eratio et Festo Caninio.

ne prouve-t-elle pas, de la manière la plus évidente, que l'Aquitaine officielle, au iii° siècle, était encore toute polythéiste ? et quand on voit la portion la plus éclairée des populations d'une contrée attachée tout entière à cette croyance, n'est-on pas en droit d'en conclure que la contrée elle-même lui restait toujours très fortement attachée ?

Un autre fait significatif ressort du rapprochement des vocables des églises. Sur environ deux cents paroisses dont j'ai pu connaître les vocables, vingt-neuf sont placées sous le patronage de saint Martin, à peu près autant sous celui de la Sainte-Vierge, dix sous celui de saint Martial, six sous celui de saint Front et le reste sous celui de divers autres saints dont saint Pierre et saint Etienne rivalisent avec saint Front, s'ils ne le dépassent pas.

N'est-il pas curieux que ce patron du Périgord se trouve distancé, dans le pays, d'une manière si étonnante par saint Martin de Tours et par saint Martin lui-même. Que signifie cette préférence, sinon que saint Martin, le vrai fondateur du christianisme, avait acquis une grande et juste réputation dans toute la France ; que saint Martial, quoique moins célèbre, l'était cependant plus même en Périgord que le prétendu patron de la province ?

Voici une dernière présomption en faveur de mon opinion que je ne crois pas devoir passer sous silence. Labbe, dans sa bibli. nov. mss. t. 2, p. 697, qui parut en 1667, s'exprime ainsi : Hagiologion franco-galliæ ac præsertim Aquitaniæ excerptum ex antiquo martyrologio abbatiæ sancti Laurencii bituricensis, variis accessionibus idemtidem locupletatum et jam ab anno MDCXIIII a nobis in luce editum. Hagiologe franc-gaulois et surtout aquitain extrait d'un antique martyrologe de l'abbaye de Saint-Laurent-de-Bourges, enrichi de temps à autre de diverses additions et par nous déjà publié dès l'année 1614.

N'est-il pas curieux de voir un hagiologe trouvé à Bourges et plus particulièrement spécial à l'Aquitaine, augmenté à diverses époques, où ne figure pas saint Front, et n'y a-t-il de quoi s'étonner qu'à l'époque où parut cet hagiologe, ce saint fût assez inconnu pour ne pas y figurer? Ne doit-on pas surtout être saisi de surprise de voir que des additions faites au vieux manuscrit, tout usé, comme le dit Labbe, il n'y en ait pas une qui se rapporte à ce prétendu patron du Périgord? C'était pourtant quelque chose qu'un saint ayant converti le Périgord au christianisme.

IV.

Des noms de lieux et de la nécessité de leur conserver leur forme orthographique.

Depuis 800 ans environ qu'elle commence à être en usage parmi nous, la langue que nous parlons a subi bien des changements, éprouvé bien des modifications dans ses formes essentielles. Naturellement l'acception originelle des mots a fait comme la langue, et leur orthographe comme leur acception originelle. De là les nombreuses difficultés que nous rencontrons, dans la recherche de cette acception et de cette orthographe primitive de bon nombre d'entre eux. En voici quelques exemples.

Dans beaucoup de localités du Périgord et peut-être dans d'autres provinces méridionales, le mot Doux est aujourd'hui le nom propre d'une source, d'une fontaine, et nous entendons dire tous les jours la *Source de la Doux, la Fontaine de la Doux*. Or cette locution est un pléonasme qui tient à ce qu'on ne connaît plus, depuis longtemps, le sens propre du mot *Doux*, qu'on écrivait primitivement Dotz.

En effet, si l'on avait toujours su qu'au moyen-âge on écrivait Dotz et que Dotz signifiait *source, fontaine*, on se serait bien gardé d'en altérer l'orthographe et d'introduire dans la langue les deux locutions que je viens de signaler et qui, par le fait, ne veulent pas dire autre chose sinon *la fontaine de la fontaine, la source de la source*. D'un autre côté, le sens primitif du mot Dotz étant reconnu, on n'a pas de peine à reconnaître qu'il dut être tiré du latin *ductus* et qu'il dut produire le mot *dozil* prononcé *douzil*. La conservation de l'orthographe aurait donc un double avantage.

SALLE, SALA *(basse latinité)*, ne représente depuis longtemps, à notre appui, qu'une pièce de nos appartements ; mais si nous remontons à l'origine du mot, qui nous vient de la langue théotisque, nous trouvons qu'il signifiait *demeure, habitation, séjour*, et plus tard *château*. De là, l'expression *terre salique* pour *terre dépendant de l'habitation*, expression si mal comprise des savants modernes qui, d'interprétation en interprétation, et d'erreur en erreur, en sont arrivés jusqu'à faire intervenir les francs saliens dans la question. Il eût certainement été rationnel d'écrire *sale*.

Et ces façons de parler : *Au gui l'an neuf, dame donnez-moi l'étrenne du gui*, dont l'érudition s'est emparée et sur lesquelles elle a si longuement disserté, pour nous prouver qu'elles nous viennent des Gaulois, quand il n'en est rien ; à quoi tient-il que les meilleurs esprits n'en ont pas compris le véritable sens, sinon à ce qu'elles ont subi de graves altérations ? Supposons que celui qui essaya, pour la première fois, de les fixer sur le papier, eût connu les idiomes du moyen-âge, et qu'en entendant l'homme du peuple qui les articulait plus ou moins mal, il eût cherché à suppléer cette mauvaise prononciation, il n'y a pas de doute qu'au lieu de l'orthographe *au gui l'an neuf, dame donnez-moi l'étrenne du gui*, nous aurions eu *au hui l'an neuf, dame donnez-moi l'étrenne d'hui*; et alors point de ces savantes recherches, point d'évocation des mœurs gauloises. Nous aurions eu tout simplement une double locution conservée du moyen-âge, jusqu'à nos jours, pour dire *aujourd'hui l'an neuf, dame donnez-moi l'étrenne d'aujourd'hui*; et comme il n'est personne parmi les gens ayant les premières notions de notre langue, qui ne sache que *hui*, employé pour *aujourd'hui*, qu'on prononçait *houi* et qu'on écrivait *hoi, oi, hui, ui*, fut tiré du latin *hodie*, ces locutions restaient claires et précises pour tout le monde.

On a fait de Champcevinel, le camp des Sabins, Campus Sabinorum, au lieu de Campus Savinelli, du nom de quelque bourgeois de Périgueux ; on a fait de Chambareau, campus Eburonum, camp des Eburons, c'est tout simplement le champ clos, *campus barellius* (basse latinité).

Mais s'il est bon de ne pas dénaturer les caractères essentiels des mots en général, il est bien autrement nécessaire, indispensable de respecter la forme primitive des noms propres et des noms de lieux qui, sans nul doute, originellement, doivent cette forme à un motif déterminant dont nous ne pouvons plus aujourd'hui nous rendre compte que très imparfaitement. Dans notre Périgord, par exemple, que de noms de lieux avaient autrefois une forme orthographique bien différente de celle qu'ils affectent de nos jours, et combien cette différence d'orthographe ne contribue-t-elle pas à rendre plus difficile la recherche du sens propre et originel de ces noms, qui n'ont le plus souvent varié, dans la manière d'être écrits, qu'au profit d'altérations décorées du nom de *simplification !*

Les modernes ne sont pas d'accord sur l'origine de *Bergerac*. Les uns veulent que ce soit le *trajectum* de l'itinéraire d'Antonin, les autres repoussent cette idée. J'avoue que j'ai été quelque temps de l'avis des premiers ; mais les traces d'antiquités trouvées à Mouleydier prouvent trop que le *trajectum* était bien là, pour le chercher ailleurs.

En dehors du *trajectum*, le nom de la bourgade qui donna naissance à la ville de Bergerac n'en est pas moins digne d'attention. Il fut sans doute emprunté, selon l'usage du temps, à quelque circonstance de lieu, à quelque accident du terrain ou de la rivière. La forme BRACHERACUM, BRAGERIACUM, la plus ancienne connue de ce nom primitif, nous reporte naturellement au substantif de basse latinité BRACECM, BRACHEUM, signifiant *bas fond, banc de sable, gravier, gué* ; et au substantif roman, *brac* ayant le sens de *boue, fange, bourbier, marécage*. L'idée qui se rattache à ces deux mots se concilie fort bien avec un cours d'eau, fût-il une grande rivière comme la Dordogne. En effet, il est probable que la Dordogne, qui forme un pli devant Bergerac, se divisait là en plusieurs bras, que des bas-fonds la rendaient guéable. Dès lors le mot *Bracheriacum*, ou *Brageriacum*, signifierait *passage par les bas-fonds, gué par les bancs de sable*. Dans tous les cas, et quelle que soit l'interprétation qu'on donne à ce mot, il est certain que la forme *Brageriacum* exigeait qu'on écrivît en français *Bragerac* et non pas *Bergerac*. Bragerac s'est du reste conservé durant tout le Moyen-Age, et se conserve encore parmi le peuple, qui prononce *Brageyrac* ou *Brogeyrac*. J'ajouterai que quelle que soit l'idée que l'on se fasse du mot Brageriacum, il n'entrera jamais dans la pensée d'un homme sérieux de le dériver de *Braccata Gallia*, comme on osa le faire à une autre époque. On a constaté qu'il y avait un gué devant Bergerac.

M. Johannet trouve l'origine du Bugue dans le substantif Buc, signifiant, dit-on, en celtique, *petit houx*, parce que, ajoute-t-il, cet arbuste abonde dans les environs, ce qui est une erreur matérielle. Le Bugue se disait ALBUCA, mot que j'avais d'abord pris pour un nom arabe signifiant *la station*, mais qui, par le fait, existait longtemps avant la venue des Arabes dans les Gaules, et, par conséquent appartient ou au patois endémique ou à quelqu'un des idiomes parlés par les peuples qui, successivement, se fixèrent dans la contrée jusqu'à la première race de nos rois. Quant à sa signification, j'avoue qu'elle ne m'est pas connue ; on doit regretter que ce mot se soit dénaturé comme il l'a fait.

Je n'entrerai pas dans de longs détails sur ces étymologies de fantaisie qui tiennent à un simple rapprochement des noms, comme *Mareuil*, qu'on a fait venir de MARULIUS, *Thiviers* de TIBERIUS, *Rouffignac* de RUFINUS, *Excideuil* de ISIDIS-DOLICUM, *tonneau d'Isis*, etc.

Ce ne sont là que de jolis petits tours de force fondés sur un jeu de mots. Je me bornerai à dire qu'il y a 17 Mareuil en France, et que, si ce nom venait de Marulius, il se serait trouvé juste 17 Marulius fondateurs de villes ou de villages dans les Gaules. Qu'il y a quatre Rouffignac et un Rouffigny se disant tous en latin *Roffiniacum*, à la fondation desquels auraient présidé cinq Rufinus, et que trois fois le tonneau d'Isis aurait servi à former le même nom, puisqu'il existe trois Excideuil, qu'on devrait écrire *Exideuil*, conformément au latin, qui a toujours dit *Exidolium*.

Voici maintenant un certain nombre de noms de lieux que j'ai essayé de rectifier, sinon en les ramenant à leur forme primitive, que nous ne connaissons pas toujours, du moins en prenant pour guide, chaque fois que je l'ai pu, la forme de transition, c'est-à-dire l'orthographe latine du moyen-âge, telle qu'elle s'est conservée dans les actes publics, toujours assez bien calquée sur la prononciation en usage parmi les populations.

Belvès, en latin *Bellum videre*, eut été plus naturellement écrit *Belveire*.

Beynac devrait s'écrire *Baynac*, en latin *Baynacum*.

Bourdeille et non pas *Bourdeilles*, en latin *Burdelhia*.

Carlux, *Castrum Luci*, dont la transmutation exacte était *Castluce*, et comme, dans notre langue, le concours de consonnes intérieures appelle toujours un *e* muet, il était naturel de dire *Casteluc*.

Il ne faudrait pas écrire *Castelnaud*, mais *Castelnaut*. Ce nom, dont l'origine ne remonte pas au-delà du moyen-âge, a été mal compris par les chroniqueurs qui, l'interprétant dans le sens de Chateauneuf, l'ont traduit par *Castrum novum*; c'est *Castrum altum* qu'ils auraient dû dire, attendu que *naut*, signifiait élevé et non pas neuf, et que de fait, toutes les localités du nom de *Castelnaut* occupent des points culminants.

Je ne connais pas la forme latine de *Chourgnac*; mais les titres un peu anciens portent ordinairement *Eichourgnac*.

Clermont vient de *Clarum Montem*, et devait s'écrire *Clarmont* ou *Clairmont*.

Connezac se disait *Connaza cum*; les actes anciens, sauf un, portent *Connazac*. C'est ainsi que l'a compris le maire, qui en a demandé la rectification officielle.

C'est du latin *culturas, champs cultivés*, qu'on a formé *Coutures*, qui prêta à l'ambiguité, il eut mieux valu dire *Cultures*.

La commune de *Cumond* devrait s'appeler *Cutmont*, et la véritable forme de Cutmont tiré d'*Acutum Montem*, serait *Acutmont* ; mais les hiatus continuels que faisait, avec *Acutmont*, la proposition à, qui ne s'élidait pas au moyen-âge, furent cause que le radical *a* disparut de bonne heure, contrairement à la règle la plus absolue de la logique de l'esprit humain qui, dans les évolutions grammaticales, exige toujours la conservation des radicaux.

Au Moyen-Âge, on appelait *Domme* Mons-de-Doma, *Mont-de-Dome*, par analogie avec *Podium-de-Doma*, *Puy-de-Dome*. Puisqu'on a conservé *Puy-de-Dome*, on aurait été conséquent en continuant à faire usage de *Dome*, par souvenir du *Mont-de-Dome* ; d'autant que ce mot signifie élévation, et a fourni le substantif dôme.

Pourquoi, *Lachapelle-Gonnaguet*, au lieu de *Lachapelle-Agonnaguet*, puisque Agonnaguet est le diminutif d'Agonac ? Évidemment parce que ce nom a été illogiquement abrégé depuis peu ; car il n'y a pas bien longtemps qu'on disait encore *Lachapelle-Agonnaguet*.

La forme latine de *Léguillac* est *Aguiliacum*, l'orthographe française rationnelle était donc *Laguillac* ou *Laiguillac*.

Larochebeaucourt se disait en basse latinité *Rocha-Boris-Curti*, *Roche-du-bœuf-court*, on devrait donc écrire *Larochebœufcourt* ; ou du moins *Larochebeucourt*.

Marsaneix venant de *Marsanesium*, on aurait dû dire évidemment et écrire *Marsanès* ou *Marsaneis*, et non pas *Marsaneix*.

Monesteyrol, formé du latin *Monasteriolum*, s'écrivait, il n'y a pas bien longtemps, *Monesteyrol* et mieux *Monosteyrol*. C'est cette forme qu'on aurait dû conserver.

Moncaret s'écrivait *Montcareth* dès le XII° siècle. Il eut été sage de conserver cette orthographe.

La véritable orthographe de *Monclard*, dérivé de *Montem-Clarum*, était jadis et devrait encore être *Montclar* ou *Montclair*. Il n'est pas facile de comprendre d'où est venu *Monclard*.

Au lieu de *Monferrand*, il faut dire *Montferrand*, du latin Montem-Ferrandum, *Mont-ferré*.

Montpont a été dérivé de *Montem-Paronis*, et doit s'écrire *Montpaon*. Il est déplorable qu'on lui ait substitué *Montpont*, qui ne rappelle en rien l'origine du nom.

Monpazier fut tiré de *Montem-passierum*, *Mont-passager*, et, dans l'origine, orthographiée *Montpasier* (prononcez *Montpassier*) parce que le s s'articulait toujours fortement. C'est une double faute d'écrire *Monpazier* au lieu de Montpasier.

On devrait écrire *Montmadalès*, *Montmarrès*, *Montsaguel*, *Montbos*, *Montbazillac*, *Montpeyros*, *Montsec*, *Montplaisant*, au lieu de *Monmadalès*, *Monmarrès*, *Monsaguel*, *Monbos*, *Monbazillac*, *Monpeyroux*, *Monsec*, *Monplaisant*, comme on écrit *Montfaucon* et *Montravel*, parce que tous ces noms ont pour radical le mot latin *Montem*, *Mont*.

On a tiré *Mortemart* de *Mortuum Mare* ; pourquoi écrit-on *Mortemart*, et non pas *Mortemar* ? C'est évidemment faute de connaître l'origine de ce nom.

Si l'on avait su que *Mouleydier* venait de *Montem Ledeii*, il est évident qu'au lieu de *Mouleydier* on aurait dit Montleydier, comme il paraît qu'on le faisait au Moyen-Age.

La forme orthographique officielle de *Mussidan* est excellente, ce nom ayant été dérivé de *Muxidanum*, *Mussidanum* ; mais on aurait tort d'écrire *Mucidan*, comme le font certaines personnes.

Peyrérol s'écrivait au xie siècle *Peyrairol*. C'est cette dernière orthographe qu'on devrait employer.

V.

Du commun de la paix.

Le droit du commun de la paix (pezade en Languedoc), fut très rapidement et très largement appliqué en Périgord. Il est question de cette redevance dans des lettres de Pierre de St-Astier, évêque de Périgueux, et autres personnages, adressées à saint Louis le 15 des kalendes de février (18 janvier 1243) et dont voici la traduction :

« A son très excellent seigneur Louis, par la grâce de Dieu roi des
» Français, Pierre, par la même grâce, évêque de Périgueux, Itier,
» doyen..., B. de Biran, R. Des Tours, G. Dessalles et P. de Longa,
» archidiacres ; Hélie, chantre, et P., maître écolâtre official, maître
» Gerard, chantre, et les chapelains de St-Etienne et de St-Front,
» salut en celui par qui les rois règnent : comme noble Gerard de
» Malemort, sénéchal de notre diocèse, nous a instamment requis
» de votre part, sous la foi du serment par nous prêté, au sujet de
» la conservation de la paix, nous adjurant fortement de mettre tous
» nos soins à vous renseigner d'une manière précise, par nos lettres
» testimoniales, sur vos droits et spécialement sur le *commun* qui
» se lève dans notre diocèse, au sujet duquel Votre Majesté Royale
» nous requit et pria par ses lettres. Nous ayant spécialement con-
» voqués pour ce motif, les plus anciens de nos églises et beau-
» coup d'autres personnes dignes de foi, connues pour avoir
» une parfaite connaissance du sujet, après les avoir ques-
» tionnés et en avoir appris pleinement la vérité, nous avons
» reconnu devoir déclarer à votre sérénité, par le témoignage des
» présentes lettres, en parole de vérité, que d'ancienneté, pour
» conserver la paix dans le diocèse de Périgueux, le *commun* y est
» dû, et que ledit commun fut levé dans le susdit diocèse, par les
» rois Henri (Henri II d'Angleterre), Richard (Cœur-de-Lion), Jean
» (Sans-Terre) et beaucoup d'autres, et tout récemment par Louis
» VIII, votre père d'illustre mémoire, après la prise de La Rochelle,
» et pendant deux années consécutives par les mains du comte de
» La Marche, alors son sénéchal dans notre diocèse ; d'où il résulte
» que, puisque vous êtes en paisible possession de lever le susdit
» commun, Votre Excellence a le droit de pourvoir à ce qui lui
» paraîtra le plus avantageux à la dignité royale, à l'utilité et à la
» paix du pays ».

Il résulte de ces lettres que le droit du commun de la paix était établi en Périgord d'une manière générale, au moins dès le milieu, sinon dès le commencement du xii° siècle, ce qui prouve évidemment que cette redevance y était perçue bien antérieurement à la fondation de la société instituée par Durand, au Puy et ce qui permet, ce semble, de poser en fait qu'elle devait remonter à la création, c'est-à-dire aux premières assemblées tenues dans l'Aquitaine.

Ces déclarations de l'évêque de Périgueux et de son clergé étaient explicites. Saint Louis, qui venait de rentrer en possession de la Guienne, par suite du gain de la bataille de Taillebourg (1242), et qui voulait s'édifier sur ses droits et sur les revenus de la contrée appartenant à la couronne, ne crut pas devoir s'en tenir là, et fit adresser la même question aux consuls et à la commune de Périgueux, avec ordre de leur communiquer les lettres du clergé. Nous avons aussi leur réponse, que je crois devoir également traduire :

« A leur Très Excellent seigneur, Louis, par la grâce de Dieu,
» roi des Français, ses consuls et communauté des villes du Puy-
» St-Front et de la Cité de Périgueux, salut, prosternés à ses pieds,
» tout petits qu'ils sont, de tout leur pouvoir ; comme révérent
» Pierre, évêque de Périgueux, et les chapitres de St-Etienne et de
» St-Front, ainsi que certaines autres personnes appartenant à ces
» églises, par leurs lettres, vous déclarent que le *commun* est dû,
» dans le diocèse de Périgueux, pour la conservation de la paix, et
» que vous êtes en possession de lever ledit commun ; nous décla-
» rons aussi à Votre Altesse Royale, par le témoignage des présen-
» tes lettres, que nous croyons fermement que ledit commun est
» dû, dans le diocèse de Périgueux, pour la conservation de la paix,
» et que vous êtes en possession de lever ledit commun, selon ce
» qui est contenu dans les lettres desdits personnages rédigées, le
» 15 des kalendes de février (18 janvier), lesquelles lettres nous ont
» été pareillement adressées sur cela, par lesdits personnages ».

Au bas de ces lettres, dans le registre où elles sont transcrites, on fit une note latine dont voici le sens : « Nous avons des lettres sem-
» blables, de la part de la communauté et de la ville de Sarlat ». On s'étonnera peut-être qu'il ne soit pas question de Bergerac ; mais la raison en est bien simple : cette ville se trouvait alors au pouvoir des Anglais, et d'ailleurs elle n'était pas encore constituée en commune.

On pourrait croire qu'il résulte de ce qui précède que la couronne percevait le droit du commun sur toute l'étendue du Périgord ; mais ce serait une erreur qui résulte de lettres adressées à ce même saint Louis par la communauté du Puy-St-Front, en 1245, dans lesquelles il est dit qu'*elle lui donne annuellement, et à perpétuité, à titre de* commun, *douze deniers par feu, payables sur son ordre exprès, à la nativité de saint Jean-Baptiste, et qu'elle veut et concède que ledit commun soit levé, comme il est d'usage, sur son ordre, des terres qu'elle possède en dehors de la ville et des faubourgs qui lui sont contigus, de la même manière que des autres terres de la Cité et du diocèse de Périgueux.*

Telle était donc la situation en 1245 que, de l'aveu du clergé et des villes organisées municipalement, et après la concession du Puy-St-Front dont je viens de parler, il semblait désormais démontré que, si les assemblées publiques ne s'occupaient plus de la trêve ou paix de Dieu, la redevance n'en était pas moins parfaitement établie et perçue sur tout le Périgord, au nom de la couronne ; cependant, en 1257, il s'éleva une difficulté entre le roi et Renaud, sire de Pons, seigneur de Bergerac, de Larche, de Terrasson et autres lieux, qui prétendit que le commun de la paix faisait partie de son domaine et non de celui du roi, dans les paroisses de *Charagnac, Grèzes, Payzac, Jayac, Nadaillac, Lafeuillade, Ladornac* et *Terrasson*. Ce droit lui ayant été contesté, le parlement ordonna une enquête, et il fut démontré qu'au roi seul appartenait la faculté de lever cette redevance.

La situation n'était plus la même, longtemps avant la fin du siècle, et nous trouvons dans des comptes ayant trait à l'administration des domaines d'Alphonse de Poitiers, frère de saint Louis, et qui descendent tout au plus à 1283, que ce prince jouissait d'une partie du commun de la paix du Périgord, dont l'importance toutefois n'est pas précisée. Nous trouvons aussi que, vers 1300, un échange ayant eu lieu entre le roi de France et le comte de Périgord, le roi, pour compensation des domaines cédés par le comte, donna, entre autres choses, St-Astier et son commun de la paix.

Du reste, ce n'était pas seulement les rois de France qui, pour un besoin ou pour un autre, avaient pris le parti d'aliéner le commun de la paix. Les rois d'Angleterre, comme ducs de Guienne, avaient aussi disposé de ces redevances et s'en étaient servis évidemment pour récompenser des dévouements à leurs causes. Voici des lettres de Charles IV, dit le Bel, de l'année 1326, qui nous reportent jusqu'au règne d'Henri III d'Angleterre (1216-1272) : « Charles, etc., savoir faisons, etc., que nous, à la

» supplication de nostre amé et féal chevalier Pierre de Galard,
» maistre des arbalestiers de France, un don fait, pièça (il
» y a longtemps) par feu Henri jadis roy d'Angleterre, à Bertrand
» de Bouville, oncle de nostre dit chevalier et à ses hoirs à perpé-
» tuité, et après confirmé de (confirmé par) Edouard, roy d'Angle-
» terre, fils dudit Henri à Bernard de Bouville, chanoine de Pier-
» regueux, frère dudit Bertrand et à ses hoirs, c'est à savoir toute
» la rente que lesdiz roys d'Angleterre avaient à *Lymeul*, à *Paunat*,
» à *Ste-Alvère*, et en tout l'honneur de Limeul et es appartenances,
» laquelle rente est appelée *commun*, si comme es lettres confir-
» matoires dudit roy Edouart avons veu estre plus pleinement con-
» tenu, avons ferme et agréable et icelui don, en tant comme à
» nous appartient, loons, approuvons, et de nostre auctorité royal,
» par la teneur de ces présentes lettres, confermons, etc. » L'usage
ou le besoin d'aliéner cette redevance étaient donc généralement
admis au xiv⁰ siècle ; et chaque nouveau document qui nous passe
sous les yeux nous prouve de plus en plus que le commun de la
paix existait sur tous les points de la province, ce qui sert à constater d'une manière plus solennelle que l'association fondée par
Durand s'était propagée partout, ou que les règlements établis par les
conciles n'avaient jamais cessé d'être appliqués.

Cependant, jusqu'à l'époque qui nous occupe, l'aliénation du
commun de la paix, soit par la couronne de France, soit par la
couronne d'Angleterre, n'avait porté que sur des localités sans importance, et surtout sans privilèges émanant de ces mêmes couronnes. En 1341, un cas tout particulier se produisit.

Par la mort du dernier seigneur de Bergerac, de la maison de
Pons, cette seigneurie était tombée en litige, et plusieurs préten-
dants se l'étaient disputée. Elle avait été enfin allouée à Jeanne de
Pons, femme du comte de Périgord, Archambaud IV. Son successeur, Roger Bernard, ne pouvant pas la garder, la vendit au roi
Philippe de Valois qui, en compensation, lui assigna divers domaines ou revenus domaniaux, parmi lesquels le commun de la paix de
*Périgueux, Lille, Celles, Bertric, Burée, Trélissac, Verteillac, Saint-
Paul-de-Bouteille (St-Paul-Nizonne), St-Martial-de-Viveyrols, Allo-
mans*, etc. De toutes ces localités, la ville de Périgueux seule, qui
était depuis longtemps en lutte avec le comte, se montra récalci-
trante et allégua ses privilèges, qui portaient qu'elle ne pourrait

jamais être mise *hors la main du roi*, pour ne pas être obligée de payer au comte le droit du commun ; et de fait elle obtint de continuer à s'acquitter de cette redevance entre les mains du collecteur royal. Il faut dire cependant que les lettres qui avaient admis leur réclamation furent le sujet d'une série de lettres de chancellerie dont on ne voit pas bien la conclusion définitive.

Telle était la situation générale du Périgord, vers le milieu du XIVe siècle : si partie de cette redevance était aliénée du domaine royal, une partie plus considérable appartenait encore à la couronne, qui, de temps en temps, l'employait à ses largesses. C'est ainsi qu'en 1346, le commun de la bastille de Beauregard servit à récompenser les pertes éprouvées par Rudel de Mouleydier, chevalier, seigneur de Montclar ; qu'en 1349 le commun de la paix de St-Astier fut employé à rémunérer les services rendus au roi d'Angleterre par Raymond de Pellegrue, chevalier gascon ; et que le *petit commun de la paix* de Clerens fut donné à Thomas Cok, en 1351, par ce même roi d'Angleterre, pour les bons services qu'il lui avait rendus.

Depuis 1351 jusqu'en 1369, la situation ne se modifia guère d'aucune façon. La bataille de Poitiers (1356), la prison du roi Jean et sa rançon, le traité de Brétigny (1360) et ses suites, avaient occupé toute l'attention des couronnes de France et d'Angleterre ; mais lorsqu'en 1369, la rupture de ce traité eut été décidée, il fallut nécessairement songer à la guerre et aux moyens de la faire, et, comme on ne recrutait pas les armées de la même manière que de nos jours, on dut s'occuper de trouver des expédients pour réunir les éléments de résistance et d'attaque. Les villes, les châteaux étaient fortifiés, leurs habitants en devinrent les défenseurs ; mais il y avait urgence à les encourager. Le commun de la paix, en partie aliéné, comme on vient de le voir, et en plus grande partie entre les mains du roi d'Angleterre, avait toujours été un impôt très onéreux, dont les populations désiraient beaucoup être débarrassées. Dispersé comme il était entre des autorités différentes, il devenait plus difficile à lever et plus odieux. Un des premiers soins de Charles V fut d'en faire l'abandon. Aux villes qui se déclarèrent pour lui, il s'empressa d'en accorder l'abolition par lettres patentes. Il ne nous reste des lettres de cette nature que pour Sarlat et Montagrier, portant la date de 1370 ; mais nous savons, par le *Recueil des ordonnances des rois de France*, que presque partout où la suppression du droit du commun faisant partie du domaine royal pouvait servir à entretenir l'élan des populations ou à les récompenser de leur dévouement, les officiers de Charles V, dans le cours de la guerre qui suivit la rupture du traité, s'empressaient d'en faire la remise aux localités, à la grande satisfaction de ceux qui en étaient affranchis ; nous savons même que, dans le cas où ce droit était devenu une propriété privée, le conseil du roi avait une manière spéciale de procéder qui consistait tantôt à désintéresser le détenteur, tantôt à lui imposer le sacrifice de ce revenu, parce que sans doute la position nouvelle que lui faisait la conquête suffisait largement à le désintéresser.

Périgueux fit pourtant une exception ; et ni en 1370, ni depuis lors jusques en 1391, il ne lui fut accordé aucune remise de cette redevance, quoique des lettres de 1377 semblent donner à penser qu'on aurait pu l'en affranchir. Les motifs qui sans doute empêchèrent l'abolition de cet impôt sont, d'une part, qu'il se trouvait divisé entre le comte et le roi, d'autre part, que par suite de cette division, le roi accorda d'assez fortes sommes d'argent à cette ville.

En 1391, sur une plainte contre les collecteurs chargés de lever cette contribution, qui cherchaient à la percevoir à des époques indues et sur des personnes qui n'y étaient pas sujettes, le roi Charles VI écrivit au sénéchal de Périgord : « Le maire et les consuls
» de Périgueux nous ont appris par une plainte à nous adressée
» que les acquéreurs ou collecteurs du revenu appelé le *commun*,
» s'efforcent de percevoir ce produit en temps insolite, non-seule-
» ment sur certains habitants de ladite ville qui nous sont redeva-
» bles de cet impôt, mais encore sur d'autres, sur lesquels on n'est
» pas dans l'usage de le prélever, tentative qui, si elle était mise à
» exécution, tournerait au détriment de ladite communauté ; c'est
» pourquoi nous vous mandons que vous ne permettiez en aucune
» façon de lever cette redevance que de la manière et en temps
» accoutumé, et par ceux qui sont dans l'usage d'en faire le recou-
» vrement. »

Nous avons vu qu'en 1300 ou environ, Philippe-le-Bel avait donné une partie du commun de la paix, perçu sur Périgueux, au comte de Périgord, en échange de domaines cédés à ce roi par ce comte. Cette redevance depuis lors avait toujours été prélevée par le comte, sauf pendant les premières années qui suivirent la rupture du traité de Brétigny. A la suite de la longue et rude lutte de la ville de Périgueux contre Archambaud VI, le dernier des comtes reconnus, un arrêt du parlement de Paris, en 1397, condamna ce comte au bannissement perpétuel et confisqua ses biens, au nombre desquels figure le commun de la paix. Les biens qu'Archambaud possédait dans la ville ayant été achetés par la ville elle-même, il en résulta tout naturellement que les habitants se trouvèrent délivrés de cette partie de la redevance.

Telle était la situation au commencement du xv° siècle. Elle ne paraît pas s'être modifiée, durant les longues luttes avec les Anglais. Rien du moins ne permet de le croire, car je n'ai trouvé nulle part aucun texte, aucun passage de titre authentique de nature à faire penser qu'en Périgord on s'occupa de cette redevance, d'une manière particulière, durant les trois premiers quarts de ce siècle. Le seul acte où il en soit parlé est de 1494. Ce sont des lettres patentes de Charles VIII aux élus du Périgord, portant qu'ils aient à mettre sur, asseoir et imposer, pour l'année 1495, compris le *commun de la paix*, la somme de 14,300 livres tournois, plus 615 livres tournois pour les frais. Or, comme pendant plusieurs années cette somme de 14,915 livres tournois, y compris les frais, avait été régulièrement levée, quoiqu'il ne soit pas parlé du commun de la paix dans les précédentes lettres, pareilles à celles dont je viens de parler, il est certainement à croire que cette redevance était tacitement comprise dans les levées antérieures.

Les lettres de 1494 sont le dernier document sur le Périgord, à ma connaissance, où il soit question du commun de la paix, ce qui porte à croire qu'il ne tarda pas à disparaître. Je suis d'autant plus disposé à le penser que, s'il s'était maintenu, les tristes événements qui signalèrent les règnes de Louis XII et de François Ier auraient fourni l'occasion d'en parler. Que si par hasard il n'eût pas cessé d'être prélevé à cette époque, les guerres de religion ne pouvaient manquer d'en débarrasser le pays, à la différence de la pezade, qui subsistait encore dans le Rouergue au xviii° siècle.

J'ai dit en commençant que toute médaille a son revers. N'est-il pas curieux en effet et désolant de voir qu'une institution, essentiellement utile à l'humanité, se trouve presque dès son début entachée d'un impôt onéreux et vexatoire qui survit à cette institution et pèse pendant près de 300 ans, non pas sur la nation tout entière, mais sur la partie la plus pauvre et la moins en état de tirer parti de cette charge, car on n'a pas eu de peine à remarquer que tous les documents rapportés, depuis le xiiie siècle, disent assez que cette redevance était uniquement prélevée sur le tiers-état.

VI

Origine des seigneurs de Bergerac.

(Voir Livre III, chapitre I). (1)

Voici comment s'explique l'abbé Lespine (2), au sujet de la ville et châtellenie de Bergerac et de la famille qui les posséda : « La » ville et châtellenie de Bergerac a donné son nom à une » maison illustre et puissante qui florissait dès le xiie siècle. *Cette* » *ville et son territoire relevaient en plein fief du comté de Périgord.* » Cette circonstance, jointe au surnom ou sobriquet de *Rudel*, adopté » par les seigneurs de Bergerac, *dans un temps où ce surnom était* » *porté par les comtes de Périgord*, a fait penser que les premiers » tiraient leur origine de cette maison souveraine. D'après cette » opinion, que nous allons développer, comme nous ayant paru la » plus probable, *sans toutefois qu'il nous soit possible de la garan-* » *tir*, Hélie Rudel, comte de Périgord, *fils de Rudel Ier comte de Péri-* » *gord*, après avoir gouverné, pendant quelque temps, sous le titre » de COMTE OU CONSUL, *conjointement avec Boson de Grignols*, son » oncle, aurait cessé de prendre le titre de comte, *à l'exemple de* » *plusieurs de ses parents*, et se serait retiré dans les terres de son » *apanage particulier, dont la principale était Bergerac*. Il serait » le même qu'Hélie Rudel, seigneur de Bergerac, qualifié en 1167, » père de Rudel, qui fut son successeur dans la même terre. Il

---

(1) C'est par erreur qu'à la page 194, on indique cet appendice comme placé à la fin du 2e volume.

(2) Hist. généal. et héraldique des pairs de France, etc., publiée par Courcelles, t. vi, art. Bergerac.

» convient néanmoins d'observer qu'immédiatement avant Hélie
» Rudel existait un Othon de Bergerac, lequel, ainsi qu'Itier de
» Gardonne, fut présent à une donation, faite le 2 des calendes d'oc-
» tobre 1110, par Aldebert, comte de Périgord, à l'hôpital de Saint-
» Jean-de-Jérusalem et confirmée par Rudel, neveu de ce comte.
» Cet Othon était-il père d'Hélie Rudel vivant en 1167 ou seulement
» son proche parent ? Le défaut de chartes et de témoignages his-
» toriques ne permet que de vagues conjectures sur cette question.
» Il paraît que Othon fut l'auteur d'une maison de Bergerac, qui a
» subsisté avec éclat jusqu'à la fin du xive siècle, époque à laquelle
» elle s'est éteinte dans la maison de Labaume-Forsat. Quant à la
» postérité d'Hélie Rudel, elle s'est divisée en deux branches :
» L'héritier de l'aîné a porté la sirerie de Bergerac, par mariage,
» dans la maison de Pons en 1251 ; la seconde branche, formée à la
» cinquième génération, a pris le nom de *Mouleydier* et a subsisté
» jusqu'au commencement du xve siècle. »

On voit, à la simple lecture de ce passage, que l'abbé Lespine, loin d'être bien convaincu, éprouvait de véritables doutes, qu'il exprimait assez nettement, tout en cherchant cependant à justifier un système qu'il croyait le plus près de la vérité. Ceux qui l'ont copié n'ont pas éprouvé tant de scrupule. Il me suffira de démontrer les erreurs de l'abbé Lespine pour en avoir fini avec les théories de ses amplificateurs. Examinons d'abord les passages en italiques.

L'assertion que Bergerac et son territoire relevaient en plein fief du comté de Périgord, repose uniquement sur l'idée que le comte de Périgord devait être le suzerain obligé de tout le territoire dépendant de la province en circonscription administrative qui avait reçu le nom de comté, c'est-à-dire, en d'autres termes, de tout le Périgord ; or j'ai déjà fait remarquer qu'une partie du Périgord appartenait, dès le xie siècle, au comte de Toulouse. Il fallait donc, pour faire admettre son assertion, que Lespine prouvât que Bergerac et son territoire relevaient réellement du comté. C'est le contraire qui se trouve démontré par les actes. Le plus ancien hommage de Bergerac, dont le souvenir soit venu jusqu'à nous, ne remonte il est vrai, qu'au commencement du xiiie siècle, mais il est significatif. Il fut rendu directement au roi de France Louis VIII, en novembre 1223, avec prestation de serment de fidélité, par Hélie Rudel, appelé *le Vieux*, eu égard à son fils, qu'on désigne par le nom de *jeune* (1). Il y a même cela de remarquable qu'Hélie Rudel ne le rendit qu'après en avoir obtenu la permission, non pas du comte de Périgord, qu'on ne voit jamais intervenir dans les affaires de Bergerac, mais d'Amauri de Montfort, fils de Simon de Montfort, chef de la croisade contre les Albigeois, qui le releva du serment de fidélité prêté à son père, en 1215, pour le château de Mouleydier, près Bergerac (2). Depuis lors le seigneur de Bergerac rendit toujours directement hommage ou au roi de France ou au roi d'Angleterre, suivant que cette ville appartenait à l'un ou à l'autre, sans que jamais le comte de Périgord revendiquât aucun droit, jusqu'en 1329, qu'il en devint possesseur par sa femme. Il n'est donc pas vrai que Bergerac et son territoire relevassent en plein fief du comté de Périgord.

Le surnom de *Rudel* appliqué aux seigneurs de Bergerac ne fut pas adopté par eux *dans un temps où ce surnom était porté par les comtes de Périgord*, par la raison qu'à part Hélie IV, pas un de ces comtes ne le reçut. Ni les chroniqueurs, ni les généalogistes, ni les actes publics ne font mention de ce surnom, comme ayant été donné à d'autres qu'à Hélie IV. Les expressions de l'abbé Lespine sont donc pleinement erronées ; toutefois, telle était la préoccupation de cet érudit que, malgré quatre chartes où figure Hélie III, père d'Hélie IV, sans surnom, il n'hésita pas à le désigner par le nom de *Rudel I*er*, comte de Périgord* ; ce qui, à mon sens, ne prouve pas cependant la mauvaise foi de Lespine, mais seulement une telle fausse direction donnée à ses idées qu'il avait fini par croire vrai ce qu'il cherchait à établir.

La force des choses, et le rapprochement des dates, prouvent suffisamment qu'Hélie IV, dit Rudel, n'avait pas pu gouverner le Périgord, *conjointement avec Boson de Grignols*, appelé *son oncle* par l'abbé Lespine, puisqu'en réalité il était son cousin germain ; je n'ai donc pas à m'occuper ici de cette question. Il importe seulement de constater nettement qu'il ne cessa pas de prendre le *titre de comte à l'exemple de plusieurs de ses parents pour se retirer*

---

(1) Arch. nationales, sect. hist. J. 622 n° 12, et Reg. du tr. des ch., coté XXXI, fol. 90.

(2) Arch. nationales, sect. hist. J. 318 n° 23, et Reg. du tr. des ch., coté XXXIV, pièce 5).

dans les terres de son apanage particulier, dont la principale était Bergerac.

Il est si peu vrai que l'exemple de plusieurs de ses parents l'aurait conduit à se retirer dans les terres de son apanage, à supposer que réellement il eût renoncé au titre de comte de Périgord, qu'il n'en est pas un seul, depuis Wlgrin jusques à Archambaud VII, le dernier des comtes de Périgord, qui se soit avisé de quitter son comté pour aller vivre dans une retraite quelconque. Tous, sans exception, sont morts comtes titulaires comme lui-même.

Il n'est pas plus exact de dire que Bergerac fut un apanage d'Hélie IV, qu'il n'est certain d'affirmer que cette seigneurie relevait en plein fief du comté. Ce que j'ai rapporté plus haut au sujet des hommages, ne laisse pas de doute à cet égard.

Je ne pense pas qu'il soit nécessaire de s'occuper d'Othon ; l'abbé Lespine a fait justice de sa supposition en nous faisant connaître que la descendance de cet Othon se fondit dans la maison de *Labaume-Forsat*, qui était en effet une maison importante, ayant dans le principe pu former une alliance avec les seigneurs de Bergerac ; mais il ne faut pas confondre les deux familles, qui furent parfaitement distinctes. Dans ma notice sur Bergerac j'avais du reste fait remarquer que cette manière de parler : TESTE OTHONE DE BRAJAIRACO, *témoin Othon de Bergerac*, dont on avait voulu induire qu'Othon était seigneur de Bergerac, ne justifiait en rien cette croyance et à l'appui de mon affirmation je donnais les deux exemples suivants pris dans des chartes de l'époque : « Aina, veuve d'Alde-
» bert II, était fille de Gérald, seigneur, en son vivant, de Monti-
» gnac, et ce fut elle qui porta la seigneurie de Montignac dans la
» maison des comtes de Périgord. Dans une donation par elle faite
» en 1072, on voit figurer pour témoin un Guillaume de Montignac
» qui positivement n'était pas seigneur de ce lieu. Dans une charte
» de 1165 se rapportant à Raymond Ier, vicomte de Turenne, nous
» trouvons un témoin du nom de Phaeditz de Turenne, qui
» évidemment n'était pas vicomte de la localité. »

Je ne m'arrêterai sur la date de 1116, donnée à une charte où figure un Aldebert qu'on veut être Aldebert II, que pour faire remarquer, comme je l'ai dit dans ma notice sur Bergerac, et comme j'en donne la preuve au chapitre des comtes, qu'Aldebert II ne vivait plus en 1080 et que, si cette charte n'est pas fausse, elle se rapporte à un autre Aldebert, qui doit prendre le nom d'Aldebert III.

Je n'ai rien à dire sur la postérité d'Hélie Rudel qui, de comte de Périgord, serait devenu seigneur de Bergerac. Ce comte de Périgord n'ayant jamais subi cette déchéance, qui n'était ni dans les mœurs, ni dans les goûts du temps (1), ne put pas avoir de postérité appelée à occuper cette seigneurie. Les seigneurs de Bergerac de cette époque appartiennent donc à une autre famille, dont je vais essayer de mieux déterminer l'origine que je ne l'ai fait dans ma notice sur Bergerac, sans espérer cependant d'arriver à une démonstration péremptoire, par la raison que les documents manquent pour établir virtuellement les faits ; mais les rapprochements et les inductions que je ferai me paraissent présenter des probabilités bien autrement sérieuses que tout ce qu'on a dit jusqu'à ce jour. Commençons par nous faire une idée du rôle de Bergerac, depuis l'occupation des comtes héréditaires jusqu'au XIII° siècle.

A part quelques renseignements d'histoire religieuse, nous n'avons rien sur cette ville, comme je l'ai déjà dit, qui permette de croire qu'elle et son territoire dépendirent jamais des domaines du comte de Périgord, depuis sa séparation d'avec celui d'Angoulême, au commencement du XI° siècle. L'abbé Lespine cite, il est vrai, un acte auquel il donne la date du 2 janvier 1123 (v. st.), ce qui est une première erreur, puisqu'il porte matériellement celle de 1124, le lendemain de la Circoncision, qui est bien le 2 janvier, et que par suite la véritable date est le 2 janvier 1125. Cet acte, qui est un accord passé entre Guillaume d'Auberoche, évêque de Périgueux, et l'abbé et les religieux de St-Florent de Saumur, relativement à l'église St-Martin de Bergerac, contiendrait, selon cet érudit, la mention d'Hélie Rudel en qualité de *consul* ou *comte*; mais j'ai

---

(1) Voici les réflexions que fait M. de Verneuil-Puyraseau, au sujet d'Hélie IV : « Du reste, les seigneurs ne pouvaient être arrêtés ni punis de » mort que pour crime de trahison et de félonie. Leurs autres crimes n'étaient » punissables que de la saisie et de la confiscation de celles de leurs terres » qui relevaient de la couronne. Ils avaient en quelque sorte pleine liberté de » s'armer les uns contre les autres ; même d'usurper les biens de l'église ou » de vexer les particuliers. » *Hist. de l'Aquitaine*, t. II, p. 126.

l'acte sous les yeux, en écrivant ces lignes, et je dois à la vérité de dire que cette mention ne s'y trouve pas et que tout ce qu'on y lit c'est le mot Hélias qui, eu égard à ce qui précède, est tout simplement le nom d'un bourgeois de Bergerac, témoin avec Hugues Prévôt, Aldebert Prévôt père et fils, Roland et Armand, autres bourgeois de la ville ; d'où il faut conclure qu'Hélie IV, dit Rudel, ne figurant point dans cet acte, ne peut être considéré comme un seigneur de Bergerac, sur la foi de ce document, et par conséquent, qu'on ne peut pas en conclure que Bergerac relevait du comté. J'ai parlé plus haut de l'hommage d'Hélie Rudel le Vieux au roi Louis VIII, sans réclamation de la part du comte de Périgord. Il existe encore deux hommages de Marguerite de Turenne au roi d'Angleterre, comme duc de Guienne, de 1259, l'autre de 1272, sans que même comte se soit jamais plaint, à la différence de ce qu'il fit pour le seigneur de Mucidan, lorsque ce dernier s'avisa de se soustraire à la suzeraineté comtale pour en faire hommage à ce même duc de Guienne (1). Je dois encore signaler la trève conclue par Hélie Rudel le Vieux et son fils Hélie Rudel le Jeune, avec le Puy-St-Front, en 1233, sauf l'intervention du comte de Périgord.

Il n'est donc pas permis de mettre en doute que la terre de Bergerac forma toujours une seigneurie à part et en dehors de l'autorité du comte de Périgord ; d'où je conclus qu'elle ne fut jamais un apanage de la maison de Périgord et que, par conséquent, elle ne put jamais servir de retraite à un membre quelconque de cette maison, tandis que tout ce qui précède démontre péremptoirement l'indépendance de la ville et de la seigneurie en dehors du comté.

Nous savons, d'un autre côté, que le don de l'église de *Brethanor* ou *Brethenor*, qu'on croit être aujourd'hui *St-Antoine-de-Breuil* (2), fut fait vers le milieu du XIIe siècle (1140), IN CURIA OLIVERII VICECOMITIS, *dans la cour d'Olivier, vicomte*. Il est évident que ce vicomte devait résider à Bergerac, et comme nous trouvons, dans le cours du XIIIe siècle, des membres de la maison de Prévôt, appelés Olivier, il pourrait bien se faire que le vicomte Olivier, le dernier de ceux qui s'étaient emparés héréditairement de la seigneurie ou vicomté de Bergerac, n'ayant eu qu'une fille, l'aurait mariée à un Rudel,

---

(1) Voyez : *Périgueux et les deux derniers comtes de Périgord*, p. 60-64.
(2) Canton de Vélines, arrondissement de Bergerac.

tandis qu'une autre branche de sa famille, sous le nom de Prévôt, sans doute parce que l'un d'eux avait été prévôt de Bergerac, se serait perpétuée à *Laforce*, dont la seigneurie lui aurait été dévolue.

Les seules familles qui aient porté d'une manière permanente le nom de *Rudel*, ce sont celles de Blaye et de Bergerac (1). Jusqu'à preuve du contraire, il est donc permis de croire que cette identité de nom suppose une identité d'origine. Voyons si nous trouverons un Rudel dont l'âge nubile concordera avec l'époque où vivait le vicomte Olivier.

Aldouin ou Audouin, comte d'Angoulême, mort en 1032, eut un fils du nom de Geoffroi, qui fut seigneur de Blaye. Après la mort de son père, Geoffroi s'empara du comté d'Angoulême et mourut comte, laissant plusieurs enfants, parmi lesquels un autre Geoffroi, comme lui seigneur de Blaye. Ce second Geoffroi mourut sans enfants, et le château de Blaye, tombé entre les mains du duc d'Aquitaine et désemparé par lui, ne fut repris et rétabli que par Wigrin, fils de Foulques Taillefer, et par conséquent neveu de Geoffroi (vers 1120). Cependant la seigneurie de Blaye n'était point restée dépourvue ; et vers 1060, époque où l'on croit que mourut Geoffroi, fils de Geoffroi, désignés l'un et l'autre par le nom de *Rudel*, Foulques Taillefer, frère du plus jeune, avait attribué cette seigneurie à Huniberge, la plus jeune de ses sœurs, mariée vers 1045, avec Adhémar, qui devint vicomte de Limoges en 1052, sous le nom d'Adhémar II. De ce mariage provinrent quatre enfants, dont l'un, appelé Guillaume Fredelaud, aurait porté le titre de seigneur de Blaye, sans posséder le château. Ce Guillaume Fredelaud, mort en 1105 ou 1106, avait plus de soixante ans quand il cessa de vivre, puisque nous le voyons confirmant une donation en 1062. On ne connaît ni le nom de sa femme, ni le nombre des enfants dont il fut le père.

---

(1) On a toujours dit que *Rudel* signifie *rude, brutal, grossier*. Je ne saurais partager cette opinion, qui tient sans nul doute à la conduite d'Hélie IV, dit *Rudel*, comte de Périgord ; mais il est évident qu'il avait reçu le nom de *Rudel* bien longtemps avant le pillage de la maison du bladage du Puy-Saint-Front. Je suis porté à croire que *Rudel* signifie *rond, ramassé, épais, lourd*. Le roman nous a conservé le mot RUDELA dans le sens de *roue*, ou *carole*, et le patois dit encore RUDEL pour *rouleau* : UN RUDEL DE TELO, *un rouleau de toile*. Ce sobriquet, qui n'était pas une injure, finit par devenir le nom propre de la famille ; comme ceux de : *Lelong, Legros*, etc.

On sait seulement qu'il eut un fils du nom de Gérard I*er*, qui posséda la seigneurie de Blaye, de 1106 à 1120, époque où le château rentra en la possession de Wigrin qui, sans doute, le lui remit. La femme de Gérard n'est pas non plus connue, et les généalogistes s'expriment comme il suit, à propos de sa descendance : « Il eut entre autres enfants, Geoffroi Rudel I*er*, seigneur de Blaye de 1120 à 1160, et Guillaume Fredelaud (1). Il est certain que la descendance de Guillaume Fredelaud et celle de Gérard I*er* ne sont pas connues d'une manière complète, d'où il est permis de conclure qu'ils purent avoir des enfants dont on ignore la vie et qui formèrent des alliances sur lesquelles on n'a pas, jusqu'à ce jour, recueilli des données certaines. Un des fils de Gérard, du nom d'*Hélie Rudel*, peut fort bien s'être marié avec la fille d'Olivier, de 1130 à 1140, et avoir donné naissance à un fils devenu seigneur de Bergerac et père d'Hélie Rudel le Vieux (1176-1180). On peut aussi se reporter à Guillaume Fredelaud, et dire qu'il eut un fils dont le fils épousa la fille d'Olivier et fut père d'Hélie Rudel le Vieux. Tout cela est beaucoup plus probable, beaucoup plus dans les usages et dans les mœurs du temps. Il est donc permis, sans s'écarter de la vérité autant que l'abbé Lespine, de dire que tout porte à croire que les seigneurs de Bergerac tiraient leur origine des seigneurs de Blaye. On peut en outre assurer qu'ils furent toujours indépendants des comtes de Périgord, qui ne prétendirent à cette seigneurie que par suite du mariage d'Archambaud V, et non pas IV, avec Jeanne de Pons, à la différence des comtes d'Angoulême, qui affectèrent certaines velléités de suzeraineté sur le Bergeracois ; car comment expliquerait-on autrement l'hommage rendu le jour de Pâques 1223, à Hugues de Lézignan, comte de la Marche et d'Angoulême, par Gaston de Gontaut, pour le château de Badefol, avec promesse de le défendre envers et contre tous, excepté le comte de Toulouse et Hélie Rudel, seigneur de Bergerac.

---

(1) Voyez : *L'histoire généalogique des pairs de France*, par Courcelles, t. v, art. Blaye. Comparez avec l'*Art de vérifier les dates*, t. ii, art. *Comtes d'Angoulême et vicomtes de Limoges*.

VII

Des monnaies du Périgord.

(Voir livre III, chapitre II).

La ville de Périgueux ne jouit jamais du droit de battre monnaie; mais on a tellement parlé des *monnaies* périgourdines, et voulu prouver que Vésonne avait été en possession de ce droit, qu'il faut en finir avec cette erreur.

On reconnaît aujourd'hui que c'est surtout aux Grecs que les Gaulois empruntèrent l'art de battre monnaie. On voit les Eduens (habitants d'Autun) imiter les drachmes de Marseille (Annales de l'Institut archéol. de Rome, t. XVII, p. 98, année 1845).

Un fait non moins intéressant et tout aussi avéré, c'est celui qui a trait aux monnaies de bronze et de potin, qu'on avait d'abord prises pour des essais de monnayage Gaulois et qui ont été reconnues contemporaines d'Auguste, et aux monnaies d'or et d'argent, qui peuvent bien remonter au commencement du II° siècle avant l'ère vulgaire, et qui sont toutes copiées sur des monnaies étrangères et principalement sur des monnaies grecques, puisque à peu près partout la première imitation est celle du Statère. Voici comment s'exprime M. de Longperier, à qui j'ai posé diverses questions sur les monnaies :

1° « Il est très difficile de dire exactement quand le monnayage
» de la Gaule a commencé. Peut-être dans la seconde moitié du
» IV° siècle, peut-être après le retour des Tectosages, qui pillèrent
» le trésor de Delphes (279 avant Jésus-Christ). Dans la Gaule
» grecque du midi le monnayage est plus ancien. Nous disons que
» les monnaies gauloises sont imitées des monnaies grecques, parce
» qu'elles en reproduisent les types avec plus ou moins d'altération.
» Nous n'avons point encore trouvé de pièces gauloises copiées des
» monnaies phéniciennes. Les pièces de Macédoine, celles de Mar-
» seille, et celles de Rhodes et d'Emporium d'Espagne ont fourni
» les modèles qui ont produit diverses combinaisons ;

» 2° Le *sus* paraît bien être un symbole national. D'après Tacite,
» les Germains le considéraient comme un symbole de la mère des
» dieux. L'aigle n'apparaît sur les monnaies gauloises que tard
» et après les relations avec les Romains ;

» 3° Il n'y a pas de distinction entre les monnaies et les médailles,
» parce que ces dernières (comme nous les comprenons aujour-
» d'hui), n'existaient pas chez les anciens. C'est une affaire de lan-
» gage d'antiquaire. Il est évident que la monnaie était frappée
» par l'autorité royale ou municipale, suivant la forme du gouverne-
» ment. Pour Rome, la fabrication s'opérait par les soins de trium-
» virs monétaires responsables de tout. Dans la Gaule, nous n'avons
» aucun renseignement sur l'organisation de la fabrique ;

» 4° Dans les provinces conquises par les Romains, on ne frappait
» monnaie, comme vous le dites, qu'en vertu du droit de colonie
» ou de municipe ;

» 5° Dans les colonies et les municipes, on plaçait sur les mon-
» naies l'effigie de l'empereur ou de quelque personnage de sa
» famille. En Espagne on y ajoutait les noms des duumvirs de la
» localité. Dans la Gaule, (à Nîmes, à Lyon, à Vienne, etc.), il n'y a
» pas de noms de magistrats ;

» 6° Les monnaies gauloises nous donnent les noms des peuples
» et non pas les noms des villes : *Remos* et non pas *Durocortorum* ;
» *Médiomatrices* et non pas *Dirodurum*, *Santones* et non pas *Medio-*
» *lonum*, *Lexorios* et non pas *Noviomagus*, etc., etc. Il n'y a aucune
» raison pour trouver *Vesuna* sur la monnaie des *Petrucori*. »

De toutes les monnaies décrites par M. de Taillefer (Antiq. de Ves.,
t. 1), ou M. de Gourgues (Annales agricoles de la Dordogne, année
1841), pas une ne rappelle la première période de monnayage de la
Gaule. La tête d'Apollon ou quelque chose d'approchant sur quelques-
unes, paraît bien comme un souvenir des premiers essais ; mais l'aigle
qui s'y trouve toujours alliée, nous ramène à la période romaine.
Pas une du reste ne se rattache au peuple petragoricien, en dehors
de celles dont je m'occuperai tout à l'heure. Il est vrai qu'on a cru
y lire tantôt *Vesona*, tantôt *Vasinna*, tantôt *Vesina* ; mais indépendamment de ce qu'il n'y a rien de moins certain que cette lecture,
ce que nous savons des usages du temps ne permet pas d'admettre
ces pièces comme pétragoriciennes. Il faut donc les abandonner, de

même que celles sur lesquelles on a découvert des v, des s, etc., etc., et celles pareillement sur lesquelles on ne lit que des mots sans signification pour le sujet qui nous occupe.

En voici cependant deux de provenance périgourdine parfaitement avérée.

Elles portent toutes deux, d'un côté, une tête couverte d'un casque ailé et de l'autre, un cavalier galopant armé d'une lance ; sur toutes les deux, du côté de la tête casquée, on lit Petrucori ; tandis que, du côté du cavalier galopant, une seule porte le mot Cinconepus et l'autre uniquement un *s* qui, sans doute, est la dernière lettre de Cinconepus, effacée par le temps et l'oxydation. M. de Longpérier m'écrivait, le 24 septembre 1869, au sujet de cette médaille : « Pour votre pays, nous ne connaissons que la petite monnaie d'argent, au type des quinaires de la République romaine, » qui porte la légende *Petrucori*. On a fait de grands efforts pour » lire la légende de diverses autres manières ; mais j'ai vu l'exem- » plaire qui est conservé au musée de Lyon, et je crois qu'il n'y a » pas lieu de modifier la lecture. »

Les règles établies plus haut, jointes à ces détails, ne permettent pas de mettre en doute que cette monnaie périgourdine ne soit bien antérieure à l'ère chrétienne et même à la soumission complète des Pétragoriciens à l'autorité romaine. M. de Longpérier en est tellement convaincu qu'il m'écrivait, le 16 décembre 1869 : « La » pièce qui porte la légende *Petrucori* est frappée à une époque où » nos ancêtres ne demandaient pas le consentement des romains » pour frapper leurs monnaies. »

En présence d'un fait aussi positivement établi, et lorsque, au lieu d'un exemplaire de cette monnaie, il nous en reste trois : celui de Lyon, un autre signalé par Bouteron, et le troisième par Eckel : (*Doctrina nummorum veterum*), est-il permis de dire que les Pétragoriciens frappaient habituellement la monnaie avant l'occupation romaine ? Je ne le pense pas, car s'ils avaient été dans l'usage de le faire, il est plus que probable que le modèle qui nous occupe ne serait pas le seul retrouvé. Voici mon opinion au sujet de cette pièce. Durant la guerre des Gaules, un des chefs pétragoriciens appelé *Cinconepus*, celui peut-être qui fut chargé de conduire les cinq mille hommes accordés à Vercingétorix, en mémoire de l'expédition qui lui avait été confiée, ou pour tout autre motif, fit frapper cette monnaie et s'en servit pour l'utilité commune ; mais il est très probable qu'il agit plutôt sous l'influence de la circonstance qu'il ne se conforma à un usage consacré. Il pourrait se faire, cependant, que cette monnaie eût trait à quelque évènement antérieur.

Mais ce n'est pas tout, et pour dire vrai, dans toute l'acception du mot, je dois ajouter qu'il existe encore une autre monnaie qu'on serait tenté d'attribuer à Vésonne. Voici ce que me disait à ce sujet M. de Longpérier : « J'ai proposé, avec réserve, d'attribuer à Vé-
» sonne la petite monnaie de cuivre sur laquelle on lit T. POM.
» SEX. F....... Elle est un peu postérieure au quinaire des *Petru-*
» *cori* ; mais elle est encore antérieure à l'ère chrétienne.... Elle
» appartient au temps où les gaulois mettaient des noms romains
» sur leurs espèces, où ils changeaient leurs noms gaulois pour des
» noms romains. »

J'ai expliqué déjà cet usage et la pensée qui poussa l'un d'eux à s'approprier celui de Pompée. C'est la célébrité des Pompéiens de Vésonne qui a poussé M. de Longpérier à attribuer, à cette ville, la monnaie décrite ci-dessus ; mais rien autrement ne permet d'affirmer cette conjecture. Il y a au contraire de bonnes raisons pour rester dans le doute, et voici ces raisons : Il y avait des Pompéiens à Cahors, à Aix-les-Bains en Savoye. Il est donc tout aussi naturel d'attribuer cette monnaie à *Divona cadurcorum*, à *Aix-les-bains*. Pour que cette monnaie pût être attribuée à Vésonna, il faudrait un signe extérieur qui permit de reconnaître son origine qui ne saurait se rapporter à une autre époque qu'à celle où les Pétragoriciens luttaient avec les Romains du Camp de La Boissière. Dans tous les cas, ni la monnaie de *Cinconepus*, ni celle de *Pompée* ne suffiraient pour établir un usage qui, pour sûr, ne se traduisit pas en un droit sous les Romains.

Nous avons vu que, sous l'occupation romaine, le droit de battre monnaie appartenait exclusivement aux colonies et aux municipes. Si donc nous trouvions quelque indication nette de monnaies frappées en Périgord, avec l'effigie d'un empereur ou de tout autre personnage appartenant à une famille impériale, non-seulement nous aurions la certitude que Vésonne jouissait du privilège de battre monnaie, mais encore qu'elle était municipe antérieurement à la concession de ce privilège. Par malheur, il n'existe rien qui puisse fournir un indice quelconque. En effet, ce n'est pas la pièce signalée par Leblanc et dont on a retrouvé depuis deux ou trois autres exemplaires, où on lit, d'une part, VESONNO VICO, et de l'autre FRUNT col coILA co sur laquelle on peut s'appuyer ; on est à peu près d'accord aujourd'hui à reconnaître que le mot *vico* ne peut pas s'appliquer à une ville municipale ; et on dit avec raison qu'elle devait naturellement être désignée par celui de *civitas* ; car s'il s'agissait de Vésonne, le seul mot de vico prouverait qu'elle n'était ni colonie ni municipe ; il n'y a donc pas à s'y arrêter. Une autre pièce, appartenant au cabinet Mourcin et dont M. de Gourgues a donné le trait, n'est pas plus propre à nous édifier. Elle porte, d'un côté, PETROCORIS et de l'autre PANACIUS M. (monatarius), ce qui prouve suffisamment qu'elle appartient à l'époque mérovingienne, de même que celle qui porte d'un côté une tête de profil à gauche avec ces mots : PETROCORIS CIVITATE ANAN ou AMAM, mais non pas AMAN, et de l'autre, NIVIARDOS MONETARIO, et dans le champ une figure debout, le bras gauche levé soutenant de sa main un globe, et au-dessous un objet informe que les numismatistes périgourdins appellent résolument une crosse, le bras droit baissé vers un autre objet informe à qui ces mêmes numismatistes donnent le nom de palme surmontant une sorte de croix grecque. Je ne parlerai pas d'un certain nombre d'autres pièces informes et sans caractères déterminants, ne disant absolument rien. Il resterait cependant un fait qui permettrait de supposer l'existence de ce privilège. Je veux parler des coins en terre relatifs à Faustine.

Il est à regretter que ces débris ou fragments de coins en terre aient complètement disparu. Un examen attentif aurait peut-être permis de reconnaître plus exactement leur destination. Je ne voudrais pas mettre en doute qu'il s'agissait bien réellement de restes de moules ou de matrices ; mais pour se prononcer sur la valeur de ces matrices et surtout sur leur destination, il serait nécessaire de savoir quelle était la forme du revers. Il est évident que ce revers, s'il s'agissait de monnaies frappées à Vésonne, devait contenir des détails de nature à révéler la provenance. Or c'est ce qu'on ne nous a pas appris, et dont M. de Taillefer n'eût pas manqué de nous instruire, si réellement il y avait eu quelque chose qui lui eût permis d'assurer que cette provenance était périgourdine ; le silence de cet infatigable antiquaire sur ce point prouve mieux que tout ce qu'on pourrait dire, que rien n'autorisait à les attribuer à Vésonne d'une manière positive. Ainsi donc, jusqu'à l'administration d'une preuve plus certaine, il n'est pas permis de supposer que Vésonne jouissait du privilège de frapper monnaie, durant l'occupation romaine.

Que se passa-t-il sous la première race ? Faut-il admettre que les pièces : *Petrocoris,* — *Panagius,* — *Petrocoris civitate anam* ou *aman* — *Niviardos monetario,* et une troisième qui n'a pas été retrouvée, et qui, dit-on, portait d'un côté : PETROCORIUS et de l'autre MARLENUS, appartiennent bien certainement toutes les trois à la période mérovingienne plutôt qu'au temps gallo-romain, constituent un droit ou un privilège ? Je ne saurais être de cet avis, parce que la forme même des légendes, si diverses dans leur rédaction, suffit pour repousser cette supposition, parce que nous savons d'ailleurs que les rois de la première race ne changèrent rien à ce qu'ils trouvèrent établi et que, tout au plus, ils purent accorder quelques autorisations partielles qui ne furent données que tard. Il est vrai qu'on a été jusqu'à dire que fort anciennement et très probablement durant la première race, non-seulement la *Cité* PETROCO-RIUM, mais encore le *Puy-St-Front,* CONVENTUM DE PODIO-SANTI-FRONTONIS, avaient joui du privilège de battre monnaie, et que dès lors il serait possible d'attribuer ces trois pièces à l'abbaye du Puy-Saint-Front ; mais c'est une pure conjecture qui ne repose sur rien et à laquelle il ne faut même par s'arrêter. Tout ce qu'il est permis d'avancer, c'est que ces pièces sont l'œuvre de monétaires d'origine inconnue, chargés de frapper ces médailles en souvenir de quelques événements dont on voulait garder la mémoire. Du reste, ce qui se passa sous la deuxième race suffit et au-delà pour prouver que la Cité ni le Puy-Saint-Front ne jouissaient d'aucun privilège relatif au droit de battre monnaie.

Sous la deuxième race, la lumière commence à se faire. De très bonne heure les princes carlovingiens s'occupèrent de la fabrication de la monnaie, des avantages qui s'y rattachaient et des ressources qu'elle fournissait. De là l'habitude contractée par eux, de concéder le privilège de cette fabrication dans des cas déterminés. Adhémar de Chabannais (Labbe, bibl. mss., t. 2, p. 160, 161), nous apprend que Louis le Débonnaire, après avoir apaisé les troubles suscités par Emenon, comte de Poitiers (837) au sujet de Pépin, fils de Pépin, roi d'Aquitaine, fit Turpion comte d'Angoulême et voulut que *la monnaie d'Angoumois et de Saintonge fût frappée en son nom*. Le successeur de Turpion fut, comme on sait, Emenon, qui lui-même eut pour successeur Wigrin, comte d'Angoumois et du Périgord. Au milieu des embarras où se trouvait l'Aquitaine, il n'est pas douteux que si, au temps de Turpion, le Périgord avait un comte particulier, il eût été remplacé comme le fut celui d'Angoulême. Il est donc permis de conclure du silence d'Adhémar de Chabannais que Turpion et Emenon furent comtes de Périgord et d'Angoumois, et que par suite, en décidant que la monnaie d'Angoumois et de Saintonge serait frappée en son nom, Louis le Débonnaire entendait qu'il en serait de même de celle du Périgord qui, évidemment pour lui, ne faisait qu'un avec celle d'Angoumois. Les détails qui vont suivre le disent suffisamment.

La première monnaie connue des comtes de Périgord se rapporte au temps d'Hélie II, comte de 1006 à 1031, en vertu d'une décision de Guillaume le Grand, comte de Poitiers ; or, qu'était Hélie II ? Le premier descendant d'Wigrin jouissant légalement et en paix le comté de Périgord, jusqu'alors occupé en commun par ses prédécesseurs, ou tenu violemment par les derniers de ces prédécesseurs, qui, toujours en guerre, ne songeaient qu'à se défendre des continuelles attaques de leurs ennemis. Il était donc tout naturel que ce descendant d'Wigrin se crût le droit de frapper monnaie comme ses ancêtres ; il en usa comme eux ; on aurait eu, par conséquent, mauvaise grâce à vouloir mettre en doute ce droit. Aussi, n'est-ce pas ce droit que l'évêque Géraud de Gourdon lui contesta, ainsi qu'à son fils : *Deposuerat*, dit le fragment des évêques, *monetam heliacensem quam Hélias comes, pater Audeberti, jusserat fabricari* : il avait déposé (c'est-à-dire déclaré de mauvais aloi) la monnaie hélienne que le comte Hélie, père d'Aldebert, avait ordonné de fabriquer. Il est donc certain que l'évêque ne niait pas que le comte n'eût le droit de battre monnaie, mais qu'il ne trouvait pas de bonne qualité celle qu'il avait fait frapper. Sur quoi reposait la prétention de l'évêque ? c'est ce qu'on ne nous a pas appris, mais il me semble qu'elle devait avoir pour cause : 1° Le changement d'appellation de la monnaie qui, au lieu d'être désignée par le nom de la province avait reçu celui du comte ; 2° son exécution qui, au lieu d'être conforme à ce qui avait été réglé par Louis-le-Débonnaire, s'en écartait pour revêtir une forme particulière ; 3° et, comme je l'ai dit, la perturbation que le mauvais aloi avait dû produire.

J'ai expliqué quel était le rôle de l'évêque, je n'ai pas besoin de revenir là-dessus. Le changement du type l'avait sans doute d'autant plus mécontenté que ce type était l'œuvre de Louis le Débonnaire, c'est-à-dire qu'il existait depuis longtemps, à la satisfaction de tous, et non pas le fait de Louis d'Outremer, comme l'ont pensé quelques personnes, par la raison que, durant son voyage en Aquitaine, ce monarque ne se rendit pas à Angoulême ; que d'ailleurs il avait bien d'autres soucis en tête que de se préoccuper du type de la monnaie de cette ville ; que, dans tous les cas, le changement du type royal ne pouvait pas avoir pour conséquence la modification de celui qu'avaient adopté les comtes d'Angoulême et de Périgord. Je pourrais m'arrêter ici ; mais il importe de dire quelques mots de toutes les conjectures auxquelles on s'est livré au sujet du droit de frapper monnaie, qu'on a prétendu avoir été accordé à l'abbaye de Saint-Front.

Le père Dupuy paraît être le premier qui ait avancé que l'abbaye de St-Front avait joui du droit de battre monnaie. Depuis lors l'érudition du crû a délayé cette idée. Il y avait cependant une question préjudicielle qu'il importait d'examiner préalablement et qui aurait tout expliqué. Le père Dupuy prétend que Géraud de Gourdon décria la monnaie frappée par ordre d'Hélie, parce que ce comte avait usurpé les armoiries du chapitre de Saint-Front, *qui sont cinq ronds*. Hélie, ainsi qu'on l'a vu plus haut, ayant vécu, comme comte, de 1006 à 1031, et les armoiries en général ne remontant pas au-delà du xii° siècle, il n'y avait pas à discuter plus longtemps et on pouvait sans balancer poser en fait qu'Hélie n'avait pas usurpé ce qui n'exista que cent ans après lui, et on avait le droit de conclure de ce rapprochement que, s'il y avait eu usurpation, c'était le chapitre qui en était coupable, et non le comte. Mais ce n'est pas ainsi qu'on a cru devoir procéder, et au lieu de repousser les suppositions, on s'est complu à en faire de toutes natures. Je ne pousserai pas plus loin ces réflexions. Je me bornerai à dire, en terminant, qu'il n'y a pas de raison plausible pour affirmer que l'abbaye de Saint-Front frappait monnaie pas plus que l'évêque à qui on a aussi essayé d'attribuer ce droit.

TABLE DES MATIÈRES

	Pages.
Biographie de Léon Dessalles	I
Bibliographie	XVII
Introduction	1

LIVRE Ier.

CHAPITRE Ier. — Le Périgord, ses limites, son étendue, sa configuration, sa position géographique.	12
CHAPITRE II. — Le pays des Pétragoriciens, de l'occupation romaine à la fin de la première race....	25
CHAPITRE III. — Etablissement du christianisme en Périgord	47

LIVRE II.

CHAPITRE I. — De l'avènement de la deuxième race à l'an 1000	123
CHAPITRE II. — Les comtes du Périgord	139
CHAPITRE III. — Mouvement religieux du VIIe au XIe siècle.	159
CHAPITRE IV. — Détails géographiques. Hommes célèbres.	171

LIVRE III.

CHAPITRE I. — Les XIe et XIIe siècles en Périgord	189
CHAPITRE II. — Les comtes de Périgord	238
CHAPITRE III. — Mouvement religieux, de l'an 1000 à l'an 1308	345

APPENDICES.

I. — Les archiprêtrés du Périgord	337
II. — Les limites du Périgord au nord	346

III. — Établissement du christianisme	356
IV. — Des noms de lieux et de la nécessité de leur conserver leur forme orthographique	362
V. — Du commun de la paix	369
VI. — Origine des seigneurs de Bergerac	376
VII. — Des monnaies du Périgord	384

www.ingramcontent.com/pod-product-compliance
Lightning Source LLC
Chambersburg PA
CBHW051829230426
43671CB00008B/893